国家精品在线开放课程配套教材
国家级职业教育专业教学资源库配套教材
安徽省"十三五"规划教材
职业教育·道路运输类专业教材

Qiaohan Gongcheng Shiyan Jiance Jishu

桥涵工程试验检测技术

第2版

叶　生　程华才　主　编

杨　锐　孙开旗
孙鹏轩　徐　良　副主编

肖玉德　潘　星　主　审

人民交通出版社股份有限公司
北　京

内 容 提 要

本书为国家精品在线开放课程配套教材、国家级职业教育专业教学资源库配套教材、安徽省"十三五"规划教材、职业教育道路运输类专业教材。全书共分6个模块，主要内容包括桥涵工程试验检测基础知识、桥涵工程原材料试验检测、桥涵工程地基与基础试验检测、桥涵工程制品试验检测、桥梁荷载试验、构件材质状况无损检测及营运桥梁健康监测。

本书可供职业教育道路工程检测技术专业、道路与桥梁工程技术专业、土木工程检测技术专业学生使用，也可供行业从业人员培训使用。

本书有配套课件，教师可以通过加入职教路桥教学研讨群（QQ 群 561416324）免费获取。

图书在版编目（CIP）数据

桥涵工程试验检测技术／叶生，程华才主编． — 2版． — 北京：人民交通出版社股份有限公司，2024.1
ISBN 978-7-114-16069-1

Ⅰ.①桥… Ⅱ.①叶…②程… Ⅲ.①桥梁试验—检测 Ⅳ.①U446.1

中国版本图书馆 CIP 数据核字（2019）第 267763 号

书　　名：	桥涵工程试验检测技术（第2版）
著 作 者：	叶　生　程华才
责任编辑：	刘　倩
责任校对：	赵媛媛　龙　雪
责任印制：	张　凯
出版发行：	人民交通出版社股份有限公司
地　　址：	（100011）北京市朝阳区安定门外外馆斜街3号
网　　址：	http://www.ccpcl.com.cn
销售电话：	(010)59757973
总 经 销：	人民交通出版社股份有限公司发行部
经　　销：	各地新华书店
印　　刷：	北京虎彩文化传播有限公司
开　　本：	787×1092　1/16
印　　张：	27.75
字　　数：	654 千
版　　次：	2015 年 7 月　第 1 版 2024 年 1 月　第 2 版
印　　次：	2024 年 1 月　第 2 版　第 1 次印刷　总第 9 次印刷
书　　号：	ISBN 978-7-114-16069-1
定　　价：	68.00 元

（有印刷、装订质量问题的图书，由本公司负责调换）

前言

课程特点

桥涵工程试验检测技术是土木工程检测技术等专业的核心课程,也是一门理论与实践并重的课程。通过学习本课程,学生能熟悉、掌握桥涵工程试验检测的理论知识和操作技能。同时,为了提高学生面向社会的择业能力和工作素质,本课程还安排了相应的实训环节。

教材建设背景

2013年,安徽交通职业技术学院土木工程检测技术专业被评为省级特色专业。2018年,安徽交通职业技术学院叶生教授的在线开放课程"桥涵工程试验检测技术"被教育部认定为国家精品在线开放课程,2023年被教育部认定为职业教育国家在线精品课程。2019年,安徽交通职业技术学院土木工程检测技术专业被教育部认定为国家骨干专业。

本教材为国家精品在线开放课程、职业教育国家在线精品课程、国家级职业教育道路养护与管理专业教学资源库配套教材,安徽省职业教育提质培优行动计划项目"桥涵工程试验检测技术"职业教育规划教材,同时入选安徽省"十三五"规划教材,也是检测职业岗课赛证融通教材。

本教材特色

1. 校企共同开发,职教教材特色突出

本教材编审团队由职业院校骨干教师和企业一线技术专家组成,将专业课程与职业技能培养无缝对接,根据岗位工作能力要求、学生的认知特点和学习需要进行教材内容设计,选取工程实际案例,充分融入新材料、新工艺、新装备、新技术、新规范,做到与时俱进。

2. 有机融入思政元素,落实立德树人根本任务

除介绍试验检测专业知识外,编者充分挖掘本专业本课程的科学精神、工程伦理、价值理念、职业素养等思政元素,采用"案例导入""工程师寄语"等形式,将思政元素沉浸式融入教材内容中,并推动党的二十大精神进教材,实现专业知识与思政元素的有机融合,使学生能在潜移默化中提高政治素养、职业素养、道德素养、文化素养,实现学生的全面发展。

3. 数字化资源与纸质教材相融合，适应线上线下混合式教学

为帮助学生更好地理解课程重难点，提升学生学习积极性，同时为适应线上线下混合式教学的需要，本教材配有课件、微课、动画（虚拟仿真）、视频等形式多样、内容丰富的数字化资源，以二维码形式嵌入教材，学习者可直接扫描观看与学习。此外，编者为本教材制作了配套教学课件，供教师参考使用。

4. 对接"1+X"路桥工程无损检测职业技能等级标准，实现岗课赛证融通

本教材紧密结合试验检测岗位技能要求、行业发展趋势和技能人才培养需求，对接"1+X"路桥工程无损检测职业技能等级标准、全国交通运输职业教育学生无损检测技能大赛和全国交通运输行业职业技能大赛公路养护工赛项要求，将"1+X"路桥工程无损检测职业技能考核知识点（包括混凝土厚度检测、混凝土缺陷检测、护栏立柱埋深检测、回弹法检测混凝土强度等）融入教材内容，以提高学生职业能力，实现岗课赛证融通、校园与社会无缝对接。

5. 采用数字化呈现，满足个性化教学和多元化学习需求

本教材采用活页式装订，便于院校根据课程教学需要，灵活选取教材内容，因材施教，满足其个性化和多元化学习需求，服务技术技能型人才培养。同时，数字化呈现便于灵活地更新教材内容，实现新工艺、新方法、新知识、新技术的快速融入。

编写分工

本教材共分为6个模块，细化为26个单元，由安徽交通职业技术学院叶生、安徽省高速公路试验检测科研中心有限公司程华才担任主编，安徽交通职业技术学院杨锐、孙开旗、孙鹏轩、徐良担任副主编，安徽交通职业技术学院肖玉德和合肥工业大学设计院（集团）有限公司潘星担任主审。编写分工如下：模块1和模块6由叶生编写；模块2由杨锐编写；模块3的单元3.1~单元3.3、单元3.5由孙开旗编写；模块4的单元4.1、单元4.2、单元4.5由孙鹏轩编写；模块5的单元5.1、单元5.2由徐良编写；模块3的单元3.4，模块4的单元4.3、单元4.4，模块5的单元5.3由程华才编写。全书由叶生统稿。此外，安徽省七星工程测试有限公司刘志楠、王鹏翀，湖北高路工程检测中心有限公司藕长洪，安徽省路桥试验检测有限公司张鹏、佐群，苏交科集团股份有限公司黄小红，安徽省高速公路试验检测科研中心有限公司吴琦敏，安徽交通职业技术学院王冬根、叶枝，辽宁交通高等专科学校欧阳伟，陕西铁路工程职业技术学院何文敏、李炳良，贵州交通职业学院周德军，四川升拓检测技术股份有限公司吴佳晔等，分别对本教材进行了认真、细致的审核，并提出了许多宝贵意见；安徽水安建设集团股份有限公司综合设计院胡海春做了大量的专业绘图工作，在此一并表示衷心的感谢。

可与本教材配套教学使用的网站

1. 安徽省网络课程学习中心：https://www.ehuixue.cn→国家精品在线开放课程→"桥涵工程试验检测技术"。

2.智慧职教:https://www.icve.com.cn→国家级职业教育道路养护与管理专业教学资源库→"道桥检测与维护技术"。

3.学堂在线:https://www.xuetangx.com→国家精品在线开放课程→"桥涵工程试验检测技术"。

1.国家精品在线开放课程
——桥涵工程试验检测技术

2.国家级专业教学资源库
——道桥检测与维护技术

3.学堂在线——桥涵工程试验检测技术

由于编者水平有限,书中难免有不妥之处,敬请读者批评指正(意见和建议请发往:386896436@qq.com),以便修订时修改和完善。

编　者

2023年9月

本教材配套数字资源索引

一、知识点配套资源

序号	教材内容	资源名称	资源类型	书中页码
1	模块1	桥涵工程试验检测绪论	微课	003
2		桥涵工程质量检验评定的依据和方法	微课	007
3		工程安全风险评估	微课	011
4	模块2	桥涵工程所用材料的种类	微课	019
5		石料单轴抗压强度试验	微课	020
6		混凝土基本要求	微课	027
7		混凝土试件制作及现场取样	微课	030
8		混凝土立方体和棱柱体抗压强度试验	微课	031
9		混凝土棱柱体抗压弹性模量试验	微课	034
10		混凝土抗弯拉强度试验	微课	038
11		混凝土立方体劈裂抗裂强度试验	微课	042
12		混凝土抗渗性试验	微课	045
13		混凝土抗渗性试验	动画	045
14		钢材的主要性能	微课	051
15		钢材弯曲试验	微课	059
16		钢材反复弯曲试验	微课	062
17		预应力混凝土用钢绞线检验	微课	072
18		钢筋焊接和机械连接	微课	087
19		钢结构零件硬度检测	微课	096
20	模块3	浅层平板载荷试验	微课	111
21		浅层平板载荷试验	虚拟仿真	111
22		深层平板载荷试验	微课	116
23		地基容许承载力确定	微课	122
24		泥浆性能指标检测	微课	125
25		成孔质量检测	微课	130
26		低应变反射波法检测基桩完整性	微课	135
27		声波透射法检测基桩完整性	微课	141
28		基桩完整性检测	虚拟仿真	141
29		钻探取芯法检测基桩完整性	微课	147
30		单桩竖向抗压静载试验	微课	153
31		基桩承载力检测	虚拟仿真	153

序号	教材内容	资源名称	资源类型	书中页码
32	模块3	单桩竖向抗拔静载试验	微课	159
33		单桩水平静载试验	微课	161
34		高应变动力检测法	微课	164
35	模块4	产品分类、代号及标记（锚具、夹具和连接器）	微课	181
36		试验要求	微课	182
37		静载锚固性能试验	微课	185
38		疲劳荷载试验	微课	189
39		辅助性试验	微课	191
40		周期荷载试验	微课	193
41		产品分类、代号及标记（支座）	微课	197
42		桥梁支座的力学性能要求	微课	198
43		板式橡胶支座抗压弹性模量试验	微课	201
44		板式橡胶支座检测	虚拟仿真	201
45		板式橡胶支座抗剪弹性模量试验	微课	204
46		板式橡胶支座抗剪老化试验	微课	207
47		板式橡胶支座抗剪黏结试验	微课	207
48		板式橡胶支座摩擦系数试验	微课	208
49		板式橡胶支座转角试验	微课	211
50		板式橡胶支座极限抗压强度试验	微课	214
51		盆式支座竖向承载力试验	微课	215
52		盆式支座水平承载力试验	微课	217
53		盆式支座摩擦系数试验	微课	220
54		盆式支座转动试验	微课	222
55		伸缩装置基本要求	微课	233
56		拉伸、压缩时的试验	微课	236
57		错位试验	微课	238
58		承载性能试验	微课	242
59		桥梁伸缩装置检测	虚拟仿真	242
60		防水性能试验	微课	244
61	模块5	桥梁静载试验位移测试仪器	微课	268
62		桥梁静载试验应变测试仪器设备	微课	270

序号	教材内容	资源名称	资源类型	书中页码
63	模块5	桥梁静载试验裂缝量测仪器	微课	277
64		桥梁静载试验准备工作及实施	微课	278
65		桥梁荷载试验	虚拟仿真	278
66		桥梁动力特性参数测定	微课	287
67		桥梁振动试验仪器设备	微课	288
68		桥梁动载试验	微课	291
69	模块6	回弹法检测结构混凝土强度	微课	341
70		超声回弹综合法检测混凝土强度	微课	347
71		钢筋锈蚀电位检测与评定	微课	354
72		钢筋锈蚀电位检测	虚拟仿真	354
73		结构混凝土中氯离子含量的测定与评定	微课	358
74		混凝土中氯离子含量检测	虚拟仿真	358
75		混凝土中钢筋分布及保护层厚度检测	微课	363
76		钢筋位置及混凝土保护层厚度检测	虚拟仿真	363
77		钢筋间距及混凝土保护层厚度测定	动画	363
78		混凝土碳化深度检测	微课	368
79		混凝土碳化深度检测	虚拟仿真	368
80		混凝土碳化深度测定	动画	368
81		混凝土电阻率检测与评定	微课	371
82		混凝土电阻率检测与评定	虚拟仿真	371
83		混凝土厚度检测	微课	376
84		混凝土厚度检测	虚拟仿真	376
85		混凝土缺陷检测	微课	381
86		混凝土缺陷检测	虚拟仿真	381
87		混凝土结构裂缝深度检测	虚拟仿真	385
88		护栏立柱埋深检测	微课	387
89		钢结构无损检测	微课	395
90		高强度螺栓及组合件力学性能试验	微课	405
91		桥梁使用阶段变形监测仪器布设及监测内容	虚拟仿真	415

二、【思考与练习题】答案

序号	资源名称	书中页码			
1	模块1【思考与练习题】答案	016	4	模块4【思考与练习题】答案	264
2	模块2【思考与练习题】答案	104	5	模块5【思考与练习题】答案	337
3	模块3【思考与练习题】答案	177	6	模块6【思考与练习题】答案	425

资源使用说明：

1. 扫描封面二维码，注意每个码只可激活一次；

2. 长按弹出界面的二维码关注"交通教育出版"微信公众号并自动绑定资源；

3. 公众号弹出"购买成功"通知，点击"查看详情"，进入后即可查看资源；

4. 也可进入"交通教育出版"微信公众号，点击下方菜单"用户服务-图书增值"，选择已绑定的教材进行观看。

目录
CONTENTS

模块 1　桥涵工程试验检测基础知识 ·· 001

　单元 1.1　认知桥涵工程试验检测 ··· 003

　单元 1.2　认知桥涵工程质量检验评定的依据和方法 ··· 007

　单元 1.3　评估工程安全风险 ·· 011

　　思考与练习题 ·· 014

模块 2　桥涵工程原材料试验检测 ·· 017

　单元 2.1　石料 ·· 018

　　试验检测 2.1-1　石料单轴抗压强度试验 ··· 020

　　试验检测 2.1-2　石料抗冻性试验 ·· 023

　单元 2.2　混凝土 ·· 026

　　试验检测 2.2-1　混凝土立方体和棱柱体抗压强度试验 ································ 031

　　试验检测 2.2-2　混凝土棱柱体抗压弹性模量试验 ······································· 034

　　试验检测 2.2-3　混凝土抗弯拉强度试验 ··· 038

　　试验检测 2.2-4　混凝土立方体劈裂抗拉强度试验 ······································· 042

　　试验检测 2.2-5　混凝土抗渗性试验 ··· 045

　单元 2.3　钢材 ·· 049

　　试验检测 2.3-1　钢材拉伸试验 ··· 054

　　试验检测 2.3-2　钢材弯曲试验 ··· 059

　　试验检测 2.3-3　钢材反复弯曲试验 ··· 062

　　试验检测 2.3-4　钢筋混凝土用钢筋检验 ··· 064

　　试验检测 2.3-5　预应力混凝土用钢棒检验 ··· 067

　　试验检测 2.3-6　预应力混凝土用钢绞线检验 ··· 072

  试验检测 2.3-7 预应力混凝土用螺纹钢筋检验 ·· 079
  试验检测 2.3-8 碳素结构钢检验 ·· 082
  试验检测 2.3-9 低合金高强度结构钢检验 ··· 083
  试验检测 2.3-10 桥梁用结构钢检验 ···the············ 086
  试验检测 2.3-11 钢筋焊接和机械连接试验 ·· 087
  试验检测 2.3-12 钢结构零件硬度检测 ·· 096
 单元 2.4 案例分析 ··· 099
 思考与练习题 ··· 101

模块 3 桥涵工程地基与基础试验检测 ·· 105
 单元 3.1 地基容许承载力 ·· 106
  试验检测 3.1-1 地基岩土及其承载力的确定 ·· 107
  试验检测 3.1-2 平板载荷试验 ··· 111
  试验检测 3.1-3 圆锥动力触探试验 ··· 118
  试验检测 3.1-4 地基容许承载力确定 ·· 122
 单元 3.2 基桩成孔质量检测 ·· 123
  试验检测 3.2-1 泥浆性能指标检测 ··· 125
  试验检测 3.2-2 成孔质量检测 ·· 130
 单元 3.3 桩身完整性检测 ··· 133
  试验检测 3.3-1 低应变反射波法检测基桩完整性 ·· 135
  试验检测 3.3-2 声波透射法检测基桩完整性 ··· 141
  试验检测 3.3-3 钻探取芯法检测基桩完整性 ··· 147
 单元 3.4 基桩承载力检测 ·· 151
  试验检测 3.4-1 单桩竖向抗压静载试验 ··· 153
  试验检测 3.4-2 单桩竖向抗拔静载试验 ··· 159
  试验检测 3.4-3 单桩水平静载试验 ··· 161
  试验检测 3.4-4 高应变动力检测法 ··· 164
 单元 3.5 案例分析 ··· 168
 思考与练习题 ··· 172

模块 4 桥涵工程制品试验检测 ··· 179
 单元 4.1 预应力筋用锚具、夹具和连接器的试验检测 ··································· 180

试验检测 4.1-1	静载锚固性能试验	185
试验检测 4.1-2	疲劳荷载试验	189
试验检测 4.1-3	辅助性试验	191
试验检测 4.1-4	周期荷载试验	193

单元 4.2 桥梁支座试验检测 195

试验检测 4.2-1	板式橡胶支座抗压弹性模量试验	201
试验检测 4.2-2	板式橡胶支座抗剪弹性模量试验	204
试验检测 4.2-3	板式橡胶支座抗剪老化试验	207
试验检测 4.2-4	板式橡胶支座抗剪黏结试验	207
试验检测 4.2-5	板式橡胶支座摩擦系数试验	208
试验检测 4.2-6	板式橡胶支座转角试验	211
试验检测 4.2-7	板式橡胶支座极限抗压强度试验	214
试验检测 4.2-8	盆式支座竖向承载力试验	215
试验检测 4.2-9	盆式支座水平承载力试验	217
试验检测 4.2-10	盆式支座摩擦系数试验	220
试验检测 4.2-11	盆式支座转角试验	222
试验检测 4.2-12	球型支座竖向承载力试验	224
试验检测 4.2-13	球型支座水平承载力试验	227
试验检测 4.2-14	球型支座摩擦系数试验	228
试验检测 4.2-15	球型支座转动性能试验	230

单元 4.3 桥梁伸缩装置试验检测 232

试验检测 4.3-1	拉伸、压缩时的试验	236
试验检测 4.3-2	错位试验	238
试验检测 4.3-3	承载性能试验	242
试验检测 4.3-4	防水性能试验	244

单元 4.4 波纹管试验检测 247

| 试验检测 4.4-1 | 塑料波纹管试验方法 | 249 |
| 试验检测 4.4-2 | 预应力混凝土用金属波纹管试验方法 | 254 |

单元 4.5 案例分析 259

思考与练习题 261

模块 5　桥梁荷载试验 ······ 265

单元 5.1　桥梁静载试验 ······ 266
　　试验检测 5.1-1　桥梁静载试验准备工作及实施 ······ 278
　　试验检测 5.1-2　桥梁静载试验数据分析及结果评定 ······ 282

单元 5.2　桥梁动载试验 ······ 285
　　试验检测 5.2-1　桥梁动载试验方法 ······ 291

单元 5.3　案例分析 ······ 295

思考与练习题 ······ 333

模块 6　构件材质状况无损检测及营运桥梁健康监测 ······ 339

单元 6.1　结构混凝土强度的检测与评定 ······ 340
　　试验检测 6.1-1　回弹法检测结构混凝土强度 ······ 341
　　试验检测 6.1-2　超声回弹综合法检测混凝土强度 ······ 347

单元 6.2　桥梁耐久性检测 ······ 352
　　试验检测 6.2-1　钢筋锈蚀电位检测与评定 ······ 354
　　试验检测 6.2-2　结构混凝土中氯离子含量的测定与评定 ······ 358
　　试验检测 6.2-3　混凝土中钢筋分布及保护层厚度检测 ······ 363
　　试验检测 6.2-4　混凝土碳化深度检测 ······ 368
　　试验检测 6.2-5　混凝土电阻率的检测与评定 ······ 371

单元 6.3　"1+X"路桥工程无损检测考核项目 ······ 373
　　试验检测 6.3-1　混凝土厚度检测 ······ 376
　　试验检测 6.3-2　混凝土缺陷检测 ······ 381
　　试验检测 6.3-3　护栏立柱埋深检测 ······ 387

单元 6.4　钢结构试验检测 ······ 391
　　试验检测 6.4-1　钢结构无损检测 ······ 395
　　试验检测 6.4-2　高强度螺栓及组合件力学性能试验 ······ 405

单元 6.5　营运桥梁健康监测 ······ 410

单元 6.6　案例分析 ······ 418

思考与练习题 ······ 421

参考文献 ······ 426

桥涵工程试验检测基础知识

模块 1

【知识目标】

1. 了解桥涵工程试验检测的任务和意义、工程质量检验和评定、工程施工及运营安全风险评估的基本要求；

2. 熟悉桥涵工程试验检测的内容和质量等级评定的方法；

3. 掌握工程质量检验评定程序和分项工程质量的检验内容。

【能力目标】

1. 能够根据检测项目、委托方要求等选择合理的试验依据和评判标准；

2. 具备一定的桥涵工程质量检验和评定的能力。

【案例导入】

韩国首尔圣水大桥全长1160m，于1979年建成。1994年10月21日早上，在车流量高峰期，位于圣水大桥第5根与第6根墩柱间的48m长混凝土桥板整体塌落入水，6辆汽车跌进汉江，导致33人死亡、17人受伤。经过长达5个月的调查，大桥坍塌的直接原因是：承建大桥工程的东亚建设公司没有按设计图纸施工，并且在施工中偷工减料。

I-35W密西西比河大桥于1967年建成。1990年，因I-35W密西西比河大桥支座出现严重腐蚀，美国联邦政府将该桥评定为有"结构缺陷"。2001年，明尼苏达大学的一份报告指出，I-35W密西西比河大桥纵梁已扭曲变形，并出具了该桥桁架疲劳的证据。该报告同时指出，一旦桁架承受不了庞大车流的荷载，该桥恐将崩塌。但检测报告提出的安全问题并未被政府所重视。当地时间2007年8月1日下午6时许，正值交通高峰时段，该桥突然坍塌，造成至少8人死亡、79人受伤。据估计，事故发生时桥上有近百辆机动车辆，这是美国自1983年以来最严重的非天灾或外力因素所造成的桥梁坍塌事件。

类似上述桥梁坍塌事故在国内外屡见不鲜，桥梁的灾难性事故不仅会造成重大的人员伤亡和财产损伤，还会带来严重的社会不良影响。

本模块将为大家讲解桥涵工程试验检测概况、桥梁工程质量检验评定的依据和方法以及工程安全风险评估。

【工程师寄语】

桥涵工程试验检测工作不仅是评价工程质量和鉴定工程事故的手段，也是工程质量科学管理的重要手段和组成部分。桥梁工程建设投资巨大，并且与人们的生活、出行直接相关，若不严格把控工程质量，一旦发生质量安全事故，将会给人民群众的生命财产造成巨大损失。建功新时代，奋进新征程。作为桥涵工程试验检测工程师，要以高度的社会责任感和使命感，严格遵守国家法律法规及行业规范、标准，增强忧患意识，坚持底线思维，做到居安思危、未雨绸缪；牢固树立质量安全意识，规范操作，科学评判，确保桥涵工程的建设质量和运营安全。

【知识框图】

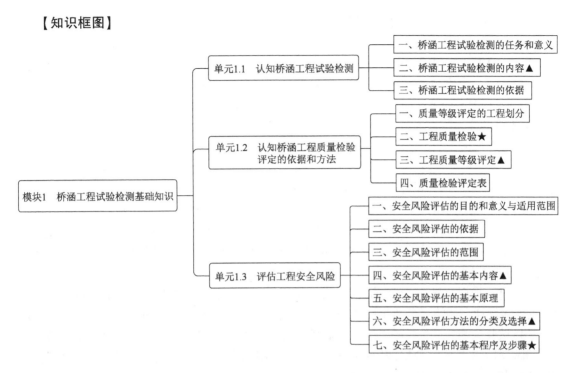

注：知识框图中标有"▲"符号的是教学重点内容，标有"★"符号的是教学难点内容。

单元1.1　认知桥涵工程试验检测

一、桥涵工程试验检测的任务和意义

经过改革开放40多年的发展，我国公路桥梁建设取得了举世瞩目的成就。截至2022年年底，全国公路通车里程达535.48万km（其中高速公路17.73万km），公路密度达55.78km/100km²，公路桥梁近103.32万座、8576.49万延米。我国先后在江、河、湖、海上建成一批大跨径、深水基础的特大型桥梁，使我国在长大跨径悬索桥、斜拉桥、拱桥和连续刚构桥建设方面跨入世界先进行列，成为桥梁大国。2018年10月24日，标志着我国由桥梁大国向桥梁强国迈进的里程碑之作的世界上最长的港珠澳大桥正式通车运营。目前，在世界最大（长）跨径悬索桥、斜拉桥、钢拱桥、跨海大桥的前十座中，中国均占据一半以上，高速公路的通车里程、桥梁总数均位居世界第一。

桥涵工程试验检测绪论（微课）

质量是桥涵工程建设中永恒的主题。在建设中，为了加强桥涵工程施工质量管理，工程建设实行"政府监督、社会监理和企业自检"的质量保证体系，而各级质量监督部门、建设监理机构以及承担建设施工任务的企业控制质量的主要手段则是依据国家和交通行业颁布的有关法规、技术标准、规范和规程进行试验检测，以确保监督、监理和自检工作的有效实施。

试验检测工作是桥涵工程质量管理的一个重要组成部分,是工程质量科学管理的重要手段。

目前,根据我国国情,桥涵工程试验检测的主要任务有以下几个方面:

(1)对于各类常规桥涵,施工前先要通过试验,鉴定进场的原材料、成品或半成品构件是否符合国家质量标准和设计文件的要求,对其做出接收或拒收决定,从桥位放样到每一道工序和结构部件的完成均须通过试验检测判定其是否符合质量标准和设计文件的要求,经检验合格后,方可进行下一道工序施工,否则,必须采取补救措施或返工。桥涵施工完成后或通车前需进行交、竣工验收检测,并进行质量等级评定,必要时还需通过荷载试验,对结构整体受力性能和承载能力是否达到设计文件和规范的要求做出评定。

(2)对于施工中的大跨径悬索桥、斜拉桥、拱桥和连续刚构桥,为使结构达到或接近设计的几何线形和受力状态,在施工各阶段需对结构的几何位置和受力状态进行监测,根据测试值对下一阶段控制变量进行预测,并制订异常状况应急调整方案,实现对结构的施工过程控制。

(3)对于采用新材料、新工艺、新结构的桥涵,必须通过试验检测鉴定其是否符合相关标准、规范和设计文件的要求,同时为完善设计理论和施工工艺积累实践资料。

(4)试验检测是评价桥涵工程质量缺陷和鉴定工程事故的手段,通过试验检测为质量缺陷或事故判定提供实测数据,以便准确判别质量缺陷和事故的性质、范围及程度,合理评价事故损失,明确事故责任,从中总结经验教训。

(5)对营运期间的桥梁开展定期检查、评定与维修加固,是保证桥梁安全、路网畅通的重要措施之一。

总之,桥涵工程试验检测是施工质量评定、施工控制、新型结构性能研究、质量缺陷和事故鉴定等工作的重要手段。认真做好桥涵工程试验检测工作,对于确保桥涵工程施工质量、提升我国桥梁建设水平、提高建设投资效益、保障人民生命财产安全等方面都具有十分重要的经济意义和社会意义。

二、桥涵工程试验检测的内容

桥涵工程试验检测的内容因桥涵所处的位置、所用材料和结构形式不同而有所差异,应根据所建桥涵的具体情况,按有关标准、规范、设计文件及项目特定要求,选定相应的试验检测项目和内容。

1. 施工准备阶段的试验检测项目

(1)桥位放样测量。

(2)钢材原材料试验。

(3)水泥性能试验。

(4)混凝土粗、细集料试验。

(5)混凝土配合比试验。

(6)砌体材料性能试验。

(7)钢结构连接性能试验。

(8)预应力锚具、夹具和连接器试验。
(9)台后压实标准试验。
(10)其他成品、半成品试验检测。

2. 施工过程中的试验检测

(1)地基承载力试验检测。
(2)基础位置、尺寸和高程检测。
(3)钢筋位置、尺寸和高程检测。
(4)钢筋加工检测。
(5)混凝土强度抽样试验。
(6)砂浆强度抽样试验。
(7)桩基检测。
(8)墩台的位置、尺寸和高程检测。
(9)上部结构(构件)位置、尺寸检测。
(10)预制构件张拉、运输和安装强度控制试验。
(11)预应力张拉控制检测。
(12)桥梁上部结构高程、变形、内力(应力)检测。
(13)支架内力、变形和稳定性检测。
(14)钢结构连接加工检测。
(15)钢构件防护涂装检测。

3. 施工完成后的试验检测

(1)桥梁总体检测(交、竣工检测)。
(2)桥梁荷载试验。
(3)桥梁使用性能监测。

4. 在役桥梁检测、监测

(1)桥梁几何形态参数测定。
(2)桥梁结构恒载变异状况调查。
(3)桥梁结构构件材质强度检测与评定。
(4)混凝土中钢筋锈蚀电位的检测。
(5)混凝土中氯离子含量的测定。
(6)混凝土电阻率的检测。
(7)混凝土碳化状况的检测。
(8)混凝土结构钢筋分布状况的调查。
(9)桥梁结构固有模态参数的测定。
(10)索结构索力的测试。
(11)桥梁的墩台与基础变位情况调查。
(12)地基与基础的检验。

(13)营运桥梁健康监测。

三、桥涵工程试验检测的依据

公路桥涵工程试验检测应以国家和交通行业颁布的有关公路工程的法规、技术标准、设计施工规范和材料试验规程为依据,对于某些采用新材料、新工艺和新结构的桥梁,有关的公路工程规范、规程暂无相关条款规定时,可以借鉴执行国外或国内其他行业的相关规范、规程的有关规定。我国结构工程的标准和规范可以分为综合基础、专业基础、专业通用和专业专用四个层次。

1. 第一层次:综合基础标准

例如,《工程结构可靠性设计统一标准》(GB 50153—2008)是指导制定专业基础标准的国家统一标准。

2. 第二层次:专业基础标准

例如,《公路工程技术标准》(JTG B01—2014)、《公路工程结构可靠性设计统一标准》(JTG 2120—2020)等是指导专业通用标准和专业专用标准的行业统一标准。

3. 第三层次:专业通用标准

(1)《公路工程地质勘察规范》(JTG C20—2011)。

(2)《公路勘测规范》(JTG C10—2007)。

(3)《公路工程水文勘测设计规范》(JTG C30—2015)。

(4)《公路桥涵设计通用规范》(JTG D60—2015)。

(5)《公路圬工桥涵设计规范》(JTG D61—2005)。

(6)《公路钢筋混凝土及预应力混凝土桥涵设计规范》(JTG 3362—2018)。

(7)《公路桥涵地基与基础设计规范》(JTG 3363—2019)。

(8)《公路钢结构桥梁设计规范》(JTG D64—2015)。

(9)《公路桥涵施工技术规范》(JTG/T 3650—2020)。

(10)《公路工程质量检验评定标准 第一册 土建工程》(JTG F80/1—2017)。

(11)《公路工程岩石试验规程》(JTG E41—2005)。

(12)《公路工程水泥及水泥混凝土试验规程》(JTG 3420—2020)。

(13)《公路工程集料试验规程》(JTG E42—2005)。

(14)《公路土工试验规程》(JTG 3430—2020)。

(15)《公路桥涵养护规范》(JTG 5120—2021)。

(16)《公路桥梁技术状况评定标准》(JTG/T H21—2011)。

(17)《公路桥梁承载能力检测评定规程》(JTG/T J21—2011)。

4. 第四层次:专业专用标准

(1)《公路斜拉桥设计规范》(JTG/T 3365-01—2020)。

(2)《公路桥梁抗风设计规范》(JTG/T 3360-01—2018)。

(3)《公路桥梁抗震设计规范》(JTG/T 2231-01—2020)。
(4)《公路桥梁板式橡胶支座》(JT/T 4—2019)。
(5)《公路桥梁盆式支座》(JT/T 391—2019)。
(6)《桥梁球型支座》(GB/T 17955—2009)。
(7)《公路桥梁伸缩装置通用技术条件》(JT/T 327—2016)。
(8)《预应力混凝土用钢绞线》(GB/T 5224—2014)。
(9)《预应力混凝土用钢丝》(GB/T 5223—2014)。
(10)《预应力筋用锚具、夹具和连接器》(GB/T 14370—2015)。
(11)《公路桥梁预应力钢绞线用锚具、夹具和连接器》(JT/T 329—2010)。
(12)《桥梁用芳纶纤维布(板)》(JT/T 531—2019)。
(13)《预应力混凝土桥梁用塑料波纹管》(JT/T 529—2016)。

单元1.2 认知桥涵工程质量检验评定的依据和方法

质量等级评定应进行工程划分,遵循"两级制度、逐级评定、合规定质"的原则。

桥涵工程质量
检验评定的
依据和方法
(微课)

一、质量等级评定的工程划分

《公路工程质量检验评定标准 第一册 土建工程》(JTG F80/1—2017)按桥涵工程建设规模、结构部位和施工工序将建设项目划分为单位工程、分部工程和分项工程;对复杂工程,还可设立子分部工程。

单位工程是指在建设项目中,具有独立施工条件和结构功能的工程。例如,大、中跨径桥梁,互通式立交等,均可划分为单位工程。

分部工程是指在单位工程中,按路段长度、结构部位及施工特点等划分的工程。

分项工程是指在分部工程中,按不同的施工工序、工艺或材料等划分的工程。

单位工程、分部工程和分项工程应在施工准备阶段按相关标准进行划分。

分项工程完工后,应根据相关标准进行检验,对工程质量进行检验评定。隐蔽工程在隐蔽前应检查合格。

分部工程、单位工程完工后,应汇总评定所属分项工程、分部工程质量资料,检查外观质量,对工程质量进行评定。

二、工程质量检验

工程质量检验评定以分项工程为基本单元,采用合格率法进行。分项工程质量检验内容包括基本要求检查、实测项目检验、外观质量检查和质量保证资料四个部分。

1. 基本要求检查

分项工程所列基本要求对施工质量优劣具有关键作用,应按基本要求对分项工程进行认真的检查,并应检查分项工程所用的各种原材料的品种、规格、质量及混合料配合比和半成品、成品是否符合有关技术标准规定并满足设计要求。

只有在基本要求符合规定,且外观质量无限制缺陷和质量保证资料真实并基本齐全时,方能对分项工程质量进行检验评定。

2. 实测项目检验

对规定检查项目采用现场随机抽样方法,按照规定频率和下式计算分项工程各检查项目的合格率,按数理统计方法评定的项目除外。

$$检查项目合格率(\%) = \frac{合格的点(组)数}{该检查项目的全部检查点(组)数} \times 100$$

实测项目可分为关键项目和一般项目。涉及结构安全和使用功能的重要实测项目为关键项目。关键项目以外的其他项目均为一般项目。《公路工程质量检验评定标准 第一册 土建工程》(JTG F80/1—2017)中以"Δ"标识关键项目,其合格率不得低于95%(机电工程为100%),否则该检查项目为不合格。

一般项目的合格率应不低于80%,否则该检查项目为不合格。

对少数实测项目有规定极值的限制,这是指任何一个检测值都不能突破规定极值,不符合要求时该实测项目为不合格,所在分项工程可直接判定为不合格,并要求必须进行返工处理。

3. 外观质量检查

外观质量应进行全面检查,并满足规定要求,否则该检验项目为不合格。

4. 质量保证资料

工程应有真实、准确、齐全、完整的施工原始记录、试验检测数据、质量检验结果等质量保证资料。

质量保证资料包括以下内容:
(1)所用原材料、半成品和成品质量检验结果。
(2)材料配比、拌和加工控制检验和试验数据。
(3)地基处理、隐蔽工程施工记录和桥梁施工监控资料。
(4)各项质量控制指标的试验记录和质量检验汇总图表。
(5)施工过程中遇到的非正常情况记录及其对工程质量影响分析评价资料。
(6)施工过程中如发生质量事故,经处理补救后,达到设计要求的认可证明文件等。

三、工程质量等级评定

工程质量等级评定分为合格与不合格,应按分项工程、分部工程、单位工程、合同段和建设项目逐级评定。

1. 分项工程质量等级评定

当分项工程的检验记录完整、实测项目合格、外观质量满足要求时,该分项工程评定为合格,否则视为不合格。

2. 分部工程质量等级评定

当分部工程的评定资料完整、所含分项工程及实测项目合格、外观质量满足要求时,该分部工程评定为合格,否则视为不合格。

3. 单位工程质量等级评定

当单位工程的评定资料完整、所含分部工程合格、外观质量满足要求时,该单位工程评定为合格,否则视为不合格。

4. 合同段和建设项目质量等级评定

所含单位工程合格,该合同段评定为合格;所含合同段合格,该建设项目评定为合格。评定为不合格的分项工程、分部工程,经返工、加固、补强或调测,满足设计要求后,可重新进行检验评定。

四、质量检验评定表

分项工程质量检验评定表、分部工程质量检验评定表、单位工程质量检验评定表见表 1-1 ~ 表 1-3。

分项工程质量检验评定表　　　　　　　　　　表 1-1

分项工程名称:　　　　　　　工程部位(桩号、墩台号、孔号):
所属建设项目(合同段):
所属分部工程名称:
所属单位工程名称:
施工单位:　　　　　　　　　　分项工程编号:

基本要求															
实测项目	项次	检查项目	规定值或允许偏差	实测值或实测偏差值										质量评定		
				1	2	3	4	5	6	7	8	9	10	平均值、代表值	合格率(%)	合格判定
外观质量				质量保证资料												
工程质量等级评定																

检验负责人:　　　　检测:　　　　记录:　　　　复核:　　　　年　　月　　日

分部工程质量检验评定表 表1-2

分部工程名称：　　　　　　　工程部位(桩号、墩台号、孔号)：
所属单位工程：
所属建设项目(合同段)：
施工单位：　　　　　　　　　分部工程编号：

分项工程			备注
分项工程编号	分项工程名称	质量等级	
外观质量			
评定资料			
质量等级			
评定意见			

检验负责人：　　　　记录：　　　　复核：　　　　年　月　日

单位工程质量检验评定表 表1-3

单位工程名称：　　　　　　　工程地点、桩号：
所属建设项目(合同段)：
施工单位：　　　　　　　　　单位工程编号：

分部工程			备注
分部工程编号	分部工程名称	质量等级	
外观质量			
评定资料			
质量等级			
评定意见			

检验负责人：　　　　记录：　　　　复核：　　　　年　月　日

单元 1.3　评估工程安全风险

为加强公路桥梁施工安全管理,优化工程施工组织方案,提高施工安全预控有效性,应在施工阶段实行公路桥梁工程安全风险评估制度,对工程安全风险评估提出明确、具体的要求。检测工作是保证工程质量和运输畅通的重要手段,因此,增强相关人员的安全意识是十分必要的。

工程安全风险评估(微课)

一、安全风险评估的目的和意义与适用范围

1. 目的和意义

安全风险评估的目的是查找、分析和预测工程中存在的危险、有害因素及可能导致事故的严重程度,提出合理的安全对策与措施,指导危险源监控和事故预防,达到最低事故率、最少损失和最优安全投资效益。

公路桥梁工程的施工环境条件复杂、施工组织实施困难、作业安全风险居高不下,这一直以来是行业安全监管的重要环节。建立施工安全风险评估制度符合国际通行做法,这项工作也是公路桥梁工程设计风险评估结果在施工阶段的落实和深化。

安全风险评估的意义在于能够增强安全风险意识,改进施工措施,规范预案预警、预控管理,有效降低施工风险,严防重特大事故发生。安全风险评估的意义主要体现在以下几个方面:

(1)安全风险评估是安全生产管理的一个重要组成部分。

(2)安全风险评估有助于安全投资的合理选择。

(3)安全风险评估有助于提高施工单位的安全管理水平。

(4)安全风险评估有助于施工单位提高经济效益。

安全风险评估是关系到被评估建设工程项目能否符合相关国家规定的安全标准,能否保障劳动者安全的关键工作,必须以被评估建设项目的具体情况为基础,以国家安全法规及有关技术标准为依据,遵循科学性、公正性、合法性和针对性原则。

2. 适用范围

列入国家和地方基本建设计划的新建、改建、扩建以及拆除、加固等高等级公路桥梁工程项目,在施工阶段,应进行施工安全风险评估。其他公路工程项目,也可参照执行。

二、安全风险评估的依据

安全风险评估应按照《关于开展公路桥梁和隧道工程施工安全风险评估试行工作的通知》(交质监发〔2011〕217 号)文件的规定执行。

三、安全风险评估的范围

公路桥梁工程施工安全风险评估范围,可由各地根据工程建设条件、技术复杂程度、施工管理模式以及当地工程建设经验,并参考以下标准确定:

(1)多跨或跨径大于40m的石拱桥,跨径大于或等于150m的钢筋混凝土拱桥,跨径大于或等于350m的钢箱拱桥,钢桁架、钢管混凝土拱桥。

(2)跨径大于或等于140m的梁式桥,跨径大于400m的斜拉桥,跨径大于1000m的悬索桥。

(3)墩高或净空大于100m的桥梁工程。

(4)采用新材料、新结构、新工艺、新技术的特大桥、大桥工程。

(5)特殊桥型或特殊结构桥梁的拆除或加固工程。

(6)施工环境条件复杂、施工工艺复杂的其他桥梁工程。

四、安全风险评估的基本内容

安全风险评估包括危险识别、风险评估和风险控制三部分,见表1-4。

安全风险评估的内容　　　　　　　　　表1-4

危险识别	风险评估	风险控制
(1)危险源辨别; (2)事故隐患辨别; (3)事故类别辨别; (4)现有措施分析	(1)建立安全风险评估体系; (2)选择安全风险评估方法; (3)进行风险状态评估	(1)制定针对性措施; (2)措施预测与检验; (3)选择最佳方案

五、安全风险评估的基本原理

安全风险评估的思维方式依据的理论统称为安全风险评估原理。常用的安全风险评估原理有相关性原理、惯性原理、类推原理和量变到质变原理等。

1. 相关性原理

相关性是指一个系统的属性、特征与事故和职业危害存在着因果的相关性,这就是系统因果评估方法的理论基础。

事故和导致事故发生的各种原因(危险因素)之间存在着相关关系,表现为依存关系和因果关系。危险因素是原因,事故是结果,事故的发生是由很多因素综合作用的结果。分析各因素的特征、变化规律、影响事故发生和事故后果的程度,以及从原因到结果的途径,揭示其内在联系和相关程度,才能在评估中得出正确的分析结论,采取恰当的对策或措施。

在安全风险评估过程中,借鉴历史、同类系统的数据、典型案例等资料,找出事故发展过程中的相关关系,建立起接近真实系统的数学模型,则安全风险评估会取得较好的效果。

2. 惯性原理

任何事物在其发展过程中,从过去到现在以及延伸至将来,都具有一定的延续性,这种延续性称为惯性。利用惯性可以研究事物或评估系统未来的发展趋势。

3. 类推原理

类推原理是根据两个或两类对象之间存在着某些相同或相似的属性,从一个已知对象具有某个属性来推导出另一个对象也具有此种属性的推理过程。

4. 量变到质变原理

在一个系统中,许多有关安全的因素都存在从量变到质变的过程。当评估一个系统安全时,离不开从量变到质变的原理。

六、安全风险评估方法的分类及选择

1. 安全风险评估方法的分类

(1) 总体风险评估

桥梁工程开工前,根据桥梁工程的地质环境条件、建设规模、结构特点等孕险环境与致险因子,估测桥梁工程施工期间的整体安全风险大小,确定其静态条件下的安全风险等级。

(2) 专项风险评估

当桥梁工程总体风险评估等级达到Ⅲ级(高风险)及以上时,将其中高风险的施工作业活动(施工区段)作为评估对象,根据作业风险特点以及类似工程事故情况进行风险源普查,并针对其中的重大风险源进行量化估测,提出相应的风险防控措施。

2. 安全风险评估方法的选择

(1) 定性评估

定性评估是指依靠人的观察能力和分析能力,借助经验和判断能力进行评估的方法。

(2) 定量评估

定量评估是指依靠历史统计数据,运用数学方法构造模型进行评估的方法。

(3) 综合评估

综合评估是指两种或两种以上评估方法的综合运用,如定性方法和定量方法的综合,或两种以上定量评估方法的综合。

七、安全风险评估的基本程序及步骤

1. 安全风险评估的基本程序

(1) 前期准备。

(2) 危险、有害因素识别与分析。

(3) 评估单元划分。

(4) 现场安全调查。

(5) 定性、定量评估。

(6)提出安全对策措施及建议。
(7)做出安全风险评估结论。
(8)编制安全风险评估报告、开展安全风险评估报告评审等。

2.安全风险评估的步骤
(1)开展总体风险评估。
(2)确定专项风险评估范围。
(3)开展专项风险评估。
(4)确定风险控制措施。

思考与练习题

注:【思考与练习题】中,*表示与【知识目标】和【能力目标】相对应的题目,属于必答题。

一、单选题

*1.根据《公路工程质量检验评定标准 第一册 土建工程》(JTG F80/1—2017)相关规定,在进行桥梁工程质量检验评定的实测项目时,下列表述正确的是( )。
　　A.关键项目的合格率应不低于95%(机电工程为100%)
　　B.一般项目的合格率应不低于80%
　　C.有规定极值的检查项目,任意单个检测值不应突破规定极值
　　D.满足以上所有条件

*2.在分部工程中,按不同的施工工序、工艺或材料等划分的工程称为( )。
　　A.分项工程　　　B.单位工程　　　C.合同段　　　D.建设项目

*3.一般项目的合格率应不低于( )%,否则该检查项目为不合格。
　　A.60　　　　　B.75　　　　　C.80　　　　　D.95

*4.当单位工程的评定资料完整、所含( )合格、外观质量满足设计要求时,该单位工程评定为合格。
　　A.分项工程　　　B.单位工程　　　C.合同段　　　D.分部工程

*5.评定为不合格的分项工程、分部工程,经返工、加固、( ),满足设计要求后,可重新进行检验评定。
　　A.检查　　　B.补强或调测　　　C.检验　　　D.复核

6.公路桥梁工程施工安全风险评估范围包括:跨径大于或等于140m的梁式桥,跨径大于400m的斜拉桥,跨径大于( )m的悬索桥。
　　A.1000　　　B.800　　　C.600　　　D.500

7.任何事物在其发展过程中,从过去到现在以及延伸至将来,都具有一定的延续性,这种延续性称为( )。
　　A.相关性　　　　　　　　　B.类推
　　C.量变到质变　　　　　　　D.惯性

8.( )是指依靠历史统计数据,运用数学方法构造模型进行评估的方法。

A. 定性评估 B. 综合评估
C. 定量评估 D. 科学评估

9. 《工程结构可靠性设计统一标准》(GB 50153—2008)属于(　　)标准。
A. 专业基础　　　B. 综合基础　　　C. 专业通用　　　D. 专业专用

10. 桥梁工程质量评定中,防护工程被划归为(　　)工程。
A. 单位　　　B. 分项　　　C. 分部　　　D. 建设

二、多选题

*1. 分项工程质量检验内容包括(　　)四个部分。
A. 合格率 B. 基本要求
C. 实测项目 D. 外观质量
E. 质量保证资料

2. 以下试验检测项目属于施工过程的是(　　)。
A. 半成品试验检测 B. 地基承载力检测
C. 混凝土强度抽样试验 D. 桩基检测
E. 桥梁荷载试验

3. 质量等级评定应进行工程划分,遵循(　　)的原则。
A. 两级制度　　B. 逐级评定　　C. 合规定质　　D. 一分为二

*4. 公路桥梁工程施工安全风险评估包含的主要内容有(　　)。
A. 风险识别　　B. 风险评估　　C. 风险排除　　D. 风险控制

*5. 桥梁工程质量检验评定中,以下属于分部工程的是(　　)。
A. 基础及下部结构 B. 上部结构预制与安装
C. 栏杆和人行道 D. 防护工程

*6. 桥梁工程建设中,以下属于分部工程的是(　　)。
A. 基础及下部结构 B. 上部结构预制与安装
C. 栏杆和人行道 D. 防护工程

*7. 《公路工程质量检验评定标准　第一册　土建工程》(JTG F80/1—2017)是公路桥梁工程质量等级评定的标准尺度,作为开展(　　)等方面质量检验评定工作的依据。
A. 质监部门质量检查鉴定 B. 监理工程师质量检查认定
C. 施工单位质量自检 D. 桥梁定期检查及技术状况评定

8. 桥梁工程试验检测技术的应用包括(　　)等方面。
A. 大跨桥梁施工监控
B. 原材料、成品或半成品部件的质量检验
C. 桥梁施工质量评定
D. 既有桥梁技术状况评定

9. 质量保证资料的施工原始记录、试验检测数据、质量检验结果应该(　　)。
A. 真实 B. 生动
C. 准确 D. 齐全
E. 完整

10. 工程质量等级评定分为(　　),应按分项工程、分部工程、单位工程、合同段和建设项目逐级评定。

　　A.合格　　　　B.不合格　　　　C.优良　　　　D.优秀

三、判断题

*1. 经检查评为不合格的分项工程,允许进行返工、加固、补强或调测,满足设计要求后,可重新评定其质量等级。(　　)

*2. 桥梁工程质量评定是按照先分部工程,分项工程,再单位工程、合同段和建设项目的顺序逐级进行质量等级评定。(　　)

*3. 桥梁分项工程质量评定中,分项工程中对结构安全、耐久性和主要使用功能起决定性作用的检查项目为关键项目。(　　)

4. 桥梁分项工程质量评定中,关键检测项目的合格率不得低于90%,机电工程为100%。(　　)

5. 公路桥梁工程施工安全风险评估适用于列入国家和地方基本建设计划的新建、改建以及拆除、加固等的所有桥梁工程项目。(　　)

6. 桥梁的结构、构件按规定频率进行随机抽检检验。(　　)

*7. 采用新材料、新结构、新工艺、新技术的中桥工程属于公路桥梁工程施工安全风险评估范围。(　　)

8. 特大跨径的桥梁、结构复杂的桥梁和承载能力需要验证的桥梁应进行荷载试验,试验结果应满足设计要求和符合相关技术规范的规定。(　　)

*9. 桥梁分项工程质量评定中,为提高效率,可同步进行基本要求检查和实测项目检查。(　　)

*10. 根据《公路工程质量检验评定标准　第一册　土建工程》(JTG F80/1—2017)规定,桥梁工程中的小桥和人行天桥等被划分到路基单位工程中。(　　)

模块1【思考与练习题】答案

桥涵工程原材料试验检测

模块 2

单元2.1　石料

【知识目标】
1. 熟悉桥涵工程用石料的基本要求；
2. 掌握桥涵工程用石料抗压强度、抗冻性指标的测试方法。

【能力目标】
1. 具备查阅石料相关试验检测的技术标准、规程的能力；
2. 能够规范地检测石料的抗压强度、抗冻性指标。

【案例导入】
按地质成因划分，岩石可分为岩浆岩、沉积岩和变质岩三大类。桥涵工程中使用的石料制品有片石、块石、粗料石等，主要用于砌体工程，如桥涵拱圈、墩台、基础、锥坡、护坡、河床铺砌层等。

众所周知的赵州桥是一座大型敞肩石拱桥，距今已有1400多年，在世界桥梁建筑史上永放光辉。赵州桥至今屹立不倒，除了具有良好的力学构造外，其所用的石料也是很重要的因素。

【工程师寄语】
汲取砥砺奋进的精神力量，树立坚如磐石的理想信念。在前进的征程上，我们要培养磐石般刚强的品质，铸就一身硬功夫，面对困难，泰山压顶腰不弯，我们要不忘初心、牢记使命，唯有矢志不渝、笃行不怠，方能不负时代、不负人民。

本单元将介绍石料的基本要求、单轴抗压强度试验以及抗冻性试验。

【知识框图】

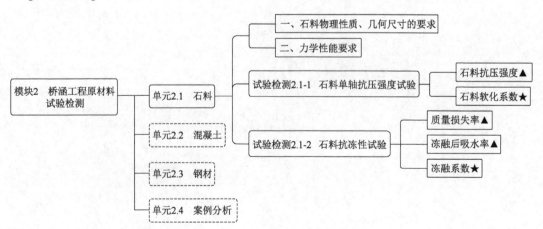

注：知识框图中标有"▲"符号的是教学重点内容，标有"★"符号的是教学难点内容。

一、石料物理性质、几何尺寸的要求

1. 物理性质要求

桥涵工程所用材料的种类（微课）

石料应符合设计规定的类别和强度。石质应均匀、不易风化、无裂纹。对于一月份平均气温低于 -10℃ 的地区，除干旱地区的不受冰冻部位外，所用石料及混凝土材料须通过冻融试验，抗冻性指标合格后方可使用。

对于累年最冷月份平均气温低于或等于 -10℃ 的地区，所用石料的抗冻性指标应符合表 2-1 的规定。

石料的抗冻性指标 表 2-1

结构物类别	大、中桥	小桥及涵洞
镶面或表层石料的抗冻性指标	50 次	25 次

注：1. 抗冻性指标系指材料在含水饱和状态下经 -15℃ 的冻结与融化的循环次数。试验后的材料应无明显损伤（包括裂缝、脱层和边角损坏），其强度不低于试验前的 0.75 倍。
  2. 根据以往实践经验证明材料确有足够抗冻性的，可不做抗冻试验。

石料应具有耐风化和抗侵蚀性。用于浸水或气候潮湿地区的受力结构的石材软化系数不应低于 0.8。

2. 几何尺寸要求

（1）片石：一般指用爆破或楔劈法开采的石块，厚度不应小于 150mm（卵形和薄片者不得采用）。

（2）块石：形状应大致方正，上下面大致平整，厚度为 200～300mm，宽度为厚度的 1.0～1.5 倍，长度为厚度的 1.5～3.0 倍（如有锋棱锐角，应敲除），如图 2-1 所示。

（3）粗料石：是由岩层或大块石料开辟并经粗修凿而成，其外形应方正，呈六面体，厚度为 200～300mm，宽度为厚度的 1.0～1.5 倍，长度为厚度的 2.5～4.0 倍，表面凹陷深度不大于 20mm。镶面粗料石的外露面如带细凿边缘时，细凿边缘的宽度应为 30～50mm，如图 2-2 所示。

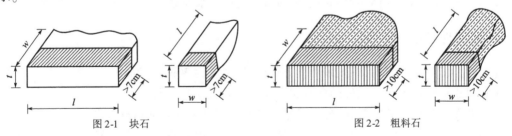

图 2-1 块石 图 2-2 粗料石

二、力学性能要求

石料的力学性质是指石料在工程应用中所表现出的抗压、抗剪、抗弯拉强度等能力。石料强度、试件规格及换算应符合设计要求。

试验检测 2.1-1

石料单轴抗压强度试验

石料单轴抗压强度试验(微课)

一、目的与适用范围

单轴抗压强度是反映石料力学性质的主要指标之一。单轴抗压强度试验是测定规则形状石料试件单轴抗压强度的方法。

本试验采用饱和状态下立方体(或圆柱体)石料试件的抗压强度来评定石料强度。

在某些情况下,试件含水状态可根据需要选择天然状态、烘干状态或冻融循环后状态。试件的含水状态要在试验报告中注明。

二、试验依据

(1)《公路工程岩石试验规程》(JTG E41—2005)。
(2)《公路桥涵施工技术规范》(JTG/T 3650—2020)。
(3)《公路圬工桥涵设计规范》(JTG D61—2005)。
(4)《液压式万能试验机》(GB/T 3159—2008)。
(5)《试验机通用技术要求》(GB/T 2611—2007)。

三、仪器设备

(1)压力试验机(万能试验机)(图2-3):测量精度为±1%,同时应具有加荷速度指示装置或加荷速度控制装置;试件破坏荷载应为压力试验机全量程的 20%~80%。

(2)切石机、钻石机、磨平机等石料试件加工设备。

(3)烘箱、干燥器、游标卡尺(精度 0.1mm)、角尺及水池等。

图 2-3 压力试验机

四、试件制备

(1)桥梁工程用的石料试验,采用立方体试件,边长为 70mm±2mm。

(2)每组试件共 6 个。试件的含水状态要在试验报告中注明。

(3)对于有显著层理的石料,分别沿平行和垂直层理方向各取试件 6 个。

(4)试件上、下端面应平行和磨平,试件端面的平面度公差应小于 0.05mm,端面对于试件轴线垂直度偏差不应超过 0.25°。

五、试验步骤

(1)对试件编号,用游标卡尺量取尺寸(精确至 0.1mm),在立方体试件的顶面和底面上各量取其边长,以各个面上相互平行的两个边长的算术平均值计算其承压面积。

(2)试件的含水状态可根据需要选择烘干状态、天然状态或饱和状态。

试件烘干方法:将试件放入温度为 105~110℃ 的烘箱内烘至恒量,烘干时间一般为 12~24h,取出置于干燥器内冷却至室温 20℃±2℃,称其质量,精确至 0.01g。

试件强制饱和可采用如下两种方法:

①用真空抽气法饱和试件。当采用真空抽气法饱和试件时,饱和试件容器内的水位应高于试件顶面 20mm,真空压力表读数宜为 100kPa,直至无气泡发生为止,但抽气时间不得少于 4h,经真空抽气的试件应放置在原容器中,在大气压力下静置 4h。

②煮沸法饱和试件。将称量后的试件放入水槽,注水至试件高度的一半,静置 2h;再加水直至试件浸没,煮沸 6h 以上,并保持水的深度不变。煮沸停止后静置水槽,待其冷却。试件强制饱和后取出试件,用湿纱布擦去表面水分,立即称其质量,精确至 0.01g。

(3)按石料的强度性质,选定合适的压力试验机。将试件置于压力试验机的承压板中央,不得偏心。

(4)以 0.5~1.0MPa/s 的速率进行加荷直至破坏,同时记录破坏荷载及加载过程中出现的现象。抗压试件试验的最大荷载记录以 N 为单位,精度为 1%。

六、试验结果计算

1. 石料抗压强度计算

石料抗压强度按下式计算:

$$R_i = \frac{P_i}{A_i} \tag{2-1}$$

式中:R_i——第 i 个试件的抗压强度,MPa;
  P_i——第 i 个试件的极限破坏荷载,N;
  A_i——第 i 个试件的截面面积,mm²。

2. 石料软化系数计算

石料软化系数按下式计算:

$$K_p = \frac{R_w}{R_d} \tag{2-2}$$

式中:K_p——石料软化系数;
  R_w——石料饱和状态下的单轴抗压强度,MPa;
  R_d——石料烘干状态下的单轴抗压强度,MPa。

七、结果评定

(1)单轴抗压强度试验结果应同时列出每个试件的试验值及同组岩石单轴抗压强度的平均值;对于有显著层理的岩石,分别报告垂直与平行层理方向的试件强度的平均值。计算值精确至0.1MPa。

(2)软化系数计算值精确至0.01。用3个试件进行平行测定,取算术平均值。3个值中,最大值与最小值之差不应超过平均值的20%;否则,应另取第4个试件进行平行测定,并在4个试件中取最接近的3个值的平均值作为试验结果,同时在报告中将4个值全部列出。

八、注意事项

石料抗压强度的影响因素:
(1)石料本身方面的因素,如矿物组成、结构构造及含水状态等。
(2)试验条件,如试件形状、大小、高径比、加工精度及加荷速率等。

九、试验记录与示例

单轴抗压强度试验记录应包括石料名称、试验编号、试件编号、试件描述、试件尺寸、破坏荷载、破坏形态。岩石单轴抗压强度试验检测记录表(立方体)见表2-2。

岩石单轴抗压强度试验检测记录表(立方体) 表2-2

检测单位名称: 记录编号:

工程名称/任务编号										
工程部位/用途										
样品信息	名称					编号				
	规格型号					数量				
	状态					来样时间				
检测日期						检测条件				
检测依据										
主要仪器设备名称及编号										
设计强度等级										
单轴抗压强度										
试件尺寸				层理描述						
试件编号	含水状态	高度(mm)	平行边		平面度公差(mm)	垂直度偏差(°)	截面面积A(mm^2)	破坏荷载P(N)	抗压强度$R=\dfrac{P}{A}$(MPa)	平均抗压强度R(MPa)
			顶面边长(mm)	底面边长(mm)						

续上表

试件编号	含水状态	高度(mm)	平行边		平面度公差（mm）	垂直度偏差（°）	截面面积 A（mm^2）	破坏荷载 P（N）	抗压强度 $R=\dfrac{P}{A}$（MPa）	软化系数 $K_p=\dfrac{R_w}{R_d}$
			顶面边长（mm）	底面边长（mm）						
	烘干状态									
	饱和状态									
	烘干状态									
	饱和状态									
	烘干状态									
	饱和状态									
	烘干状态									
	饱和状态									
平均软化系数										
附加声明：										

检测：　　　　　　记录：　　　　　　复核：　　　　　　日期：　　年　　月　　日

试验检测 2.1-2

石料抗冻性试验

一、目的与适用范围

（1）石料的抗冻性是指用来评估石料在饱和状态下经受规定次数的冻融循环后抵抗破坏的能力。

（2）石料的抗冻性对于不同的工程环境气候有不同的要求。在寒冷地区，均应进行石料的抗冻性试验。

（3）冻融次数规定：在严寒地区（最冷月的月平均气温低于－15℃）为25次；在寒冷地区（最冷月的月平均气温在－15～－5℃）为15次。

二、试验依据

（1）《公路工程岩石试验规程》（JTG E41—2005）。

(2)《公路桥涵施工技术规范》(JTG/T 3650—2020)。
(3)《公路圬工桥涵设计规范》(JTG D61—2005)。

三、仪器设备

(1)试件加工设备:切石机、钻石机及磨平机等。
(2)压力试验机或万能试验机。
(3)冰箱:温度控制在 -20 ~ -15℃。
(4)烘箱:温度控制在 105 ~ 110℃。
(5)天平:感量 0.01g,称量大于 500g。
(6)放大镜。

四、试件制备

采用边长为 70mm ± 2mm 的立方体试件,每组试件不应少于 3 个。此外,再制备同样试件 3 个,用于做冻融系数试验。

五、试验步骤

(1)对试件进行编号,用放大镜详细检验,并作外观描述,然后量出每个试件的尺寸,计算受压面积。
(2)将试件放入烘箱,温度控制在 105 ~ 110℃ 范围内烘至恒量,烘干时间一般为 12 ~ 24h,待在干燥器内冷却至室温后取出,立即称其质量 m_s,精确至 0.01g。
(3)按自由浸水法,对试件进行饱和处理。将称量后的试件置于盛水容器中,先注水至试件高度的 1/4 处,之后每隔 2h 分别注水至试件高度的 1/2 和 3/4 处,6h 后注水至高出试件顶面 20mm,以利于试件空气逸出。试件全部被水淹没后再自由吸水 48h。
(4)取出自由吸水饱和的试件,擦拭表面水分后摆放在铁盘中,试件与试件之间应留有一定间距。待冰箱温度下降到 -15℃以下时,将铁盘连同试件一起放入冰箱,并立即开始计时。冻结 4h 后取出试件,放入 20℃ ±5℃ 的水中溶解 4h,如此反复冻融至规定次数为止。
(5)每隔一定的冻融循环次数(如 10 次、15 次、25 次等),详细检查各试件有无剥落、裂缝、分层及掉角等现象,并记录检查情况。
(6)称量冻融试验后试件的饱水质量 m_f',再将其烘干至恒量,称其质量 m_f。
(7)按单轴抗压强度试验方法测定冻融试验后的试件饱水抗压强度,另取 3 个未经冻融试验的试件测定其饱水抗压强度。

六、试验结果计算

1. 质量损失率计算

试件冻融后的质量损失率按下式计算(精确至 0.1%):

$$L = \frac{m_s - m_f}{m_f} \times 100 \tag{2-3}$$

式中：L——冻融试验后的试件质量损失率，%；

m_s——冻融试验前烘干试件的质量，g；

m_f——冻融试验后烘干试件的质量，g。

冻融后的质量损失率取3个试件试验结果的算术平均值。

2. 冻融后吸水率计算

试件冻融试验后的吸水率按下式计算（精确至0.1%）：

$$w'_{sa} = \frac{m'_f - m_f}{m_f} \times 100 \tag{2-4}$$

式中：w'_{sa}——试件冻融试验后的吸水率，%；

m'_f——冻融试验后的试件饱水质量，g。

3. 冻融系数计算

试件经冻融试验后的抗压强度与冻融试验前的抗压强度的比值称为耐冻融系数。耐冻融系数按下式计算：

$$K_f = \frac{R_f}{R_s} \tag{2-5}$$

式中：K_f——冻融系数；

R_f——若干次冻融试验后的试件饱水抗压强度，MPa；

R_s——未经冻融试验的试件饱水抗压强度，MPa。

七、结果评定

（1）一般要求冻融试验后的质量损失率 $L<2\%$。

（2）冻融系数 $K_f>75\%$。

（3）试件无明显损伤（包括裂缝、剥落和边角损坏）。

八、注意事项

（1）石料的抗冻性与其矿物成分、结构特征有关，而且与石料的吸水率指标关系更加密切。

（2）应在每次冻融后观察和描述有无破坏现象，最后一次全面检查，应着重描述剥落、裂缝和边角损坏等情况。

九、试验记录

抗冻性试验记录应包括石料名称、试验编号、试件编号、试件描述、冻融循环次数、冻融试验前后的烘干试件的质量、冻融试验后的试件饱水抗压强度、未经冻融试验的试件饱水抗压强度。冻融试验记录（质量损失率）见表2-3。

冻融试验记录（质量损失率）　　　　　　　　　　　表 2-3

检测单位名称：　　　　　　　　　　　　　　　　　　　　　　　　　　记录编号：

任务编号		石料产地	
石料名称		用途	
试样编号	试验前烘干试件的质量 m_1(g)	试验后烘干试件的质量 m_2(g)	试验后的质量损失率 L(%)	平均质量损失率（%）

检测：　　　　　　记录：　　　　　　复核：　　　　　　日期：　年　月　日

单元 2.2　混凝土

【知识目标】
1. 熟悉桥涵工程用混凝土试验的基本要求；
2. 掌握桥涵工程用混凝土力学性能的试验检测方法和试验检测结果的分析判定。

【能力目标】
1. 具备查阅混凝土相关试验检测技术标准、规程的能力；
2. 能够规范检测混凝土的各项力学性质指标。

【案例导入】
1999 年 1 月 4 日 18 时 50 分，30 余名群众正行走在重庆市綦江县（今綦江区）彩虹桥上，另有 22 名驻綦武警战士正在进行训练，由西向东列队跑步至桥上约 2/3 处时，整座大桥突然垮塌，桥上的群众和武警战士全部坠入綦江中，经奋力抢救，14 人生还，40 人遇难死亡。经调查，引起事故的一项直接原因是钢管混凝土主钢管内混凝土强度未达设计要求，且强度普遍低于设计强度的 1/3。

混凝土强度不足会对桥梁结构安全造成严重影响，甚至会导致灾难性事故。因此，对混凝土强度的检测尤为重要。

【工程师寄语】

强度是混凝土最重要的力学性能，混凝土强度不足会引发工程安全事故，因此，我们要树立工程质量意识和安全意识，坚持人民至上、生命至上，建造精品放心工程，使人民群众的获得感、幸福感、安全感更加充实、更有保障、更可持续。混凝土强度检测具有非常重要的意义，我们应具有严谨的工作态度和规范操作的职业素质。

本单元将介绍混凝土试验的基本要求、混凝土试件成型及养护、混凝土立方体和棱柱体抗压强度试验、混凝土棱柱体抗压弹性模量试验、混凝土抗弯拉强度试验、混凝土立方体劈裂抗拉强度试验及混凝土抗渗性试验。

【知识框图】

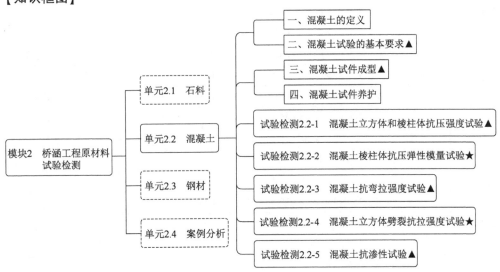

注：知识框图中标有"▲"符号的是教学重点内容，标有"★"符号的是教学难点内容。

一、混凝土的定义

普通混凝土通常是由水泥、水、砂、石子、掺合料及外加剂等，按照适当比例配合、拌制，经过一定时间硬化而成的人造石材。在混凝土组成材料中，砂和石子是集料，起到骨架作用；水泥和水形成水泥浆，水泥浆包裹在集料的表面并填充其空隙。水泥浆未硬化前，水泥浆起到润滑作用，赋予混凝土拌合物一定的流动性，便于混凝土结构成型；水泥浆硬化后，水泥浆和集料胶结成为一个坚实的整体，使混凝土产生强度。

混凝土基本要求（微课）

二、混凝土试验的基本要求

1.配制混凝土的原材料

混凝土工程所用的各种原材料，均应符合现行国家标准或行业标准的规定，并应在进场时对其性能和质量进行检验。

2. 混凝土性能试验试件尺寸及数量

(1) 试件形状、尺寸及数量

试件形状、尺寸及数量应根据混凝土中集料的最大粒径按照表2-4选取。

试件形状及数量选取 表2-4

检测项目	试件形状	试件尺寸（mm）	尺寸修正系数	每组试件数量（个）	备注
抗压强度	立方体	100×100×100（26.5）	0.95	3	非标准试件
		150×150×150（31.5）	1.00		标准试件
		200×200×200（53）	1.05		非标准试件
轴心抗压强度	棱柱体	100×100×300（26.5）	0.95	3	非标准试件
		150×150×300（31.5）	1.00		标准试件
		200×200×400（53）	1.05		非标准试件
静力受压弹性模量	棱柱体	100×100×300（26.5）	—	3	非标准试件
		150×150×300（31.5）	1.00		标准试件
		200×200×400（53）	—		非标准试件
劈裂抗拉强度	立方体	100×100×100（26.5）	—	3	非标准试件
		150×150×150（31.5）	1.00		标准试件
抗弯拉强度	棱柱体	150×150×550（31.5）	1.00	3	标准试件
		100×100×400（26.5）	0.85		非标准试件

注：括号中的数字为试件中集料公称最大粒径，单位是mm。标准试件的最短尺寸大于公称最大粒径4倍。

(2) 试件尺寸公差

公差包括尺寸公差和形位公差。试件的形位公差是否符合要求，对其力学性能特别是高强混凝土的力学性能影响很大。试件承压面平面度公差主要是由试模内表面的平面度来控制，而试件相邻面夹角公差不仅取决于试模相邻面夹角，而且取决于每次安装试模的操作精度。所以，要使试件的形位公差符合要求，不但应采用符合标准要求的试模来制作试件，而且必须高度重视对试模的安装。

各种横截面边长的试件所对应的承压面平面度公差允许值见表2-5。试件相邻面之间的夹角应为90°，其公差不得超过0.5°。试件各边长、直径和高的尺寸公差不得超过1mm。

试件承压面平面度公差允许值 表2-5

试件横截面边长（mm）	承压面平面度公差（mm）	试件横截面边长（mm）	承压面平面度公差（mm）
100	0.050	200	0.100
150	0.075		

3. 设备

(1) 试模

各种试模的主要技术指标应满足表2-6中的规定，并且应根据试模的使用频率来确定其检查时间,至少应每 3 个月检查一次。

各种试模的主要技术指标　　　　　　　　　　　　　　　　　　　　表 2-6

部件名称	技术指标	部件名称	技术指标
试模内表面（工作面）	光滑、平整,不得有砂眼、裂纹及划伤	组装后相邻面夹角	90°±0.2°
试模内表面粗糙度	不得大于 3.2μm	试模内表面平整度	每 100mm 不应大于 0.04mm
组装后内部尺寸误差	不应大于公称尺寸的±0.2%,且不应大于±1mm	组装后连接面缝隙	不得大于±0.1mm

（2）振动台

振动台（图 2-4）的主要技术指标应符合表 2-7 的要求,并且必须由法定计量部门定期进行检定,并出具计量检定证书,检定频率为一年一次。

图 2-4　振动台

振动台的主要技术指标　　　　　　　　　　　　　　　　　　　　表 2-7

部件名称	技术指标	部件名称	技术指标
台面平整度	平面度误差不应大于 0.3mm	空载频率	50Hz±2Hz
空载台面中心垂直振幅	0.5mm±0.02mm	启动时间	不大于 2s
空载台面振幅均匀度	不大于±10%	制动时间	不大于 5s
负载与空载台面中心垂直振幅比	不小于 0.7	空载噪声	不大于 80dB
试模固定装置	振动中试模无松动、无移动、无损伤	台面粗糙度	不大于 6.3μm
振动台台面厚度	不应小于 10mm	台面尺寸偏差	不大于±5mm

（3）压力试验机

压力试验机(万能试验机)的测量精度为±1%,试件破坏荷载必须大于压力试验机全量程的 20%且小于压力试验机全量程的 80%。为了便于操作人员控制加荷速度,压力试验机应具有加荷速度显示装置或加荷速度控制装置。压力试验机应由法定计量部门定期进行检定,并出具计量检定证书,检定频率一般为一年一次。

三、混凝土试件成型

1. 混凝土试件制作应符合的规定

（1）成型前，应检查试模尺寸是否符合表2-6试模的主要技术指标的规定；尤其是对高强混凝土，应格外重视检查试模的尺寸是否符合试模标准的要求；特别应检查试模的内表面平整度和相邻面夹角是否符合要求。试模内表面应涂一薄层矿物油或其他不与混凝土发生反应的脱模剂。立方体混凝土试件如图2-5所示。

混凝土试件制作及现场取样（微课）

图2-5 立方体混凝土试件

（2）普通混凝土力学性能试验中每组试件所用的拌合物应从一盘混凝土或同一车混凝土中取样。在试验室拌制混凝土时，其材料用量应以质量计，称量的精度：水泥、掺合料、水和外加剂为±0.5%，集料为±1%。

（3）取样或试验室拌制的混凝土应在拌制后尽可能短的时间内成型，一般不宜超过15min。

（4）宜根据混凝土拌合物的稠度或试验目的确定适宜的成型方法，混凝土应充分密实，避免分层离析。对于坍落度小于25mm可采用插入式振捣棒成型，当坍落度大于25mm且小于90mm时，混凝土宜使用振动台成型，对于坍落度大于90mm的混凝土宜采用人工成型。

2. 混凝土试件制作的步骤

（1）取样或拌制好的混凝土拌合物应至少用铁锹来回拌和3次。

（2）使用振动台振实制作试件应按下述方法进行：

①将混凝土拌合物一次性装入试模，装料时应用抹刀沿试模内壁插捣，并使混凝土拌合物高出试模上口。

②试模应附着或固定在振动台上，振动时应防止试模在振动台上自由跳动，振动应持续到表面出浆且无明显大气泡溢出为止，不得过振。

③刮除试模上口多余的混凝土，待混凝土临近初凝时，用抹刀抹平。试件抹面与试模边缘的高差不得超过0.5mm。

（3）采用人工插捣方式制作试件方法：

①混凝土拌合物应分两层装入模内，每层的装料厚度大致相等。

②插捣应按螺旋方向从边缘向中心均匀进行。在插捣底层混凝土时，捣棒应到达试模底

部;插捣上层时,捣棒应贯穿上层后插入下层20~30mm。插捣时,捣棒应保持垂直,不得倾斜,然后应用抹刀沿试模内壁插拔数次。

③每层插捣次数按10000mm²截面面积内不得少于12次的标准。

④插捣后应用橡皮锤轻轻敲击试模四周,直至插捣棒留下的空洞消失为止。

⑤刮除试模上口多余的混凝土,待混凝土临近初凝时,用抹刀抹平。试件抹面与试模边缘的高差不得超过0.5mm。

(4)使用插入式振捣棒振实方式制作试件方法:

①将混凝土拌合物一次性装入试模,装料时应用抹刀沿各试模壁插捣,并使混凝土拌合物高出试模上口。

②宜使用直径为25mm的插入式振捣棒。插入试模振捣时,振捣棒距试模底板10~20mm,且不得触及试模底板,振动应持续到表面出浆为止,不得过振,以防混凝土离析;一般振捣时间为20s;振捣棒拔出时要缓慢,拔出后不得留有孔洞。

③刮除试模上口多余的混凝土,待混凝土临近初凝时,用抹刀抹平。试件抹面与试模边缘的高差不得超过0.5mm。

四、混凝土试件养护

(1)混凝土试件成型后,采用湿布覆盖表面或其他保湿办法。

(2)采用标准养护的试件,应在温度为20℃±5℃、相对湿度(RH)大于50%的环境条件下静置1~2昼夜,然后拆模,检查试件的外观、编号。拆模后,立即将完好试件放入温度为20℃±2℃、相对湿度(RH)为95%以上的标准养护室中养护,或在温度为20℃±2℃的不流动$Ca(OH)_2$饱和溶液中养护。标准养护室内的试件应放在支架上,彼此间隔10~20mm,试件表面应保持潮湿,并不得被水直接冲淋。

(3)同条件养护试件的拆模时间可与实际构件的拆模时间相同,拆模后,试件仍需保持同条件养护。

(4)标准养护龄期为28d(从搅拌加水开始计时)。非标准养护龄期为1d、3d、7d、60d、90d和180d。

试验检测2.2-1

混凝土立方体和棱柱体抗压强度试验

混凝土立方体
和棱柱体抗压
强度试验(微课)

一、目的与适用范围

本试验规定了测定水泥混凝土抗压极限强度的方法和步骤,也可用于确定水泥混凝土的强度等级,作为评定水泥混凝土品质的主要指标。

本试验适用于各类水泥混凝土立方体和棱柱体试件的极限抗压强度测定。

二、试验依据

《公路工程水泥及水泥混凝土试验规程》(JTG 3420—2020)。

三、仪器设备

(1)压力试验机或万能试验机。

(2)球座:钢质坚硬,面部平整度要求在100mm距离内的高低差值不超过0.05mm,球面及球窝粗糙度 $R_a = 0.32\mu m$,研磨、转动灵活。不应在大球座上做小试件破型,球座宜放置在试件顶面(特别是棱柱试件),并且凸面朝上;当试件均匀受力后,不宜再敲动球座。

(3)防崩裂网罩:当混凝土强度等级大于或等于C50时,试件周围应设置防崩裂网罩。

(4)钢尺:分度值为1mm。

四、试件制备

(1)参照表2-4和本单元混凝土试件的相关规定。

(2)混凝土抗压强度试件应取同龄期者为1组,每组3个同条件制作和养护的试件。

五、试验步骤

(1)养护至试验龄期时,自养护室取出试件,用湿毛巾覆盖并尽快进行试验,避免试件湿度发生变化。

(2)检查试件的尺寸形状,相对两面应平行;量出棱边长度、宽度和高度,精确至1mm。试件受力截面面积按其与压力试验机上下接触面的平均值计算。在破型前,保持试件原有湿度,在试验时应擦干试件表面水分。

(3)对于立方体试件,以其成型时侧面为上下受压面;对于棱柱体试件,受压面为正方形。在压力试验机下压板上放好试件,几何对中(试件的承压面应与成型时的顶面垂直,试件的中心应与压力试验机下压板中心对准),启动压力试验机,当上压板与试件或钢垫板接近时,调整球座,使接触均衡。

(4)在试验过程中应连续、均匀地加荷,不得对试件产生冲击。当混凝土强度等级小于C30时,加荷速度取0.3~0.5MPa/s;当混凝土强度等级大于或等于C30且小于C60时,加荷速度取0.5~0.8MPa/s;当混凝土强度等级大于或等于C60时,加荷速度取0.8~1.0MPa/s。当试件接近破坏开始急剧变形时,应停止调整压力试验机油门,直至试件破坏,记下破坏极限荷载$F(N)$。

六、试验结果计算

混凝土立方体和棱柱体抗压强度应按式(2-6)、式(2-7)计算:

$$f_{cu} = \frac{F}{A} \qquad (2\text{-}6)$$

$$f_{cp} = \frac{F}{A} \qquad (2\text{-}7)$$

式中：f_{cu}——混凝土立方体试件抗压强度，MPa；

f_{cp}——混凝土棱柱体轴心抗压强度，MPa；

F——极限荷载，N；

A——受压面积，mm^2。

混凝土立方体和棱柱体试件抗压强度计算结果精确至0.1MPa。

七、结果评定

（1）一般情况下，取3个试件测值的算术平均值作为该组试件的测定值（精确至0.1MPa）。在3个值中，最大值或最小值有1个与中间值的差值超过中间值的15%时，则要把最大值及最小值一并舍去，取中间值作为测定值；若最大值或最小值与中间值的差值均超过中间值的15%，则该组试验结果无效。

（2）当混凝土强度等级小于C60时，用非标准试件测得的强度值应乘以尺寸换算系数；当混凝土强度等级大于或等于C60时，宜采用标准试件。使用非标准试件时，尺寸换算系数由试验确定，并应在报告中注明。

八、注意事项

（1）试验时应控制好加荷速率。

（2）用非标准试件测得的强度值均应乘以尺寸换算系数。

九、试验记录与检测报告模板

混凝土抗压强度试验记录与检测报告模板见表2-8、表2-9。

混凝土抗压强度试验记录 表2-8

检测单位名称： 记录编号：

编号	工程部位	设计强度等级	样品状态	试件尺寸			成型日期	试验日期	养护条件	龄期(d)	破坏荷载(kN)	换算系数	抗压强度(MPa)	该组试件抗压强度值(MPa)	备注
				长(mm)	宽(mm)	高(mm)									
试验依据			检测设备	□游标卡尺（GDJC-S-328） □游标万能角度尺（GDJC-S-114） □片状塞尺（GDJC-S-351）					温度： ℃ 相对湿度（RH）：						

检测： 记录： 复核： 日期： 年 月 日

混凝土抗压强度检测报告模板 表2-9

检测单位名称：_____ 报告编号：_____

| 委托单位：_____ |
| 工程名称：_____ |
| 施工单位：_____ 委 托 人：_____ |
| 样品名称：_____ 样品状态：_____ 检验类别：_____ |
| 检测环境：温度：_____ 相对湿度：_____ 试验规格：_____ |
| 见证单位：_____/_____ 养护方式：_____ |
| 收样日期：_____ 见 证 人：_____ |
| 执行标准：_____ 报告日期：_____ |
| 检测设备：_____ |

工程部位	制作日期	检测日期	龄期(d)	设计强度等级	承压面积(mm^2)	抗压强度(MPa)	
						单块值	该组试件抗压强度值
备注							

说明：1. 本报告仅对来样负责，若对本报告有异议，请在收到报告15日内向本单位提出。
  2. 本报告或报告复印件无"检验检测专用章"，则视为无效。
  3. 本报告无主检、审核、批准人签字则视为无效，报告涂改则视为无效

检测：_____ 审核：_____ 签发：_____ 日期：__年__月__日(专用章)

试验检测2.2-2

混凝土棱柱体抗压弹性模量试验

混凝土棱柱体抗压弹性模量试验（微课）

一、目的与适用范围

本试验规定了水泥混凝土在静力作用下的抗压弹性模量的试验方法，水泥混凝土的抗压弹性模量取1/3轴心抗压强度对应的弹性模量。

本试验适用于各类水泥混凝土的直角棱柱体试件。

二、试验依据

《公路工程水泥及水泥混凝土试验规程》(JTG 3420—2020)。

三、仪器设备

(1)压力试验机或万能试验机。
(2)球座。
(3)微变形测量仪:千分表2个(0级或1级),引伸计(精度不低于0.001mm)。
(4)微变形测量仪固定架两对,标距为150mm。
(5)其他:钢尺(量程为600mm,分度值为1mm)、502胶水、铅笔和秒表等。

四、试件制备

(1)试件尺寸与棱柱体轴心抗压强度试件相同,参照表2-4和本单元混凝土试件制作的相关规定。
(2)每组为同龄期、同条件制作和养护的试件6根,其中3根用于测定棱柱体轴心抗压强度,提供弹性模量试验的加荷标准,另外3根做弹性模量试验。

五、试验步骤

(1)检查所采用的压力试验机是否符合要求,并选择合适的量程。
(2)试件取出后,用湿毛巾覆盖并及时进行试验,保持试件干湿状态不变。擦净试件,量出尺寸并检查外形,尺寸测量精确至1mm,试件不得有明显缺损,端面不平时须先抹平。
(3)取3根试件进行轴心抗压强度试验,计算棱柱体轴心抗压强度值f_{cp}。
(4)取另外3根试件做抗压弹性模量试验,微变形测量仪安装在试件两侧的中线上并对称于试件两侧。
(5)将试件移于压力试验机球座上,几何对中,加荷方法如图2-6所示。

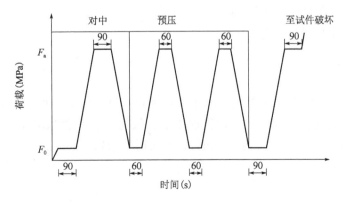

图2-6 弹性模量加荷方法示意图

(6) 调整试件位置。开动压力试验机,当上压板与试件接近时,调整球座,使接触均衡。加荷至基准应力 0.5 MPa 对应的初始荷载值 F_0,保持恒载 60s,并在后续的 30s 内记录两侧变形量测仪的读数 $\varepsilon_0^{左}$、$\varepsilon_0^{右}$。应立即以 0.6MPa/s ± 0.4MPa/s 的加荷速率连续均匀地加荷至 1/3 轴心抗压强度 f_{cp} 对应的荷载值 F_a,保持恒载 60s 并在后续的 30s 内记录两侧变形量测仪的读数 $\varepsilon_a^{左}$、$\varepsilon_a^{右}$。

(7) 以上读数应与它们的平均值相差在 20% 以内,否则应重新对中试件,再重复以上试验步骤。如果无法使差值减小到低于 20%,那么此次试验无效。

(8) 预压。确认上述步骤后,以相同的速度卸荷至基准应力 0.5MPa 对应的初始荷载值 F_0,并持荷 60s。以相同的速度加荷至荷载值 F_a,再保持 60s 恒载,最后以相同的速度卸荷至初始荷载 F_0,至少进行两次预压循环。

(9) 在完成最后一次预压后,保持 60s 的初始荷载值 F_0,在后续的 30s 内记录两侧变形量测仪的读数 $\varepsilon_0^{左}$、$\varepsilon_0^{右}$;再用同样的加荷速度加荷至荷载值 F_a,再保持 60s 恒载,并在后续的 30s 内记录两侧变形量测仪的读数 $\varepsilon_a^{左}$、$\varepsilon_a^{右}$。

(10) 卸除变形测量仪,以同样的速度加荷至破坏,记录破坏荷载 $F(N)$。如果试件的轴心抗压强度与 f_{cp} 之差超过 f_{cp} 的 20% 时,则应在报告中注明。

六、试验结果计算

混凝土抗压弹性模量应按下式计算:

$$E_c = \frac{F_a - F_0}{A} \times \frac{L}{\Delta n} \tag{2-8}$$

式中:E_c——混凝土抗压弹性模量,MPa;
$\quad F_a$——应力为 1/3 轴心抗压强度时的控制荷载,N;
$\quad F_0$——应力为 0.5 MPa 时的初始荷载,N;
$\quad A$——试件承压面积,mm^2;
$\quad L$——测量标距,mm。
$\quad \Delta n$——最后一次从 F_0 加荷至 F_a 时试件两侧变形的平均值,mm。

$$\Delta n = \varepsilon_a - \varepsilon_0 \tag{2-9}$$

式中:ε_a——F_a 时标距间试件变形,mm;
$\quad \varepsilon_0$——F_0 时标距间试件变形,mm。

七、结果评定

弹性模量以 3 根试件试验结果的算术平均值为测定值。如果其循环后的任一根与循环前轴心抗压强度之差超过后者的 20%,则弹性模量值按另 2 根试件试验结果的算术平均值计算;如有 2 根试件试验结果超过上述规定时,则此次试验结果无效。

八、注意事项

(1) 结果计算精确至 100MPa。

（2）对于抗压试验中假定试件处于纯单向受压状态，但实际上由于试件端部与支撑板的摩擦作用，在试件顶端产生"约束"作用，而试件仅在中间一小段真正处于单向受压状态。为减少顶端产生"约束"作用，可适当增加试件高度，即加长单向受压区间，那么在此段量测应力、应变之间的关系也就变得简单了。在粗略估计材料模量时，可以采用顶面法，即认为整个试件处于纯单向受压状态，从而忽略"约束"作用。

九、试验记录与检测报告模板

混凝土静力受压弹性模量试验记录与检测报告模板见表2-10、表2-11。

混凝土静力受压弹性模量试验记录　　表2-10

检测单位名称：　　　　　　　　　　　　　　　　　　　　　记录编号：

工程部位								设计强度等级			
检测标准								设计弹性模量			
检验日期								样品描述			
弹性模量试验前轴心抗压强度试验											
序号	试件尺寸(mm)	制件日期	试验日期	龄期(d)	折算系数	破坏荷载 F (kN)	弹性模量试验前轴心抗压强度 f_{cp} (MPa)		初始荷载 F_0 = （N） 控制荷载 F_a = （N） 承压面积 A = （mm²） 测量标距 L = （mm）		
							单值	组值			
弹性模量试验											
序号	加荷顺序	千分表号	F_0 时变形读数 ε_0 (mm)		F_a 时变形读数 ε_a (mm)		两侧变形平均值 Δn(mm)	破坏荷载 F (kN)	弹性模量试验后轴心抗压强度 f'_{cp} (MPa)		弹性模量 E_c (MPa)	
			两侧	平均	两侧	平均			单值	组值	单值	组值
主要检测仪器	□混凝土弹性模量测定仪（GDJC-S-009）　□压力试验机（GDJC-S-026）											
结论												
备注												

检测：　　　　　　　记录：　　　　　　　复核：　　　　　　　日期：　年　月　日

混凝土弹性模量检测报告　　　　　　　　　　　　　　　　表 2-11

工程编号：_____　　委托编号：_____　　报告编号：_____

委托单位：_____
工程名称：_____　委 托 人：_____
施工单位：_____　检验类别：_____
样品名称：_____ 样品状态：_____　试验规格：_____
检测环境：_____　养护方式：_____
见证单位：_____　见 证 人：_____
收样日期：_____　报告日期：_____
执行标准：_____
检测设备：_____

工程部位	制作日期	检测日期	龄期(d)	技术指标	弹性模量（MPa）	
					单块值	该组试件弹性模量值

检测结论

说明：1. 本报告仅对来样负责，若对本报告有异议，请在收到报告 15 日内向本单位提出。
　　　2. 本报告或报告复印件无"检验检测专用章"则视为无效。
　　　3. 本报告无主检、审核、批准人签字则视为无效，报告涂改则视为无效。

试验：　　　　审核：　　　　签发：　　　　日期：　　年　　月　　日（专用章）

试验检测 2.2-3

混凝土抗弯拉强度试验

混凝土抗弯拉度强试验（微课）

一、目的与适用范围

（1）本试验规定了水泥混凝土弯拉强度的试验方法。
（2）本试验适用于各类水泥混凝土的棱柱体试件的抗弯拉强度的测定。

二、试验依据

《公路工程水泥及水泥混凝土试验规程》(JTG 3420—2020)。

三、仪器设备

(1)压力试验机或万能试验机。

(2)抗弯拉强度试验装置(三分点处双点加荷和三点自由支承式混凝土抗弯拉强度与抗弯拉弹性模量试验装置)如图2-7所示。

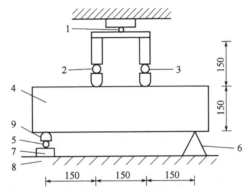

图2-7 抗弯拉强度试验装置(尺寸单位:mm)

1、2-单个钢球;3、5-两个钢球;4-试件;6-固定支座;7-活动支座;8-机台;9-活动船形垫块

四、试件制备

(1)参照表2-4和本单元混凝土试件制作的相关规定。同时,在试件长向中部1/3区段内表面不得有直径超过5mm、深度超过2mm的孔洞。

(2)混凝土抗弯拉强度试件应取同龄期者为1组,每组为3根同条件制作和养护的试件。

五、试验步骤

(1)试件取出后,用湿毛巾覆盖并及时进行试验,保持试件干湿状态不变。在试件中部量出其宽度和高度,精确至1mm。

(2)调整两个可移动支座,将试件安放在支座上,试件成型时的侧面朝上,几何对中后,应使支座及承压面与活动船形垫块的接触面平稳、均匀,否则应垫平。

(3)加荷时,应保持均匀、连续。当混凝土强度等级小于C30时,加荷速度取0.02～0.05MPa/s;当混凝土强度等级大于C30且小于C60时,加荷速度取0.05～0.08MPa/s;当混凝土强度等级大于或等于C60时,加荷速度取0.08～0.10MPa/s。当试件接近破坏而开始迅速变形时,不得调整压力试验机油门,直至试件破坏,然后记录破坏极限荷载$F(\text{N})$和试件下边缘断裂位置。

六、试验结果计算

当断面发生在两个加荷点之间时,试件的抗弯拉强度按下式计算:

$$f_f = \frac{FL}{bh^2} \tag{2-10}$$

式中:f_f——试件的抗弯拉强度,MPa;
　　F——极限荷载,N;
　　L——支座间跨度,mm;
　　b——试件宽度,mm;
　　h——试件高度,mm。

七、结果评定

(1)用 3 个试件测值的算术平均值作为该组试件的测定值。若 3 个测值中的最大值或最小值有 1 个与中间值的差值超过中间值的 15%,则取中间值作为该组试件的弯拉强度;若最大值或最小值与中间值的差值均超过中间值的 15%,则该组试件的试验结果无效。

(2)若 3 个试件中有一个断裂面位于加荷点外侧,则混凝土弯拉强度按另两个试件的试验结果计算。若这两个测值的差值不大于这两个测值的较小值的 15% 时,则该组试件的弯拉强度按这两个测值的平均值计算,否则该组试件的试验结果无效。

(3)若有 2 个试件均出现断裂面位于加荷点外侧,则该组试件试验无效。

(4)当试件尺寸为 100mm×100mm×400mm 的非标准试件时,应乘以尺寸换算系数0.85;当混凝土强度等级不小于 C60 时,应采用标准试件。

八、注意事项

(1)抗弯拉强度计算结果精确至 0.01MPa。

(2)抗弯拉试验装置对于抗弯拉试验结果有显著影响,在试验过程中须使用符合规定的装置,使所有加荷头与试件均匀接触,并避免产生扭矩,使得试件不是折坏,而是折、扭复合破坏。

(3)断面位置在试件断块短边一侧的底面中轴线上量得。

九、试验记录与检测报告模板

混凝土抗弯拉强度试验记录与检测报告模板见表 2-12、表 2-13。

混凝土抗弯拉强度试验记录

表 2-12

检测单位名称：　　　　　　　　　　　　　　　　　　　　　　　　　　　　　记录编号：

编号	工程部位	设计强度	样品状态	截面尺寸（mm）		支点距离（mm）	断面是否位于两集中荷载之间	成型日期	试验日期	养护条件	龄期（d）	破坏荷载（kN）	抗弯拉强度（MPa）	该组试件抗弯拉强度值（MPa）	备注
				宽	高										

温度：　　湿度：

试验依据		检测设备	

检测：　　　　　　记录：　　　　　　复核：　　　　　　日期：　　年　　月　　日

混凝土抗弯拉强度检测报告 　　　　　　　　　　表 2-13

检测单位名称：_____　　　　　　　　　　报告编号：_____

委托单位：_____
工程名称：_____
工程部位：_____
施工单位：_____　　检验类别：_____
见证单位：_____　　见 证 人：_____
收样日期：_____　　报告日期：_____
执行标准：_____　　委 托 人：_____
检测设备：_____
检测环境：_____　　样品状态：_____
强度等级：_____　　养护方式：_____
要求龄期：_____
制作日期：_____　　样品规格：_____

试块编号	检测日期	龄期 (d)	截面高度 (mm)	截面宽度 (mm)	支座间跨度 (mm)	单块荷载 (kN)	单块强度 (MPa)	该组试件 抗弯拉 强度值 (MPa)
1								
2								
3								
备注								

说明：1. 本报告仅对来样负责，若对本报告有异议，请在收到报告 15 日内向本单位提出。
　　　2. 本报告或报告复印件无"检验检测专用章"则视为无效。
　　　3. 本报告无主检、审核、批准人签字则视为无效，报告涂改则视为无效

检测：_____　审核：_____　签发：_____　日期：　年　月　日（专用章）

试验检测 2.2-4

混凝土立方体劈裂抗拉强度试验

混凝土立方体
劈裂抗裂强度
试验（微课）

一、目的与适用范围

（1）本试验规定了水泥混凝土立方体试件劈裂抗拉强度的试验方法。
（2）本试验适用于各类水泥混凝土的立方体试件的劈裂抗拉强度测定。

二、试验依据

《公路工程水泥及水泥混凝土试验规程》(JTG 3420—2020)。

三、仪器设备

(1) 压力试验机或万能试验机。
(2) 钢垫条和三合板(纤维板垫层)如图 2-8 所示。钢垫条顶面为半径 75mm 的弧形,长度不短于试件边长。木质三合板或硬质纤维板垫层的宽度为 20mm,厚度为 3~4mm,长度不小于试件长度,垫条不得重复使用。

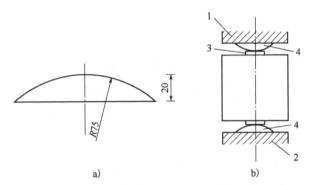

图 2-8　劈裂试验用钢垫条(尺寸单位:mm)
1-上压板;2-下压板;3-垫层;4-垫条

(3) 钢尺:分度值 1mm。

四、试件制备

(1) 参照表 2-4 和本单元混凝土试件制作的相关规定。
(2) 本试件应同龄期者为 1 组,每组为 3 个同条件制作和养护的混凝土试块。

五、试验步骤

(1) 养护至试验龄期时,试件从养护地点取出后尽快进行试验,避免其湿度变化。检查外观,尺寸测量精确至 1mm。在试件中部画出劈裂面位置线,劈裂面应与试件成型时的顶面垂直。
(2) 试件放在球座上,几何对中,放妥垫层垫条,其方向与试件成型时的顶面垂直。
(3) 加荷应连续均匀,当混凝土强度等级小于 C30 时,加荷速度取 0.02~0.05MPa/s;当混凝土强度等级大于或等于 C30 且小于 C60 时,加荷速度取 0.05~0.08MPa/s;当混凝土强度等级大于或等于 C60 时,加荷速度取 0.08~0.10MPa/s。当试件接近破坏而开始迅速变形时,应停止调整试验机油门,不得调整试验机油门,记录破坏极限荷载 $F(N)$。

六、试验结果计算

混凝土立方体劈裂抗拉强度按下式计算：

$$f_{ts} = \frac{2F}{\pi A} = 0.637 \frac{F}{A} \tag{2-11}$$

式中：f_{ts}——混凝土立方体劈裂抗拉强度，MPa；
   F——极限荷载，N；
   A——试件劈裂面面积，mm^2，为试件横截面面积。

七、结果评定

用 3 个试件测值的算术平均值作为该组试件的测定值。若 3 个值中的最大值或最小值中有一个与中间值的差值超过中间值的 15%，则取中间值作为该组试件的测定值；若最大值或最小值与中间值的差值均超过中间值的 15%，则该组试件的试验结果无效。

八、注意事项

（1）劈裂抗拉强度计算结果精确至 0.01MPa。
（2）由于直接拉伸试验对中困难，所以采用间接拉伸法（劈裂拉伸）得到混凝土的抗拉强度，一般其劈裂抗拉强度高于直接拉伸时的劈裂抗拉强度。

九、试验检测报告

混凝土立方体劈裂抗拉强度试验报告模板见表 2-14。

混凝土立方体劈裂抗拉强度试验报告 表 2-14

检测单位名称：   报告编号：

工程名称								
委托单位						收样日期		
结构名称						报告日期		
样品来源						见证人		
检验性质						见证单位		
试件尺寸						等效养护龄期		
代表批量						水泥品种		
取样人						养护方法		
检验依据								
检验样品配合比	水	水泥	砂	石	掺合料	外加剂	设计强度等级	

续上表

检验结果					单块值（MPa）			平均值（MPa）	达到设计强度(%)
检验编号	使用部位	成型日期	检验日期	龄期(d)	1	2	3		

说明：1. 本报告仅对来样负责，若对本报告有异议，请在收到报告 15 日内向本单位提出。
　　　2. 本报告或报告复印件无"检验检测专用章"则视为无效。
　　　3. 本报告无主检、审核、批准人签字则视为无效，报告涂改则视为无效

检测：　　　　审核：　　　　签发：　　　　　　日期：　年　月　日（专用章）

试验检测 2.2-5

混凝土抗渗性试验

混凝土抗渗性试验（微课）

混凝土抗渗性试验（动画）

一、目的与适用范围

(1) 本试验规定了逐级加压法测定水泥混凝土抗渗性的试验方法。
(2) 本试验适用于检测混凝土硬化后的防水性能，以测定其抗渗等级。

二、试验依据

(1)《公路工程水泥及水泥混凝土试验规程》(JTG 3420—2020)。
(2)《普通混凝土长期性能和耐久性能试验方法标准》(GB/T 50082—2009)。

三、仪器设备

(1) 水泥混凝土渗透仪（图 2-9）：应符合现行《混凝土抗渗仪》(JG/T 249)的规定，能使水压按规定方法稳定地作用在试件上。
(2) 成型试模：上口直径为 175mm、下口直径为 185mm、高为 150mm 的锥台，或上、下口直径与高度均为 150mm 的圆柱体，如图 2-10 所示。

图 2-9　水泥混凝土渗透仪　　　　图 2-10　成型试模

(3)密封材料:如石蜡,内掺松香约 2%。
(4)螺旋加压器、烘箱、电炉、浅盘、铁锅、钢丝刷等。

四、试件制备

(1)制备和养护符合本单元混凝土试件制作的相关规定。试块养护期不少于 28d,不超过 90d。

(2)抗渗试件每组 6 个,试件成型后 24h 拆模,用钢丝刷刷净两端面水泥浆膜,标准养护龄期为 28d。

五、试验步骤

(1)达到试验龄期前一天,将试件从养护室取出,擦净表面,待表面干燥后,在试件侧面滚涂一层熔化的密封材料,然后立即在螺旋加压器上压入经过烘箱或电炉预热过的试模中,使试件底面和试模底平齐,待试模变冷后,即可解除压力,装在渗透仪上进行试验。

(2)试验时,水压从 0.1MPa 开始,每隔 8h 增加水压 0.1MPa,并且随时注意观察试件端面情况,直至 6 个试件中有 3 个试件表面发现渗水,记录此时的水压力,即可停止试验。当加压至设计抗渗等级,经 8h 后第三个试件仍不渗水,表明混凝土已满足设计要求,可停止试验。

(3)如果在试验过程中,水从试件周边渗出,说明密封不好,应重新密封。

六、试验结果计算

混凝土的抗渗等级以每组 6 个试件中 4 个未发现有渗水现象时的最大水压力表示。抗渗等级按下式计算:

$$P = 10H - 1 \tag{2-12}$$

式中:P——混凝土抗渗等级;

H——6 个试件中有 3 个试件渗水时的水压力,MPa。

七、结果评定

混凝土抗渗等级分级为 P2、P4、P6、P8、P10、P12,若压力加至 1.2MPa,经过 8h,第三个试件仍未渗水,则停止试验,试件的抗渗等级以 P12 表示。

八、注意事项

抗渗等级对应的是 2 个试件渗水或者是 4 个试件未出现渗水时的水压力值(单位:MPa)的 10 倍。

九、试验记录与检测报告模板

混凝土抗渗性试验记录与检测报告模板见表 2-15、表 2-16。

混凝土抗渗性试验记录

表 2-15

检测单位名称：　　　　　　　　　　　　　　　　　　　　　　　　　　　记录编号：

样品名称				试验编号		
工程部位				制样日期		
试验依据		样品状况		收样日期		
设计抗渗等级		检测环境		检测日期		
检测设备			试验龄期(d)			

加水压时间	水压力 H (MPa)	试件透水情况记录						记录人
		1号	2号	3号	4号	5号	6号	
	0.1	□不渗透 □渗透	□不渗透 □渗透	□不渗透 □渗透	□不渗透 □渗透	□不渗透 □渗透	□不渗透 □渗透	
	0.2	□不渗透 □渗透	□不渗透 □渗透	□不渗透 □渗透	□不渗透 □渗透	□不渗透 □渗透	□不渗透 □渗透	
	0.3	□不渗透 □渗透	□不渗透 □渗透	□不渗透 □渗透	□不渗透 □渗透	□不渗透 □渗透	□不渗透 □渗透	
	0.4	□不渗透 □渗透	□不渗透 □渗透	□不渗透 □渗透	□不渗透 □渗透	□不渗透 □渗透	□不渗透 □渗透	
	0.5	□不渗透 □渗透	□不渗透 □渗透	□不渗透 □渗透	□不渗透 □渗透	□不渗透 □渗透	□不渗透 □渗透	
	0.6	□不渗透 □渗透	□不渗透 □渗透	□不渗透 □渗透	□不渗透 □渗透	□不渗透 □渗透	□不渗透 □渗透	
	0.7	□不渗透 □渗透	□不渗透 □渗透	□不渗透 □渗透	□不渗透 □渗透	□不渗透 □渗透	□不渗透 □渗透	
	0.8	□不渗透 □渗透	□不渗透 □渗透	□不渗透 □渗透	□不渗透 □渗透	□不渗透 □渗透	□不渗透 □渗透	
	0.9	□不渗透 □渗透	□不渗透 □渗透	□不渗透 □渗透	□不渗透 □渗透	□不渗透 □渗透	□不渗透 □渗透	
	1.0	□不渗透 □渗透	□不渗透 □渗透	□不渗透 □渗透	□不渗透 □渗透	□不渗透 □渗透	□不渗透 □渗透	
	1.1	□不渗透 □渗透	□不渗透 □渗透	□不渗透 □渗透	□不渗透 □渗透	□不渗透 □渗透	□不渗透 □渗透	
	1.2	□不渗透 □渗透	□不渗透 □渗透	□不渗透 □渗透	□不渗透 □渗透	□不渗透 □渗透	□不渗透 □渗透	
	1.3	□不渗透 □渗透	□不渗透 □渗透	□不渗透 □渗透	□不渗透 □渗透	□不渗透 □渗透	□不渗透 □渗透	
	1.4	□不渗透 □渗透	□不渗透 □渗透	□不渗透 □渗透	□不渗透 □渗透	□不渗透 □渗透	□不渗透 □渗透	

续上表

加水压时间	水压力 H (MPa)	试件透水情况记录						记录人
		1号	2号	3号	4号	5号	6号	
	1.5	□不渗透 □渗透	□不渗透 □渗透	□不渗透 □渗透	□不渗透 □渗透	□不渗透 □渗透	□不渗透 □渗透	
	1.6	□不渗透 □渗透	□不渗透 □渗透	□不渗透 □渗透	□不渗透 □渗透	□不渗透 □渗透	□不渗透 □渗透	
	1.7	□不渗透 □渗透	□不渗透 □渗透	□不渗透 □渗透	□不渗透 □渗透	□不渗透 □渗透	□不渗透 □渗透	
	1.8	□不渗透 □渗透	□不渗透 □渗透	□不渗透 □渗透	□不渗透 □渗透	□不渗透 □渗透	□不渗透 □渗透	
	1.9	□不渗透 □渗透	□不渗透 □渗透	□不渗透 □渗透	□不渗透 □渗透	□不渗透 □渗透	□不渗透 □渗透	
	2.0	□不渗透 □渗透	□不渗透 □渗透	□不渗透 □渗透	□不渗透 □渗透	□不渗透 □渗透	□不渗透 □渗透	
确定抗渗等级 P								

检测：　　　　　记录：　　　　　复核：　　　　　日期：　　年　　月　　日

混凝土抗渗性检测报告模板　　　　　　　　　　　　　　　　表 2-16

检测单位名称：_____　　　　　　　报告编号：_____

委托单位：_____
施工单位：_____
工程名称：_____
执行标准：　《普通混凝土长期性能和耐久性能试验方法标准》(GB/T 50082—2009)
工程部位：_____
见证单位：_____　见　证　人：_____
检测类别：_____　检测日期：_____
收样日期：_____　委　托　人：_____
检测设备：_____　报告日期：_____
设计抗渗等级：_____　样品状态：_____
强度等级：_____　养护条件：_____
制作日期：_____　试验龄期：_____

试验结果						
试件编号	1	2	3	4	5	6
加压终止时水压(MPa)						
试件渗透情况						
检测结论	样品经检测，混凝土的抗渗等级符合 P 设计要求					

说明：1. 本报告仅对来样负责，若对本报告有异议，请在收到报告 15 日内向本单位提出。
　　　2. 本报告或报告复印件无"检验检测专用章"则视为无效。
　　　3. 本报告无主检、审核、批准人签字则视为无效，报告涂改则视为无效

检测：　　　　　审核：　　　　　签发：　　　　　日期：　　年　　月　　日(专用章)

单元2.3　钢材

【知识目标】
1. 熟悉桥涵工程用钢材的主要性能及基本要求；
2. 掌握桥涵工程钢材的试验检测方法、试验检测结果的分析判定。

【能力目标】
1. 能够简述桥涵工程钢材试验检测的内容；
2. 能够规范地检测钢材的力学性能、加工性能等。

【案例导入】
针对中央电视台《2021年中央广播电视总台3·15晚会》曝光的瘦身钢筋问题，泰州市海陵区市场监管局联合泰州市建设工程质量监督站对被举报工地进行执法检查，发现施工现场使用的钢材钢号与悬挂铭牌及质量保证书不一致，现场有14个钢号的钢材，却只查见4家钢厂的复试报告、质量证明文件，施工单位现场提供的9张准备用于工程报验的钢材产品质量证明书经鉴定系伪造。执法人员随即对现场钢材抽样检测，经检验，结果为不合格。经查，施工现场钢材销售方质量证明文件是该公司随货同行交到施工单位的。当事人销售伪造质量证明文件的钢材，数量178.58t，货值78.87万元，违法所得0.89万元；当事人销售冒用质量证明文件的钢材，数量245.18t，货值合计112.15万元，违法所得1.23万元；当事人销售冒用质量证明文件且不合格的钢材，数量33.6t，货值15.49万元，违法所得0.17万元。

【工程师寄语】
热轧带肋钢筋，俗称螺纹钢，被广泛用于土建工程建设上，其系民生，涉及安全，是被重点监管的产品。市场监管部门始终对"瘦身"钢筋、"穿水"钢筋、无证钢筋等伪劣钢筋保持高压打击态势，为广大老百姓的"住""行"提供安全保障。桥梁中的钢筋如同人类的骨骼对身体的重要性，我们要做好质量的把关人，自信自强、守正创新、踔厉奋发、勇毅前行，切实保障人民群众的生命财产安全。质量安全重于泰山。质量评定要严格依据检测数据，尊重科学、尊重事实，用数据说话。杜绝虚假报告，坚持诚信原则，遵守法纪法规，保证工程质量。
本单元将介绍钢材的力学性能、加工性能及相应的试验检测方法等知识。

【知识框图】

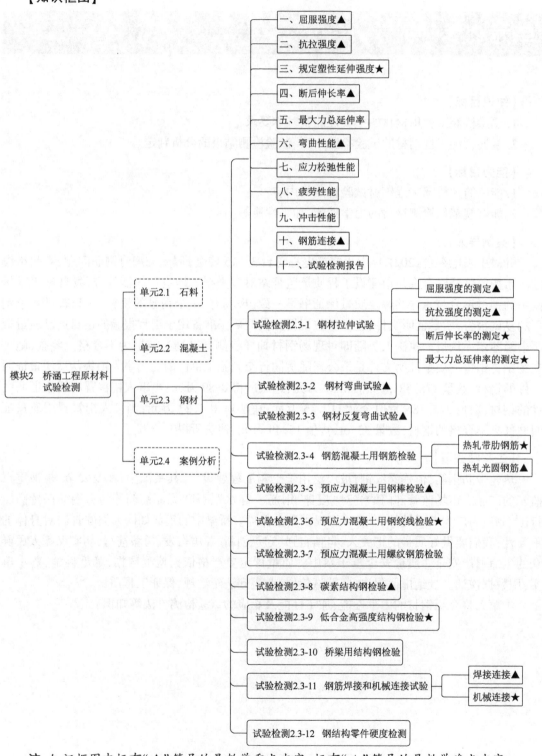

注：知识框图中标有"▲"符号的是教学重点内容，标有"★"符号的是教学难点内容。

一、屈服强度

屈服强度也称为屈服极限,它是钢材开始丧失对变形的抵抗能力,并开始产生大量塑性变形时所对应的应力,用 R_{eL} 表示。中碳钢和高碳钢没有明显的屈服点,通常以残余变形 0.2% 的应力作为屈服强度。在室温条件下,对有明显屈服现象的钢材标准试样进行拉伸试验,可以得到钢材的应力-伸长率曲线,如图 2-11 所示。

钢材的主要性能(微课)

从 O 点到 A 点,应力—伸长率曲线可以看作是一条通过零点的斜直线,直线的斜率就是弹性模量,这时,应力—伸长率呈线弹性关系,这一阶段称为线弹性阶段;从 A 点到 B 点,应力不增加,伸长率也会不断增大,这一阶段为屈服阶段,相应的应力为屈服强度,这一现象称为屈服现象,A 点到 B 点的长度称为屈服平台。

屈服阶段中,应力—伸长率曲线会发生波动,取首次下降前的最大应力为上屈服强度;不计初始瞬时效应,取其最小应力为下屈服强度 R_{eL}。通常将下屈服强度 R_{eL} 作为屈服强度特征值(屈服强度)。

二、抗拉强度

对于有明显屈服现象的钢材,在图 2-11 中,从 B 点起,继续拉伸,其应力随着伸长率的增加而增大,到 C 点处达到最大值,即抗拉强度,用 R_m 表示。B 点到 C 点称为强化段。从 C 点起,随着伸长率的增加,应力下降,试件最薄弱处出现颈缩显现,到 D 点时,试样受拉断裂。C 点到 D 点称为下降段。

其他没有明显屈服现象的钢材,拉伸试验中的最大应力,即抗拉强度。

三、规定塑性延伸强度

在室温条件下,对无明显屈服现象的钢材标准试样进行拉伸试验,可以得到另一种应力—延伸率曲线,如图 2-12 所示。延伸率为引伸计标距的延伸除以引伸计标距(单位长度的延伸,也可称为应变)。由于应力—延伸率曲线没有明显的屈服现象,可以取与某一规定塑性延伸率(图 2-12 中的 e_P)对应的应力作为规定塑性延伸强度,并作为这类钢材的强度指标,用 R_P 表示。通常取塑性延伸率为 0.2% 所对应的应力作为规定塑性延伸强度,即 $R_{P0.2}$。

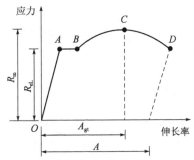

图 2-11 有明显屈服现象钢材的应力—伸长率曲线

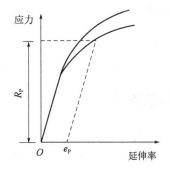

图 2-12 无明显屈服现象钢材的应力—延伸率曲线

四、断后伸长率

在钢材拉伸试验中,伸长率是用以表示钢材变形的重要参数。断后伸长率是指试样拉伸断裂后的残余伸长量与原始标距之比(以百分率表示),它是表示钢材变形性能、塑性变形能力的重要指标,用 A 表示。

五、最大力总延伸率

钢材拉伸试验中,最大力时原始标距的总延伸(弹性延伸加塑性延伸)与引伸计标距之比,称为最大力总延伸率(以百分率表示),用 A_{gt} 表示。

六、弯曲性能

在钢结构制作和安装、钢筋加工中,常常需要对钢材进行弯曲,要求钢材具有良好的弯曲性能,这是钢材的一个重要工艺性能或加工性能。

弯曲性能要求钢材具有一定的弯曲塑性变形能力,在弯曲到规定的角度后,弯曲部位不得发生裂纹等损坏现象。钢材的弯曲性能由弯曲试验或反复弯曲试验得到。

七、应力松弛性能

应力松弛是指钢材在规定温度和规定约束条件下,应力随时间延长而减少的现象。通常,采用松弛率评价钢材的应力松弛性能。松弛率等于松弛应力与初始应力之比。在预应力混凝土结构中,预应力钢筋或钢绞线等受到很大的拉应力作用,应力松弛会造成预应力损失,影响结构性能。

应力松弛性能要求钢材特别是预应力钢材的松弛率不得大于规定值。

八、疲劳性能

钢材在一定次数的交变应力作用下,往往会在最大应力远小于其抗拉强度的情况下,发生突然破坏,这种现象称为疲劳破坏。钢材抵抗疲劳破坏的能力称为疲劳性能。

九、冲击性能

钢材在冲击荷载作用下断裂时吸收能量的能力称为冲击性能。冲击性能是衡量钢材脆性破坏的力学性能指标。

十、钢筋连接

钢筋通常采用焊接和机械连接。良好的焊接性是指钢材的连接部分焊接后力学性能不低于焊件本身,以防止产生硬化脆裂和内应力过大等现象。钢筋连接的接头应该满足强度及变形性能的要求。

十一、试验检测报告

钢筋原材料试验检测报告见表2-17。

钢筋原材料试验检测报告　　　　　　　　　　　　　表2-17

检测单位名称：　　　　　　　　　　　　　　　　　　　　　　　报告编号：

施工(委托)单位				工程名称		
工程部位(用途)						
样品信息	样品编号			样品名称		
	样品状态			钢筋种类、牌号		
	来样时间			样品数量		
检测依据				判定依据		
主要仪器设备及编号						
委托编号				检测类别	委托试验	
生产厂家				生产批号		
代表数量				生产日期		
序号	检测项目		技术指标	检测结果		结果判定
1	尺寸偏差(mm)	公称直径(mm)				
		横肋高(mm)				
		纵肋高(mm)				
		间距(mm)				
2	质量偏差(%)					
3	屈服强度(MPa)					
4	抗拉强度(MPa)					
5	最大力总延伸率(%)					
6	断后伸长率(%)					
7	表面质量					
8	弯曲					
9	反向弯曲					
检测结论：						

说明：1. 本报告仅对来样负责，若对本报告有异议，请在收到报告15日内向本单位提出。
　　　2. 本报告或报告复印件无"检验检测专用章"则视为无效。
　　　3. 本报告无主检、审核、批准人签字则视为无效，报告涂改则视为无效

检测：　　　　　　审核：　　　　　　签发：　　　　　　日期：　年　月　日(专用章)

试验检测 2.3-1

钢材拉伸试验

一、目的与适用范围

(1)测试钢筋的屈服点、抗拉强度、断后伸长率及最大力延伸率,评定钢筋的强度等级及质量。
(2)本试验方法适用于金属材料室温拉伸性能的测定。

二、试验依据

(1)《金属材料 拉伸试验 第1部分:室温试验方法》(GB/T 228.1—2021)。
(2)《钢及钢产品 力学性能试验取样位置及试样制备》(GB/T 2975—2018)。
(3)《金属材料 静力单轴试验机的检验与校准 第1部分:拉力和(或)压力试验机 测力系统的检验与校准》(GB/T 16825.1—2022)。

三、仪器设备

(1)万能试验机(示值误差不大于1%)。量程的选择:试验达到最大荷载时,指针最好在第三象限(180°~270°)内,或者数显破坏荷载在量程的50%~75%范围内。
(2)游标卡尺(0~150mm),精度0.1mm。
(3)钢筋打点标距仪或手锉刀。
(4)引伸计。

四、试件制备

1. 组批规则

钢筋应按批进行检查和验收,每批应由同一牌号、同一外形、同一规格、同一生产工艺和同一交货状态的钢筋组成,每批不宜大于60t;超过60t的部分,每增加40t或不足40t的余数,应增加一个拉伸试验和一个弯曲试验试样。

2. 取样数量

各类钢筋每组试件数量见表2-18。

各类钢筋每组试件数量　　　　　　　　　　　　表2-18

钢筋种类	每组试件数量			
	拉伸试验	弯曲试验	反向(复)弯曲	质量偏差
热轧带肋钢筋	2根	2根	1根(反向弯曲)	不少于5根
热轧光圆钢筋	2根	2根	—	不少于5根
低碳热轧圆盘条	1根	2根	—	不少于5根
冷轧带肋筋	逐盘1个	每批2个	每批2个(反复弯曲)	不少于5根

3. 取样方法

(1)规定取 2 个试件的(低碳钢热轧圆盘条冷弯试件除外),均应从任意 2 根(两盘)中分别切取,每根钢筋上切取一个拉伸试件、一个冷弯试件。

(2)低碳钢热轧圆盘条,冷弯试件应取自同盘的两端。

(3)试件切取时,应在钢筋或盘条的任意一端截去 500mm 后切取。

(4)一般试件截取长度计算。当采用比例试样时,应通过计算确定试件截取长度;当采用非比例试样时,可按下列方法确定试件截取长度:

①拉伸试件:$L \geqslant 10d + 200$mm;

②弯曲试件:$L \geqslant 5d + 150$mm。

d 为钢筋直径。

五、试验步骤

1. 设置测量系统零点

在试验加载链装配完成后,试样两端被夹持之前,应设定力的测量系统的零点。一旦设定了力值零点,在试验期间力的测量系统不再发生变化。

2. 固定试件

将试件上端固定在万能试验机夹具内,再用下夹具固定试件下端。注意:应使用合适的夹具(如楔形夹头、螺纹夹头、平推夹头、套环夹具等)夹持试样;应最大限度地确保夹持的试样受轴向拉力的作用,尽量减少弯曲。为了得到直的试样和确保试样与夹头对中,可以施加不超过规定强度或预期屈服强度的5%相应的预拉力,宜对预拉力的延伸影响进行修正。

3. 拉伸

(1)在弹性范围和直至上屈服强度,万能试验机夹头的分离速率应尽可能保持恒定并在表 2-19 规定的应力速率范围内。

屈服前的加荷速率 表 2-19

金属材料的弹性模量(MPa)	应力速率(MPa/s)	
	最小值	最大值
<150000	2	20
≥150000	6	60

(2)若只测定下屈服强度,在试样平行长度的屈服期间应变速率应在(0.00025~0.0025)s范围内。平行长度内的应变速率应尽可能保持恒定。若不能直接调节这一应变速率,则应调节屈服即将开始前的应力速率,屈服完成之前不再调节万能试验机的应变速率。

(3)在任何情况下,弹性范围内的应力速率不得超过表 2-19 中规定的最大速率。

(4)如在同一试验中测定上屈服强度和下屈服强度,测定下屈服强度的条件也应符合上述(2)的要求。

(5)平行长度内的应变速率不应超过 0.008/s。如果试验不包括屈服强度和规定强度的测定,万能试验机的速率可以达到塑性范围内允许的最大速率。

六、试验结果计算

1. 屈服强度的测定

下屈服强度 R_{eL} 可以从力延伸曲线上测得,定义为不计初始瞬时效应时屈服阶段中的最小力值所对应的应力。判定上、下屈服强度位置的基本原则包括如下:

(1)屈服前的第1个峰值应力(第1个极大值应力)判为上屈服强度,不管其后的峰值应力是比它大还是比它小。

(2)屈服阶段中,若呈现两个或两个以上的谷值应力,则舍去第1个谷值应力(第1个极小值应力)不计,取其余谷值应力中之最小者判为下屈服强度。若只呈现1个下降谷,则此谷值应力判为下屈服强度。

(3)屈服阶段中,若呈现屈服平台,则平台应力判为下屈服强度;若呈现多个并且后者高于前者的屈服平台,则第1个平台应力判为下屈服强度。

(4)正确的判定结果应是下屈服强度一定低于上屈服强度。

2. 抗拉强度的测定

向试件连续施加荷载直至拉断,读出最大荷载,也可以从应力—延伸率曲线上测得。

3. 断后伸长率的测定

(1)试件拉断后,将其断裂部分在断裂处对齐,尽可能使其轴线位于一条直线上。如拉断处由于各种原因形成缝隙,则此缝隙应计入试件拉断后的标距部分长度内。断后伸长率 $A(\%)$ 按下式计算。

$$A = \frac{L_1 - L_0}{L_0} \times 100 \qquad (2\text{-}13)$$

式中:L_1——试件拉断后标距部分的长度,mm;

L_0——试件的原标距长度,mm。

(2)应使用分辨力足够的量具或测量装置测定断后伸长率,精确至 ± 0.25 mm。

(3)原则上试件拉断处到最邻近标距端点的距离不小于原始标距的 1/3 时方为有效;但断后伸长率不小于规定值,不管断裂位置处于何处测量均有效。

(4)若试件拉断处与最接近的标距标记的最小距离小于原始标距的 1/3,可采用移位法测定断后伸长率。

试验前将原始标距 L_0 细分为 5mm(标准推荐)到 10mm 的 N 等分。试验后,以符号 X 表示断裂后试样短段的标距标记,以符号 Y 表示断裂后试样长段上的某个标记,使此标记 Y 到断裂处的距离最接近于断裂处到标距标记 X 的距离,如图 2-13 所示。

测得 X 与 Y 之间的分格数为 n,按以下方法测定断后伸长率。

①若 $N-n$ 为偶数,测量 X 与 Y 之间的距离(XY)和 Y 与 Z 之间的距离(YZ)[Y 与 Z 之间的分格数为 $(N-n)/2$],按下式计算断后伸长率:

$$A(\%) = \frac{XY + 2 \times YZ - L_0}{L_0} \times 100 \tag{2-14}$$

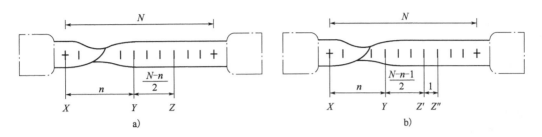

图 2-13 移位法测定断后伸长率

②若 $N-n$ 为奇数,测量 X 与 Y 之间的距离(XY)和 Y 与 Z' 之间的距离(YZ')[Y 与 Z' 之间的分格数为($N-n-1$)/2]和 Y 与 Z'' 之间的距离(YZ'')[Y 与 Z'' 之间的分格数为($N-n+1$)/2],按下式计算断后伸长率:

$$A(\%) = \frac{XY + YZ' + YZ'' - L_0}{L_0} \times 100 \tag{2-15}$$

4. 最大力总延伸率的测定

最大力总延伸率的测定使用引伸计法。

在用引伸计测定的应力—延伸率曲线图上测定最大力总伸长率。最大力总延伸率 $A_{gt}(\%)$ 按下式计算:

$$A_{gt} = \frac{\Delta L_m}{L_0} \times 100 \tag{2-16}$$

七、结果评定

在钢筋做拉伸试验的 2 根试样中,如果其中一根试样的屈服点、抗拉强度、断后伸长率、最大力延伸率四个指标中任一个指标达不到标准中规定的数值,应再取双倍(4 根)数量的试样重新测定;如果仍有不合格的指标,即此批钢筋不合格。

八、注意事项

(1)强度性能值修约至 1MPa。
(2)屈服点延伸率修约至 0.1%,其他延伸率和断后伸长率修约至 0.5%。

九、试验记录

钢材拉伸性能试验检测记录见表 2-20。

钢材拉伸性能试验检测记录

表 2-20

检测单位名称： 　　　　　　　　　　　　　　　　　　　　　　　　　记录编号：

工程名称	
工程部位(用途)	
样品信息	
试验检测日期		试验条件	
检测依据		判定依据	
主要仪器设备名称及编号	

试件编号							
牌号							
试件尺寸	公称直径(mm)						
	试件尺寸(宽度×厚度)(mm)						
	公称截面面积(mm^2)						
屈服强度	屈服荷载(kN)						
	屈服强度 R_{eL}(MPa)						
抗拉强度	极限荷载(kN)						
	极限强度(MPa)						
断后伸长率	原始标距(mm)						
	断后标距(mm)						
	断后伸长率(%)						
最大力总伸长率	引伸计法	引伸计标距(mm)					
		最大力下的延伸(mm)					
		最大总延伸率(%)					
	手工测量法	原始标距(mm)					
		断后标距(mm)					
		最大总延伸率(%)					
实测抗拉强度与实测屈服强度之比							
实测屈服强度与规定屈服强度之比							

说明：1. 本报告仅对来样负责，若对本报告有异议，请在收到报告 15 日内向本单位提出。
　　　2. 本报告或报告复印件无"检验检测专用章"则视为无效。
　　　3. 本报告无主检、审核、批准人签字则视为无效，报告涂改则视为无效

检测：　　　　　审核：　　　　　签发：　　　　　日期：　年　月　日(专用章)

试验检测 2.3-2

钢材弯曲试验

钢材弯曲试验(微课)

一、目的与适用范围

(1)通过弯曲试验,对钢筋塑性进行严格检验,同时间接测定钢筋内部的缺陷及可焊性。
(2)本试验适用于金属材料相关产品标准规定试样的弯曲测定。

二、试验依据

(1)《金属材料弯曲试验方法》(GB/T 232—2010)。
(2)《钢及钢产品 力学性能试验取样位置及试样制备》(GB/T 2975—2018)。

三、仪器设备

弯曲试验应在配备弯曲装置的压力试验机或万能试验机上进行。弯曲装置主要有支辊式弯曲装置(图2-14)、V形模具式弯曲装置、虎钳式弯曲装置或翻板式弯曲装置。通常采用支辊式弯曲装置进行弯曲试验。

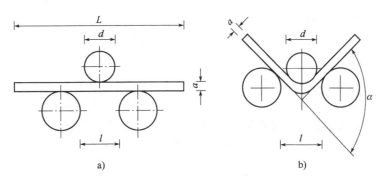

图2-14 支辊式弯曲装置

四、试验步骤

1. 调整支辊间距

支辊式弯曲装置的支辊长度应大于试样宽度或直径,并且支辊应具有足够的硬度。除非另有规定,支辊间距离应按式(2-17)确定,并在试验过程中保持不变。

$$l = (d + 3a) \pm 0.5a \qquad (2\text{-}17)$$

式中:d——弯曲压头直径,mm;
a——试样厚度或直径,mm。

2. 进行弯曲

(1)在试验过程中,应将试样放于两支辊上[图2-14b)],试样轴线应与弯曲压头轴线垂直,弯曲压头在两支辊之间的中点处对试样连续施加力使其弯曲,直至达到规定的弯曲角度。

(2)若不能直接达到规定的弯曲角度,则应将试样置于两平行压板之间(图2-15),连续施加力,压其两端,使其进一步弯曲,直至规定的弯曲角度。

(3)进行弯曲试验时,应缓慢施加弯曲力,以使材料能够自由地进行塑性变形。当出现争议时,试验速率应为1mm/s±0.2mm/s。

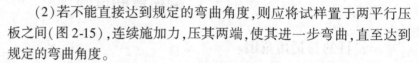

图2-15 弯曲试样置于两平行压板之间

五、试验结果评定

(1)按照相关产品标准要求评定弯曲试验结果。若标准中未作具体要求,弯曲试验后不使用放大仪器观察,试样弯曲外表面无可见裂纹,则应评定为合格。

(2)以相关产品标准规定的弯曲角度为最小值;若规定弯曲压头直径,则以规定的弯曲压头直径作为最大值。

六、注意事项

(1)弯曲压头直径应按相关产品标准的有关规定来确定,弯曲压头宽度应大于试样宽度或直径,并且应具有足够的硬度。

(2)试验一般在10~35℃的室温条件下进行。对温度要求严格的试验,试验温度应为23℃±5℃。

七、试验记录与报告

金属弯曲性能、质量偏差试验检测记录及金属拉伸弯曲试验检测报告见表2-21、表2-22。

金属弯曲性能、质量偏差试验检测记录　　　　表2-21

检测单位名称:				记录编号:	
工程名称					
工程部位(用途)					
样品信息					
试验检测日期			试验条件		
检测依据			判定依据		
主要仪器设备名称及编号					
试件编号					
牌号					

续上表

试件尺寸	公称直径（mm）				
	试件尺寸（宽度×厚度）（mm）				
	公称截面面积（mm²）				
弯曲试验	弯曲角度(°)				
	弯芯直径(mm)				
	试验结果				
反向弯曲试验	正向弯曲角度(°)				
	反向弯曲角度(°)				
	试验结果				
钢筋质量偏差					
试件编号					
试样长度(mm)					
试样总长度(mm)			试样实际总质量(kg)		
理论质量(kg/m)			质量偏差(%)		
附加声明：					

检测：　　　　记录：　　　　复核：　　　　　　　日期：　年　月　日

金属拉伸弯曲试验检测报告

表2-22

检测单位名称：　　　　　　　　　　　　　　　　　　　　　　报告编号：

施工(委托)单位		工程名称	
工程部位(用途)		试验日期	
样品信息			
检测依据		判定依据	
主要仪器设备名称及编号			
委托编号		检测类别	
生产厂家		牌号	
规格型号		生产批号	
炉号		代表数量	
钢筋力学性能			
试件编号			
牌号			

续上表

试件尺寸	公称直径(mm)					
	试件尺寸(宽度×厚度)(mm)					
	公称截面面积(mm²)					
屈服强度(MPa)	技术指标					
	试验结果					
抗拉强度(MPa)	技术指标					
	试验结果					
断后伸长率(%)	技术指标					
	试验结果					
最大力总延伸率(%)	技术指标					
	试验结果					
实测抗拉强度与实测屈服强度之比	技术指标					
	试验结果					
实测屈服强度与规定屈服强度之比	技术指标					
	试验结果					
弯曲试验结果						
反向弯曲试验结果						
结果判定						
钢筋质量偏差						
质量偏差(%)	技术指标					
	试验结果					
结果判定						
检测结论:						

说明:1. 本报告仅对来样负责,若对本报告有异议,请在收到报告15日内向本单位提出。
　　　2. 本报告或报告复印件无"检验检测专用章"则视为无效。
　　　3. 本报告无主检、审核、批准人签字则视为无效,报告涂改则视为无效

检测:　　　　审核:　　　　签发:　　　　日期:　年　月　日(专用章)

试验检测 2.3-3

钢材反复弯曲试验

钢材反复弯曲试验(微课)

一、目的与适用范围

(1)通过反复弯曲试验来获得钢材的弯曲性能。
(2)本试验适用于直径或特征尺寸为 0.3~10mm 的金属线材反复弯曲塑性变形能力的

测定。

二、试验依据

《金属材料　线材　反复弯曲试验方法》(GB/T 238—2013)。

三、仪器设备

(1)万能试验机。
(2)反复弯曲装置。

四、试件制备

(1)金属线材试样应尽可能平直。但试验时,在其弯曲平面内允许有轻微的弯曲。
(2)当试样用手不能矫直时,可在木材、塑料等硬度低于试验材料的平面上,用相同材料的锤头矫直。
(3)在矫直过程中,试样不得产生任何扭曲,也不得有影响试验结果的表面损伤。
(4)沿着试样纵向中性轴线存在局部硬弯的试样不得矫直,试验部位存在硬弯的试样不得用于试验。

五、试验步骤

反复弯曲试验机的工作原理和构造示意图如图2-16所示。

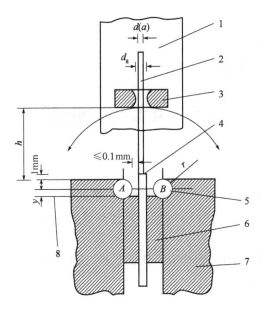

图2-16　反复弯曲试验机原理示意图
1-弯曲臂;2-试样;3-拨杆;4-弯曲臂转动中心;5-弯曲圆柱;6-夹块;7-支座;8-夹块的顶面

(1)根据线材直径,选择圆柱支座半径、圆柱支座顶部至拨杆底部距离及拨杆孔直径。

(2)使弯曲臂处于垂直位置,将试样由拨杆孔插入,下端用夹块夹紧,并使试样垂直于圆柱支座轴线。

(3)将试样由垂直位置向任一方向弯曲90°后,再弯曲至起始位置,作为一次弯曲。

(4)将试样向相反方向弯曲90°后,再弯曲至起始位置,作为又一次弯曲。

(5)依次向相反方向反复进行连续不间断的弯曲,直至达到规定的弯曲次数或出现肉眼可见裂纹,或试样完全断裂为止。

六、结果评定

弯曲达到或超过有关标准中所规定的弯曲次数为合格。

七、注意事项

(1)试验一般在10~35℃的室温条件进行。对温度要求严格的试验,试验温度应为23℃±5℃。

(2)试样断裂的最后一次弯曲不计入弯曲次数。

八、试验记录与报告

金属弯曲性能、质量偏差试验检测记录表及金属拉伸弯曲试验检测报告见表2-21、表2-22。

试验检测2.3-4

钢筋混凝土用钢筋检验

一、热轧带肋钢筋

热轧带肋钢筋包括普通热轧带肋钢筋和细晶粒热轧带肋钢筋。按屈服强度特征值划分,热轧带肋钢筋可分为400级、500级、600级。普通热轧带肋钢筋的牌号为HRB400、HRB500和HRB600。

热轧带肋钢筋横截面为圆形,表面带有横肋,通常还带有纵肋;有些钢筋横肋的纵截面呈月牙形,可称为月牙肋钢筋。

1.检验依据

(1)《钢筋混凝土用钢 第2部分:热轧带肋钢筋》(GB/T 1499.2—2018)。

(2)《金属材料 拉伸试验 第1部分:室温试验方法》(GB/T 228.1—2021)。

2. 力学性能

热轧带肋钢筋的屈服强度 R_{eL}、抗拉强度 R_m、断后伸长率 A、最大力总延伸率 A_{gt} 等力学性能特征值见平台表格（表2-23）。直径为28～40mm各牌号钢筋的断后伸长率 A 可降低1%，直径大于40mm各牌号钢筋的断后伸长率 A 可降低2%。

热轧带肋钢筋力学性能特征值　　　　　　　　　　　表2-23

牌号	下屈服强度 R_{eL}（MPa）	抗拉强度 R_m（MPa）	断后伸长率 A（%）	最大力总延伸率 A_{gt}（%）	R_m^0/R_{eL}^0	R_{eL}^0/R_{eL}
			不小于			不大于
HRB400	400	500	16	7.5	—	—
HRBF400						
HRB400E			—	9.0	1.25	1.30
HRBF400E						
HRB500	500	630	15	7.5	—	—
HRBF500						
HRB500E			—	9.0	1.25	1.30
HRBF500E						
HRB600	600	730	14	7.5	—	—

注：R_m^0 为钢筋实测抗拉强度；R_{eL}^0 为钢筋实测屈服强度。

钢筋力学性能试验应按照上述国家标准的有关规定进行，试样数量为2根，可任选2根钢筋切取，计算强度用横截面面积，通常采用公称横截面面积。

3. 弯曲性能

热轧带肋钢筋按规范规定的弯芯直径弯曲180°后，钢筋受弯曲部位表面不得产生裂纹。热轧钢筋弯曲性能要求见表2-24。

热轧钢筋弯曲性能要求　　　　　　　　　　　表2-24

牌号	公称直径 d（mm）	弯芯直径
HRB400 HRBF400 HRB400E HRBF400E	6～25	4d
	28～40	5d
	>40～50	6d
HRB500 HRBF500 HRB500E HRBF500E HRB600	6～25	6d
	28～40	7d
	>40～50	8d

钢筋弯曲性能试验应按照上述国家标准的有关规定进行,试样数量为2根,可任选2根钢筋切取。

4. 其他检验项目

根据工程使用需求,还可以进行其他项目(如反向弯曲性能、疲劳性能、焊接性能和表面质量等)的检验。表面形状及尺寸允许偏差、质量偏差及相应的检验应按照上述国家标准的有关规定进行。

二、热轧光圆钢筋

1. 检验依据

(1)《钢筋混凝土用钢 第1部分:热轧光圆钢筋》(GB/T 1499.1—2017);
(2)《金属材料 拉伸试验 第1部分:室温试验方法》(GB/T 228.1—2021);
(3)《金属材料 弯曲试验方法》(GB/T 232—2010)。

热轧光圆钢筋包括热轧直条钢筋和盘卷光圆钢筋。热轧光圆钢筋按屈服强度特征值分为300级,其牌号为HPB300。

2. 力学性能

热轧光圆钢筋的屈服强度R_{eL}、抗拉强度R_m、断后伸长率A、最大力总延伸率A_{gt}等力学性能特征值见表2-25,钢筋检验结果应不小于表中所列的特征值。

热轧光圆钢筋力学性能特征值　　　　表2-25

牌号	R_{eL}(MPa)	R_m(MPa)	A(%)	A_{gt}(%)
HPB300	≥300	≥420	≥25.0	≥10.0

钢筋力学性能试验应按照上述国家标准的有关规定进行,试样数量为2根,可任选2根钢筋切取,计算强度用横截面面积,通常采用公称横截面面积。

3. 弯曲性能

弯曲性能试验的弯芯直径为钢筋的公称直径,弯曲180°后,钢筋受弯曲部位表面不得产生裂纹。

4. 其他检验项目

表面质量、表面形状、尺寸允许偏差、质量偏差及相应的检验应按照上述国家标准的有关规定进行。

三、试验记录

钢筋原材试验检测记录见表2-26。

钢筋原材试验检测记录   表 2-26

检测单位名称：   记录编号：

工程名称						
工程部位(用途)						
样品信息	样品编号			样品名称		
	样品状态			钢筋种类牌号、公称直径		
	来样时间			样品数量		
试验检测日期				试验条件		
检测依据				判定依据		
主要仪器设备名称及编号				表面质量		

试样编号	试件尺寸					质量偏差		规定非比例延伸强度	抗拉强度		断后伸长率			最大力总延伸率		
	基圆直径(mm)		螺纹高(mm)	螺纹底宽(mm)	螺距(mm)	试样长度(mm)	试样实际质量(g)	理论质量(kg/m)	质量偏差(%)	屈服力(kN)	屈服强度(MPa)	极限荷载(kN)	极限强度(MPa)	原始标距(mm)	断后标距(mm)	断后伸长率(%)	原始标距(mm)	断后标距(mm)	最大力总延伸率(%)
	d_h	d_v																	

附加声明：

检测：   记录：   复核：   日期： 年 月 日

试验检测 2.3-5

预应力混凝土用钢棒检验

预应力混凝土用钢棒（以下简称钢棒）是低合金钢热轧圆盘条经过冷加工后（不经过冷加工）淬火和回火所得到。钢棒按表面形状分为光圆钢棒、螺旋槽钢棒、螺旋肋钢棒和带肋钢棒。

钢棒按不同的制造加工有不同的强度等级和试验要求，以及延性级别和松弛级别要求。

一、试验依据

(1)《预应力混凝土用钢棒》(GB/T 5223.3—2017);

(2)《金属材料　拉伸试验　第1部分:室温试验方法》(GB/T 228.1—2021)。

二、力学性能

钢棒的抗拉强度 R_m、规定非比例延伸强度 $R_{P0.2}$ 见表 2-27;伸长特性(断后伸长率 A、最大力总伸长率 A_{gt})要求见表 2-28,钢棒检验结果应不小于表中所列的规定值。

钢棒强度要求　　　　　表 2-27

表面形状类型	公称直径(mm)	R_m(MPa)	$R_{P0.2}$(MPa)
光圆	6~16	对所有规格 1080 1230 1420 1570	对所有规格 930 1080 1280 1420
螺旋槽	7.1~14.0		
螺旋肋	6~14		
带肋	6~16		
螺旋肋	16~22	1080 1270	930 1140

钢棒伸长特性要求　　　　　表 2-28

延性级别	A_{gt}(%)(L_0=200mm)	A(%)(L_0=8d)
延性 35	3.5	7.0
延性 25	2.5	5.0

注:L_0 为标距,d 为钢棒公称直径。

钢棒力学性能试验应按照上述国家标准的有关规定进行,但伸长特性试验的标距按表 2-28 确定;抗拉强度试样数量为 1 根/盘,规定非比例延伸强度试样数量为 3 根/批,断后伸长率试样数量为 1 根/盘,最大力总伸长率试样数量为 3 根/批,从每(任一)盘中任意一端截取;计算强度用横截面面积,采用公称横截面面积。拉伸试验后,目视观察,钢棒应呈现出缩颈韧性断口。

三、弯曲性能

对于公称直径不大于 10mm 的钢棒(螺旋槽钢棒和带肋钢棒除外),应按表 2-29 的规定进行反复弯曲试验;对于公称直径大于 10mm 的钢棒(螺旋槽钢棒和带肋钢棒除外),应按表 2-29 的规定进行弯曲试验。

钢棒的弯曲性能要求　　　　　　　　　　　　　　　　　　　　　表 2-29

表面形状类型	公称直径 d (mm)	弯曲性能	
		性能要求	弯曲半径(mm)
光圆	6	反复弯曲不小于 4 次/180°	15
	7、8		20
	9、10		25
	11~16	弯曲 160°~180°后弯曲处无裂纹	弯芯直径为钢棒公称直径的 10 倍
螺旋肋	6	反复弯曲不小于 4 次/180°	15
	7、8		20
	9、10		25
	11~22	弯曲 160°~180°后弯曲处无裂纹	弯芯直径为钢棒公称直径的 10 倍

钢棒弯曲试验和钢棒反复弯曲试验试样数量均为 3 根/批,从每(任一)盘中任意一端截取。

四、应力松弛性能

钢棒应进行初始应力为 70% 公称抗拉强度时 1000h 的松弛试验,如需方有要求,也应测定初始应力为 60% 和 80% 公称抗拉强度时 1000h 的松弛值,实测松弛值应不大于表 2-30 规定的最大松弛值。

钢棒最大松弛值　　　　　　　　　　　　　　　　　　　　　　　表 2-30

初始应力为公称抗拉强度的百分数 (%)	1000h 松弛值 (%)
70	2.0
60	1.0
80	4.5
—	—

应力松弛试验试样数量为不少于 1 根/每条生产线每个月,从每(任一)盘中任意一端截取。

五、其他检验项目

疲劳试验、表面质量、横截面面积等相应的检验应按照上述国家标准的有关规定进行。

六、试验记录

钢棒外形尺寸、拉伸、应力松弛、疲劳性能试验检测记录见表 2-31~表 2-34。

钢棒外形尺寸试验检测记录

表 2-31

检测单位名称：　　　　　　　　　　　　　　　　　　　　　　　　记录编号：

工程名称									
工程部位/用途									
样品信息		样品编号				样品名称			
		样品状态				规格型号			
		来样时间				样品数量			
试验检测日期						试验条件			
检测依据						判定依据			
主要仪器设备及编号									
检测项目				检测结果					
试样编号									
表面质量									
试件尺寸	实测直径(mm)								
	平均值								
	公称直径(mm)								
	直径尺寸偏差(mm)								
质量偏差(%)	长度(m)								
	质量(g)								
	每米理论质量(g/m)								
	质量偏差(%)								
附加声明：									

检测：　　　　　　　记录：　　　　　　　复核：　　　　　　　日期：　年　月　日

钢棒拉伸试验检测记录

表 2-32

检测单位名称：　　　　　　　　　　　　　　　　　　　　　　　　记录编号：

工程名称					
工程部位/用途					
样品信息	样品编号			样品名称	
	样品状态			规格型号	
	来样时间			样品数量	
试验检测日期				试验条件	
检测依据				判定依据	
主要仪器设备及编号					
检测项目			检测结果		
试样编号					
公称直径(mm)					

续上表

检测项目	检测结果	
公称截面面积(mm²)		
规定非比例延伸力 $F_{P0.2}$(kN)		
最大力(kN)		
最大力总伸长率(%)		
抗拉强度(MPa)		
弹性模量(GPa)		
冲击性能		
弯曲试验结果		
反复弯曲次数		
反复弯曲结果		
附加声明:		

检测:　　　　　记录:　　　　　复核:　　　　　日期:　　年　月　日

钢棒应力松弛试验检测记录　　　　　　　　　　　　　　表 2-33

检测单位名称:　　　　　　　　　　　　　　　　　　　　记录编号:

工程名称				
工程部位/用途				
样品信息	样品编号		样品名称	
	样品状态		规格型号	
	来样时间		样品数量	
试验检测日期		试验条件		
检测依据		判定依据		
主要仪器设备及编号				

松弛时间段(min)	松弛率(%)	松弛时间段(h)	松弛率(%)
1		2	
2		4	
4		6	
8		24	
15		48	
30		96	
60		120	
1000h 的应力松弛性能推算结果(%)			

附加声明:

检测:　　　　　记录:　　　　　复核:　　　　　日期:　　年　月　日

钢棒疲劳性能试验检测记录

表 2-34

检测单位名称：　　　　　　　　　　　　　　　　　　　　　　　　　　　记录编号：

工程名称				
工程部位/用途				
样品信息	样品编号		样品名称	
	样品状态		规格型号	
	来样时间		样品数量	
试验检测日期			试验条件	
检测依据			判定依据	
主要仪器设备及编号				
检测项目	检测结果			
试样编号				
试验机夹具间距(mm)				
加载频率(Hz)				
公称截面面积(mm^2)				
最大力特征值(kN)				
疲劳次数				
试验后外观描述				
附加声明：				

检测：　　　　　　记录：　　　　　　复核：　　　　　　　　日期：　年　月　日

试验检测 2.3-6

预应力混凝土用钢绞线检验

预应力混凝土用钢绞线检验（微课）

预应力混凝土用钢绞线（以下简称钢绞线）是由冷拉光圆钢丝及刻痕钢丝捻制而成。其按结构形式和代号可分为以下 8 类：

(1)用 2 根钢丝捻制的钢绞线，1×2。
(2)用 3 根钢丝捻制的钢绞线，1×3。
(3)用 3 根刻痕钢丝捻制的钢绞线，1×3I。
(4)用 7 根钢丝捻制的标准型钢绞线，1×7。
(5)用 6 根刻痕钢丝和 1 根光圆中心钢丝捻制的钢绞线，1×7I。
(6)用 7 根钢丝捻制又经模拔的钢绞线，(1×7)C。
(7)用 19 根钢丝捻制的 1+9+9 西鲁式钢绞线，1×19S。
(8)用 19 根钢丝捻制的 1+6+6/6 瓦林吞式钢绞线，1×19W。

钢绞线的产品标记包含结构代号、公称直径、强度级别和标准编号。

一、试验依据

(1)《预应力混凝土用钢绞线》(GB/T 5224—2014)。
(2)《预应力混凝土用钢材试验方法》(GB/T 21839—2019)。

二、力学性能

钢绞线按不同的结构形式、公称直径和强度等级,有不同的力学性能要求。1×7 结构钢绞线的力学性能见表2-35。

1×7 结构钢绞线的力学性能 表2-35

钢绞线公称直径 D_n (mm)	公称抗拉强度 R_m (MPa)	整根钢绞线最大力 F_m(kN) ≤	整根钢绞线最大力的最大值 $F_{m,max}$(kN) ≤	0.2%屈服力 $F_{P0.2}$(kN) ≥	最大力总伸长率 (L_0≥400mm) A_{gt}(%) ≥
15.20 (15.24)	1470	206	234	181	
	1570	220	248	194	
	1670	234	262	206	
9.50 (9.53)	1720	94.3	105	83.0	
11.10 (11.11)		128	142	113	
12.70		170	190	150	
15.20 (15.24)		241	269	212	
17.80 (17.78)		327	365	288	
18.90	1820	400	444	352	对所有规格3.5
15.70	1770	266	296	234	
21.60		504	561	444	
9.50 (9.53)	1860	102	113	89.8	
11.10 (11.11)		138	153	121	
12.70		184	203	162	
15.20 (15.24)		260	288	229	
15.70		279	309	246	
17.80 (17.78)		355	391	311	
18.90		409	453	360	
21.60		530	587	466	
9.50 (9.53)	1960	107	118	94.2	

续上表

钢绞线公称直径 D_n（mm）	公称抗拉强度 R_m（MPa）	整根钢绞线最大力 F_m（kN）≤	整根钢绞线最大力的最大值 $F_{m,max}$（kN）≤	0.2%屈服力 $F_{P0.2}$（kN）≥	最大力总伸长率（L_0≥400mm） A_{gt}（%）≥
11.10（11.11）	1960	145	160	128	对所有规格3.5
12.70		193	213	170	
15.20（15.24）		274	302	241	

注：L_0 为标距。

钢绞线力学性能试验的试样在夹头内和距钳口2倍钢绞线公称直径内断裂达不到标准要求时，试验无效。计算抗拉强度时取钢绞线的公称横截面面积值。屈服力 $F_{P0.2}$ 即引伸计标距（不小于一个捻距）的非比例延伸达到引伸计标距0.2%时的力。在测定最大力总伸长率时，如有预加负荷，应考虑将预加负荷所产生的伸长率计入总伸长率内。

整根钢绞线的最大力试样数量为3根/批，屈服力试样数量为3根/批，最大力总伸长率试样数量为3根/批，从每（任一）盘中任意一端截取。

三、应力松弛性能

不同规格钢绞线的应力松弛性能要求见表2-36，实测应力松弛率应不大于表中规定的松弛率。

钢绞线应力松弛性能要求　　表2-36

初始负荷相当于实际最大力的百分数(%)	1000h 应力松弛率 r(%)≤
70	2.5
80	4.5

应力松弛试验应按照上述国家标准的有关规定进行，试样的环境温度应保持在20℃±2℃内，标距长度不小于公称直径的60倍，试样制备后不得进行任何热处理和冷加工，允许用至少120h的测试数据推算1000h的松弛值。试样数量为不少于1根/每合同批，从每（任一）盘卷中任意一端截取。

四、其他检验项目

表面质量、外形尺寸和钢绞线伸直性的检验，以及疲劳性能试验和偏斜拉伸试验，应按照上述国家标准的有关规定进行。

五、试验记录

钢绞线外形尺寸、拉伸、应力松弛、疲劳性能、偏斜拉伸试验检测记录见表2-37～表2-41。

钢绞线外形尺寸试验检测记录

表 2-37

检测单位名称： 　　　　　　　　　　　　　　　　　　　　　　　　　记录编号：

工程名称									
工程部位/用途									
样品信息	样品编号				样品名称				
	样品状态				规格型号				
	来样时间				样品数量				
试验检测日期					试验条件				
检测依据					判定依据				
主要仪器设备及编号									
检测项目				检测结果					
试样编号									
表面质量									
试件尺寸	实测直径(mm)								
	平均值(mm)								
	公称直径(mm)								
	直径尺寸偏差(mm)								
质量偏差(%)	长度(m)								
	质量(g)								
	每米理论质量(g/m)								
	质量偏差(%)								
附加声明：									

检测：　　　　　　记录：　　　　　　复核：　　　　　　日期：　年　月　日

钢绞线拉伸试验检测记录

表 2-38

检测单位名称： 记录编号：

工程名称					
工程部位/用途					
样品信息	样品编号		样品名称		
	样品状态		规格型号		
	来样时间		样品数量		
试验检测日期			试验条件		
检测依据			判定依据		
主要仪器设备及编号					
检测项目	检测结果				
试样编号					
公称直径(mm)					
公称截面面积(mm^2)					
屈服力 $F_{P0.2}$(kN)					
最大力(kN)					
最大力总伸长率(%)					
抗拉强度(MPa)					
屈服力 $F_{P0.2}$ 与最大力之比(%)					
弹性模量(GPa)					

附加声明：

检测： 记录： 复核： 日期： 年 月 日

钢绞线应力松弛试验检测记录

表 2-39

检测单位名称：　　　　　　　　　　　　　　　　　　　　　　　　记录编号：

工程名称				
工程部位/用途				
样品信息	样品编号		样品名称	
	样品状态		规格型号	
	来样时间		样品数量	
试验检测日期			试验条件	
检测依据			判定依据	
主要仪器设备及编号				
松弛时间段(min)	松弛率(%)	松弛时间段(h)	松弛率(%)	
1		2		
2		4		
4		6		
8		24		
15		48		
30		96		
60		120		
1000h 的应力松弛性能推算结果(%)				
附加声明：				

检测：　　　　　　记录：　　　　　　复核：　　　　　　日期：　年　月　日

钢绞线疲劳性能试验检测记录

表 2-40

检测单位名称：　　　　　　　　　　　　　　　　　　　　　　　　记录编号：

工程名称			
工程部位/用途			
样品信息	样品编号	样品名称	
	样品状态	规格型号	
	来样时间	样品数量	
试验检测日期		试验条件	
检测依据		判定依据	
主要仪器设备及编号			
检测项目	检测结果		
试样编号			
试验机夹具间距离(mm)			
加载频率(Hz)			
公称截面面积(mm^2)			
最大力特征值(kN)			
疲劳次数			
试验后外观描述			
附加声明：			

检测：　　　　　　记录：　　　　　　复核：　　　　　　日期：　年　月　日

钢绞线偏斜拉伸试验检测记录

表 2-41

检测单位名称： 记录编号：

工程名称						
工程部位/用途						
样品信息	样品编号			样品名称		
	样品状态			规格型号		
	来样时间			样品数量		
试验检测日期				试验条件		
检测依据				判定依据		
主要仪器设备及编号						
钢绞线拉伸最大力(kN)			最大力平均值(kN)		芯轴直径(mm)	
试验编号						
0%最大力时锚环与夹片间距(mm)						
50%最大力时锚环与夹片间距(mm)						
破断时锚环与夹片间距(mm)						
0%~50%最大力时夹片位移(mm)						
50%到破断时夹片位移(mm)						
断裂时有效试验力 F_a(kN)						
偏斜拉伸系数 D(%)						
偏斜拉伸系数平均值(%)						
附加声明：						

检测： 记录： 复核： 日期： 年 月 日

试验检测 2.3-7

预应力混凝土用螺纹钢筋检验

预应力混凝土用螺纹钢筋(以下简称螺纹钢筋)是采用热轧、轧后余热处理或热处理等工艺生产的,外表有热轧成的不连续外螺纹的直条钢筋,它可以与带有匹配形状的内螺纹的连接器或锚具进行连接。

螺纹钢筋按屈服强度划分级别,用其代号为"PSB"加上规定屈服强度最小值表示。

一、检验依据

(1)《预应力混凝土用螺纹钢筋》(GB/T 20065—2016);
(2)《金属材料 拉伸试验 第1部分:室温试验方法》(GB/T 228.1—2021);
(3)《金属材料 拉伸应力松弛试验方法》(GB/T 10120—2013)。

二、力学性能

不同级别的螺纹钢筋的力学性能要求见表2-42,其检验结果应不小于表中所列的规定值。如无明显屈服时,用规定非比例延伸强度 $R_{p0.2}$ 代替。

螺纹钢筋力学性能要求　　表2-42

级别	屈服强度 R_{eL} (MPa)	抗拉强度 R_m (MPa)	断后伸长率 A (%)	最大力总伸长率 A_{gt} (%)
PSB785	785	980	8	3.5
PSB830	830	1030	7	
PSB930	930	1080	7	
PSB1080	1080	1230	6	
PSB1200	1200	1330	6	

螺纹钢筋力学性能的试验按照上述国家标准的有关规定进行,计算应力时用公称横截面面积。试样数量为2根。

三、应力松弛性能

各个级别螺纹钢筋的应力松弛性能要求均相同,初始应力取 $0.7R_{eL}$ (公称屈服强度),实测1000h后应力松弛率不大于4%。

应力松弛试验应按照上述国家标准的有关规定进行,试样的环境温度应保持在20℃±2℃内,标距长度不小于公称直径的60倍,试样制备后不得进行任何热处理和冷加工,初始负荷应在3~5min内均匀施加完毕、持荷1min后开始记录松弛值,允许用至少120h的测试数据推算1000h的松弛值。试样数量为1根/1000t。

四、其他检验项目

表面质量、外形尺寸的检验以及疲劳性能试验应按照上述国家标准的有关规定进行。

五、试验记录

螺纹钢筋应力松弛及综合试验检测记录见表2-43、表2-44。

螺纹钢筋应力松弛试验检测记录　　　　　　　　　表2-43

检测单位名称：　　　　　　　　　　　　　　　　　　　　　　　记录编号：

工程名称				
工程部位/用途				
样品信息	样品编号		样品名称	
	样品状态		规格型号	
	来样时间		样品数量	
试验检测日期			试验条件	
检测依据			判定依据	
主要仪器设备及编号				
松弛时间段(min)	松弛率(%)		松弛时间段(h)	松弛率(%)
1			2	
2			4	
4			6	
8			24	
15			48	
30			96	
60			120	
1000h的应力松弛性能推算结果(%)				
附加声明：				

检测：　　　　　　记录：　　　　　　复核：　　　　　　日期：　年　月　日

螺纹钢筋综合试验检测记录

表 2-44

检测单位名称：　　　　　　　　　　　　　　　　　　　　　　　　　　记录编号：

工程名称					
工程部位/用途					
样品信息	样品编号			样品名称	
	样品状态			规格型号	
	来样时间			样品数量	
试验检测日期				试验条件	
检测依据				判定依据	
主要仪器设备及编号				试验日期	
				公称截面面积（mm²）	

试样编号	试件尺寸			质量偏差				屈服强度		抗拉强度		最大力总伸长率				断后伸长率		
	实测内径(mm)	内径公称尺寸(mm)	内径尺寸偏差(mm)	试样长度(mm)	试样实际质量(g)	理论总量(kg/m)	质量偏差(%)	屈服荷载(kN)	屈服强度(MPa)	极限荷载(kN)	极限强度(MPa)	断前标距(mm)	断后标距(mm)	弹性模量取值(MPa)	最大力总伸长率(%)	原始标距(mm)	断后标距(mm)	断后伸长率(%)

外观质量	

疲劳性能						
试样编号	等效负荷值（kN）	试验机夹具间距离(mm)	最大力特征值（kN）	加载频率（Hz）	公称截面面积（mm²）	疲劳次数	试验后外观描述

附加声明：

检测：　　　　　　记录：　　　　　　复核：　　　　　　日期：　年　月　日

试验检测 2.3-8

碳素结构钢检验

碳素结构钢的牌号由代表屈服强度的字母 Q、屈服强度数值、质量等级符号(A、B、C、D)、脱氧方法符号(F、Z、TZ)组成。其中,屈服强度等级有 Q195、Q215、Q235、Q275。

碳素结构钢的形式有热轧钢板、钢带、型钢和钢棒。

一、检验依据

(1)《碳素结构钢》(GB/T 700—2006)。
(2)《金属材料 拉伸试验 第1部分:室温试验方法》(GB/T 228.1—2021)。
(3)《金属材料 弯曲试验方法》(GB/T 232 —2010)。
(4)《金属材料 夏比摆锤冲击试验方法》(GB/T 229—2020)。

二、力学性能

不同厚度和直径的碳素结构钢的力学性能要求见表 2-45,其检验结果应不小于表中所列的规定值。

碳素结构钢力学性能要求　　　　表 2-45

牌号	屈服强度 R_{eL}(MPa)						抗拉强度 R_m (MPa)	断后伸长率 A(%)				
	厚度(直径)(mm)							厚度(直径)(mm)				
	≤16	>16~40	>40~60	>60~100	>100~150	>150~200		≤40	>40~60	>60~100	>100~150	>150~200
Q195	195	185	—	—	—	—	315~430	33	—	—	—	—
Q215	215	205	195	185	175	165	335~450	31	30	29	27	26
Q235	235	225	215	215	195	185	370~500	26	25	24	22	21
Q275	275	265	255	245	225	215	410~540	22	21	20	18	17

注:1. Q195 的屈服强度仅作为参考。
　　2. 对于厚度大于 100mm 的钢材,抗拉强度下限允许降低 20MPa。

碳素结构钢力学性能应按照上述国家标准的有关规定进行,试样数量为 1 个。

三、弯曲性能

按表 2-46 规定的弯芯直径弯曲 180°后,试样受弯曲部位表面不得产生裂纹。

碳素结构钢弯曲性能要求　　　　表 2-46

牌号	试样方向	冷弯试验 180°，$B = 2a$	
		钢材厚度（直径）(mm)	
		≤60	>60~100
		弯芯直径 d	
Q195	纵	0	—
	横	0.5a	—
Q215	纵	0.5a	1.5a
	横	a	2a
Q235	纵	a	2a
	横	1.5a	2.5a
Q275	纵	1.5a	2.5a
	横	2a	3a

注：B 为试样宽度，a 为试样厚度。

碳素结构钢弯曲性能试验应按照上述国家标准的有关规定进行，试样数量为 1 个。

四、冲击试验

厚度不小于 12mm 或直径不小于 16mm 的钢材应做冲击试验，应按照上述国家标准的有关规定进行，试样数量为 3 个。

试验检测 2.3-9

低合金高强度结构钢检验

低合金高强度结构钢的牌号由代表屈服强度"屈"字的汉语拼音首字母 Q、规定的最小上屈服强度数值、交货状态代号、质量等级符号（B、C、D、E、F）四个部分组成。

屈服强度等级有 Q355、Q390、Q420、Q460、Q500、Q550、Q620、Q690。交货状态有热轧、正火、正火轧制和热机械轧制（TMCP）。热轧代号为 AR 或 WAR（可省略），正火、正火轧制代号为 N，热机械轧制代号为 M。

低合金高强度结构钢的形式有热轧钢板、钢带、型钢和钢棒等。

一、检验依据

(1)《低合金高强度结构钢》(GB/T 1591—2018)。
(2)《金属材料　拉伸试验　第 1 部分：室温试验方法》(GB/T 228.1—2021)。
(3)《金属材料　弯曲试验方法》(GB/T 232—2010)。
(4)《金属材料　夏比摆锤冲击试验方法》(GB/T 229—2020)。

二、力学性能

不同交货状态、厚度和直径的热轧钢材的力学性能要求见表 2-47 ~ 表 2-50,其检验结果应不小于表中所列的规定值。

热轧钢材的拉伸性能　　表 2-47

牌号		上屈服强度 R_{eH}[①]（MPa）不小于								抗拉强度 R_m（MPa）			
钢级	质量等级	公称厚度或直径(mm)											
		≤16	>16 ~ 40	>40 ~ 63	>63 ~ 80	>80 ~ 100	>100 ~ 150	>150 ~ 200	>200 ~ 250	>250 ~ 400	≤100	>100 ~ 150	>150 ~ 250	>250 ~ 400
Q355	BC	355	345	335	325	315	295	285	275	—	470 ~ 630	450 ~ 600	450 ~ 600	—
	D									265[②]				450 ~ 600[②]
Q390	BCD	390	380	360	340	340	320	—	—	—	490 ~ 650	470 ~ 620	—	—
Q420[③]	BC	420	410	390	370	370	350	—	—	—	520 ~ 680	500 ~ 650	—	—
Q460[③]	C	460	450	430	410	410	390	—	1	—	550 ~ 720	530 ~ 700	—	—

注:①当屈服不明显时,可用规定塑性延伸强度 $R_{p0.2}$ 代替上屈服强度。
　　②只适用于质量等级为 D 的钢板。
　　③只适用于型钢和钢棒。

热轧钢材的断后伸长率　　表 2-48

牌号			断后伸长率 A(%)不小于					
钢级	质量等级		公称厚度或直径(mm)					
		试样方向	≤40	>40 ~ 63	>63 ~ 100	>100 ~ 150	>150 ~ 250	>250 ~ 400
Q355	BCD	纵向	22	21	20	18	17	17[①]
		横向	20	19	18	18	17	17[②]
Q390	BCD	纵向	21	20	20	19	—	—
		横向	20	19	19	18	—	—
Q420[②]	BC	纵向	20	19	19	19	—	—
Q460[②]	C	纵向	18	17	17	17	—	—

注:①只适用于质量等级为 D 的钢板。
　　②只适用于型钢和钢棒。

正火、正火轧制钢材的拉伸性能 表2-49

牌号		上屈服强度 R_{eH}[①] (MPa) 不小于							抗拉强度 R_m (MPa)			断后伸长率 A(%) 不小于					
		公称厚度直径(mm)																
钢级	质量等级	≤16	>16~40	>40~63	>63~80	>80~100	>100~150	>150~200	>200~250	≤100	>100~200	>200~250	≤16	>16~40	>40~63	>63~80	>80~200	>200~250
Q355N	BCDE、F	355	345	335	325	315	295	285	275	470~630	450~600	450~600	22	22	22	21	21	21
Q390N	BCDE	390	380	360	340	340	320	310	300	490~650	470~620	470~620	20	20	20	19	19	19
Q400N	BCDE	420	400	390	370	360	340	330	320	520~680	500~650	500~650	19	19	19	18	18	18
Q460N	CDE	460	440	430	410	400	380	370	370	540~720	530~710	510~690	17	17	17	17	17	16

注:正火状态包含正火加回火状态。
① 当屈服不明显时,可用规定塑性延伸强度 $R_{p0.2}$ 代替上屈服强度。

TMCP钢材的拉伸性能 表2-50

牌号		上屈服强度 R_{eH}[①] (MPa) 不小于						抗拉强度 R_m (MPa)					断后伸长率 A(%) 不小于
		公称厚度或直径(mm)											
钢级	质量等级	≤16	>16~40	>40~63	>63~80	>80~100	>100~120[②]	≤40	>40~63	>63~80	>80~100	>100~120[②]	
Q355M	BCDE、F	355	345	335	325	325	320	470~630	450~610	440~600	440~600	430~590	22
Q390M	BCDE	390	380	360	340	340	335	490~650	480~640	470~630	460~620	450~610	20
Q420M	BCDE	420	400	390	380	370	365	520~680	500~660	480~640	470~630	460~620	19
Q460M	CDE	460	440	430	410	400	385	540~720	530~710	510~690	500~680	490~660	17
Q500M	CDE	500	490	480	460	450	—	610~770	600~760	590~750	540~730	—	17
Q550M	CDE	550	540	530	510	500	—	670~830	620~810	600~790	590~780	—	16
Q620M	CDE	620	610	600	580	—	—	710~880	690~880	670~860	—	—	15
Q690M	CDE	690	680	670	650	—	—	770~940	750~920	730~900	—	—	14

注:热机械轧制(TMCP)状态包含热机械轧制(TMCP)加回火状态。
① 当屈服不明显时,可用规定塑性延伸强度 $R_{p0.2}$ 代替上屈服强度。
② 对于型钢和钢棒,厚度或直径不大于150mm。

低合金高强度结构钢力学性能试验按照上述国家标准的有关规定进行,试样数量为 1 个/批。

三、弯曲性能

按表 2-51 规定的弯芯直径弯曲 180°后,试样受弯曲部位表面不得产生裂纹。

弯曲试验　　　　　　　　　　　　　　　　表 2-51

牌号	试样方向	冷弯试验180°	
		钢材厚度(直径,边长)(mm)	
		≤16	>16~100
		弯芯直径 d	
Q345	宽度不小于 600mm 的扁平钢材,拉伸试验取横向试样;宽度小于 600mm 的扁平钢材、型钢及钢棒,取纵向试样	$2a$	$3a$
Q390			
Q420			
Q460			

注:a 为试样厚度。

低合金高强度结构钢弯曲性能的试验应按照上述国家标准的有关规定进行,试样数量为 1 个/批。

四、冲击试验

厚度不小于 6mm 或直径不小于 12mm 的钢材应做冲击试验,应按照上述国家标准有关规定进行,试样数量为 3 个/批。

试验检测 2.3-10

桥梁用结构钢检验

桥梁用结构钢的牌号由代表屈服强度的字母 Q、屈服强度数值、桥字的汉语拼音字母、质量等级符号等组成。常用的强度等级有 Q345q、Q370q、Q420q、Q460q、Q500q、Q550q、Q620q、Q690q。桥梁用结构钢的形式有钢板、钢带、型钢等。

一、检验依据

(1)《桥梁用结构钢》(GB/T 714—2015)。
(2)《金属材料　拉伸试验　第 1 部分:室温试验方法》(GB/T 228.1—2021)。
(3)《金属材料　弯曲试验方法》(GB/T 232—2010)。
(4)《金属材料　夏比摆锤冲击试验方法》(GB/T 229—2020)。

二、力学性能

不同厚度的桥梁用结构钢的力学性能要求见表2-52,其检验结果应不小于表中所列的规定值。对厚度不大于16mm的桥梁用结构钢,断后伸长率应基于表中的百分数提高1%,即现为20%,应提高为21%。

桥梁用结构钢力学性能要求　　表2-52

牌号	下屈服强度 R_{eL}（MPa）			抗拉强度 R_m（MPa）	断后伸长率 A（%）
	厚度（mm）				
	≤50	>50~100	>100~150		
Q345q	345	335	305	490	20
Q370q	370	360	—	510	20
Q420q	420	410	—	540	19
Q460q	460	450	—	570	18
Q500q	500	480	—	630	18
Q550q	550	530	—	660	16
Q620q	620	580	—	720	15
Q690q	690	650	—	770	14

注：1. 拉伸试验取横向试样。
2. 当屈服不明显时,可用 $R_{p0.2}$ 代替下屈服强度。

桥梁用结构钢力学性能试验应按照上述国家标准的有关规定进行,试样数量为1个/批。

三、弯曲性能

低合金高强度结构钢弯曲性能的试验应按照上述国家标准的有关规定进行。当钢材厚度≤16mm时,弯芯直径取2倍的钢材厚度;当钢材厚度>16mm时,弯芯直径取3倍的钢材厚度。要求弯曲180°后,试样受弯曲部位表面无肉眼可见裂纹;试样数量为1个/批。

四、冲击试验

厚度不小于6mm或直径不小于12mm的钢材应做冲击试验,应按照上述国家标准的有关规定进行,试样数量为3个/批。

试验检测2.3-11

钢筋焊接和机械连接试验

钢筋焊接和机械连接（微课）

钢筋连接主要有钢筋焊接连接和钢筋机械连接两种方式。

一、检验依据

(1)《钢筋焊接及验收规程》(JGJ 18—2012)。

(2)《钢筋机械连接技术规程》(JGJ 107—2016)。
(3)《钢筋焊接接头试验方法标准》(JGJ/T 27—2014)。

二、钢筋焊接连接

(1)钢筋焊接连接是指通过熔解钢筋或焊接材料(如焊条),将两段钢筋(或钢筋与预埋件等)连接,并可传递力的连接方法。钢筋焊接连接分为电阻点焊、闪光对焊、电弧焊、窄间隙电弧焊、电渣压力焊、气压焊和预埋件钢筋埋弧压力焊等。

(2)钢筋焊接接头的质量检验包括外观检查和力学性能检验。其中,力学性能检验包括拉伸试验、弯曲试验、剪切试验、冲击试验和疲劳试验。试件数量和试验结果判定按照上述行业建设标准的有关规定执行,试验方法按照上述行业标准的有关规定执行。

(3)纵向受力钢筋焊接接头,应进行拉伸试验;接头抗拉强度应满足标准要求;按照标准要求进行弯曲试验时,接头弯曲性能也应满足标准要求。

三、钢筋机械连接

(1)钢筋机械连接是指通过钢筋与连接件的机械咬合作用或钢筋端面的承压作用,将一根钢筋中的力传递到另一根钢筋的连接方法。

(2)按照连接形式、加工工艺划分,钢筋机械连接可分为滚轧直螺纹钢筋连接、镦粗直螺纹钢筋连接、带肋钢筋套筒挤压连接和钢筋锥螺纹连接。

(3)钢筋连接接头应满足强度及变形性能的要求;根据抗拉强度、残余变形以及高应力和大变形条件下反复拉压性能的差异,它分为以下三个性能等级:

Ⅰ级,接头抗拉强度应不小于钢筋极限抗拉强度标准值(钢筋拉断时)或不小于1.10倍钢筋抗拉强度标准值(连接件破坏时),残余变形小并具有高延性及反复拉压性能。

Ⅱ级,接头抗拉强度应该不小于被连接钢筋抗拉强度标准值,残余变形较小并具有高延性及反复拉压性能。

Ⅲ级,接头抗拉强度应该不小于被连接钢筋屈服强度标准值的1.25倍,残余变形较小并具有一定的延性及反复拉压性能。

(4)钢筋机械接头应根据其性能等级和应用场合,确定相应的检验项目,如单向拉伸性能、高应力反复拉压、大变形反复拉压、抗疲劳等。试件数量和结果判定按照上述行业标准的有关规定执行。

(5)在确定接头性能等级,或材料、工艺、规格改动时,或型式检验报告超过4年时,应进行型式检验。对每种类型、级别、规格、材料、工艺的钢筋机械连接接头,型式检验试件不应少于12个,其中钢筋母材拉伸强度试件不应少于3个、单向拉伸试件不应少于3个、高应力反复拉压不应少于3个、大变形反复拉压不应少于3个,同时全部试件的钢筋均应在同一根钢筋截取。型式检验试件不得采用经过预拉的试件。

(6)钢筋机械连接工程开始前,应对不同钢筋生产厂家的进场钢筋进行接头工艺检验,每种规格钢筋的接头试件不应少于3个。

（7）对接头的现场检验，应按验收批进行。对每一验收批，必须在工程结构中随机截取3个接头试件做抗拉强度试验。

四、试验记录与报告

钢筋焊接连接接头和机械连接接头及其相关项目试验检测记录见表2-53～表2-59。

钢筋焊接连接接头试验检测记录 表2-53

检测单位名称： 记录编号：

工程名称	
工程部位/用途	
样品信息	
试验检测日期	试验条件
检测依据	判定依据

主要仪器设备名称及编号

试件编号	焊接方法	牌号	试件尺寸			接头抗拉强度		断裂情况描述		弯曲		
			公称直径(mm)	公称截面面积(mm²)	焊接长度(mm)	极限荷载(kN)	极限强度(MPa)	断口与接头距离(mm)	断裂性状	弯曲角度(°)	弯芯直径(mm)	试验结果

附加声明：

检测： 记录： 复核： 日期： 年 月 日

钢筋机械连接接头试验检测记录

表 2-54

检测单位名称：　　　　　　　　　　　　　　　　　　　　　　　　　　记录编号：

工程名称									
工程部位/用途									
样品信息									
试验检测日期				试验条件					
检测依据				判定依据					
主要仪器设备名称及编号									

试件编号	牌号	接头等级	公称直径（mm）	公称截面面积（mm²）	接头抗拉强度				拉断情况描述	
					接头套筒直径（mm）	接头套筒长度（mm）	极限荷载（kN）	抗拉强度（MPa）	断口距套筒距离（mm）	钢筋接头拉断性状

附加声明：

检测：　　　　　　记录：　　　　　　复核：　　　　　　日期：　年　月　日

钢筋接头试验检测记录

表 2-55

检测单位名称：　　　　　　　　　　　　　　　　　　　　　　　　记录编号：

工程名称					
工程部位/用途					
样品信息	样品编号		样品名称		
	样品状态		母材钢筋种类、牌号		
	来样时间		样品数量		
试验检测日期			试验条件		
检测依据			判定依据		
主要仪器设备名称及编号			接头种类		
			外观质量		
试样编号					
试样尺寸	接头长度(mm)				
	焊缝宽度(mm)				
	母材截面面积(mm²)				
剪切试验	规定抗剪力(kN)				
	实测抗剪力(kN)				
	平均抗剪力(kN)				
冲击试验	试样尺寸(mm)				
	冲击吸收能量(J)				
断口位置(mm)					
极限荷载(kN)					
极限强度(MPa)					
弯曲试验	弯曲压头直径(mm)				
	弯曲角度(°)				
	弯曲结果				

附加声明：规定抗剪力按 $F_j \geqslant 0.3 S_0 R_{eL}$ 。

检测：　　　　　　记录：　　　　　　复核：　　　　　　日期：　年　月　日

钢筋机械连接型式检验力学性能试验检测记录(一)

表 2-56

检测单位名称：　　　　　　　　　　　　　　　　　　　　　　　　　　记录编号：

工程名称						
工程部位/用途						
样品信息	样品编号			样品名称		
	样品状态			母材种类、牌号		
	来样时间			样品数量		
试验检测日期				试验条件	温度：	湿度：
检测依据				判定依据		
主要仪器设备名称及编号	微机控制电液伺服万能试验机 WAW-1000D（03462001）、电子数显卡尺 0～200mm（031014001-2）					
机械连接接头长度(mm)		接头等级		公称横截面面积(mm²)		
弹性模量(MPa)		接头种类		残余变形标距(mm)		
外观质量						

	试样编号				
钢筋母材性能	母材屈服荷载(kN)				
	母材屈服强度(MPa)				
	母材极限荷载(kN)				
	母材抗拉强度(MPa)				
	最大力总伸长率断前标距(mm)				
	最大力总伸长率断后标距(mm)				
	最大力总伸长率(%)				
	试样编号				
单向拉伸性能	连接件抗拉强度(MPa)				
	破坏形态				
	残余变形(mm)				
	残余变形平均值(mm)				
	最大力总伸长率断前标距(mm)				
	最大力总伸长率断后标距(mm)				
	最大力总伸长率(%)				
	最大力总伸长率平均值(%)				

附加声明：

检测：　　　　　　记录：　　　　　　复核：　　　　　　日期：　　年　　月　　日

钢筋机械连接型式检验力学性能试验检测记录(二)

表 2-57

检测单位名称:　　　　　　　　　　　　　　　　　　　　　　　　记录编号:

工程名称						
工程部位/用途						
样品信息	样品编号			样品名称		
	样品状态			母材种类、牌号		
	来样时间			样品数量		
试验检测日期				试验条件	温度:	湿度:
检测依据				判定依据		
主要仪器设备名称及编号						
接头种类			接头等级			
公称横截面面积(mm^2)			机械连接接头长度(mm)		残余变形标距(mm)	
试样编号						
高应力反复拉压	连接件极限荷载(kN)					
	连接件抗拉强度(MPa)					
	破坏形态					
	残余变形 μ_{20}(mm)					
试样编号						
大变形反复拉压	连接件极限荷载(kN)					
	连接件抗拉强度(MPa)					
	破坏形态					
	残余变形 μ_4(mm)					
	残余变形 μ_8(mm)					
附加声明:						

检测:　　　　　　记录:　　　　　　复核:　　　　　　日期:　　年　月　日

钢筋焊接网试验检测报告

表 2-58

检测单位名称： 报告编号：

委托/施工单位			工程名称		
工程部位/用途					
样品信息	样品编号		样品名称		
	样品状态		规格型号		
	来样时间		样品数量		
检测依据			判定依据		
主要仪器设备及编号					
委托编号			检测类别	委托试验	
生产厂家			生产批号		
代表数量			生产日期		

1. 钢筋焊接网钢筋间距

序号	检测项目	技术指标	检测结果					结果判定
			1	2	3	4	5	
1	纵向钢筋间距(mm)							
2	横向钢筋间距(mm)							

2. 钢筋焊接网质量偏差

序号	检测项目	技术指标	检测结果	结果判定
1	质量偏差(%)			

3. 钢筋焊接网拉伸、弯曲

序号	检测项目	技术指标	检测结果		结果判定
			纵向	横向	
1	屈服强度 R_{eL}(MPa)				
2	抗拉强度 R_m(MPa)				
3	断后伸长率(%)				
4	弯曲试验180°				

4. 钢筋焊接网抗剪力

序号	检测项目	技术指标	检测结果	结果判定
1	抗剪力(kN)			

检测结论：

说明：1. 本报告仅对来样负责，若对本报告有异议，请在收到报告15日内向本单位提出。
2. 本报告或报告复印件无"检验检测专用章"则视为无效。
3. 本报告无主检、审核、批准人签字则视为无效，报告涂改则视为无效

检测： 审核： 签发： 日期： 年 月 日(专用章)

钢筋机械连接试验检测报告

表 2-59

检测单位名称：　　　　　　　　　　　　　　　　　　　　　　　　报告编号：

委托/施工单位				工程名称		
工程部位/用途						
样品信息	样品编号			样品名称		
	样品状态			母材种类及牌号		
	来样时间			样品数量		
检测依据				判定依据		
主要仪器设备及编号						
委托编号				检测类别	委托试验	
生产厂家				生产批号		
代表数量				生产日期		

序号	检测项目		技术指标	检测结果	结果判定
1	钢筋母材试验结果	屈服强度（MPa）			
		抗拉强度（MPa）			
		最大力总伸长率（%）			
2	单向拉伸	残余变形 μ_0（mm）			
		极限强度（MPa）			
		最大力总伸长率（%）			
		破坏形态			
3	高应力反复拉压	残余变形 μ_{20}（mm）			
		极限强度（MPa）			
		破坏形态			
4	大变形反复拉压	残余变形 μ_4（mm）			
		残余变形 μ_8（mm）			
		极限强度（MPa）			
		破坏形态			
5	拧紧扭矩值（N·m）				

检测结论：

说明：1. 本报告仅对来样负责，若对本报告有异议，请在收到报告 15 日内向本单位提出。
　　　2. 本报告或报告复印件无"检验检测专用章"则视为无效。
　　　3. 本报告无主检、审核、批准人签字则视为无效，报告涂改则视为无效

检测：　　　　　　审核：　　　　　　签发：　　　　　　日期：　　年　　月　　日(专用章)

试验检测 2.3-12

钢结构零件硬度检测

钢结构零件
硬度检测
（微课）

钢结构零件硬度是指金属材料抵抗硬物压入其表面的能力。工程上常用的钢结构零件硬度有布氏硬度和洛氏硬度。

一、试验依据

(1)《金属材料 洛氏硬度试验 第1部分:试验方法》(GB/T 230.1—2018)。
(2)《金属材料 布氏硬度试验 第1部分:试验方法》(GB/T 231.1—2018)。
(3)《金属材料 布氏硬度试验 第4部分:硬度值表》(GB/T 231.4—2009)。

二、试验设备

硬度检测按产品零件设计图样规定的硬度值种类(洛氏硬度或布氏硬度),选用相应的硬度测量仪(如洛氏硬度计或布氏硬度计)进行检测。

三、温度条件

硬度检测一般在 10~35℃ 室温条件下进行；对于温度要求严格的试验,当温度为 23℃ ±5℃ 使用洛氏硬度计时,应在较小的温度变化范围内进行。

四、试样放置

(1)将试样稳固地放置于硬度计试台上,并使压头轴线与试样表面垂直。
(2)试验过程中,硬度计应避免受到影响试验结果的冲击和振动。

五、洛氏硬度检测

(1)使压头与试样表面平稳接触图 2-17,施加初试验力 F_0,F_0 保持时间不超过 3^{+1}_{-2}s。
(2)将测量装置调整至基准位置,从初试验力 F_0 施加至总试验力 F 的时间应为 1~8s。
(3)总试验力保持时间为 5^{+1}_{-3}s。
(4)主试验力 F_1,保持初试验力 F_0,经 4^{+1}_{-3}s 稳定后,读出硬度值。
(5)相邻两压痕中心间距离至少应为压痕平均直径的 3 倍,并且不应小于 2mm；任一压痕中心距试样边缘距离至少应为压痕平均直径的 3 倍；任一压痕中心距试样边缘的距离至少为压痕直径的 2.5 倍。

六、布氏硬度检测

(1)使压头与试样表面平稳接触,施加试验力直至达到规定试验力值,如图 2-18 所示。

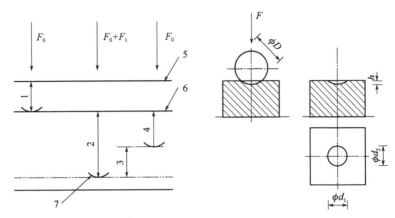

图 2-17 洛氏硬度试验原理图　　图 2-18 布氏硬度试验原理图

(2) 从施加力开始到全部试验力施加完毕的加载时间为 $7^{+1}_{-5}s$。

(3) 总试验力保持时间为 $14^{+1}_{-4}s$。

(4) 任一压痕中心距试样边缘距离至少应为压痕平均直径的 2.5 倍,相邻两压痕中心间距离至少应为压痕平均直径的 3 倍。

(5) 在两相互垂直方向测量压痕直径,用两个读数的平均值计算布氏硬度,或按上述国家标准中的硬度值表查得布氏硬度。

七、试验记录

金属材料洛氏硬度及布氏硬度试验检测记录见表 2-60、表 2-61。

金属材料洛氏硬度试验检测记录　　表 2-60

检测单位名称：　　　　　　　　　　　　　　　　　　　　　　　记录编号：

工程名称				
工程部位/用途				
样品信息	样品编号		样品名称	
	样品状态		规格型号	
	来样时间		样品数量	
试验检测日期			试验条件	
检测依据			判定依据	
主要仪器设备及编号	手动洛氏硬度计 HR-150a(03318001)			
硬度标准块校准	标准值		实测值	
试样编号	洛氏硬度( )			
	第一点	第二点	第三点	平均值
附加声明：				

检测：　　　　　记录：　　　　　复核：　　　　　日期：　年　月　日

金属布氏硬度试验检测记录

表 2-61

检测单位名称： 记录编号：

工程名称								
工程部位/用途								
样品信息								
试验检测日期				试验条件				
检测依据				判定依据				
主要仪器设备及编号								
目镜倍数				物镜倍数				
压球直径(mm)				硬度范围				
试样编号	试验力(N)	保持时间(s)	左读数	右读数	读数差值测值	读数差值平均值	压痕直径(mm)	计算布氏硬度值

附加声明：

检测： 记录： 复核： 日期： 年 月 日

单元2.4 案例分析

【案例2-1】 混凝土力学性能试验中使用压力试验机对不同试件进行加荷试验,现有一组C40混凝土试件,请根据以下试验内容选择合适的压力试验机加荷速率。

(1)混凝土棱柱体轴心抗压强度试验加荷速率为(B)。
  A.0.3~0.5MPa/s   B.0.5~0.8MPa/s
  C.0.8~1.0MPa/s   D.1.0~1.2MPa/s

解析:混凝土棱柱体抗压强度试验加荷速率:当混凝土强度等级小于C30时,加荷速度取0.3~0.5MPa/s;当混凝土强度等级大于C30且小于C60时,加荷速度取0.5~0.8MPa/s;当混凝土强度等级大于C60时,加荷速度取0.8~1.0MPa/s。

(2)混凝土抗弯拉强度试验加荷速率为(B)。
  A.0.3~0.5MPa/s   B.0.05~0.08MPa/s
  C.0.08~1.0MPa/s   D.1.0~1.2MPa/s

解析:混凝土抗弯拉强度试验加荷速率:当混凝土强度等级小于C30时,加荷速度为0.02~0.05MPa/s;当混凝土强度等级大于C30且小于C60时,加荷速度为0.05~0.08MPa/s;当混凝土强度等级大于或等于C60时,加荷速度为0.08~0.10MPa/s。

(3)弹性模量试验加荷速率(D)。
  A.0.5MPa/s±0.2MPa/s   B.0.5MPa/s±0.4MPa/s
  C.0.6MPa/s±0.2MPa/s   D.0.6MPa/s±0.4MPa/s

解析:混凝土棱柱体抗压弹性模量试验加荷速率:以0.6MPa/s±0.4MPa/s的加荷速率连续均匀加荷至1/3轴心抗压强度。

(4)混凝土立方体劈裂抗拉强度试验加荷速率(C)。
  A.0.01~0.03MPa/s   B.0.03~0.05MPa/s
  C.0.05~0.08MPa/s   D.0.08~1.0MPa/s

解析:抗弯拉强度试验加荷速率:当混凝土强度等级小于C30时,加荷速度为0.02~0.05MPa/s;当混凝土强度等级大于C30且小于C60时,加荷速度为0.05~0.08MPa/s;当混凝土强度等级大于或等于C60时,加荷速度为0.08~0.10MPa/s。

(5)混凝土立方体抗压强度试验加荷速率(B)。
  A.0.3~0.5MPa/s   B.0.5~0.8MPa/s
  C.0.8~1.0MPa/s   D.1.0~0.8MPa/s

解析:混凝土立方体劈裂抗拉强度试验加荷速率:当混凝土强度等级小于C30时,加荷速度为0.3~0.5MPa/s;当混凝土强度等级大于C30且小于C60时,加荷速度为0.5~0.8MPa/s;当混凝土强度等级大于或等于C60时,加荷速度为0.8~1.0MPa/s。

【案例2-2】 混凝土棱柱体抗压弹性模量试验中,试件尺寸与棱柱体轴心抗压强度试验试件尺寸相同,每组为同龄期、同条件制作和养护的试件6个,其中3个试件用于测定轴心抗压强度,提供弹性模量试验的加荷标准,另3个试件则用作弹性模量试验。请回答下列问题:

(1)在混凝土棱柱体抗压弹性模量试验中用到的仪器设备包括(ACD)。

  A.压力试验机或万能试验机   B.百分表

  C.千分表   D.微变形测量仪固定支架

  解析:百分表不满足微变形测量仪的要求,微变形测量仪可用千分表或分辨率不低于0.001mm的其他仪表。

(2)试验前,需用3个试件测定混凝土棱柱体轴心抗压强度,已知3个试件的极限荷载F分别为530kN、600kN和700kN,对应的受压面积A分别为0.02265m^2、0.02265m^2和0.02250m^2,则该棱柱体轴心抗压强度测定值为(A)。

  A.试验结果无效   B.27.0MPa   C.26.5MPa   D.23.4MPa

  解析:一般情况下取3个试件测值的算术平均值作为该组试件的测定值(精确至0.1MPa)。当3个测值的最大值或最小值中,如有1个与中间值的差值超过中间值的15%时,则把最大值及最小值一并舍去,取中间值作为测定值;若最大值和最小值与中间值的差值均超过中间值的15%,则该组试验结果无效。

(3)在混凝土棱柱体抗压弹性模量试验中,以下关于仪器设备安装及调试表述正确的是(ABC)。

  A.微变形测量仪应安装在试件两侧的中线上并对称于试件两侧

  B.加荷至基准应力0.5MPa对应的初始荷载F_0,持荷60s后在30s内记录微变形测量仪的读数$\varepsilon_0^{左}$、$\varepsilon_0^{右}$

  C.以0.6MP/s±0.4MPa/s的速率连续均匀加荷至1/3轴心抗压强对应的荷载值F_a,持荷60s后在30内记录$\varepsilon_0^{左}$、$\varepsilon_0^{右}$

  D.微变形测量仪读数与均值之差应在15%以内,否则应重新调整试件位置

  解析:微变形测量仪读数与均值之差应在20%以内,否则应重新调整试件位置。

(4)在仪器设备调整到位后,即可进行混凝土抗压弹性模量试验,下列关于加载读数过程描述正确的是(ACD)。

  A.正式试验前需预压,预压在初始荷载值F_0及1/3荷载值F_a处均持荷60s

  B.预压的循环次数至少为3次

  C.完成最后一次预压后,保持60s的初始荷载值F_0,在30s内记录$\varepsilon_0^{左}$、$\varepsilon_0^{右}$,再用同样的加荷速度加荷至F_a,持荷60s后在30内记录$\varepsilon_0^{左}$、$\varepsilon_0^{右}$

  D.卸除微变形测量仪,以同样的速度加荷至破坏,记录下破坏极限荷载F

  解析:预压的循环次数至少为两次。

(5)3个试件的抗压弹性模量结果分别为3.05×10^4MPa、2.98×10^4MPa、2.86×10^4MPa,循环后轴心抗压强度值分别为25.4MPa、24.1MPa、21.0MPa。结合题(2)的结果判断该组试件的混凝土弹性模量结果为(C)。

  A.2.98×10^4MPa   B.2.96×10^4MPa

  C.3.02×10^4MPa   D.2.92×10^4MPa

  解析:根据题(2)循环前混凝土轴心抗压强度值为26.5MPa;循环后3个试件与循环前抗压

强度的差值与循环前抗压强度的比值分别为(26.5 − 25.4)/26.5 = 4.2% < 20%;(26.5 − 24.1)/26.5 = 9.1%。

【案例2-3】 进行钢筋拉伸试验,请回答下列问题。

(1)钢筋拉伸试验,内容包括(ABD)。

  A. 屈服强度   B. 抗拉强度

  C. 韧性   D. 伸长率

解析:热轧带肋钢筋的屈服强度R_e、抗拉强度R_m、断后伸长率A、最大力总伸长率A_{gt}等力学性能,特征值见表2-25。

(2)对温度要求严格的试验,试验温度应为(B)。

  A. 22℃ ±5℃   B. 23℃ ±5℃   C. 20℃ ±2℃   D. 18℃ ±2℃

解析:拉伸试验一般在室温10~35℃范围内进行。对温度要求严格的试验,试验温度应为23℃ ±5℃。

(3)下列参数应使用准确度不低于1级的引伸计测定(AC)。

  A. 屈服强度   B. 抗拉强度

  C. 屈服点延伸率   D. 断后伸长率

解析:引伸计的准确度级别应符合《金属材料 单轴试验用引伸计的标定》(GB/T 12160—2019)的要求,测定屈服强度、屈服点延伸率、规定塑性延伸强度、规定总延伸强度、规定残余延伸强度、规定残余延伸强度的验证试验,应使用不低于1级准确度的引伸计;测定其他具有较大延伸率的性能,如抗拉强度、最大力总延伸率、最大力塑性延伸率、断裂伸长率、断后伸长率应使用不低于2级准确度的引伸计。

(4)试验机的测力系统应进行校准,并且其准确度应为(CD)。

  A. 3级   B. 2级

  C. 1级   D. 优于1级

解析:拉伸试验的试验机精度应为1级或优于1级。

(5)试验速率可通过对试样的(AD)控制实现。

  A. 应力速率   B. 收缩速率

  C. 延伸速率   D. 应变速率

解析:拉伸试验一般在室温10~35℃范围内进行。对温度要求严格的试验,试验温度应为23℃ ±5℃。拉伸试验的试验速率可以根据要求、条件等,选择采用应变速率控制(方法A)或应力速率控制(方法B)。

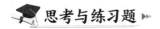

注:【思考与练习题】中,* 表示与【知识目标】和【能力目标】相对应的题目,属于必答题。

一、单选题

*1. 在石料单轴抗压强度试验中,试件破坏荷载应大于压力试验机全量程的20%且小于压力试验机全量程的( )。

A. 75%　　　　　　B. 80%　　　　　　C. 85%　　　　　　D. 90%

*2. 在常温条件下,对没有明显屈服现象的,钢材标准试样进行拉伸试验,由于应力—延伸率曲线没有明显的屈服现象,通常取塑性延伸率为(　　)所对应的应力作为规定塑性延伸强度。

A. 0.2%　　　　　B. 0.3%　　　　　C. 0.4%　　　　　D. 0.5%

*3. 某混凝土立方体试件抗压强度试验测试结果:试件A为42.6MPa,试件B为50.8MPa,试件C为59.6MPa,则该组混凝土立方体抗压强度测定值为(　　)。

A. 42.6MPa　　　B. 50.8MPa　　　C. 51MPa　　　　D. 试验结果无效

*4. 衡量钢筋抵抗脆性破坏的主要力学性能指标是(　　)。

A. 弯曲性能　　　B. 应力松弛性能　　C. 疲劳性能　　　D. 冲击性能

*5. 在混凝土棱柱体抗压弹性模量试验中,水泥混凝土的受压弹性模量是取轴心抗压强度的(　　)时所对应的弹性模量。

A. 1/2　　　　　　B. 1/3　　　　　　C. 2/3　　　　　　D. 1/4

*6. 在检测桥梁结构所用的石料强度中,其强度与石料的面积的关系成(　　),软化系数与石料饱和状态下的单轴抗压强度的关系成(　　)。

A. 正比　反比　　B. 正比　正比　　C. 反比　正比　　D. 反比　反比

*7. 厚度不小于12mm或直径不小于16mm的钢材应做冲击试验,应按照国家标准的有关规定进行,试样数量为(　　)个。

A. 1　　　　　　　B. 2　　　　　　　C. 3　　　　　　　D. 4

*8. 弯曲性能试验的弯芯直径为钢筋的公称直径,弯曲(　　)后,钢筋受弯曲部位表面不得产生裂纹。

A. 90°　　　　　　B. 135°　　　　　C. 180°　　　　　D. 270°

*9. 所有不同规格钢绞线的松弛性能要求用1000h松弛率衡量,实测应力松弛率应不大于规定的松弛率。试验时允许用至少(　　)的测试数据推算1000h的松弛值。

A. 120h　　　　　B. 200h　　　　　C. 300h　　　　　D. 500h

*10. 钢筋连接接头应满足强度及变形性能的要求,接头连接件的屈服承载力和受拉承载力的标准值不应小于被连接钢筋的屈服承载力和受拉承载力标准值的(　　)倍。

A. 1　　　　　　　B. 1.1　　　　　　C. 1.2　　　　　　D. 1.3

*11. 石料冻融试验后无明显损伤,冻融后的质量损失率不大于(　　),强度不低于试验前的0.75倍,表明石料抗冻性好。

A. 4%　　　　　　B. 3%　　　　　　C. 2%　　　　　　D. 1%

*12. 配制混凝土时宜采用级配良好、质地坚硬、颗粒洁净的河砂。下列关于河砂粒径的选择正确的是(　　)。

A. 小于5mm　　　B. 5~10mm　　　C. 10~15mm　　　D. 15~20mm

二、多选题

*1. 钢筋机械连接接头根据(　　)以及高应力和大变形条件下反复拉压性能的差异,可分为三个等级。

A. 抗拉强度　　　B. 残余变形　　　C. 抗压强度　　　D. 抗剪强度

*2. 测定规则形状的石料试件单轴抗压强度时,采用万能试验机,试件的含水状态可根据需要选择(　　)。
　　A. 烘干状态　　　B. 天然状态　　　C. 饱和状态　　　D. 浸湿状态
*3. 石料的抗冻性是用来评估石料在饱和状态下经受规定次数的冻融循环后抵抗破坏的能力,分别用(　　)来表示。
　　A. 抗压强度　　　B. 冻融系数　　　C. 质量损失率　　　D. 吸水率
*4. 评价石料抗冻性能好坏的指标包括(　　)。
　　A. 冻融循环后强度变化　　　　　　B. 冻融循环后质量损失
　　C. 冻融循环后含水率变化　　　　　D. 冻融循环后外观变化
5. 钢绞线的产品标记包括(　　)。
　　A. 结构代号　　　B. 公称直径　　　C. 强度级别　　　D. 标准号
*6. 对于有明显屈服现象的钢材,可以采取测定上屈服强度和下屈服强度的方法有(　　)。
　　A. 图解法　　　B. 指针法　　　C. 自动装置测定　　　D. 计算法
*7. 下列混凝土强度的种类中,其中(　　)为工程上常用的强度。
　　A. 抗压强度　　　B. 劈裂抗拉强度　　　C. 抗弯拉强度　　　D. 屈服强度
*8. 混凝土劈裂抗拉强度试件尺寸为(　　)。
　　A. 100mm×100mm×100mm　　　　B. 150mm×150mm×150mm
　　C. 200mm×200mm×200mm
*9. 混凝土试件公差包括(　　)。
　　A. 尺寸公差　　　B. 形位公差　　　C. 形状公差　　　D. 数字公差
*10. 混凝土非标准养护龄期有(　　)d。
　　A. 3　　　B. 28　　　C. 60　　　D. 90

三、判断题

*1. 混凝土芯样的高度与直径之比对所测抗压强度影响较小。　　　　　　　　(　　)
*2. 石料的抗压强度试验可根据需要选择不同含水状态进行。　　　　　　　　(　　)
*3. 高碳钢没有明显屈服点,其屈服强度通常用伸长率0.2%的变形应力表示。　(　　)
*4. 钢筋屈服强度是钢材所能承受的最大拉应力。　　　　　　　　　　　　　(　　)
*5. 在混凝土棱柱体抗压弹性模量的试验中,其计算结果应精确至0.01MPa。　 (　　)
*6. 在混凝土棱柱体轴心抗压强度试验中,若混凝土试块中最大值与中间值之差为中间值的13%,最小值与中间值之差为中间值的16%,则该组试验结果无效。　(　　)
7. 在混凝土试件养护中,当无标准养护室时,可将试件放入温度为20℃±2℃的不流动的$Ca(OH)_2$溶液中养护。　　　　　　　　　　　　　　　　　　　　　　(　　)
8. 在混凝土试件制作过程中,当采用插入式振捣棒进行振捣时,应把振捣棒插到试模底板,以保证振捣的充分性。　　　　　　　　　　　　　　　　　　　　(　　)
*9. 钢筋拉伸试验一般在室温10~35℃范围内进行。对室温要求严格的试验,试验温度应为23℃±5℃。　　　　　　　　　　　　　　　　　　　　　　　　　(　　)
10. 在沿海地区,为合理利用资源,海水可直接用于结构混凝土的拌制。　　　(　　)

*11. 公路桥涵工程使用的石料制品主要有片石、块石和条石。（ ）

*12. 混凝土立方试件置于压力试验机上受压时,在压力的作用下,混凝土试件的尺寸越小,测得的抗压强度越小。（ ）

*13. 在常温条件下,对有明显屈服现象的钢材标准试样进行拉伸试验,通常取上屈服强度作为屈服强度特征值。（ ）

14. 混凝土立方试件置于压力试验机上受压时,在压力的作用下,上下钢压板的横向变形小于混凝土的横向变形。（ ）

模块2 【思考与练习题】答案

模块 3

桥涵工程地基与基础试验检测

单元3.1　地基容许承载力

【知识目标】
1. 熟悉桥涵工程地基基础与岩土的基本分类；
2. 掌握桥涵工程地基承载力的试验检测方法、数据处理和分析评价。

【能力目标】
1. 具备查阅地基基础相关试验检测的技术标准、规程的能力；
2. 能够规范地检测地基容许承载力。

【案例导入】
广东省湛江市雷州市某七层现浇钢筋混凝土框架结构的宾馆，砖砌填充墙，钢筋混凝土独立基础，埋深0.8m。2006年5月开工，2006年8月完成主体结构，2007年4月基本完工，2007年7月1日开始营业。该建筑于2006年6月即发现地梁开裂，并测得有不均匀沉陷，柱子最大沉降量为10.5cm；同年11月测得柱子的最大沉降量为43cm。上述质量问题虽已发现，但未得到及时处理，并仍按原计划筹备开业。2007年5月3日，在无风无雨的情况下，整幢大楼突然倒塌。该事故的主要原因是地基承载力取值错误和基础设计计算错误。

由于地基承载力不足导致房屋和桥梁垮塌事故的案例并不少见。地基基础应具有足够的承载能力，这样才能保证上部建筑物的安全和使用年限。因此，对地基承载力的检测是非常重要的。

【工程师寄语】
万丈高楼平地起，没有牢固、坚实的地基和基础，再坚固的桥梁上部结构也不能正常地发挥其作用。希望同学们在今后的学习中，务必打好扎实的专业知识基础。只有根深才能叶茂，欲想长成参天大树，必须根植于沃土中。

本单元将介绍地基岩土及其承载力的确定、平板荷载试验、圆锥动力触探试验(DPT)和地基容许承载力确定等知识。

【知识框图】

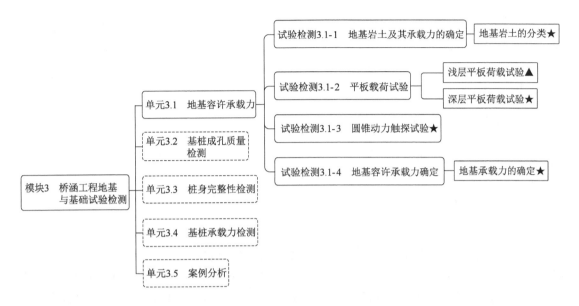

注:知识框图中标有"▲"符号的是教学重点内容,标有"★"符号的是教学难点内容。

试验检测 3.1-1

地基岩土及其承载力的确定

一、地基与基础

1. 地基

地基是指支承基础的土体或岩体。所有的土建(构)筑物基础无不以土体或岩体为地基。地基可分为天然地基和人工地基。

(1)天然地基

天然地基是指未经加固处理或扰动的地基。

(2)人工地基

当天然地基承载力不够时,采用换土、夯实、有机或无机结合料稳定等方法进行加固处理,以提高其承载力,这种加固处理后的地基称为人工地基,也称为加固地基。

2. 基础

基础是指建筑物、构筑物和各种设施在地面以下的组成部分。

(1)基础的作用

基础的作用是将上部结构所承受的各种作用荷载传递到地基上。

(2)基础的分类

桥梁基础可分为刚性基础、扩展基础、箱形基础、筏板基础、壳体基础和桩基础等。

建(构)筑物的安全取决于基础与基础下地基的变形量是否过大、承载能力是否足够。为此,需要对拟建场地进行地质调查、工程勘察和各种土工试验,以查明场地的地质情况和土层结构、地下水情况和岩土的物理力学性能指标,根据建(构)筑物的类型,做出地基评价,为设计、施工提供依据。

二、地基岩土的分类

公路桥涵地基岩土可分为岩石、碎石土、砂土、粉土、黏性土和特殊性土。

1. 分类依据

《公路桥涵地基与基础设计规范》(JTG 3363—2019)。

2. 岩石

岩石为颗粒间连接牢固、呈整体性或具有节理裂隙的地质体。

岩石可按地质和工程两种方式进行分类。其中,地质分类主要根据其地质成因、矿物成分、结构构造及风化程度表达,如强风化花岗岩、微风化砂岩等。工程分类主要根据岩体的工程性状,在地质分类的基础上,概括其工程性质,便于进行工程评价。因此,在评价公路桥涵地基时,除应确定岩石的地质名称外,尚应按其坚硬程度、完整程度、节理发育程度、软化程度和特殊性岩石进行细分。

(1)岩石的坚硬程度应根据岩块的饱和单轴抗压强度标准值的大小分为坚硬岩、较硬岩、较软岩、软岩和极软岩五个类别,见表3-1。

岩石坚硬程度分级 表3-1

坚硬程度类别	坚硬岩	较硬岩	较软岩	软岩	极软岩
饱和单轴抗压强度标准值f_{rk}(MPa)	$f_{rk}>60$	$60 \geqslant f_{rk} > 30$	$30 \geqslant f_{rk} > 15$	$15 \geqslant f_{rk} > 5$	$f_{rk} \leqslant 5$

注:岩石饱和单轴抗压强度试验要点按规范执行。

(2)岩体完整程度根据完整性指数的大小分为完整、较完整、较破碎、破碎和极破碎五个等级,见表3-2。

岩体完整程度分级 表3-2

完整程度等级	完整	较完整	较破碎	破碎	极破碎
完整性指数	>0.75	(0.55,0.75]	(0.35,0.55]	(0.15,0.35]	≤0.15

注:完整性指数为岩体纵波波速与岩块纵波波速之比的平方。

(3)岩体节理发育程度根据节理间距的大小分为节理不发育、节理发育和节理很发育三类,见表3-3。

岩体节理发育程度的分类 表3-3

程度	节理不发育	节理发育	节理很发育
节理间距(mm)	>400	(200,400]	≤200

（4）岩石按软化系数、特殊成分、结构、性质等分为软化岩石、易溶性岩石、膨胀性岩石、崩解性岩石和盐渍化岩石等。

3. 碎石土

（1）碎石土为粒径大于2mm的颗粒含量超过总质量的50%的土。碎石土根据颗粒形状和粒组含量分为漂石、块石、卵石、碎石、圆砾和角砾六类，见表3-4。

碎石土的分类　　　　　　　　　　　　　　　　　　　表3-4

土的名称	颗粒形状	粒组含量
漂石	圆形及亚圆形为主	粒径大于200mm的颗粒含量超过总质量的50%
块石	棱角形为主	
卵石	圆形及亚圆形为主	粒径大于20mm的颗粒含量超过总质量的50%
碎石	棱角形为主	
圆砾	圆形及亚圆形为主	粒径大于2mm的颗粒含量超过总质量的50%
角砾	棱角形为主	

注：碎石土分类时，应根据粒组含量从大到小以最先符合者确定。

（2）碎石土的密实度，可根据重型动力触探锤击数 $N_{63.5}$ 的多少分为密实、中密、稍密和松散四级，见表3-5。

碎石土的密实度分级　　　　　　　　　　　　　　　　表3-5

锤击数 $N_{63.5}$	密实度	锤击数 $N_{63.5}$	密实度
$N_{63.5} \leq 5$	松散	$10 < N_{63.5} \leq 20$	中密
$5 < N_{63.5} \leq 10$	稍密	$N_{63.5} > 20$	密实

注：1. 本表适用于平均粒径小于或等于50mm且最大粒径不超过100mm的卵石、碎石、圆砾、角砾。
2. 表内 $N_{63.5}$ 为经修正后锤击数的平均值。
3. 碎石土平均粒径大于50mm或最大粒径大于100mm时，按照《公路桥涵地基与基础设计规范》（JTG 3363—2019）附录表A.0.2鉴定其密实度。

4. 砂土

（1）砂土为粒径大于2mm的颗粒含量不超过总质量的50%、粒径大于0.075mm的颗粒超过总质量的50%的土。砂土按照粒组含量的大小分为砾砂、粗砂、中砂、细砂和粉砂五类，见表3-6。

砂土的分类　　　　　　　　　　　　　　　　　　　　表3-6

土的名称	粒组含量
砾砂	粒径大于2mm的颗粒含量占总质量的25%~50%
粗砂	粒径大于0.5mm的颗粒含量超过总质量的50%
中砂	粒径大于0.25mm的颗粒含量超过总质量的50%
细砂	粒径大于0.075mm的颗粒含量超过总质量的85%
粉砂	粒径大于0.075mm的颗粒含量超过总质量的50%

(2)砂土的密实度可根据标准贯入锤击数的多少分为密实、中密、稍密和松散四级,见表3-7。

砂土的密实度分级　　　　　　　　　　　　　　　　　表3-7

标准贯入锤击数 N	密实度	标准贯入锤击数 N	密实度
$N \leq 10$	松散	$15 < N \leq 30$	中密
$10 < N \leq 15$	稍密	$N > 30$	密实

5. 粉土

(1)粉土为塑性指数 $I_p \leq 10$ 且粒径大于 0.075mm 的颗粒含量不超过总质量的 50% 的土。

(2)粉土的密实度按照孔隙比 e 的大小分为密实、中密和稍密三级。粉土的湿度按照天然含水率 $w(\%)$ 的大小分为很湿、湿和稍湿三级,见表3-8、表3-9。

粉土的密实度　　　　　　　　　　　　　　　　　　表3-8

孔隙比 e	密实度	孔隙比 e	密实度
$e < 0.75$	密实	$e > 0.9$	稍密
$0.75 \leq e \leq 0.9$	中密	—	—

粉土的湿度分类　　　　　　　　　　　　　　　　　表3-9

天然含水率 $w(\%)$	湿度	天然含水率 $w(\%)$	湿度
$w < 20$	稍湿	$w > 30$	很湿
$20 \leq w \leq 30$	湿	—	—

6. 黏性土

(1)黏性土为塑性指数 $I_p > 10$ 且粒径大于 0.075mm 的颗粒含量不超过总质量的 50% 的土。黏性土根据塑性指数的大小分为黏土和粉质黏土两类,见表3-10。

黏性土的分类　　　　　　　　　　　　　　　　　　表3-10

塑性指数 I_p	土的名称	塑性指数 I_p	土的名称
$I_p > 17$	黏土	$10 < I_p \leq 17$	粉质黏土

(2)黏性土的软硬状态可根据液性指数的大小分为流塑、软塑、可塑、硬塑和坚硬 5 种状态,见表3-11。

黏性土的状态　　　　　　　　　　　　　　　　　　表3-11

液性指数 I_L	状态	液性指数 I_L	状态
$I_L \leq 0$	坚硬	$0.75 < I_L \leq 1$	软塑
$0 < I_L \leq 0.25$	硬塑	$I_L > 1$	流塑
$0.25 < I_L \leq 0.75$	可塑	—	—

7. 特殊性土

特殊性土是具有一些特殊成分、结构和性质的区域性地基土,包括软土、淤泥、膨胀土、湿陷性土、红黏土、盐渍土和填土等。

(1) 软土为滨海、湖沼、谷地、河滩等处天然含水率高、天然孔隙比大、抗剪强度低的细粒土,鉴别指标应符合表 3-12 的规定,包括淤泥、淤泥质土、泥炭、泥炭质土等。

软土地基鉴别指标　　　　表 3-12

指标名称	天然含水率 w（%）	天然孔隙比 e	直剪内摩擦角 φ（°）	十字板剪切强度 c_u（MPa）	压缩系数 a_{1-2}（MPa^{-1}）
指标值	≥35 或液限	≥1.0	宜小于 5	<35kPa	宜大于 0.5

(2) 淤泥为在静水或缓慢的流水环境中沉积,并经生物化学作用形成,天然含水率大于液限、天然孔隙比大于或等于 1.5 的黏性土。

淤泥质土为天然含水率大于液限,而天然孔隙比小于 1.5 但大于或等于 1.0 的黏性土或粉土。

(3) 膨胀土为土中黏粒成分,主要由亲水性矿物组成,同时具有显著的吸水膨胀和失水收缩特性,其自由膨胀率大于或等于 40% 的黏性土。

(4) 湿陷性土为浸水后产生附加沉降,其湿陷系数大于或等于 0.015 的土。

(5) 红黏土为碳酸盐岩系的岩石经红土化作用形成的高塑性黏土,其液限一般大于 50。红黏土经再搬运后仍保留其基本特征且其液限大于 45 的土为次生红黏土。

(6) 盐渍土为土中易溶盐含量大于 0.3%,并具有溶陷、盐胀、腐蚀等工程特性的土。

(7) 填土根据其组成和成因,可分为素填土、压实填土、杂填土和冲填土。其中,素填土是指由碎石土、砂土、粉土、黏性土等组成的填土。经过压实或夯实的素填土称为压实填土。杂填土是指含有建筑垃圾、工业废料、生活垃圾等杂物的填土。冲填土是指由水力冲填泥砂形成的填土。

试验检测 3.1-2

平板载荷试验

浅层平板载荷试验（微课）

平板载荷试验是用于确定地基承压板下应力主要影响范围内土层承载力和变形模量的原位测试方法。它要求岩土体在原有位置上,在保持土的天然结构、含水率及应力状态下测定岩土的性质。平板载荷试验有浅层平板载荷试验和深层平板载荷试验两种。

浅层平板载荷试验（虚拟仿真）

一、浅层平板载荷试验

1. 目的与适用范围

浅层平板载荷试验适用于确定浅部地基土层（深度小于 3m）、破碎、极破碎岩石地基的承载力和变形模量。

2. 试验依据

(1)《建筑地基检测技术规范》(JGJ 340—2015)。

(2)《公路桥涵地基与基础设计规范》(JTG 3366—2019)。

3. 试验原理

地基在荷载作用下达到破坏状态的过程可以分为压密、剪切和破坏三个阶段,如图3-1所示。

(1)压密阶段

①状态:压密阶段相当于荷载—沉降关系曲线($P\text{-}S$ 曲线)上的直线段 Oa,与 a 点相应的荷载 P 为比例界限。压密阶段土中各点的剪应力均小于土的抗剪强度,土体压力与变形呈线性关系,土体处于弹性平衡状态。

②机理:荷载板沉降主要是由土中孔隙的减少引起,土颗粒主要是竖向变位,且随时间增长将土体压密。

(2)剪切阶段

①状态:剪切阶段相当于 $P\text{-}S$ 曲线上的弧段 ab,与在 $P\text{-}S$ 曲线上 b 点相应的荷载 P 为极限荷载。剪切阶段是地基中塑性区的发生和发展阶段,$P\text{-}S$ 曲线的土体荷载与变形不再呈线性关系,其沉降的增长率随荷载的增大而增大。除土体压密外,在承压板边缘局部的土体剪应力达到或超过土的抗剪强度,土体开始发生塑性变形。

②机理:土的变形是由土中空隙压缩和土颗粒的剪切移动引起的。土颗粒同时发生竖向和侧向变位,且随时间不易稳定,称为局部剪切变形阶段。随着荷载的继续增大,土体中的塑性区范围也逐步扩大,直到土体中形成连续的滑动面,土在荷载板两侧挤出而破坏。

(3)破坏阶段

①状态:破坏阶段相当于 $P\text{-}S$ 曲线上的 bc 段。当荷载超过极限荷载后,即使荷载不再增加,沉降也不能稳定,荷载板急剧下沉,土中产生连续的滑动面,土从承压板下挤出,土体隆起呈环状或放射状裂隙,称为破坏阶段。

②机理:这时土体的变形主要由土的剪切变位引起,土体的侧向移动使地基土失稳而破坏,如图3-2所示。

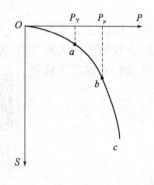

图3-1 荷载—沉降关系曲线($P\text{-}S$ 曲线)

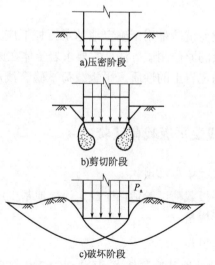

图3-2 地基破坏过程的三个阶段

4. 仪器设备

载荷试验设备由稳压加荷及稳压系统、反力锚碇系统和观测系统三部分组成。

以半自动稳压油压荷载试验设备为例,利用高压油泵,通过稳压器及反力锚碇装置,将压力稳定地传递到承压板。

(1)加荷及稳压系统。加荷及稳压系统由承压板、加荷千斤顶、立柱、稳压器和支撑稳压器的三脚架组成。加荷千斤顶、稳压器、储油箱和高压油泵分别用高压油管连接,构成一个油路系统。

(2)反力锚碇系统。反力锚碇系统包括桁架和反力锚碇两部分。其中,桁架由中心柱套管、深度调节丝杆、斜撑管、主钢丝绳、三向接头等组成。

(3)观测系统。用百分表或其他自动观测装置进行观测。

目前,常用的载荷板试验时加载方式如图 3-3 所示。根据现场情况,可采用地锚代替荷重的方式,也可二者兼用。

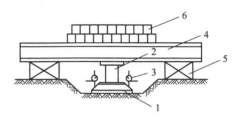

图 3-3 现场载荷试验
1-荷载板;2-千斤顶;3-百分表;4-反力架;5-枕木垛;6-荷重

5. 试验步骤

(1)基坑宽度不应小于承压板宽度 b 或直径 d 的 3 倍。

(2)承压板一般采用 50cm×50cm 的方板,对软土地基采用 70.7cm×70.7cm 的方板。

(3)试验土层:应保持土层在原有位置上,保持土的原状结构、天然湿度。试坑开挖时,在试验点位置周围预留一定厚度的土层,在安装承压板前再清理至试验高程。

(4)承压板与土层接触处,应铺设约 20mm 厚的中砂或粗砂找平,以保证承压板与土层水平、均匀接触。

(5)试验加荷分级不应少于 8 级,第一级荷载包括设备重力。每级荷载增量为地基土层预估极限承载力的 1/10~1/8。最大加载量不应小于设计要求的 2 倍或接近试验土层的极限荷载。

(6)试验精度不应低于最大荷载的 1%;承压板的沉降采用百分表或电测位移计量测,其精度不应低于 0.01mm。

(7)加荷稳定标准:每级加载后,按间隔 10min、10min、10min、15min、15min,以后为每隔 30min 测读一次沉降量;当在连续 2h 内,每小时的沉降量小于 0.1mm 时,则认为已趋于稳定,可加下一级荷载。

(8)当试验出现下列情况之一时,可终止加载:

①承压板周围的土体有明显侧向挤出或发生裂纹。

②在某一级荷载下,24h 内沉降速率不能达到稳定标准。

③沉降量急剧增大,P-S 曲线出现陡降段。

④沉降量与承压板直径(宽度)之比大于或等于 0.06。

(9)回弹观测:分级卸荷量,观测回弹值。分级卸荷量为分级加荷量的 2 倍,15min 观测一次,1h 后再卸下一级荷载。荷载完全卸除后,应继续观测 3h。

(10)试验完成后,试验点附近应有取土孔提供土工试验指标或其他原位测试资料。试验后,应在承压板中心向下开挖取土试样,并描述2倍承压板直径(宽度)范围内土层的结构变化。

6. 试验结果计算

根据试验数据绘制 P-S 曲线,利用 P-S 曲线可以得到:

(1)地基土承载力基本容许值的确定应符合下列规定:

①当 P-S 曲线有比例界限时,取该比例界限所对应的荷载值。

②满足终止加载条件前三款之一时,其相对应的前一级荷载定为极限荷载。当极限荷载值小于比例界限荷载值的2倍时,取极限荷载值的一半。

③若不能按上述两款要求确定时,当压板面积为 $0.25 \sim 0.50 m^2$ 时,可取 $S/b(S/d) = 0.01 \sim 0.015$ 所对应的荷载值,但其值不应大于最大加载量的一半。

(2)计算地基土的变形模量 E_0。一般取 P-S 曲线的直线段,用下式计算:

$$E_0 = (1 - \mu^2) \frac{\pi B}{4} \cdot \frac{\Delta P}{\Delta S} \tag{3-1}$$

式中:B——承压板直径,m,当为方形板时,$B = 2\sqrt{\frac{A}{\pi}}$,$A$ 为方形板面积,m^2;

$\frac{\Delta P}{\Delta S}$——P-S 曲线直线段斜率,kPa/m;

μ——地基土的泊松比,对于砂土和粉土,$\mu = 0.33$,对于可塑-硬塑黏性土,$\mu = 0.38$;对于软塑-流塑黏性土和淤泥质黏性土,$\mu = 0.41$。

当 P-S 曲线的直线段不明显时,可用上述确定地基土承载力的方法所确定地基承载力的基本值与相应的沉降量代入式(3-1)计算 E_0,但此时应与其他原位测试资料比较,综合考虑确定值。

利用 P-S 曲线还可以估算地基土的不排水抗剪强度和地基土基床反力系数等。

7. 结果评定

同一土层参加统计的试验点不应少于3点。当试验实测值的极差不超过其平均值的30%时,取其平均值作为该土层的地基承载力基本容许值。当试验实测值的极差不满足要求时,应查明原因,必要时重新划分地基统计单元进行评价。

8. 注意事项

(1)用油压千斤顶加荷、卸荷虽然方便,但要注意设备是否变形、千斤顶是否漏油及荷载板是否下沉等,要防止油压千斤顶压力不稳定。注意随时调节,保持压力恒定。

(2)对复合地基不应小于一根桩加固的面积,对强夯处理后的地基不应小于 $2.0 m^2$。

(3)加荷、卸荷既要简便,又要安全,并对试验的沉降量观测不产生影响。荷载板为刚性的方形或圆钢板。

9. 试验记录

地基荷载试验记录见表3-13、表3-14。

地基荷载试验记录(一)　　　　　　　　　　　　　　　　　表 3-13

检测单位名称：　　　　　　　　　　　　　　　　　　　　记录编号：

工程名称					
仪器型号				仪器编号	
力传感器(或油压力表)型号				力传感器(油压力表)编号	
千斤顶型号				千斤顶编号	
荷载板尺寸				试验设备	□平台堆载 □抗拔锚杆
位移传感器(百分表)型号				位移传感器(百分表)编号	
位移表现场运行检测检查：□正常 □不正常				仪器现场运行检查：□正常 □不正常	
被试验地基设计参数					
地基类型				置换率(%)	
地基承载力设计情况 (根据设计情况填写其中的一项)	承载力特征值(kPa)				
	承载力标准值(kPa)				
	承载力极限值(kPa)				
试验性质	验证性		试验方法	快速	
	试验性			慢速	
桩号(点号)	桩长(m)	成桩日期	桩身直径(mm)	预定最大加载量(kN)	单级荷载(kN)
S1					
S2					
S3					
S4					
S5					
S6					

检测：　　　　　　记录：　　　　　　复核：　　　　　　日期：　年　月　日

地基荷载试验记录(二)　　　　　　　　　　　　　　　　　表 3-14

检测单位名称：　　　　　　　　　　　　　　　　　　　　记录编号：

工程名称				桩号					
加载级	油压 (MPa)	荷载 (kN)	测读时间	位移计(百分表)读数				本级沉降 (mm)	累计沉降 (mm)	备注
				1号	2号	3号	4号			

检测：　　　　　　记录：　　　　　　复核：　　　　　　日期：　年　月　日

二、深层平板载荷试验

1. 目的与适用范围

深层平板载荷试验用于确定深部地基及大直径桩桩端在承压板压力主要影响范围内土层的承载力及变形模量。该试验方法适用于埋深大于或等于 3.0m 和地下水位以上的地基土。承压板的直径为 800mm 的刚性板,如采用厚约 300mm 的现浇混凝土板,紧靠承压板周围外侧的土层高度不应小于 0.8m。

深层平板载荷试验(微课)

2. 试验依据

(1)《建筑地基检测技术规范》(JGJ 340—2015)。
(2)《公路桥涵地基与基础设计规范》(JTG 3366—2019)。

3. 仪器设备

加载反力装置有压重平台反力装置、地锚反力装置、锚桩横梁反力装置、地锚压重联合反力装置等。

4. 试验步骤

(1)加荷分级可按预估极限承载力的 1/15~1/10 分级施加。
(2)每级加载后,第一个小时内按间隔 10min、10min、10min、15min、15min,以后为每隔 30min 测读一次沉降量。
(3)当在连续 2h 内,每小时的沉降量小于 0.1mm 时,则认为已趋稳定,可加下一级荷载。
(4)当试验出现下列情况之一时,即可终止加载:
①沉降量急剧增大,P-S 曲线上有可判定极限承载力的陡降段,且沉降量超过 0.04d(d 为承压板直径)。
②在某一级荷载下,24h 内沉降速率不能达到稳定。
③本级沉降量大于前一级沉降量的 5 倍。
④当持力层上层坚硬、沉降量很小时,最大加载量不小于设计要求的 2 倍。

5. 试验结果计算

(1)地基土承载力基本容许值的确定应符合下列规定:
①当 P-S 关系曲线有比例界限时,取该比例界限所对应的荷载值。
②满足终止加载条件前三款之一时,其对应的前一级荷载定为极限荷载;当极限荷载值小于比例界限荷载值的 2 倍时,取极限荷载值的一半。
③若不能按上述两项要求确定,可取 $S/d = 0.01~0.015$ 所对应的荷载值,但其值应不大于最大加载量的一半。

(2)计算变形模量。深层平板载荷试验的变形模量 E_0 按下式计算:

$$E_0 = \omega \times \frac{Pd}{S} \tag{3-2}$$

式中：ω——试验深度和土类有关的系数；

P——P-S 曲线上线性段的压力，kPa；

S——与 P 对应的沉降量，mm；

d——承压板的直径，m。

6. 结果评定

同一土层参加统计的试验点不应少于 3 点。当试验实测值的极差不超过其平均值的 30% 时，取其平均值作为该土层的地基承载力基本容许值；当试验实测值的极差不满足要求时，应查明原因，必要时重新划分地基统计单元进行评价。

7. 注意事项

（1）平板载荷试验受荷面积小，加荷影响深度不超过 2 倍的承压板边长或直径，且加荷时间较短，因此不能通过荷载板试验提供建筑物的长期沉降资料。

（2）在沿海软黏土部分地区，地表往往有层"硬壳层"，当其为小尺寸承压板时，对其下软弱土层还未受影响，而实际建筑物基础大，下部软弱土层对建筑物沉降起主要影响。因此，载荷试验有一定的局限性。

（3）当地基压缩层范围内土层单一、均匀时，可直接在基础埋置高程处进行载荷试验。若地基压缩层范围内是成层变化的或不均匀时，则要进行不同尺寸承压板或不同深度的载荷试验。此时，可以采用其他原位测试和室内土工试验来确定平板载荷试验影响不到土层的工程力学性质。

（4）如果地基土层起伏变化很大，还应在不同地点做荷载试验。

8. 试验记录

深层平板载荷试验记录见表 3-15。

深层平板载荷试验记录　　表 3-15

检测单位名称：　　　　　　　　　　　　　　　　　　　记录编号：

工程名称				工程部位/用途					
样品信息									
试验检测日期				试验条件					
检测依据				判定依据					
主要仪器设备名称及编号				承载板尺寸					
荷载编号	荷载值（kPa）	时刻（h:min）	间隔（min）	位移计(百分表)读数				本级沉降（mm）	累计沉降（mm）	备注
				1号	2号	3号	4号			

检测：　　　　　　记录：　　　　　　复核：　　　　　　日期：　　年　　月　　日

试验检测 3.1-3

圆锥动力触探试验

一、目的与适用范围

圆锥动力触探试验(DPT)是利用一定质量的落锤,以一定高度的自由落距,将标准规格的锥形探头打入土层中,根据探头贯入的难易程度判定土层的物理力学性质。圆锥动力触探试验的类型分为轻型、重型和超重型三种。

(1)轻型圆锥动力触探试验一般适用于贯入深度小于4m的黏性土、黏性土组成的素填土和粉土,可用于施工验槽、地基检验和地基处理效果的检测。

(2)重型圆锥动力触探试验一般适用于砂土、中密以下的碎石土和极软岩。

(3)超重型圆锥动力触探试验一般适用于较密实的碎石土、极软岩和软岩。

圆锥动力触探试验类型及规格见表3-16。

圆锥动力触探试验类型及规格 表3-16

类型		轻型	重型	超重型
落锤	锤的质量(kg)	10	63.5	120
	落距(cm)	50	76	100
探头	直径(mm)	40	74	74
	锥角(°)	60	60	60
探杆直径(mm)		25	42	50~60
指标		贯入30cm的锤击数N_{10}	贯入10cm的锤击数$N_{63.5}$	贯入10cm的锤击数N_{120}

二、试验依据

(1)《建筑地基检测技术规范》(JGJ 340—2015)。
(2)《公路桥涵地基与基础设计规范》(JTG 3366—2019)。

三、仪器设备

圆锥动力触探试验设备主要由圆锥触探头、触探杆、穿心锤三部分组成。

四、抽样原则

当采用圆锥动力触探试验对处理地基土质量进行验收检测时,单位工程检测数量不应少于10个测点。当面积超过3000m²时,应每500m²增加1个测点。检测同一土层的试验有效数据不应少于6个。

五、试验步骤

（1）触探架与触探头对准孔位，作业过程中始终保持与触探孔垂直。

（2）以重型圆锥动力触探为例，试验采用质量为63.5kg的穿心锤自动脱钩，以76cm的落距自由下落，对土层连续进行触探，将标准试验触探头打入土中10cm，并且记录其锤击数。

六、试验结果计算

1. 实测触探锤击数

各种类型的圆锥动力触探试验是将贯入一定深度的锤击数（N_{10}、$N'_{63.5}$、N'_{120}）作为触探指标，通过与其他室内试验和原位测试指标建立相关关系获得地基土的物理力学性质指标，从而评价地基土的性质。

2. 修正后的触探杆锤击数

（1）探杆长度的修正。当采用重型和超重型圆锥动力触探试验确定碎石土的密实度时，锤击数应按下式进行修正。

$$N_{63.5} = \alpha_1 N'_{63.5} \tag{3-3}$$

$$N_{120} = \alpha_2 N'_{120} \tag{3-4}$$

式中：$N_{63.5}$、N_{120}——修正后的重型和超重型圆锥动力触探试验的锤击数；

α_1、α_2——重型和超重型圆锥动力触探试验锤击数修正系数，见表3-17、表3-18；

$N'_{63.5}$、N'_{120}——实测重型和超重型圆锥动力触探试验锤击数。

重型圆锥动力触探试验锤击数修正系数 α_1 表3-17

触探杆长度 (m)	$N'_{63.5}$								
	5	10	15	20	25	30	35	40	≥50
2	1.00	1.00	1.00	1.00	1.00	1.00	1.00	1.00	—
4	0.96	0.95	0.93	0.92	0.90	0.89	0.87	0.86	0.84
6	0.93	0.90	0.88	0.85	0.83	0.81	0.79	0.78	0.75
8	0.90	0.86	0.83	0.80	0.77	0.75	0.73	0.71	0.67
10	0.88	0.83	0.79	0.75	0.72	0.69	0.67	0.64	0.61
12	0.85	0.79	0.75	0.70	0.67	0.64	0.61	0.59	0.55
14	0.82	0.76	0.71	0.66	0.62	0.58	0.56	0.53	0.50
16	0.79	0.73	0.67	0.62	0.57	0.54	0.51	0.48	0.45
18	0.77	0.70	0.63	0.57	0.53	0.49	0.46	0.43	0.40
20	0.75	0.67	0.59	0.53	0.48	0.44	0.41	0.39	0.36

超重型圆锥动力触探试验锤击数修正系数 α_2 表 3-18

触探杆长度(m)	N'_{120}										
	1	3	5	7	9	10	15	20	25	30	35	40
1	1.00	1.00	1.00	1.00	1.00	1.00	1.00	1.00	1.00	1.00	1.00	1.00
2	0.96	0.92	0.91	0.90	0.90	0.90	0.90	0.89	0.89	0.88	0.88	0.88
3	0.94	0.88	0.86	0.85	0.84	0.84	0.84	0.83	0.82	0.82	0.81	0.81
5	0.92	0.82	0.79	0.78	0.77	0.77	0.76	0.75	0.74	0.73	0.72	0.72
7	0.90	0.78	0.75	0.74	0.73	0.72	0.71	0.70	0.68	0.68	0.67	0.66
9	0.88	0.75	0.72	0.70	0.69	0.68	0.67	0.66	0.64	0.63	0.62	0.62
11	0.87	0.73	0.69	0.67	0.66	0.66	0.64	0.62	0.61	0.60	0.59	0.58
13	0.86	0.71	0.67	0.65	0.64	0.63	0.61	0.60	0.58	0.57	0.56	0.55
15	0.86	0.69	0.65	0.63	0.62	0.61	0.59	0.58	0.56	0.55	0.54	0.53
17	0.85	0.68	0.63	0.61	0.60	0.60	0.57	0.56	0.54	0.53	0.52	0.50
19	0.84	0.66	0.62	0.60	0.58	0.58	0.56	0.54	0.52	0.51	0.50	0.48

(2)侧壁摩擦影响的修正。对于砂土和松散—中密的圆砾、卵石,触探深度在 1~15m 范围内时,一般不考虑侧壁摩擦的影响。

(3)地下水影响的修正。对于地下水位以下的中砂、粗砂、砾砂和圆砾、卵石,锤击数可按下式修正。

$$N_{63.5} = 1.1 N'_{63.5} + 1.0 \tag{3-5}$$

式中:$N'_{63.5}$——修正前的锤击数。

七、试验成果应用

(1)评价地基承载力:

①用轻型圆锥动力触探锤击数 N_{10} 确定地基土的承载力。

②用重型圆锥动力触探锤击数 $N_{63.5}$ 确定地基土的承载力。

③用超重型圆锥动力触探锤击数 N_{120} 确定地基土的承载力。

用 $N_{63.5}$ 平均值评价冲积、洪积成因的中砂、砾砂和碎石类土地基的承载力,见表 3-19。

用重型圆锥动力触探 $N_{63.5}$ 确定地基承载力表(单位:kPa)   表 3-19

击数平均值 $N_{63.5}$	3	4	5	6	7	8	9	10	12	14
碎石土	140	170	200	240	280	320	360	400	480	540
中砂、砾砂	120	150	180	220	260	300	340	380	—	—
击数平均值 $N_{63.5}$	16	18	20	22	24	26	28	30	35	40
碎石土	600	660	720	780	830	870	900	930	970	1000

(2)确定地基土的变形模量。

(3)确定单桩承载力。

(4)确定抗剪强度、地基检验和确定地基持力层。

(5)评价地基均匀性和确定地基持力层。

八、注意事项

(1)重型和超重型圆锥动力触探试验要点：
①贯入时,穿心锤应自动脱钩,自由落下。
②地面上触探杆的高度不宜超过 1.5m,以免倾斜和摆动过大。
③贯入过程应尽量连续贯入。锤击速率宜为 15~30 击/min；
④每贯入 10cm,记录其相应的锤击数 $N'_{63.5}$、N'_{120}。
(2)测试点应根据工程地质分区或加固处理分区均匀布置,并应具有代表性。

九、试验记录

圆锥动力触探试验记录见表 3-20 ~ 表 3-22。

圆锥动力触探记录(一) 表 3-20

检测单位名称：_____ 记录编号：_____
工 程 名 称：_____ 地基类型：_____
钻 孔 编 号：_____ 钻孔高程：_____
试 验 日 期：_____ 地下水位：_____
仪器设备编号：_____ 标定时间：_____

探杆总长 (m)	试验深度 (m)	贯入度 (cm)	锤击数 n (击)	$N_{10}=n\times30/\Delta$ (击/10cm)	土层定名及描述	备注

检测：　　　　　　记录：　　　　　　复核：　　　　　　日期：　　年　　月　　日

圆锥动力触探记录(二) 表 3-21

检测单位名称：_____ 记录编号：_____
工 程 名 称：_____ 地基类型：_____
钻 孔 编 号：_____ 钻孔高程：_____
试 验 日 期：_____ 地下水位：_____
仪器设备编号：_____ 标定时间：_____

探杆总长 (m)	试验深度 (m)	贯入度 (cm)	锤击数 n (击)	$N'_{63.5}=n\times30/\Delta S$ (击/10cm)	修正后击数 $N_{63.5}=\alpha N'_{63.5}$ (击/10cm)	土层定名 及描述	备注

检测：　　　　　　记录：　　　　　　复核：　　　　　　日期：　　年　　月　　日

圆锥动力触探记录(三)　　　　　　　　　　　　表 3-22

检测单位名称：_____　　　　记录编号：_____
工程名称：_____　　　　　　地基类型：_____
钻孔编号：_____　　　　　　钻孔高程：_____
试验日期：_____　　　　　　地下水位：_____
仪器设备编号：_____　　　　标定时间：_____

探杆总长 (m)	试验深度 (m)	贯入度 (cm)	锤击数 n (击)	$N'_{120} = n \times 30/\Delta S$ (击/10cm)	修正后击数 $N_{120} = \alpha N'_{120}$ (击/10cm)	土层定名 及描述	备注

检测：　　　　记录：　　　　复核：　　　　日期：　　年　　月　　日

试验检测 3.1-4

地基容许承载力确定

地基容许
承载力确定
(微课)

一、地基承载力的相关定义

(1)地基极限承载力。使地基发生剪切破坏而即将失去整体稳定性时相应的最小基础底面压力称为地基极限承载力。

(2)地基容许承载力。要求作用于基底的压应力不超过地基的极限承载力,且有足够的安全度,而且所引起的变形不超过建(构)筑物的容许变形。满足以上两项要求的地基单位面积上所承受的荷载称为地基容许承载力。

二、地基承载力的确定

地基承载力可根据地质勘测、原位测试、野外荷载试验以及邻近建(构)筑物调查对比,由经验和理论公式计算综合分析确定。

1.地基承载力确定的途径

地基承载力通常由下列几种途径来确定:
(1)由现场荷载试验或原位测试确定。
(2)按地基承载力理论公式计算。

(3)按现行规范提供的经验公式计算。

(4)在土质基本相同的条件下,参照邻近结构物地基容许承载力。

2.《公路桥涵地基与基础设计规范》(JTG 3363—2019)中有关地基承载力的规定

(1)地基承载力容许值是在地基原位测试或本规范给出的各类岩土承载力基本容许值[f]的基础上经修正后得出的,也就是在地基压力变形曲线上,线性变形段内某一变形所对应的压力值。

地基承载力容许值[f_a]是在地基荷载试验和其他原位测试或按本规范给出的各类岩土承载力基本容许值[f_{a0}]的基础上经修正后得出的。

(2)地基承载力基本容许值应首先考虑由荷载试验或其他原位测试取得,其值不应大于地基极限承载力的1/2。对中小桥、涵洞,当受现场条件限制或荷载试验和原位测试确有困难时,也可按照本规范第4.3.3条规定采用。

(3)地基承载力基本容许值尚根据基底埋深、基础宽度及地基土的类别按本规范第4.3.4条规定进行修正。

当缺乏上述资料时可按本规范推荐的方法确定地基承载力基本容许值,对地质和结构复杂的桥涵地基,应根据现场荷载试验确定容许承载力。

3.地基土承载力基本容许值的确定

地基承载力基本容许值,可根据岩土类别、状态及其物理力学特性指标按下列相关表中规定采用:

(1)一般岩石地基可根据强度等级、节理,查表确定承载力基本容许值[f_{a0}]。对于复杂的岩层(如溶洞、断层、软弱夹层、易溶岩石、软化岩石等),应按各项因素综合确定。

(2)碎石土地基可根据其类别和密实程度查表确定承载力基本容许值[f_{a0}]。

(3)砂土地基可根据土的密实度和水位情况查表确定承载力基本容许值[f_{a0}]。

(4)粉土地基可根据土的天然孔隙比e和天然含水率ω(%),查表确定承载力基本容许值[f_{a0}]。

(5)老黏性土地基可根据压缩模量E_s,查表确定承载力基本容许值[f_{a0}]。

(6)一般黏性土、新近沉积黏性土可根据液性指数I_L和天然孔隙比e,查表确定地基承载力基本容许值[f_{a0}]。

单元3.2 基桩成孔质量检测

【知识目标】

1.了解桥涵工程用混凝土灌注桩成孔质量的检验标准;

2.掌握基桩成孔质量检验的各项性能指标、钻孔桩成孔检测方法、数据处理和成孔质量评价。

【能力目标】

1. 具备查阅成孔质量试验检测相关的技术标准、规程的能力;
2. 能够规范地检测成孔质量的各项性能指标。

【案例导入】

某城市轨道交通 1 号线工程第 5 工作段设计里程为 YDK21 + 873.02 ~ YDK23 + 698,全长 1824.98m。工作段内工程包括:北京路站—中山路站区间土建结构工程;沿线区间和车站土建结构工程,正线长度为 1824.98m,其中区间合计长度为 1204.434m,车站合计长度为 620.546m(包括延安路站、2 号线站)。车站围护结构全部采用钻孔灌注桩,桩径分别为 1.0m、1.2m、1.5m,桩长平均为 25m,共有桩基 2449 根。在现场实际施工过程中,钻孔灌注桩仍然存在不同程度的成孔质量问题,如塌孔、缩颈、夹泥、沉渣过厚、孔位偏移、垂直度不满足要求等。

【工程师寄语】

成孔质量的好坏,直接影响钻孔灌注桩混凝土浇筑后的成桩质量。因此,在钻孔施工中要进行泥浆各种性能指标测定,以确保钻孔的顺利进行。在成孔后,灌注混凝土前应进行成孔质量检测。实际上,成孔质量检测非常重要,因为成孔质量有问题,在成桩后是很难处理的。因此,我们应对基桩成孔质量检测予以充分的重视,严把成孔质量关。

高山以大地为基石,巍峨之躯耸入云端;流水以岩石为跳板,清冷之声如鸣佩环。我们要在学生时代打下坚实的基础,有朝一日才有可能到达成功的彼岸。

本单元将介绍泥浆性能指标检测和成孔质量检测相关知识。

【知识框图】

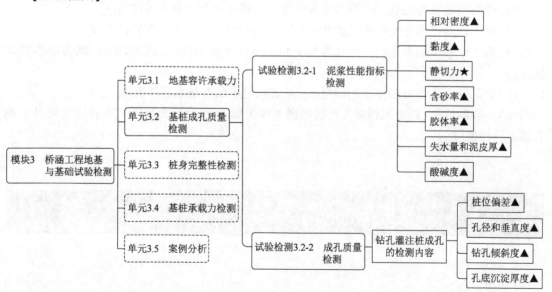

注:知识框图中标有"▲"符号的是教学重点内容,标有"★"符号的是教学难点内容。

试验检测 3.2-1

泥浆性能指标检测

泥浆性能指标检测(微课)

一、试验依据

《公路桥涵施工技术规范》(JTG/T 3650—2020)。

二、泥浆性能指标

在岩土地层基桩的钻孔过程中,一般都要采取护壁措施。泥浆作为钻探的冲洗液,除起护壁作用外,还具有携带岩土、冷却钻头、堵漏等作用。泥浆性能的好坏直接影响钻进效率和生产安全。钻孔泥浆一般由水、黏土(膨润土)和添加剂按适当配合比配制而成。泥浆性能指标选择见表3-23。

泥浆性能指标选择 表3-23

钻孔方法	地层情况	泥浆性能指标							
		相对密度	黏度 (Pa·s)	含砂率 (%)	胶体率 (%)	失水率 (mL/30min)	泥皮厚 (mm/30min)	静切力 (Pa)	酸碱度 (pH值)
正循环	一般地层	1.05~1.20	16~22	8~4	≥96	≤25	≤2	1.0~2.5	8~10
	易坍地层	1.20~1.45	19~28	8~4	≥96	≤15	≤2	3~5	8~10
反循环	一般地层	1.02~1.06	16~20	≤4	≥95	≤20	≤3	1~2.5	8~10
	易坍地层	1.06~1.10	18~28	≤4	≥95	≤20	≤3	1~2.5	8~10
	卵石土	1.10~1.15	20~35	≤4	≥95	≤20	≤3	1~2.5	8~10
推钻、冲抓	一般地层	1.02~1.10	18~22	≤4	≥95	≤20	≤3	1~2.5	8~11
冲击	易坍地层	1.20~1.40	22~30	≤4	≥95	≤20	≤3	3~5	8~11

注:1.当地下水位高或其流速大时,指标取高限;反之,指标取低限。
    2.地质状态较好、孔径或孔深较小的取低限,反之取高限。

对于大直径或超长钻孔灌注桩,泥浆的选择应根据钻孔的工程地质情况、孔位、钻机性能、泥浆材料等确定。在地质复杂、覆盖层较厚、护筒下沉不到岩层的情况下,宜使用丙烯酰胺即PHP泥浆。

三、相对密度

1.检测仪器

泥浆相对密度计。

2. 检测步骤

(1) 将要量测的泥浆装满泥浆杯,加盖并洗净从小孔溢出的泥浆。
(2) 将其置于支架上,移动游码,使杠杆呈水平状态(水平泡位于中央)。
(3) 读出游码左侧所示刻度,即泥浆的相对密度(γ_x)。

3. 检测结果计算

若工地无以上仪器,可取一个口杯,先称其质量 m_1,再装满清水称其质量 m_2,然后倒出清水,装满泥浆并擦去杯周溢出的泥浆,称其质量 m_3,则泥浆的相对密度 γ_x 按下式计算:

$$\gamma_x = \frac{m_3 - m_1}{m_2 - m_1} \tag{3-6}$$

四、黏度

1. 检测仪器

工地用标准漏斗黏度计(图 3-4)。

2. 检测步骤

用两端开口量杯分别量取 200mL 和 500mL 泥浆,通过滤网滤去大砂粒后,将 700mL 泥浆全部注入漏斗,然后使泥浆从漏斗流出,流满 500mL 量杯所需时间(s),即所测泥浆的黏度(η)。

3. 校正方法

漏斗中注入 700mL 清水,流出 500mL,所需时间应是 15s,其偏差如超过 ±1s,测量泥浆黏度时应校正。

五、静切力

1. 检测仪器

工地可用浮筒切力计(图 3-5)测定。

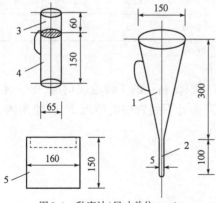

图 3-4 黏度计(尺寸单位:mm)
1-漏斗;2-管子;3-量杯(200mL 部分);4-量杯(500mL 部分);5-筛网及杯

图 3-5 浮筒切力计

2.检测步骤

(1)切力计可自制。量测时,先将约500mL泥浆搅匀后,立即倒入切力计中。

(2)将切力筒沿刻度尺垂直向下移至与泥浆接触时,轻轻放下。

(3)当它自由下降到静止不动时,即静切力(θ)与浮筒重力平衡时,读出浮筒上泥浆面所对的刻度,即泥浆的初切力。

(4)取出切力筒,按净黏着的泥浆,用棒搅动筒内泥浆后,静止10min。用上述方法量测,所得即泥浆的终切力。它们的单位为Pa。

3.检测结果计算

测量泥浆静切力时,可按下式计算:

$$\theta = \frac{G - \pi d \delta h \gamma}{2\pi dh - \pi d \delta} \tag{3-7}$$

式中:G——铝制浮筒质量,g;

d——浮筒的平均直径,cm;

h——浮筒的沉没深度,cm;

γ——泥浆密度,g/cm^3;

δ——浮筒壁厚,cm。

六、含砂率

1.检测仪器

工地可用含砂率计(图3-6)测定。

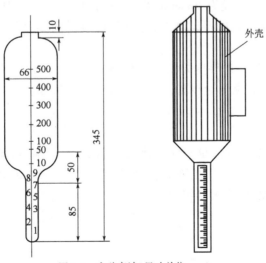

图3-6 含砂率计(尺寸单位:mm)

2. 检测步骤

(1) 量测时,把调好的泥浆 50mL 倒进含砂率计。

(2) 倒入清水,将仪器口塞紧摇动 1min,使泥浆与水混合均匀。

(3) 将仪器垂直静置 3min,仪器下端沉淀物的体积(由仪器刻度上读出)乘以 2 就是含砂率(有一种大型的含砂率计,内装 1000mL,从刻度读出的数不需乘以 2 即含砂率)。

七、胶体率

胶体率,也称为稳定率,是泥浆中土粒保持悬浮状态的性能。

1. 检测器具

量杯、玻璃片。

2. 检测步骤

(1) 测定方法是将 100mL 泥浆倒入 100mL 的量杯中。

(2) 用玻璃片盖上,静置 24h 后,量杯上部泥浆可能澄清为透明的水。

(3) 量杯底部可能有沉淀物,以 100mL 减去水和沉淀物的体积即胶体率。

八、失水量和泥皮厚

1. 检测器具

玻璃板、滤纸。

2. 检测步骤

(1) 用一张 120mm×120mm 的滤纸,置于水平玻璃板上。

(2) 在玻璃板中央画一直径为 30mm 的圆,将 2mL 的泥浆滴入圆内。

(3) 30min 后测量湿圆圈的平均半径减去泥浆摊平的半径(mm),即失水量,单位为 mL/30min。

(4) 在滤纸上量出泥浆皮的厚度即泥皮厚度,单位为 mm。

泥皮越平坦、越薄,则泥浆质量越高,一般不宜厚于 2~3mm。

九、酸碱度

酸碱度是酸和碱的强度简称,也简称酸碱值。pH 值是常用的酸碱标度之一。pH 值等于溶液中氢离子浓度的负对数值。工地测量 pH 值的方法是取一条 pH 试纸放在泥浆面上,0.5s 后拿出来与标准颜色相比,即可读出 pH 值。

十、试验记录

泥浆性能指标检测记录见表 3-24。

泥浆性能指标检测记录

表 3-24

检测单位名称：　　　　　　　　　　　　　　　　　　　　　　　　　　　记录编号：

工程部位/用途			委托/任务编号			
样品名称			样品编号			
试验依据	《建筑桩基技术规范》（JGJ 94-2008）		样品描述	黏稠、无杂质、无臭味、黄褐色		
试验条件	试验温度为9℃，相对湿度为24％RH		试验日期			
主要仪器设备及编号						
相对密度	容器质量（g）	容器+水质量(g)	容器+泥浆质量（g）	相对密度		
				单值	平均值	
黏度	流出500mL泥浆所需时间(s)		黏度(s)			
			单值		平均值	
含砂率	含砂率计容积（mL）		沉淀物体积读数（mL）	含砂率(％)		
				单值	平均值	
胶体率	加入量标中泥浆体积(mL)	24h后透明水体积（mL）	24h后沉淀体积（mL）	胶体率(％)		
				单值	平均值	
酸碱度	实测值(pH)					
备注：						

检测：　　　　　　记录：　　　　　　复核：　　　　　　日期：　　年　　月　　日

试验检测 3.2-2

成孔质量检测

成孔质量检测
（微课）

一、检测依据

(1)《公路桥涵施工技术规范》(JTG/T 3650—2020)。

(2)《公路工程质量检验评定标准 第一册 土建工程》(JTG/T F80/1—2017)。

二、钻孔灌注桩成孔的检测内容

钻孔灌注桩成孔的检测内容有桩位偏差、孔径和垂直度、钻孔倾斜度、桩底沉淀土厚度等。钻、挖孔成孔质量标准见表3-25，实测项目见表3-26。

钻、挖孔成孔质量标准　　　　　　　　表3-25

项目	允许偏差
孔的中心位置(mm)	群桩：100mm；单排桩：50mm
内容孔径(mm)	不小于设计桩径
倾斜度	钻孔：小于1%S，且≤500mm；挖孔：小于0.5%S，且≤200mm
孔深(m)	摩擦桩：不小于设计规定值； 支承桩：比设计深度超深不小于50mm
沉淀土厚度	摩擦桩：符合设计要求；当设计无要求时，对于直径≤1.5m的桩，≤200mm；对桩径>1.5m或桩长>40m或土质较差的桩，≤300mm。 支承桩：不大于设计规定，设计未规定时≤50mm
清孔后泥浆指标	相对密度：1.03~1.10；黏度：17~20Pa·s； 含砂率：<2%；胶体率：>98%

注：1. S为桩长，计算规定值或允许偏差时，以 mm 计。
　　2. 清孔后的泥浆指标，是从桩孔的顶、中、底部分别取样检验的平均值。

钻孔灌注桩实测项目　　　　　　　　表3-26

项次	检查项目		规定值或允许偏差	检查方法和频率
1△	混凝土强度(MPa)		在合格标准内	按《公路工程质量检验评定标准 第一册 土建工程》(JTG F80/1—2017)附录D检查
2	桩位(mm)	群柱	≤100	全站仪：每桩测中心坐标
		排架桩	≤50	
3△	孔深(m)		≥设计值	测绳：每桩测量

续上表

项次	检查项目		规定值或允许偏差	检查方法和频率
4	孔径(mm)		≥设计值	探孔器或超声波成孔检测仪:每桩测量
5	倾斜度(mm)		≤1%S,且≤500	钻杆垂线法或超声波成孔检测仪:每桩测量
6	沉渣厚度(mm)		满足设计要求	沉淀盒或测渣仪:每桩测量
7△	桩身完整性		每桩均满足设计要求;设计未要求时,每桩不低于Ⅱ类	满足设计要求;设计未要求时,采用低应变反射波法或超声波透射法:每桩检测

注:1. S 为桩长,计算规定值或允许偏差时,以 mm 计。
　　2. △为关键项目。

1. 桩位偏差

桩位偏差是指成桩后的位置与设计位置的差距。

(1)影响因素

由于施工中受到测量放线不准、护筒埋设有偏差、钻机对位不正、钻孔偏斜、钢筋笼下孔偏差等因素影响,成桩后导致桩位与设计位置偏离。

(2)不良后果

桩位偏离可能导致桩的承载力和可靠性降低、工程造价增加、工期延误等。

(3)复测

成桩后要对实际桩位进行复测,用精密经纬仪或红外测距仪测量桩的中心位置,看其是否满足偏差要求。

2. 孔径和垂直度

孔径和垂直度是成孔质量检测的两个重要内容。

(1)检测仪器

钢筋笼探孔器、伞形孔径仪、超声波孔壁测试仪。

(2)检测方法

钢筋笼检测法、伞形孔径仪检测法、超声波法检测法。

3. 钻孔倾斜度

在灌注桩的施工过程中,能否确保钻孔的倾斜度在允许偏差内,是衡量基桩能否有效地发挥作用的一个关键因素。

(1)检测仪器

采用 JDL-1 型陀螺斜测仪或 JJX-3 型井斜仪检查,或采用声波孔壁测定仪绘出连续的孔壁形状和垂直度。当检查的桩孔深度较深且倾斜度较大时,可根据地质及施工情况选用。

(2) 允许偏差

一般对于竖直桩,其倾斜度允许偏差范围为 50~200mm,或是桩长的 0.5%~1%。

4. 孔底沉淀厚度

孔底沉淀厚度的大小会极大地影响端承桩承载力的发挥,因此必须严格控制孔底沉淀土的厚度。

(1) 检测器具

平底圆锥体垂球、专用测绳、电阻率法沉淀土测试仪、电容法沉淀土厚度测定仪。

(2) 检测方法

孔底沉淀土厚度的测定方法主要有垂球法、电阻率法和电容法。

三、试验记录

基桩成孔检测记录见表 3-27。

桩基成孔检测记录　　　　　　表 3-27

检测单位名称：_____　　　记录编号：_____
项 目 名 称：_____　　工程合同段：_____　施工日期：_____
施 工 里 程：_____　　分项工程名称：_____
桥 梁 名 称：_____　　孔 位 编 号：_____

检验项目		设计	实际	误差(mm)	
				容许	实际
桩基类型					
钻孔中心位置(cm)			纵向		
			横向		
孔径(cm)					
倾斜度(%)					
终孔后孔底高程(m)					
灌注前孔底高程(m)					
灌注前孔深(m)					
沉淀土厚度(cm)					
泥浆指标			相对密度		
			含砂率(%)		
钢筋笼骨架	骨架长(cm)				
	骨梁底面高程(m)				

检测：　　　　记录：　　　　复核：　　　　日期：　年　月　日

单元 3.3　桩身完整性检测

【知识目标】
1. 了解桥涵工程用桩身完整性检测的基本原理；
2. 掌握桥涵工程用桩身完整性的检测方法、数据处理和评价。

【能力目标】
1. 具备查阅桩身完整性相关试验检测的技术标准、规程的能力；
2. 具备采用低应变反射波法、声波透射法、钻探取芯法检测桩身完整性的能力。

【案例导入】
内蒙古某煤厂立交桥基础采用钻孔灌注桩基础，桩身完整性由内蒙古某公司采用低应变反射波法检测，报告显示桩身完整性符合质量要求。但预留的混凝土试件抗压强度不符合要求，其值低于设计值 C25。经调查分析，施工人员未将预留试件及时送入养护室进行标准养护，致使试样在阳光下暴晒失水产生了损伤，导致抗压强度偏低。因此，该批混凝土试件不能评定该工程混凝土强度值。建议钻芯取样进行抗压试验，最后经钻芯取样试压合格。

【工程师寄语】
合抱之木，生于毫末；九层之台，起于垒土；千里之行，始于足下。由桥梁上部结构传来的荷载，通过桥台或桥墩传至基础。只有确保桩身的完整性，才能充分发挥其承受上部荷载的作用。

本单元将介绍桩身完整性检测相关知识。

【知识框图】

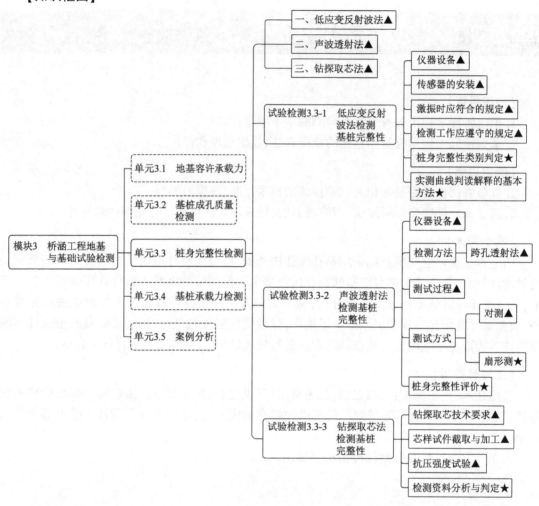

注：知识框图中标有"▲"符号的是教学重点内容，标有"★"符号的是教学难点内容。

一、低应变反射波法

1. 基本原理

低应变反射波法源于应力波理论，即在桩顶进行竖向激振，应力波沿着桩身上下传播，在桩身存在明显波阻抗界面（如桩底、断桩或严重离析等部位）或桩身界面变化（如缩颈或扩颈部位），将产生反射波。经接收、放大滤波和数据处理，可识别来自桩身不同部位的反射信息，据此判断桩身的完整性。

2. 特点

低应变反射波法具有仪器轻便、操作简单、检测速度快、成本低的优点，是普查桩身质量的一种有效手段。根据低应变反射波法试验结果来确定静载试验、钻探取芯法、高应变法的桩位，可以使检测数量不多的静载等试验的结果更具有代表性，弥补静载等试验抽样率低带来的不足;或静载试验等出现不合格后,用来加大检测面,为桩基处理方案提供更多的依据。

二、声波透射法

1. 基本原理

声波透射法是在灌注桩中预埋两根或两根以上的声测管作为检测通道,管中注满水作为耦合剂,将超声发射换能器和接收换能器置于声测管中,由超声仪激励发射换能器产生超声脉冲,向桩身混凝土辐射传播。声波在混凝土中传播的过程中,当桩身混凝土介质存在阻抗差异时,将发生反射、绕射、折射和声波能量的吸收、衰减,并经另一声测管中的接收换能器接收,经超声仪放大、显示、处理、存储,可在显示器上观察接收超声波波形,判读出超声波穿越混凝土后的首波声时、波幅及接收波主频等声学参数,通过桩身缺陷引起声学参数或波形变化来检验桩身混凝土是否存在缺陷,并且可靠地判定桩身完整性类别。

2. 特点

声波透射法的特点是检测的范围可覆盖全桩长的各个检测剖面,检测全面、细致,信息量大,结果准确、可靠;现场操作较简便,不受场地、桩长、长径比的限制,工作进度快。

三、钻探取芯法

1. 基本原理

钻探取芯法是从桩身结构混凝土中钻取芯样,以检测混凝土强度或观察混凝土内部质量的一种方法。由于钻探取芯法会对桩身结构混凝土造成局部损伤,因此它是一种半破损的现场检测手段,一般仅在检测验证、鉴定和加固评估情况下采用。

2. 特点

钻探取芯法虽然具有直观、可靠、精确度高的优点,可以检测桩长、桩身混凝土强度、桩底沉渣厚度,鉴别桩底岩土性状,准确地判定桩身完整性类别,但也存在如下问题:

(1)钻探取芯和芯样加工设备比较笨重,操作复杂,成本较高,普遍使用受到限制。

(2)取芯只能反映钻孔范围内的小部分混凝土质量,对桩身的整个断面来说,以点带面容易造成误判或漏判。

(3)对局部缺陷和水平裂缝等判断不够准确。

(4)钻孔取芯后,桩身结构局部受到损坏,孔洞需及时进行修补。

试验检测 3.3-1

低应变反射波法检测基桩完整性

低应变反射波法
检测基桩完整性
(微课)

一、检测依据

(1)《基桩动测仪》(JG/T 518—2017)。

(2)《公路工程基桩检测技术规程》(JTG/T 3512—2020)。

二、仪器设备

低应变反射波法检测系统由基桩动测仪、传感器、激振设备和专用附件组成。低应变反射波仪如图3-7所示。

图3-7 低应变反射波仪

1. 基桩动测仪

目前,国内外都把采集、放大、存储各部件与计算分析软件融为一体,集成为基桩动测仪。

(1)《基桩动测仪》(JG/T 518—2017)对基桩动测仪的主要技术性能指标做出了规定,将动测仪产品主要技术性能分为1、2、3三个等级。

(2)《公路工程基桩检测技术规程》(JTG/T 3512—2020)对采集处理仪器做出如下规定:

①数据采集装置的模—数转换器精度不得低于16bit。
②采样间隔宜为5~50μs,可调。
③单通道采样点不少于1024点。
④放大器增益宜大于60dB,可调,线性度良好,其频响范围应为5~10kHz。

2. 传感器主要性能指标

(1)传感器宜选用压电式加速度传感器或磁电式速度传感器,频响曲线的有效范围应覆盖整个测试信号的频带范围。

(2)加速度传感器的电压灵敏度应大于1000mV/g,电荷灵敏度应大于20PC/g,上限频率不应小于5kHz,安装谐振频率不应小于6kHz,量程应大于100g。

(3)速度传感器的固有谐振频率不应大于30Hz,灵敏度应大于(200mV/cm·s^{-1}),上限频率不应小于1.5kHz,安装谐振频率不应小于1.5kHz。

3. 激振设备

为了满足不同的桩型和检测目的,应选择符合材质和质量要求的力锤或力棒,以获得所需的激振频率和能量。低应变反射波法基桩质量检验用的手锤和力棒,其锤头的材质有铜、铝、硬塑、橡皮等。改变锤的质量和锤头材质,即可获得检测所需的能量和激振频谱要求。

三、检测准备工作

受检桩混凝土强度不应低于设计强度的70%,且不应低于15MPa,同时龄期不应少于7d。

(1)检测前首先应收集有关技术资料。桩身完整性检测应根据相应的技术规范、标准的规定,并参考现场施工记录和基桩在工程中所起的作用来确定抽检数量及桩位。公路桥梁的钻孔灌注桩通常是每根桩都要进行检测,对受检桩,要求桩顶的混凝土质量、截面尺寸与桩身设计条件基本相同。

(2)根据现场实际情况选择合适的激振设备、传感器及动测仪,检查测试系统各部分之间是否连接良好,确认测试系统处于正常工作状态。

(3)桩顶应凿去浮浆或松散、破损部分,并露出坚硬的混凝土,桩顶外露主筋不宜过长。桩顶表面应平整干净、无积水,并用打磨机将测点和激振点磨平。

(4)应测量并记录桩顶截面尺寸。

四、传感器的安装

(1)传感器的安装可采用石膏、黄油、橡皮水泥等耦合剂,黏结应牢固,并与桩顶面垂直。

(2)对混凝土灌注桩,激振点宜选择在桩中心,传感器安装在距桩中心2/3半径处,且距离桩的主筋不宜小于50mm。当桩径不大于1000mm时,不宜少于2个测点;当桩径大于或等于1000mm时,应设置3~4个测点。测点宜以桩心为中心对称布置。

(3)对混凝土预制桩,当边长不大于600mm时,不宜少于2个测点;当边长大于或等于600mm时,不宜少于3个测点。

(4)对预应力混凝土管桩,不应少于2个测点。

五、激振时应符合的规定

(1)混凝土灌注桩、混凝土预制桩的激振点宜在桩顶中心部位;预应力混凝土管桩的激振点和传感器的安装点与桩中心连线的夹角不应小于45°。根据桩径大小,桩心对称布置2~4个安装传感器的检测点;实心桩的激振点应选择在桩中心,检测点宜在距桩中心2/3半径处;空心桩的激振点和检测点宜为桩壁厚的1/2处,激振点和检测点与桩中心连线形成的夹角宜为90°。

(2)激振锤和激振参数宜通过现场对比试验选定。短桩或浅部缺陷桩的检测宜采用轻锤短脉冲激振;长桩、大直径桩或深部缺陷桩的检测宜采用重锤宽脉冲激振,也可采用不同的锤垫来调整激振脉冲宽度。

(3)当采用力棒激振时,应自由下落;当采用力锤敲击时,应使其作用力方向与桩顶面垂直。低应变反射波法测桩系统示意图如图3-8所示。

六、检测工作应遵守的规定

(1)根据桩径大小,在与桩心对称处布置2~4个测点。

(2)实测信号能反映桩身完整性特征,有明显的桩底反射信号,每个测点记录的有效信号数不宜少于3个。

(3)不同测点及同一测点的多次实测时域信号一致性好。否则,应分析原因,找出问题后进行重测。

(4)信号幅值适度,波形光滑,无毛刺、振荡出现,信号曲线最终归零。

(5)对存在缺陷的桩,应改变条件重复检测,相互验证。

基桩完整性现场检测如图3-9所示。

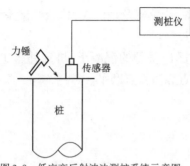

图3-8 低应变反射波法测桩系统示意图

图3-9 基桩完整性现场检测

七、桩身完整性类别判定

在实际检测中,一般以时域分析为主、以频域分析为辅。不同规范的判定依据侧重点不同。按照《公路工程基桩检测技术规程》(JTG/T 3512—2020)桩身完整性类别判定见表3-28。

桩身完整性类别判定　　　　表3-28

类别	时域信号特征	幅频信号特征
Ⅰ	$2L/c$ 时刻前无缺陷反射波,有桩底反射波	桩底谐振峰排列基本等间距,其相邻频差 $\Delta f \approx c/2L$
Ⅱ	$2L/c$ 时刻前出现轻微缺陷反射波,有桩底反射波	桩底谐振峰排列基本等间距,其相邻频差 $\Delta f \approx c/2L$,轻微缺陷产生的谐振峰与桩底谐振峰之间的频差 $\Delta f' > c/2L$
Ⅲ	有明显缺陷反射波,其他特征介于Ⅱ类和Ⅳ类之间	
Ⅳ	$2L/c$ 时刻前出现严重缺陷反射波或周期性反射波,无桩底反射波;或因桩身浅部严重缺陷使波形呈现低频大振幅衰减振动,无桩底反射波	缺陷谐振峰排列基本等间距,相邻频差 $\Delta f' > c/2L$,无桩底谐振峰;或因桩身浅部严重缺陷只出现单一谐振峰,无桩底谐振峰

注:1. 对同一场地、地基条件相近、桩型和成桩工艺相同的基桩,因桩端部分桩身阻抗与持力层阻抗相匹配,导致实测信号无桩底反射波时,可按本场地同条件下有桩底反射波的其他桩实测信号判定桩身完整性类别。
2. L 为测点下桩长,m。
3. c 为受检桩的桩身波速,m/s。

八、低应变反射波法的局限性

(1)检测桩长的限制,对于软土地区的超长桩,长径比很大,桩身阻抗与持力层阻抗匹配好,常测不到桩底反射信号。

(2)在桩身截面阻抗渐变时,容易造成误判。

(3)在当桩身有两个以上缺陷时,较难判别。

(4)在桩身阻抗变小的情况下,较难判断缺陷的性质。

(5)嵌岩桩的桩底反射信号多变,容易造成误判。

嵌岩桩的时域曲线中桩底反射信号变化复杂,一般情况下,桩底反射信号与激励信号极性相反;但桩底混凝土与岩体阻抗相近,则桩底反射信号不明显,甚至没有;若桩底有沉渣,则有明显的同相反射信号。因此,要对照受检桩的桩型、地层条件、成桩工艺、施工情况等进行综合分析,不宜单凭测试信号定论。

九、实测曲线判读解释的基本方法

(1) 反射波波形规则,波列清晰,桩底反射波明显,易于读取反射波的到达时间,以及桩身混凝土平均波速较高的桩为完整性好的单桩。

(2) 缺陷存在可能性的判读:

①判定桩身缺陷存在与否,应先在实测曲线中分辨桩底反射信号(这对缺陷的定性及定量是有帮助的),然后分析有无缺陷的反射信号。

②桩底反射明显,一般表明桩身完整性好,或缺陷轻微、规模小。

③可换算桩身平均纵波速,从而评价桩身是否有缺陷及其严重程度。

(3) 反射波到达时间小于桩底反射波到达时间,且波幅较大,往往出现多次反射;难以观测到桩底反射波的桩,系桩身断裂。

(4) 桩身混凝土严重离析时,反射波幅减少,频率降低。

(5) 缩径与扩径的部位可按反射历时进行估算,类型可按相位特征进行判别。

(6) 多次反射及多层反射问题。当实测曲线中出现多个反射波时,应判别它是同一缺陷面的多次反射,还是桩间多处缺陷的多层反射。同一缺陷面的多次反射是指缺陷反射波在桩顶面与缺陷面间来回反射。其主要特征是反射波至时间成倍增加(倍程),反射波能量有规律递减。桩间多处缺陷的多层反射是指多层反射现象的出现,一般表明缺陷在浅部,或反射系数较大(如断桩)。它是桩顶存在严重离析或断裂(断层)的有力证据。

多层反射往往是杂乱的,不具有上述规律性。不仅表明缺陷可能有多处,而且由下层缺陷反射波在能量上的相对差异,可推测上部缺陷的性质及相对规模。

十、注意事项

(1) 露出桩头的钢筋对波形的影响。由于灌注桩考虑以后的承台问题,桩头均有钢筋露出,这对实测波形有一定的影响。这是因为桩头激振时,钢筋所产生的回声极易被检波器接收,之后又与反射信息叠加在一起。克服这一因素影响方法是:将检波器用细砂或黏土屏蔽起来,使检波器接收不到声波信息。

(2) 桩头破损对波形的影响。预制桩在贯入过程中,桩头可能产生破损,灌注桩头表面松散,这将使弹性波能量很快衰减,从而削弱桩间及桩底反射信息,影响了波形的识别。克服其对波形影响的有效途径是将破损处或松散处铲去。

(3) 长径比的影响。对长径比超过一定限度的桩、极浅部或太小的缺陷,低应变反射波法无法正确测量,高频信号无法传递,测试范围有限,低频信号分辨率不够,容易漏判缺陷,等等。

(4) 混凝土强度与波速的关系。在工程检测中,人们常用波速估计混凝土的强度等级,这是一种平均强度的概念。实际上,桩身混凝土强度远非平均强度指标所能评价的。而混凝土强度与波速之间的关系比较复杂,影响混凝土的强度因素有很多。表3-29中混凝土强度与波速的关系仅供分析时参考。

试验室内混凝土强度与波速的关系　　　　　　　　　　表 3-29

波速(m/s)	3000~3250	3250~3500	3500~3750	3750~4000
抗压强度(MPa)	20	25	30	35

十一、试验记录

低应变反射波法检测基桩完整性现场记录见表 3-30、表 3-31。

低应变反射波法检测基桩完整性现场原始记录　　　　　　　表 3-30

检测单位名称：　　　　　　　　　　　　　　　　　　　　记录编号：

工程名称			
仪器型号		仪器编号	
传感器型号		传感器编号	
仪器现场运行检查情况：工频信号形态、周期分析结果(周期 20ms 的正弦波)　□正常　□不正常			
现场检测见证人：			
被检测桩设计参数			
基桩类型		设计混凝土强度	C
基桩总数	根	检测数量	根
桩端持力层		持力层力学参数	(可忽略)

被检测桩参数、检测现场记录　　　　　　　　　　　　　表 3-31

检测单位名称：　　　　　　　　　　　　　　　　　　　　记录编号：

对于沉管桩：桩长 = 沉管深度 - 开挖深度(m) 有完整的基桩施工记录可不填写，但应记录开挖深度。									
桩号	灌注日期	桩长(m)	桩身直径(mm)	桩端直径(mm)	桩号	灌注日期	桩长(m)	桩身直径(mm)	桩端直径(mm)

检测：　　　　　记录：　　　　　复核：　　　　　日期：　年　月　日

试验检测 3.3-2

声波透射法检测基桩完整性

声波透射法检测基桩完整性（微课）

基桩完整性检测（虚拟仿真）

一、试验依据

《公路工程基桩检测技术规程》（JTG/T 3512—2020）。

二、仪器设备

声测检测仪有两大类：一类是模拟式声波仪，它所显示和分析的是模拟信号，其声波幅值随时间的变化是连续的，这种信号称为时域信号。模拟式声波仪测试时由人工操作，现场工作量大，工作效率低，容易出错，使用场所越来越少。另一类是数字式声波仪，它通过信号采集器采集信号，将采集的模拟信号转换为数字信号，由计算软件自动进行声时和波幅判读，既提高了检测精确度，又提高了效率，因而得到了广泛的应用。

数字式超声仪原理图如图 3-10 所示。数字式超声仪的作用是重复产生 100Hz 或 50Hz 频率的高压电脉冲去激励发射换能器。为了测量从发射到接收声波所经过的时间，声波仪从刚开始桩身混凝土发射声波脉冲的同时，就将同步计时门打开，计时器开始不断计时。当发射换能器发射的超声波经水耦合进入混凝土，在混凝土中传播后被接收换能器接收，经超声仪放大、A/D 转换为数字信号后加以存储，再经 D/A 转换为模拟量。在某一时刻出现接收波形时，声波仪即将波形采集下来，转换为数字信号存储，然后转换为模拟波形，显示在屏幕上。同时，启动计算机分析软件，比较前后各信号，找到波形刚刚变大且以后一直较大的那个采样点，即接收波的起点，并立即关闭计时器，从而获得声时结果。这种数字信号便于存储、传输和各种处理分析，由计算机分析软件自动进行声时和波幅判读后显示打印，可得到声速、波幅、PSD 随深度变化的曲线，供基桩桩身质量分析，判定桩身完整性类别。

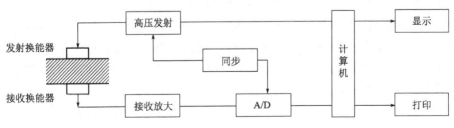

图 3-10 数字式超声仪原理图

《公路工程基桩检测技术规程》(JTG/T 5312—2020)对声测检测仪的技术指标要求如下。

1. 声测检测仪的技术性能

(1)检测仪器系统应由径向换能器、声波发射、接收放大、数据采集、数据处理、显示及存储等部分组成。

(2)检测仪应具有波形实时显示和声参量自动判读功能。当采用单孔声波折射法检测时,应具有一发双收功能。

(3)声波发射应采用高压脉冲激振,其波形为阶跃脉冲或矩形脉冲,脉冲电压宜为250～1000V,且分档可调。

2. 接收放大与数据采集器

(1)接收放大器的频带宽度为5～200kHz,增益分辨率不低于0.1dB,噪声有效值不大于10μV;仪器动态范围不小于100dB,测量允许误差小于1dB。

(2)计时显示范围不大于2000μs,计时误差小于2%。

(3)采集器模—数转换精度不应低于8bit,采集频率不应小于10MHz,最大采样长度不应小于8kB。

3. 径向振动换能器

(1)径向水平面无指向性。

(2)谐振频率宜大于25kHz。

(3)在1MPa水压下能正常工作。

(4)接收换能器和发射换能器的导线均应有长度标注,其标注允许偏差不应大于10mm。

(5)接收换能器宜带有前置放大器,频带宽度宜为5～60kHz。

(6)单孔检测采用一发双收一体型换能器,其发射换能器至接收换能器的最近距离不应小于300mm,两个接收换能器的间距宜为200mm。

4. 声测管埋设要求

声测管应选择透声性好、便于安装和费用较低的材料。考虑到混凝土的水化热作用及施工过程中受外力作用较大,容易使声测管变形、断裂,影响换能器上、下管道的畅通,宜选用强度较高的金属管。声测管埋设要求如下:

(1)声测管内径应大于换能器外径(>15mm)。

(2)声测管应下端封闭、上端加盖、管内无异物。

(3)声测管连接处应光滑过渡,管口应高出桩顶100～300mm,且各声测管管口高度应一致。

(4)应采取适宜方法固定声测管,使之成桩后相互平行。

(5)声测管埋设数量与桩径大小有关。当桩径小于1000mm时,应埋设2根管;当桩径大于或等于1000且小于或等于1600mm时,应埋设3根管;当桩径大于1600mm且小于2500mm时,应埋设4根管;当桩径大于或等于2500mm时,应增加埋设的声测管数量。声测管布置示意图如图3-11所示。

声测管应沿桩截面外侧呈对称形状布置,按图3-11所示路线前进方向的顶点为起始点顺时针旋转依次编号。

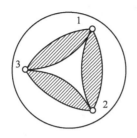 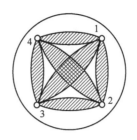

a) 桩径小于等于1600mm　　b) 桩径大于1600mm

图 3-11　声测管布置示意图

三、检测准备工作

受检桩混凝土强度不应低于设计强度的 70%，且不应低于 15MPa，同时龄期不应少于 7d。

(1) 标定超声波检测仪发射至接收的系统延迟时间 t_0。

(2) 声测管内灌满清水，且保证换能器应能在声测管中升降畅通。

(3) 应准确测量声测管的管径和壁厚，测量精度为 ±0.1mm；测量桩头处声测管外壁相互之间的距离，测量精度为 ±1mm。

(4) 取芯孔作为超声波法的检测通道时，其垂直度误差不应大于 0.5%。检测前应进行孔内清洗。

(5) 声测管的编号宜以路线前进方向的顶点为起始点，按顺时针旋转方向进行编号和分组，每 2 根管编为一组。

(6) 在检测开始前或检测过程中应避免强的电流、磁场或与检测信号频率相当的其他振动扰动。

四、检测方法

声波透射法检测混凝土灌注桩有桩内单孔透射法和跨孔透射法两种。

1. 单孔透射法

单孔透射法是在桩身只有一个通道的情况下，如钻孔取芯后需要了解孔芯周围的混凝土质量情况，是作为钻芯检测的补充手段使用的。这时采用一发两收换能器放于一个钻芯孔中，声波从发射换能器经水耦合进入孔壁混凝土表层滑行，再经水耦合到达接收换能器，从而测出声波沿孔壁混凝土传播的各项声学参数。单孔透射法的声传播途径比跨孔透射法要复杂得多，信号分析难度大，且有效检测范围约一个波长，所以此法不常采用。

2. 跨孔透射法

跨孔透射法是在桩内预埋 2 根或 2 根以上的声测管，把发射换能器和接收换能器分别置于 2 根管中，多通道超声测桩仪如图 3-12 所示。

图 3-12　多通道超声测桩仪

测试系统由超声仪、收发换能器、位移量测系统(深度记录、三脚架、井口滑轮)、传输电缆等组成。其中,超声仪和收发换能器组成超声脉冲测量部分。

采用跨孔透射法检测时,应满足如下要求：

(1)测点间距不宜大于250mm,收发换能器应以相同高程同步升降,其累计相对高差不应大于20mm,并随时校正。

(2)在对同一根桩的检测过程中,声波发射电压应保持不变。

(3)检测过程中应读取并存储各测点的声参量,同时应存储各测点包含首波的波形或波列。

(4)对于声时值和波幅值出现明显异常的部位,应采用加密平测、双向斜测或扇形扫测进行局部细测,确定桩身混凝土缺陷的位置、大小和严重程度;上述细测的测点间距不应大于100mm;局部斜测时两支换能器发射、接收部分的中心连线与水平面的夹角不应小于30°。此外,还可以应用CT技术进行扫测和数据分析。

五、测试过程

(1)将装设有扶正器的收发换能器置于检测管内,调试仪器的有关参数,直至显示出清晰的接收波形,并且使最大波幅达到显示屏的2/3左右为宜。

(2)检测宜由检测管底部开始,将收发换能器置于同一高程,测取声时、波幅或频率,并进行记录。

(3)将收发换能器放入桩内声测管中同一深度的测点处,超声仪通过发射换能器发射超声波,经桩身混凝土传播,在另一声测管中的接收换能器接收到超声波,经电缆传输给超声仪,实时高速地记录、显示、接收波形,并判读声学参量。

(4)收发换能器在桩内移动过程的位置,位移测量系统也实时传输给超声仪。当收发换能器到达预定位置时,超声仪自动存储该测点的波形及声学参量,达到收发换能器在桩身测管内移动过程中自动记录存储各测点声学参量及波形的目的。

(5)全桩各个检测剖面检测出的桩身声学参量(如声时、幅值和主频等),按照规范编制软件进行数据处理后,可绘制成基桩质量分析的成果图。

六、测试方式

测试方式可分为对测、单向斜测、交叉斜测、扇形测三种方法,如图3-13所示。

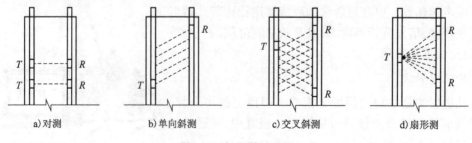

图3-13 声波透射方法图

1. 对测(普查)

发射换能器和接收换能器分别置于 2 根声测管的同一高度,自下而上,将收发换能器以相同步长(≤100mm)向上提升,进行水平检测。若平测后,存在桩身质量的可疑点,则进行加密平测,以确定异常部位的纵向范围。

2. 斜测

让收发换能器保持一定的高程差,在声测管中以相同步长,同步升降进行测试。斜测又分单向斜测和交叉斜测。斜测时,收发换能器中心连线与水平夹角一般取 30°~40°。斜测可探出局部缺陷、缩径或专测管附着泥团、层状缺陷等。

3. 扇形测

扇形测在桩顶、桩底斜测范围受限或为减小换能器升降次数时采用。一个换能器固定在某一高程不动,另一个换能器逐步移动,测线呈扇形分布。此时,换算的波速可以相互比较,但幅值无可比性,只能根据相邻测点幅值的突变来判断是否有异常。

通过上述三种方法检测,结合波形进行综合分析,可查明桩身存在缺陷性质和范围大小。当现场进行平测以后,发现其 PSD 值、声速、波幅明显超过临界值,接收频率、波形(频谱)等物理量异常时,为了找出缺陷所造成阴影的范围,确定缺陷位置、范围大小和性质,需要进行更详细的检测。

七、桩身完整性评价

桩身完整性类别判定见表 3-32。

桩身完整性类别判定表 表 3-32

类别	特征
Ⅰ	各声测剖面每个测点的声速、波幅均大于临界值,波形正常
Ⅱ	某一声测剖面个别测点的声速、波幅略小于临界值,但波形基本正常
Ⅲ	某一声测剖面连续多个测点或某一深度桩截面处的声速、波幅值小于临界值,PSD 值变大,波形畸变
Ⅳ	某一声测剖面连续多个测点或某一深度桩截面处的声速、波幅值明显小于临界值,PSD 值突变,波形严重畸变

八、注意事项

(1)声波检测管可采用钢管、塑料管或钢制波纹管,可焊接或绑扎在钢筋笼的内侧,检测管之间应互相平行。管内应注满清水。

(2)检测由检测管底部开始。发射电压值应固定,并应始终保持不变,放大器增益值也应始终固定不变。

(3)每组检测管测试完成后,测试点应随机重复抽测 10%~20%。其声时相对标准差不应大于 5%,波幅相对标准差不应大于 10%,并且应对声时及波幅异常的部位进行重复抽测。

(4)施工时,应加强对预埋声测管的保护,避免其产生变形、倾斜、堵管现象。

九、试验记录

基桩完整性试验检测记录和基桩完整性试验检测系统延迟时间校准记录见表 3-33、表 3-34。

基桩完整性试验检测记录(声波透射法) 表 3-33

检测单位名称： 记录编号：

工程名称			工程部位/用途		
样品信息					
试验检测日期			试验条件		
检测依据			判定依据		
主要仪器设备名称及编号					
桩号		桩径(mm)	桩长(m)	混凝土强度等级	浇筑日期
测管方位示意图		测区	测管间距(mm)	测区	测管间距(mm)
↑前进方向 ○		AB		AD	
		AC		BD	
		BC		CD	
桩号		桩径(mm)	桩长(m)	混凝土强度等级	浇筑日期
测管方位示意图		测区	测管间距(mm)	测区	测管间距(mm)
↑前进方向 ○		AB		AD	
		AC		BD	
		BC		CD	
桩号		桩径(mm)	桩长(m)	混凝土强度等级	浇筑日期
测管方位示意图		测区	测管间距(mm)	测区	测管间距(mm)
↑前进方向 ○		AB		AD	
		AC		BD	
		BC		CD	
附加声明：					

检测： 记录： 复核： 日期： 年 月 日

基桩完整性试验检测系统延迟时间校准记录（声波透射法） 表3-34

检测单位名称： 记录编号：

工程名称		工程部位/用途	
样品信息			
试验检测日期		试验条件	
检测依据		判定依据	
主要仪器设备名称及编号								
发收发换能器水中中心间距(mm)								
仪器对应系统声时(μs)								
系统延迟时间 t_0(μs)								

声时(μs)－距离(mm)图：

附加声明：

检测： 记录： 复核： 日期： 年 月 日

试验检测 3.3-3

钻探取芯法检测基桩完整性

钻探取芯法检测基桩完整性（微课）

一、目的与适用范围

1. 钻探取芯的目的

（1）检测桩身混凝土胶结状况，是否存在空洞、蜂窝、夹泥、断桩等缺陷；判定桩身完整性类别，从而分析研究质量问题产生的原因、程度及处理措施。

（2）检测混凝土灌注桩桩长，检验桩底沉渣是否满足设计要求，鉴别桩底持力层的岩土性状和厚度是否符合设计或规范要求。

(3)通过对混凝土芯样力学试验,评定桩身混凝土的强度。

(4)对施工中出现异常或因质量问题采取处理后的桩,通过钻探取芯,检验其成桩质量及对工程的影响程度。

(5)对于桩身存在缺陷的桩,可以利用钻孔进行压浆补强处理。

2. 适用范围

钻探取芯法是检测混凝土灌注桩成桩质量的一种有效方法,不受场地条件限制,特别适用于大直径混凝土灌注桩的成桩质量检验。钻芯孔的垂直度不容易控制,所以要求受检桩的桩径不宜小于800mm,长径比不宜大于40且桩身混凝土强度等级不低于C10。

二、钻探取芯技术要求

钻探取芯应在混凝土浇筑28d后进行,或受检桩同条件养护试件强度达到设计强度。一般要求钻孔垂直度偏差不得大于0.5%。钻探取芯技术要求如下:

(1)钻芯孔数与孔位要求。

①当桩径小于1200mm时,桩不应少于1孔;当桩径1200~1600mm时,桩不应少于2孔;当桩径大于1600mm时,桩不宜少于3孔。

②当钻探取芯为1孔时,宜距桩中心100~150mm的位置钻孔;当钻探取芯为2孔或2孔以上时,钻孔位置宜距桩中心0.15~0.25d内均匀对称布置。

③对桩端持力层评判的钻探深度应满足设计要求。设计未有明确规定时,1孔进入桩端持力层深度不宜小于3倍桩径,其余钻孔应进入桩端持力层不小于0.5m。

(2)钻机设备安装必须稳固、底座水平;钻机立轴中心、天轮中心与孔口中心必须在同一垂直线上。钻孔垂直度偏差不大于0.5%。钻进过程中,钻孔内循环水不得中断,每次进尺控制在1.5m内。钻至桩底时,测定沉渣厚度,对桩端持力层岩土性状进行编录鉴别。钻探取芯时,严禁敲打卸取岩芯。

(3)钻取的芯样应自上而下按回次、顺序放进岩样箱中,并对标有工程名称的芯样及其标志牌等进行全貌拍照。在钻进过程中,对混凝土芯样描述应包括深度、混凝土芯样是否为柱状、完整性、胶结情况、表面光滑情况、断口吻合程度、集料大小分布情况、气孔、蜂窝麻面、沟槽、破碎、夹泥、松散等情况。

(4)当单桩质量评价满足设计要求时,应采用0.5~1.0MPa压力,从钻芯孔孔底往上用水泥浆回灌封闭;否则应封存钻芯孔,留待处理。

三、芯样试件截取与加工

芯样截取原则:应科学、准确、客观地评价混凝土实际质量,避免人为因素的影响,特别是混凝土强度;取样位置应标明其深度和高程;有缺陷部位的芯样强度应满足设计要求。

截取混凝土抗压芯样试件应符合下列规定:当桩长小于10m时,每孔截取2组芯样;当桩长为10~30m时,每孔截取3组芯样;当桩长大于30m时,每孔截取不应小于4组芯样。上部芯样位置距桩顶设计高程不宜大于1倍桩径或超过2m,下部芯样位置距桩底不宜大于1倍桩径或超过 2m，中间芯样宜等间距截取。在缺陷位置能取样时，应截取 1 组芯样进行混凝土抗压试验。同一基桩的钻芯孔数大于 1 孔，且某一孔在某深度存在缺陷时，应在其他孔的该深度处，截取 1 组芯样进行混凝土抗压强度试验。

混凝土芯样试件加工，由于芯样试件的高度对抗压强度有较大的影响，为避免高度修正带来误差，应取试件高径比为 1，即在 0.95～1.05 范围内，芯样试件内不能含有钢筋，并且观察芯样侧面表观混凝土粗集料粒径，应小于芯样试件平均直径的 0.5 倍。芯样端面的平整度和垂直度应满足要求。

持力层岩芯可制成芯样时，应在接近桩底部位取组岩石芯样，每组芯样应制作 3 个芯样抗压试件。

四、抗压强度试验

芯样抗压强度试验应按照《混凝土物理力学性能试验方法标准》(GB/T 50081—2019)中有关规定执行。一般情况下，桩的工作环境比较潮湿，芯样试件宜在潮湿状态下进行。芯样试件抗压强度试验应按下式计算：

$$f_{cor}=\frac{4P}{\pi d^2} \tag{3-8}$$

式中：f_{cor}——混凝土芯样试件抗压强度，MPa，精确至 0.1MPa；

P——芯样试件抗压试验测得的破坏荷载，N；

d——芯样试件的平均直径，mm。

桩底岩芯单轴抗压强度试验可按照《建筑地基基础设计规范》(GB 50007—2011)附录 J 执行。当判断桩底持力层岩性时，检测报告中只给出平均值即可。

五、检测资料分析与判定

(1)混凝土芯样试件抗压强度代表值应按一组 3 块试样强度的平均值确定。同一受检桩同一深度部位有 2 组或 2 组以上混凝土试件抗压强度代表值时，取其平均值为该桩该深度处混凝土芯样试件抗压强度代表值。

(2)单桩混凝土芯样试件抗压强度代表值是指该桩中不同深度位置的混凝土芯样试件抗压强度代表值中的最小值。

(3)桩底持力层性状应根据芯样特征、岩石芯样单轴抗压强度试验、动力触探或标准贯入试验结果，综合判定桩端持力层岩土性状。

(4)因场地地层的复杂性和施工中的差异，成桩后的差异较大。为保证工程质量，应按单桩进行桩身完整性和混凝土强度评价。

(5)《建筑基桩检测技术规范》(JGJ 106—2014)中规定成桩质量评价应结合钻芯孔数现场混凝土芯样特征、芯样单轴抗压强度试验结果来综合判定。

《建筑基桩检测技术规范》(JGJ 106—2014)中规定成桩质量评价应结合钻芯孔数现场混凝土芯样特征、芯样单轴抗压强度试验结果综合判定。多于 3 个钻芯孔的基桩桩身完整性可类比表 3-35 的三孔特征进行判定。

桩身完整性判定　　　　　　　　　　　　　　　　表 3-35

类别	特征		
	单孔	两孔	三孔
Ⅰ	混凝土芯样连续、完整、胶结好,芯样侧表面光滑,集料分布均匀,芯样呈长柱状、断口吻合		
	芯样侧表面仅见少量气孔	局部芯样侧表面有少量气孔、蜂窝麻面、沟槽,但在另一孔同一深度部位的芯样中未出现,否则应判为Ⅱ类	局部芯样侧表面有少量气孔、蜂窝麻面、沟槽,但在三孔同一深度部位的芯样中未同时出现,否则应判为Ⅱ类
Ⅱ	混凝土芯样连续、完整、胶结较好,芯样侧表面较光滑,集料分布基本均匀,芯样呈柱状、断口基本吻合,有下列情况之一		
	(1)局部芯样侧表面有蜂窝、麻面、沟槽或较多气孔; (2)芯样侧表面蜂窝、麻面严重,沟槽连续或局部芯样集料分布极不均匀,但对应部位的混凝土芯样试件抗压强度检测值满足设计要求,否则应判为Ⅲ类	(1)芯样侧表面有较多气孔、严重蜂窝、麻面,连续沟槽或局部混凝土芯样集料分布不均匀,但在两孔同一深度部位的芯样中未同时出现; (2)芯样侧表面有较多气孔、严重蜂窝、麻面,连续沟槽或局部混凝土芯样集料分布不均匀,且在另一孔同一深度部位的芯样中同时出现,但该深度部位的混凝土芯样试件抗压强度检测值满足设计要求,否则应判为Ⅲ类; (3)任一孔局部混凝土芯样破碎段长度不大于100mm,且在另一孔同一深度部位的局部混凝土芯样的外观判定完整性类别为Ⅰ类或Ⅱ类,否则应判为Ⅲ类或Ⅳ类	(1)芯样侧表面有较多气孔、严重蜂窝、麻面,连续沟槽或局部混凝土芯样集料分布不均匀,但在三孔同一深度部位的芯样中未同时出现; (2)芯样侧表面有较多气孔、严重蜂窝、麻面,连续沟槽或局部混凝土芯样集料分布不均匀,且在任两孔或三孔同一深度部位的芯样中同时出现,但该深度部位的混凝土芯样试件抗压强度检测值满足设计要求,否则应判为Ⅲ类; (3)任一孔局部混凝土芯样破碎段长度不大于100mm,且在另两孔同一深度部位的局部混凝土芯样的外观判定完整性类别为Ⅰ类或Ⅱ类,否则应判为Ⅲ类或Ⅳ类
Ⅲ	大部分混凝土芯样胶结较好,无松散、夹泥现象。有下列情况之一		大部分混凝土芯样胶结较好,有下列情况之一
	(1)芯样不连续,多呈短柱状或块状; (2)局部混凝土芯样破碎段长度不大于100mm	(1)芯样不连续,多呈短柱状或块状; (2)任一孔局部混凝土芯样破碎段长度大于100mm但不大于200mm,且在另一孔同一深度部位的局部混凝土芯样的外观判定完整性类别Ⅰ类或Ⅱ类,否则应判为Ⅳ类	(1)芯样不连续,多呈短柱状或块状; (2)任一孔局部混凝土芯样破碎段长度大于100mm但不大于300mm,且在另两孔同一深度部位的局部混凝土芯样的外观判定完整性类别Ⅰ类或Ⅱ类,否则应判为Ⅳ类; (3)任一孔局部混凝土芯样松散段长度不大于100mm,且在另两孔同一深度部位的局部混凝土芯样的外观判定完整性类别为Ⅰ类或Ⅱ类,否则应判为Ⅳ类
Ⅳ	有下列情况之一 (1)因混凝土胶结质量差而难以钻进; (2)混凝土芯样任一段松散或夹泥; (3)局部混凝土芯样破碎长度大于100mm	(1)任一孔因混凝土胶结质量差而难以钻进; (2)混凝土芯样任一段松散或夹泥; (3)任一孔局部混凝土芯样破碎长度大于200mm; (4)两孔同一深度部位的混凝土芯样破碎	(1)任一孔因混凝土胶结质量差而难以钻进; (2)混凝土芯样任一段松散或夹泥段长度大于100mm; (3)任一孔局部混凝土芯样破碎长度大于300mm; (4)其中两孔在同一深度部位的混凝土芯样破碎、松散或夹泥

注:当上一缺陷的底部位置高程与下一缺陷的顶部位置高程的高差小于300mm时,可认定两缺陷处于同深度部位。

(6)当出现下列情况之一时,应判为该桩不满足设计要求:
①混凝土芯样试件抗压强度检测值小于混凝土设计强度等级。
②桩长、桩底沉渣厚度不满足设计要求。
③端持力层岩土性状(强度)或厚度不满足设计要求。

六、试验记录

混凝土取芯记录见表3-36。

取芯记录 表3-36

检测单位名称:＿＿＿＿＿＿＿＿　　　记录编号:＿＿＿＿＿＿＿
工　程　名　称:＿＿＿＿＿＿＿＿　　　工程地点:＿＿＿＿＿＿＿
桩号／孔号:＿＿＿＿＿＿＿＿　　　　　浇筑日期:＿＿＿＿＿＿＿

时间			工作描述	钻进(m)			回次编号	岩芯采取(m)					岩芯描述	钻探柱状图(1:100)
								累计		本回次岩芯长度	采取率(%)	岩芯编号		
自	至	计		自	至	计		自	至					

检测:　　　　记录:　　　　复核:　　　　日期:　年　月　日

单元3.4　基桩承载力检测

【知识目标】
1.了解桥涵工程基桩承载力检测的基本原理;
2.掌握桥涵工程基桩承载力试验方法,数据处理和承载力评价。

【能力目标】

1.具备查阅基桩承载力相关试验检测的技术标准、规程的能力;

2.能够采用多种方法规范检测基桩承载力。

【案例导入】

某工程基础采用旋挖成孔灌注桩基础,桩端持力层为微风化白云岩,在基桩施工完成后需检测单桩承载力,最大试验荷载为12000kN。在静载试验荷载10800kN时,发生明显沉降,沉降量超过80mm,Q-s呈陡降型,极限承载力取陡降的前一级(9600kN),单桩竖向抗压承载力达不到设计要求。为了研究是否由于桩底沉渣过厚引起承载力不够,继续加载,桩总沉降量为250mm,未达到稳定要求,桩头已经陷入地面以下。初步判断为桩底沉渣或桩端持力层达不到设计要求。声波检测桩长与施工桩长基本一致,桩身完整。该桩桩径为1200mm,采用钻芯法进行原因查找。

钻取第一个孔时,桩身混凝土及桩端基岩未发现异常;钻取第二个钻孔时,桩身混凝土未发现异常;钻出桩底后,有10cm的岩层,岩层以下存在充填溶洞,桩端持力层与设计要求明显不符,即属于半边岩地质情况。

根据钻芯资料及地质情况,设计单位要求原工程桩废除,在原位重打一根桩,但要求桩端持力层下移5m,且进入完整基岩1.2m,且桩端以下有不少于5m厚的完整基岩的持力层。

【工程师寄语】

桥梁自重以及外界活载(如风、交通车辆等)作用均通过基桩最终传到地基,基桩质量务必严控。作为一名试验检测人员,我们要保持严谨的工作态度和认真的工作作风,做好试验检测工作,这将是我们神圣的职责。

本单元将介绍基桩承载力检测相关知识。

【知识框图】

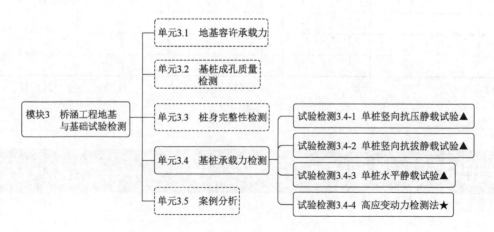

注:知识框图中标有"▲"符号的是教学重点内容,标有"★"符号的是教学难点内容。

试验检测 3.4-1

单桩竖向抗压静载试验

单桩竖向抗压静载试验(微课)

基桩承载力检测(虚拟仿真)

一、目的与适用范围

(1)单桩静压试验通常用来确定单桩承载力和荷载与位移的关系,并校核动力公式的准确程度。

(2)当在桩身埋设有测量应力、应变、桩底反力传感器或位移杆时,可以测定桩周土层侧摩阻力和桩端土阻力或桩身截面的位移量,测定桩身应力变化,求出桩身弯矩分布。

二、检测依据

(1)《公路工程基桩检测技术规程》(JTG/T 3512—2020)。
(2)《公路桥涵施工技术规范》(JTG/T 3650—2020)。
(3)《建筑基桩检测技术规范》(JTG 106—2014)。

三、仪器设备

单桩竖向抗压静载试验设备由加载装置与荷载及变形观测装置等组成。加载装置由主梁、次梁、锚桩或压重等反力装置和油压千斤顶及油泵等组成。荷载及变形观测装置由压力表、压力传感器或荷重传感器等组成。

一般静载试验采用油压千斤顶加载,荷载测力系统可采用荷重传感器测量荷重或压力传感器测定油压,实现加卸荷与稳压自动化控制,既可以减轻人员强度,又可以提高测试精确度。

1.加载装置

用油压千斤顶加载的反力装置可根据现场条件选用,主要有锚桩横梁反力装置、压重平台反力装置和锚桩压重联合反力装置三种形式。反力装置能提供的反力相对于最大加载量应有一定的储备,一般为其1.2~1.5倍。

试验加载装置一般采用油压千斤顶加载。油压千斤顶的反力装置可根据现场的实际条件选用下列三种形式:

(1)锚桩横梁反力装置。锚桩一般采用4根,如入土较浅或土质松软则可增至6根。应对加载反力装置的全部构件进行强度和变形验算,使其在最大试验荷载的作用下,避免产生过大的变形,并且有足够的安全储备。每根锚桩的钢筋笼要沿桩身通长配置,还应对锚桩抗拔力(地基土、抗拔钢筋、混凝土抗拉能力)进行验算,并监测锚桩上拔量。一般情况下,锚桩的上拔量不大于15mm。锚桩横梁反力装置如图3-14所示。

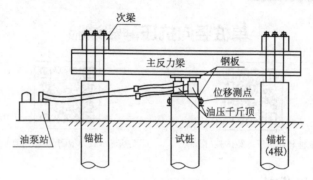

图3-14 锚桩横梁反力装置

(2)压重平台反力装置。利用平台上压重作为对桩静压试验的反力装置,压重应在试验前一次加上。试桩中心至压重平台支承边缘的距离与上述试桩中心至锚桩中心间距相同。当需加荷载较大时,要考虑施加于地基的压应力,不宜大于地基承载力特征值的1.5倍。压重平台反力装置如图3-15所示。

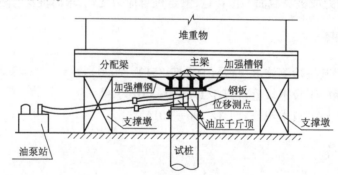

图3-15 压重平台反力装置

(3)锚桩压重联合反力装置。当试桩的最大加载量超过锚桩的抗拔能力时,可在横梁上放置或悬挂一定重物,由锚桩和重物共同承受油压千斤顶反力;当试桩达到破坏时,横梁上的重物容易产生振动反弹,因此要注意安全。

2.荷载测量

静载试验一般采用油压千斤顶与油泵相连的形式,由油压千斤顶施加荷载,油压千斤顶平放于试桩中心位置。当采用两个以上油压千斤顶加载时,应将油压千斤顶并联同步工作,并使油压千斤顶的合力通过试桩中心。荷载测量可通过放置在油压千斤顶上的荷重(应变式压力)传感器直接测量,也可用压力传感器测定油压,根据油压千斤顶率定曲线换算荷载。

荷重传感器的测量误差不应大于1%,压力表精度应优于或等于0.4级。试验用压力表、油泵油管在加载时的压力不应超过额定工作压力的80%,且不应小于额定工作压力的20%。

3.沉降观测

基准梁和基准桩要严格按照相关规定执行。基准梁宜采用工字钢,其高跨比不宜小于

1/40,尤其是大吨位静载试验,要采用较长和刚度较大的基准梁。基准梁的一端固定在基准桩上,其另一端简支于基准桩上,并采取遮挡措施,以减少温度气候等对沉降的影响。沉降由安装在基准梁与桩身间的大量程百分表或电子位移计测量,测量误差要求不大于0.1%FS,分辨率不低于0.01mm。对于直径或边宽大于500mm的桩,应在桩径的两个正交方向对称安装4个位移计测量。

四、抽样数量

(1)检测数量应根据地质条件、桩的材质、桩径、桩长、桩端形式和工程桩总数等确定。

(2)当桩总数小于500根时,检测试验桩的数量不应少于2根;总桩数每增加500根,宜增加1根试验桩。

五、试验步骤

1. 加载方式

采用慢速维持荷载法。

2. 慢速维持荷载法试验要求

(1)加载分级。每级加载为最大加载量或预估极限承载力 1/15~1/10,第一级可按2倍分级加荷。

(2)沉降观测。下沉未达稳定时不得进行下一级加载;每级荷载施加后按第5min、15min、30min、45min、60min 测读桩顶沉降量,以后每隔30min 测读一次。

(3)稳定标准。每1h 内的桩顶沉降量不超过0.1mm,并连续出现两次(从分级荷载施加后的第30min 开始,按1.5h 连续3次每30min 的沉降观测值计算)。

3. 终止加载的规定

当出现下列情况之一时,可终止加载:

(1)被检桩在某级荷载作用下的沉降量大于前一级荷载沉降量的5倍,且桩顶总沉降量大于40mm。

(2)被检桩在某级荷载作用下的沉降量大于前一级的2倍且经24h 尚未稳定,同时桩顶总沉降量大于40mm。

(3)荷载—沉降曲线呈缓变形时,可加载至桩顶总沉降量60~80mm;当桩长超过40m 或被检桩为钢桩时,宜考虑桩身压缩变形,可加载至桩顶总沉降量超过80mm。

(4)在工程桩验收时,荷载已达到承载力容许值的2倍或设计要求的最大加载量,且沉降达到稳定。

(5)桩身出现明显破坏现象。

(6)当工程桩作锚桩时,锚桩上拔量已达到允许值。

4. 桩的卸荷与回弹量观测

卸载时,每级荷载应维持1h,分别按第15min、30min、60min 量测桩顶的回弹量,即可卸下一级荷载。卸载至零后,维持时间不得少于3h。当桩端为砂类土时,应在开始30min 内每

15min 测读一次;当桩端为黏质土时,应在开始 60min 内每 15min 测读一次,以后每隔 30min 测读一次桩顶残余沉降量。

六、试验结果分析与判定

1. 检测数据整理

(1)绘制竖向荷载—沉降(Q-s)、沉降—时间对数(s-lg$t$)曲线。若有需要时,也可绘制其他辅助分析所需曲线。

(2)当进行桩身应变(应力)、应变和桩底反力测定时,应整理出有关数据的记录表,并按相应规范绘制桩身轴力分布图,计算不同土层的分层侧摩阻力和端阻力值。

2. 单桩竖向抗压极限承载力确定

单桩竖向抗压极限承载力是指单桩在竖向荷载作用下达到破坏状态前或出现不适于承载的变形所对应的最大荷载。它包含了桩身结构极限承载力和支承桩侧、桩端地基土的极限承载力两层含义。单桩竖向抗压极限承载力可按下列方法综合分析确定:

(1)根据沉降随荷载变化的特征确定:对于陡降型 Q-s 曲线,取其发生明显陡降的起始点对应的荷载值。

(2)根据沉降随时间变化的特征确定:取 s-lg$t$ 曲线尾部出现明显向下弯曲的前一级荷载值。

(3)被检桩在某级荷载作用下的沉降量大于前一级的 2 倍且经 24h 尚未稳定,同时桩顶总沉降量大于 40mm,取前一级荷载值。

(4)在工程桩验收时,荷载已达到承载力容许值的 2 倍或设计要求的最大加载量,且沉降达到稳定时,取本级荷载值。

(5)对于缓变形 Q-s 曲线,可根据沉降量确定,宜取 $s=40$mm 对应的荷载值;对于钢管桩和桩长大于 40m 的混凝土桩,宜考虑桩身弹性压缩量;对于直径大于或等于 800mm 的灌注桩或闭口桩,可取 $s=0.05D$(D 为桩端直径)对应的荷载值。

(6)当按上述 5 款判定桩的竖向抗压承载力未达到极限承载力时,桩的竖向抗压极限承载力宜取最大加载值。

3. 单桩竖向抗压极限承载力统计值确定

当为设计提供依据时,单桩竖向抗压极限承载力统计值的确定应符合下列规定:

(1)参加统计的试桩结果,当满足其极差不超过平均值的 30% 时,取其平均值为单桩抗压极限承载力的统计值。

(2)当极差超过平均值的 30% 时,应分析极差过大的原因,结合工程具体情况综合确定,必要时可增加试桩数量。

(3)桩数为 3 根或 3 根以下独立承台的基桩,应取低值。

七、注意事项

加、卸载时应使荷载传递均匀、连续、无冲击,每级荷载在维持过程中的变化幅度不得超过分级荷载的 ±10%。

八、试验记录

静压试验记录、单桩静载试验现场记录、单桩静载试验记录见表 3-37～表 3-39,绘制静载试验曲线,并编写试验报告。

静压试验记录　　　　　　　　　　　　　　　　表 3-37

检测单位名称：　　　　　　　　　　　　　　　　　　记录编号：

___线___桥___号试桩			地质情况_____							
沉桩方法及设备型号____					桥的类型、截面尺寸及长度____					
桩的入土深度____(m)设计荷载____(kN)					最终贯入度____(mm/击)					
加载方法_____					加载顺序_____					
荷载编号	起止时间			间歇时间(min)	每级荷载(kN)	各表读数(min)		平均度数(min)	位移(mm)			气温(℃)	备注
	日	时	分			1号	2号 …		下沉	上拔	水平		
其他记录：												

检测：　　　　　　记录：　　　　　　复核：　　　　　　日期：　年　月　日

单桩静载试验现场记录　　　　　　　　　　　　表 3-38

检测单位名称：　　　　　　　　　　　　　　　　　　记录编号：

工程名称			
仪器型号		仪器编号	
力传感器(或油压力表)型号		力传感器(或油压力表)编号	
位移传感器(百分表)型号			
位移传感器(百分表)编号			
油压千斤顶型号			
油压千斤顶编号			
位移表现场运行检测检查：□正常　□不正常		仪器现场运行检查：□正常　□不正常	
被试验桩设计参数			
基桩类型		设计混凝土强度	
基桩总数(根)		检测数量(根)	
桩端持力层		持力层力学参数	

续上表

承载力设计情况（根据设计情况填写其中的一项）	承载力特征值（kN）					
	承载力设计值（kN）					
	承载力极限值（kN）					
试验性质	验证性		试验方法		快速	
	试验性				慢速	
桩号	桩长包括桩帽（m）	成桩日期	桩身直径（mm）	桩端直径（mm）	预估极限承载力（kN）	预定最大加载量（kN）	单级荷载（kN）

检测：　　　　　记录：　　　　　复核：　　　　　日期：　年　月　日

单桩静载试验记录　　　　　　　　　　　　　　　表3-39

检测单位名称：　　　　　　　　　　　　　　　　　记录编号：

工程名称		桩号		日期					
加载级	油压（MPa）	荷载（kN）	测读时间	位移计（百分表）读数				本级沉降（mm）	累计沉降（mm）	备注
				1号	2号	3号	4号			

检测：　　　　　记录：　　　　　复核：　　　　　日期：　年　月　日

试验检测 3.4-2

单桩竖向抗拔静载试验

单桩竖向抗拔静载试验（微课）

一、目的与适用范围

1. 试验目的

(1) 在个别桩基中设计承受拉力时,单桩竖向抗拔静载试验用以确定单桩抗拔容许承载力。
(2) 本试验方法适用于判定竖向抗拔承载力是否满足设计要求。
(3) 通过桩身应变、位移测试,测定桩的抗拔侧阻力。

2. 适用范围

基础承受上拔力的建(构)筑物主要有以下几种类型：
(1) 高压送电线路塔。
(2) 电视塔等高耸构筑物。
(3) 承受浮托力为主的地下工程和人防工程,如深水泵房、地下室或其他工业建筑中的深坑。
(4) 在水平力作用下出现上拔力的建(构)筑物。
(5) 膨胀土地基上的建筑物。
(6) 海上石油钻井平台。
(7) 索拉桥和斜拉桥中所用的锚桩基础。
(8) 修建船舶的船坞底板等。

二、检测依据

(1)《公路工程基桩检测技术规程》(JTG/T 3512—2020)。
(2)《公路桥涵施工技术规范》(JTG/T 3650—2020)。
(3)《建筑基桩检测技术规范》(JTG 106—2014)。

三、仪器设备

试验可采用油压千斤顶加载。油压千斤顶的反力装置一般由2根锚桩和承载梁组成,试桩和承载梁用拉杆连接,将油压千斤顶置于2根锚桩之上,顶推承载梁,引起试桩上拔。试桩与锚桩中心距离应不小于预估最大试验荷载的1.3~1.5倍。

四、抽样数量

(1) 检测数量应根据地质条件、桩的材质、桩径、桩长、桩端形式和工程桩总数等确定。
(2) 当桩总数小于500根时,检测试验桩的数量不应少于2根;总桩数每增加500根,宜增加 1 根试验桩。

五、试验步骤

(1)单桩竖向抗拔静载试验的加卸载分级、位移观测、稳定标准均与竖向静载试验一致。

图 3-16 单桩竖向抗拔静载试验检测示意图

(2)当出现下列情况之一时,可终止加载:

①在某级荷载作用下,桩顶上拔量大于前一级上拔荷载作用下上拔量的 5 倍。

②按桩顶上拔量控制时,累计桩顶上拔量超过 100mm。

③按钢筋抗拉强度控制时,桩顶上拔荷载达到受拉钢筋抗拉强度设计值。

④对验收抽样检测的工程桩,应达到设计要求的最大上拔荷载或最大上拔位移。

单桩竖向抗拔静载试验检测示意图如图 3-16 所示。

六、试验结果分析与判定

判定方法参考单桩竖向抗压静载试验。

七、注意事项

(1)在试验前,对混凝土灌注桩及有接头的预制桩采用低应变仅射波法检查桩身质量,其目的是防止因试验桩自身质量问题而影响单桩竖向抗拔静载试验成果。

(2)对单桩竖向抗拔静载试验的钻孔灌注桩在浇筑混凝土前进行成孔检测,其目的是查明桩身有无明显扩径现象或出现扩大头,因这类桩的抗拔承载力缺乏代表性,特别是扩大头桩及桩身中下部有明显扩径的桩,其抗拔极限承载力远远高于长度和桩径相同的非扩径桩,且相同荷载下的上拔量也有明显差别。

(3)对有接头的预制桩应进行接头抗拉强度验算。对电焊接头的管桩除验算其主筋强度外,还要考虑主筋墩头的折减系数以及管节端板偏心受拉时的强度及稳定性。

(4)对于管桩抗拔试验,存在预应力钢棒连接的问题,可通过在桩管中放置一定长度的钢筋笼并浇筑混凝土加以解决。

(5)从成桩到开始试桩的时间间隔一般应满足下列要求:

①在确定桩身强度已达到要水的前提下,对于砂类土,不应小于 10d。

②对于粉土和黏土,不应小于 15d。

③对于淤泥质土或淤泥,不应小于 25d。

(6)试桩桩身钢筋伸出长度不宜小于 $40d \pm 500$mm(d 为钢筋直径)。为设计提供依据时,试桩按钢筋强度标准值计算的抗拉力应大于预估极限承载力的 1.25 倍。

八、试验记录

单桩竖向抗拔静载试验现场记录及单桩竖向抗拔静载试验检测记录可参考表 3-38、表 3-39。

试验检测 3.4-3

单桩水平静载试验

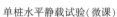
单桩水平静载试验(微课)

一、目的与适用范围

(1)单桩水平静载试验适用于检测桩顶自由时的单桩水平承载力,推定桩侧地基土水平抗力系数。

(2)当埋设有桩身应力量测元件时,单桩水平静载试验可测定桩身应力变化,并求出桩身的弯矩分布。

(3)确定弹性地基系数。

(4)推求桩侧土的水平抗力与桩身挠度之间的关系曲线。

为设计提供依据的试验桩,宜加载至桩顶出现较大水平位移或桩身结构出现破坏;对工程桩抽样检测,可按设计要求的水平位移容许值控制加载。

二、检测依据

(1)《公路工程基桩检测技术规程》(JTG/T 3512—2020)。
(2)《公路桥涵施工技术规范》(JTG/T 3650—2020)。
(3)《建筑基桩检测技术规范》(JTG 106—2014)。

三、仪器设备

单桩水平静推试桩装置如图 3-17 所示。

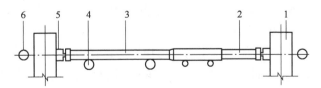

图 3-17 单桩水平静推试桩装置
1-桩;2-千斤顶及测力计;3-传力杆;4-滚轴;5-球支座;6-百分表

(1)一般采用 2 根单桩通过油压千斤顶相互顶推加载;或在 2 根锚桩间平放 1 根横梁,用油压千斤顶向试桩加载;有条件时可利用墩台或专设反力座以油压千斤顶向试桩加载。在油压千斤顶与试桩接触处宜安设一球形铰座,保证油压千斤顶作用力能水平通过桩身轴线。

(2)加载反力结构的承载能力应为预估最大试验荷载的1.3~1.5倍,其作用方向的刚度不应小于试桩。反力结构与试桩之间净距按设计要求确定。

(3)固定百分表的基准桩宜设在桩侧面的靠位移的反方向,与试桩净距不小于试桩直径。

四、抽样数量

(1)检测试验桩的数量应满足设计要求,且不应少于3根。

(2)对工程桩进行检测与评判时,应按设计要求的最大水平加载量或最大水平位移量控制,控制数量应满足设计要求,不宜少于3根。

五、试验步骤

1. 加载分级

荷载分级宜取预估被检桩水平极限承载力或要求试验荷载的1/10~1/12作为加载级差。

2. 加卸载方法

(1)单向多循环加、卸载法:每级荷载施加后,维持荷载4min后测读水平位移并卸载至零,停2min后测读残余水平位移,至此完成一个加、卸载循环,如此循环5次,完成一级荷载的试验观测,试验不得中间停歇。

(2)慢速维持荷载法:加、卸载分级,试验方法及稳定标准与竖向静载试验要求一致。

3. 加载终止条件

当出现下列情况之一时,可终止加载:

(1)桩身折断。

(2)桩顶水平位移超过30~40mm(软土取40mm)。

(3)达到设计要求的最大加载量或水平位移允许值。

六、试验结果分析与判定

(1)绘制相关试验成果曲线:

①采用单向多循环加载法:绘制水平力—时间—力作用点位移 H_0-t-Y_0 关系曲线和水平力—力作用点位移梯度 H_0-$\Delta Y_0/\Delta H_0$ 关系曲线。

②采用慢速维持荷载法,应绘制水平力—力作用点位移 H_0-Y_0 关系曲线、水平力—力作用点位移梯度 H_0-$\Delta Y_0/\Delta H_0$ 关系曲线、力作用点位移—时间对数 Y_0-lg$t$ 关系曲线和水平力—力作用点位移双对数 lgY_0-lgH_0 关系曲线。

③当埋设有桩身应力(应变)传感器时,应绘制各级水平力作用下的桩身弯矩分布图及水平力—最大弯矩截面钢筋拉应力 H-σ_g 关系曲线,并列表给出相应数据。

(2)单桩水平极限承载力检测值应按下列方法确定:

①单向多循环加、卸载法:根据 H_0-t-Y_0 关系曲线产生明显陡降的前一级水平荷载值和

H_0-$\Delta Y_0/\Delta H_0$ 关系曲线上第二直线段的终点对应的水平荷载值综合确定。

②慢速维持荷载法:根据 H_0-Y_0 关系曲线产生明显陡降的起始点对应的水平荷载值、Y_0-$\lg t$ 关系曲线尾部出现明显弯曲的前一级水平荷载值、H_0-$\Delta Y_0/\Delta H_0$ 关系曲线和 $\lg Y_0$-$\lg H_0$ 关系曲线上第二拐点对应的水平荷载值综合确定。

③取桩身折断或钢筋屈服时的前一级水平荷载值。

(3)单桩水平临界荷载应按下列方法确定:

①单向多循环加、卸载法关系:根据 H_0-t-Y_0 关系曲线产生明显陡降的前一级水平荷载值和 H_0-$\Delta Y_0/\Delta H_0$ 关系曲线上第一拐点对应的水平荷载值。

②慢速维持荷载法:根据 H_0-Y_0 关系曲线上出现拐点的前一级水平荷载值、H_0-$\Delta Y_0/\Delta H_0$ 关系曲线和 $\lg Y_0$-$\lg H_0$ 关系曲线上第一拐点对应的水平荷载值。

③取 H-σ_g 关系曲线上第一拐点对应的水平荷载值。

(4)单位工程同一条件下单桩水平承载力容许值的取值方法应符合下列规定:

①当按桩身强度确定水平承载力时,取水平临界荷载统计值和单桩水平极限承载力统计值的一半的小值为单桩水平承载力容许值。

②当桩受长期水平荷载作用且桩不允许开裂时,取水平临界荷载统计值的0.75倍和单桩水平极限承载力统计值的一半的小值为单桩水平承载力容许值。

③当按设计要求的水平位移允许值确定水平承载力时,取设计要求的水平位移允许值对应的水平荷载统计值为单桩水平承载力容许值。

(5)在为设计提供依据时,单桩水平临界荷载统计值和水平荷载统计值的确定方法与单桩竖向抗压极限承载力方法应一致。

七、注意事项

(1)试桩的位置应根据场地地质、地形条件和设计要求及地区经验等因素综合考虑。例如,选择有代表性的地点,一般位于工程建设或使用过程中可能出现最不利条件的地方。

(2)从成桩到开始试验的时间间隔,砂性土中的打入桩不应少于3d,黏性土中的打入桩不应少于14d,钻孔灌注桩从灌入混凝土待试桩的时间间隔一般不少于28d。

(3)加载装置要安全可靠,保证有足够的加载量,不能发生加载量达不到要求而中途停止试验的情况。

(4)设置基准点时应满足以下条件:基准点本身不变动,没有被接触或遭破损的危险,附近没有振源,不受直射阳光与风雨等干扰,不受试桩下沉的影响。

(5)当量测桩位移用的基准梁采用钢梁时,为保证测试精度,可将基准梁的一端固定,其另一端必须自由支承,防止基准梁受日光直接照射;基准梁可用聚苯乙烯等隔热材料包裹,以消除温度影响。

(6)测量仪器安装前应予以校验,擦干润滑。

八、试验记录

基桩承载力试验检测记录见表3-40。

基桩承载力试验检测记录（水平静载）　　　　　　表 3-40

检测单位名称：　　　　　　　　　　　　　　　　　　　　　　记录编号：

工程名称/任务编号	
工程部位/用途	
样品信息	
检测日期	

检测日期		检测条件	温度：℃ 湿度：%

检测依据	
主要仪器设备名称及编号	

级数 n	荷载 （kN）	读数时间 t （时:分）	循环 次数	加载(mm)		卸载(mm)		水平位移(mm)		加载上下 表读数差 （mm）	转角 （°）
				上表	下表	上表	下表	加载	卸载		

附加声明：	

检测：　　　　　　记录：　　　　　　复核：　　　　　　日期：　年　月　日

试验检测 3.4-4

高应变动力检测法

高应变动力检测法（微课）

一、目的与适用范围

检测单桩竖向抗压极限承载力，通过采用实测曲线拟合法分析得到桩侧土阻力的分布和桩端土阻力；检测桩身结构完整性，判定桩身缺陷的位置和缺陷程度；监测混凝土预制桩和钢桩沉桩过程中桩身应力和锤击能量传递比，为选择沉桩工艺参数和确定桩长提供依据。

本试验方法宜用于等截面非嵌岩灌注桩、预制混凝土桩和钢桩的现场检测。对超长桩、大直径扩底桩和嵌岩桩，不宜采用本方法进行单桩承载力检测。

二、检测依据

(1)《公路工程基桩检测技术规程》(JTG/T 3512—2020)。
(2)《公路桥涵施工技术规范》(JTG/T 3650—2020)。
(3)《建筑基桩检测技术规范》(JTG 106—2014)。

三、仪器设备

检测仪器包括激振设备、信号采集及分析仪、传感器和贯入度测量仪等。

1. 锤击设备

(1)激振锤宜采用由铸铁或铸钢制作的自由落锤,也可采用柴油锤、液压锤,严禁使用由钢板制成的分片组装锤。
(2)锤体应材质均匀、形状对称、锤底平整,高径(宽度)比不得小于1,宜采用稳固的导向装置。
(3)检测单桩竖向抗压极限承载力时,激振锤的质量不得小于预估单桩极限承载力的1.2%,灌注桩的桩径大于800mm或桩长大于35m时宜适当增加锤重。

2. 贯入度测量仪

桩的贯入度应采用精密仪器测量。

四、抽样数量

(1)高应变动力检测法检测桩应具有代表性,单位工程同一条件下检测单桩竖向抗压极限承载力时,不宜少于5根。
(2)对工程地质条件复杂或对施工质量有疑问时,应增加检测数量。
(3)当采用高应变动力检测法进行沉桩过程监测或为选择沉桩工艺参数时,不应少于3根。

五、试验步骤

1. 桩头处理

(1)为了确保试桩时锤击力准确地传递给混凝土桩,检测前必须对桩头进行加固处理。
(2)要求桩头顶面平整,桩头中轴线与桩身中轴线重合,桩头测点处截面尺寸应与桩身截面相同。
(3)距桩顶1倍桩径范围内宜用厚度为3~5mm的厚钢板围裹,或距桩顶1.5倍桩径范围内设置箍筋,间距不宜大于100mm。
(4)桩顶应设置钢筋网片2~3层,间距60~100mm。
(5)桩头的混凝土强度应比桩身提高1~2级,且不得低于C30,并满足地基土类别所需的休止时间。

2. 传感器安装

（1）桩顶下两侧应对称安装2只加速度传感器和2只应变传感器，传感器与桩顶的距离不宜小于2倍桩径或桩边长；对于大直径桩，传感器与桩顶距离可适当减小，但不得小于1倍桩径或桩边长；严禁采用1只加速度传感器或1只应变传感器进行检测。

（2）传感器安装面应平整、无明显缺损或截面突变，且所在截面的材质和尺寸应与被检桩相同。

（3）加速度传感器和应变传感器的中心应位于同一水平截面内，同侧两种传感器间的水平距离不宜大于100mm；固定传感器的螺栓孔应与桩轴线垂直；安装好的传感器应紧贴桩身，且传感器的中心轴应与桩的中心轴平行。

（4）在安装应变传感器时，应对初始应变进行监测，其值不得超过规定的限值。

3. 参数设定

（1）传感器安装点到桩底的桩长和截面面积，可根据设计文件或施工记录提供的数据设定，如图3-18所示。

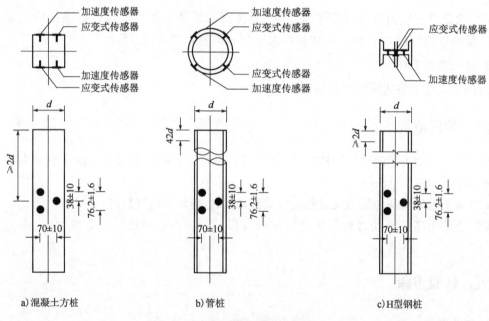

图3-18　测点处传感器安装（尺寸单位：mm）

（2）桩身波速可用低应变反射波法按桩底反射明显的桩计算出平均波速值来设定。如长桩测不到桩底反射信号，可结合本地经验或混凝土强度等参数综合设定桩身波速 c 值。

（3）桩身材料的质量密度 P，对混凝土灌注桩可取 2400kg/m³，混凝土预制桩可取 2450~2500kg/m³，预应力混凝土管桩可取 2550~2600kg/m³。

（4）桩身弹性模量根据 $E = pc^2$ 计算后设定。

4. 测前检查

（1）检测前，应检查交流供电的测试系统是否良好接地，仪器测试系统是否处于正常状态;结合工程实际情况输入参数设定值。

(2)重锤以自由落锤锤击设有桩垫的桩头,用以重锤低击,锤的最大落距不宜大于2.5m。桩的贯入度宜用精密水准仪实测,单击贯入度宜在2~6mm,且锤击次数宜为2~3击。

(3)在现场及时检查采集的数据、曲线质量。如果测试波形紊乱,应查找原因,处理后重新进行检测,直至达到检测质量要求为止。

5. 测试采集信号要求

(1)两组力和速度信号时域波形基本一致,峰前力与速度信号重合,峰后两者协调,最终归零。

(2)波形采样长度不小于$5L/c$或$2L/c+20$ms;波形无明显的杂波干扰,桩底反射清楚,贯入度不宜小于2.5mm。

6. 停止检测条件

当现场检测信号出现下列情况之一时,应停止检测,且严禁将其用于分析:

(1)力和速度信号第一峰起始比例失调。

(2)测试波形紊乱。

(3)桩身缺陷程度加剧。

六、试验记录与报告

基桩高应变法检测记录见表3-41、表3-42。此外,检测报告内容应包括:

(1)被检桩与对应地质柱状图的相对位置。

(2)被检桩的施工概况:对于灌注桩,应提供成桩方法、充盈系数,宜提供成孔质量检测结果;对于预制桩,应提供锤的型号或压机型号、最后10击贯入度或最后的压桩力。

(3)计算中实际采用的桩身波速。

(4)选用的各单元桩土模型参数、土阻力沿桩身的分布图。

(5)实测贯入度。

(6)试沉桩和沉桩监控所采用的桩锤型号、垫层类型,监测所得锤击数、桩侧阻力、桩端静阻力、锤击拉应力和压应力、桩身完整性及能量传递比随入土深度的变化。

基桩高应变法检测现场原始记录　　　　　　　　　　　　　表3-41

检测单位名称:　　　　　　　　　　　　　　　　　　　　　　记录编号:

工程名称			
检测人员		检测日期	年　月　日
仪器型号		仪器编号	
力传感器型号		力传感器编号	
加速度传感器型号		加速度传感器编号	
锤重			
仪器现场运行检查情况:工频信号形态、周期分析结果(周期20ms的正弦波)　□正常　□不正常			
现场检测见证人:			

续上表

被检测桩设计参数			
基桩类型		设计混凝土强度	
基桩总数	根	检测数量(根)	
桩端持力层		持力层力学参数	
承载力设计情况 (根据设计情况填写 其中的一项)	承载力特征值(kN)		
	承载力设计值(kN)		
	承载力极限值(kN)		

被检测桩参数、检测现场记录　　　　　　　　　　　　　表3-42

桩号	桩长包括接桩 (m)	桩顶距 (mm)	成桩日期	桩身直径 (mm)	桩端直径 (mm)	预估极限承载力 (kN)	锤击落高 (mm)

检测：　　　　　　记录：　　　　　　复核：　　　　　　日期：　　年　月　日

单元3.5　案例分析

【案例3-1】 平板荷载试验是用于确定地基承压板下应力主要影响范围内土层承载力和变形模量的原位测试方法。请回答下列关于平板荷载试验的问题。

(1)地基在荷载作用下达到破坏状态的过程,可分为(ABD)。

　　A.压密阶段　　　B.剪切阶段　　　C.塑性阶段　　　D.破坏阶段

解析：地基在荷载作用下达到破坏状态的过程可分为三个阶段。

(2)浅层平板荷载试验适用于确定深度小于(C)的浅部地基。

　　A.2m　　　　　B.2.5m　　　　C.3m　　　　　D.4m

解析：浅层平板荷载试验适用于确定浅部地基土层(深度小于3m)承压板下压力主要影

响范围内的承载力和变形模量。

(3)在半自动稳压油压荷载试验时,承压板选择正确的有(BD)。

  A. 软土地基,承压板面积不应小于 $0.25m^2$

  B. 软土地基,承压板面积不应小于 $0.5m^2$

  C. 强夯处理后的地基,承压板面积不应小于 $0.5m^2$

  D. 强夯处理后的地基,承压板面积不应小于 $2.0m^2$

解析:该设备适用于承压板面积不小于 $0.25m^2$,对于软土地基不小于 $0.50m^2$,强夯处理后的地基,承压板面积不应小于 $2.0m^2$。

(4)当承压板的宽度为 50cm 时,下列基坑开挖的宽度符合要求的有(CD)。

  A. 50cm　　　　　B. 100cm　　　　　C. 150cm　　　　　D. 200cm

解析:浅层平板荷载试验的基坑宽度不应小于承压板宽度 b 或直径 d 的 3 倍。

(5)每级加载后,当在连续 2h 内,每小时的沉降量小于(B)时,则认为已趋稳定,可加下一级荷载。

  A. 0.05mm　　　B. 0.1mm　　　C. 0.15mm　　　D. 0.2mm

解析:当在连续 2h 内,每小时的沉降量小于 0.1mm 时,则认为已趋稳定,可加下一级荷载。

【案例3-2】 试述超声透射波法现场检测基桩完整性原理及现场检测技术。

(1)声波在混凝土传播过程中,当桩身混凝土介质存在阻抗差异时,将产生(A),造成声波能量的吸收、衰减,通过声学参数或波形变化来检验桩身混凝土是否存在缺陷。

  A. 反射波、绕射波、折射波　　　　　B. 声时、波幅变化

  C. 透射波、吸收波　　　　　　　　D. 接收波主频变化

解析:当桩身混凝土介质存在阻抗差异时,将发生反射、绕射、折射和声波能量的吸收、衰减,并经另一声测管中的接收换能器接收,经超声仪放大、显示、处理、存储,可在显示器上观察接收超声波波形,判读出超声波穿越混凝土后的首波声时、波幅及接收波主频等声学参数,通过桩身缺陷引起声学参数或波形变化来检验桩身混凝土是否存在缺陷。

(2)根据现行《公路工程基桩动测技术规程》(JTG/T 3512),关于仪器设备要求正确的有(ABD)。

  A. 声波发射脉冲为阶跃或矩形脉冲,电压宜为 250~1000V

  B. 换能器沿径向无指向性

  C. 换能器谐振频率为 1~200kHz

  D. 换能器在 1MPa 水压下能正常工作

解析:换能器谐振频率宜大于 25kHz。

(3)声测管埋设要求正确的是(AD)。

  A. 声测管内径应大于换能器外径

  B. 声测管管口应高出桩顶 100~300mm,且各声测管管口高度应一致

  C. 根据《公路工程基桩检测技术规程》(JTG/T 3512—2020)规定,当桩径小于或等于 1600m 时,埋设 3 根管;当桩径大于 1600mm 时,应埋设 4 根管

  D. 根据《建筑基桩检测技术规范》(JGJ 106—2014)规定,当桩径小于或等于 800mm

时,不少于2根声测管;当桩径大于800mm且小于或等于1600mm时,不少于3根声测管;当桩径大于1600mm时,不少于4根声测管;当桩径大于2500mm时,宜增加预埋声测管数量

解析: 按照《公路工程基桩检测技术规程》(JTG/T 3512—2020)中规定的要求。

(4)现场测试工作正确的是(BCD)。

  A. 发射换能器和接收换能器分别置于2根声测管的同一高度,自下而上,将收发换能器以相同步长(不大于200mm)向上提升,进行水平检测

  B. 若平测后存在桩身质量的可疑点,则进行加密平测,以确定异常部位的纵向范围

  C. 斜测时,发、收换能器中心连线与水平夹角一般取30°~40°

  D. 扇形测在桩顶、桩底斜测范围受限或为减小换能器升降次数时采用

解析: 将发射换能器与接收换能器放入声测管中,由下至上以相同高程同步提升进行逐点平行测量,提升过程要匀速缓慢。在发现声学参数异常的位置应缩小采样间距,以10cm的间距进行加密测量,同时进行扇形扫描测量、斜交叉测量以确定缺陷的性质、范围和部位。

(5)下述结果分析中表述不正确的有(AD)。

  A. 声速临界值采用混凝土声速平均值与2倍声速标准差之差

  B. 波幅异常时的临界值采用波幅平均值减6dB

  C. 实测混凝土声速平均值低于声速临界值时,可将其作为可疑缺陷区域

  D. 当PSD值在某点附近变化明显时,可将其作为可疑缺陷区域

解析: 实测混凝土声速值低于声速低限值时,应将其作为可疑缺陷区域。临界值满足一定条件才是低限值。

【案例3-3】 根据《公路工程基桩动测技术规程》(JTG/T 3512—2020)中的规定进行钻孔灌注桩桩身完整性透射法检测时,请回答下列相关问题。

(1)声测管要求(AD)。

  A. 内径大于换能器外径15mm   B. 内径50mm
  C. 宜采用塑料管   D. 宜采用金属管
  E. 宜采用非金属管

解析: 声测管应采用金属管,壁厚不应小于2mm,其内径应比收发换能器外径至少大15mm,金属管宜采用螺纹连接或套管焊接等工艺,且不渗漏。声测管应牢固焊接或绑扎在钢筋笼的内侧,均匀布置,且互相平行、定位准确,并埋设至桩底,管口宜高出混凝土顶高程100mm。声测管管底应封闭,管口应加盖;管底、管口及各连接部位应密封。

(2)声测管埋设要求(ABCE)。

  A. 用适宜方法固定   B. 对称布置
  C. 平行布置   D. 管口与桩头齐平
  E. 管口高出桩头

解析: 声测管应选择透声性好、便于安装且费用较低的材料。考虑到混凝土的水化热作用及施工过程中受外力作用较大,容易使声测管变形、断裂,影响换能器上、下管道的畅通,以选用强度较高的金属管为宜。声测管要求:①声测管内径应大于换能器外径(>15mm)。②声测管应下端封闭、上端加盖、管内无异物。③声测管连接处应光滑过渡,管口应高出桩顶100~300mm,

且各声测管管口高度应一致。④应采取适宜方法固定声测管,使之成桩后相互平行。

(3)声测管数量与桩径 D 有关(BC)。

　　A. $D \leq 800$mm,埋设 2 根　　　　　　B. 1000mm $\leq D \leq 1600$mm,埋设 3 根

　　C. $1600 < D < 2500$mm,埋设 4 根　　D. >2000mm,埋设不少于 5 根

解析:声测管埋设数量与桩径大小有关,根据《公路工程基桩动测技术规程》(JTG/T 3512—2020)中规定,当桩径小于1000mm时埋设2根管;当桩径大于或等于1000mm且小于或等于1600mm时,埋设3根管;当桩径大于1600mm且小于2500mm时,应埋设4根管;当桩径大于2500mm时,应增加声测管的数量。

(4)数字式检测系统主要包括(BCDE)。

　　A. 加速度计　　　　　　　　　　　B. 径向振动换能器

　　C. 超声检测仪　　　　　　　　　　D. 数据采集系统

　　E. 位移量测系统

解析:超声波检测仪的技术性能应符合下列规定:检测仪系统应包括信号放大器、数据采集及处理存储器、径向振动换能器。测试系统由超声仪、收发换能器、位移量测系统(深度记录、三脚架、井口滑轮)、传输电缆等组成。其中,超声仪和径向振动换能器组成超声脉冲测量部分。

(5)测试方式包括(ABDE)。

　　A. 对测　　　　B. 斜测　　　　C. 平测　　　　D. 交叉测

　　E. 扇形测

解析:测试方式可分为对测、斜测(单向斜测和交叉斜测)、扇形测三种。

【案例3-4】　请回答单桩竖向抗压极限承载力现场检测技术的相关问题。

(1)基桩竖向受荷载作用的极限承载力大小取决于(A)。

　　A. 桩身自身的混凝土强度和桩周地基土强度

　　B. 桩周土的侧摩阻力和端阻力

　　C. 桩身混凝土与桩周土层相对移量

　　D. 采用贯入速率法、循环加卸载法、荷载维持法等不同试验方法

解析:基桩竖向受荷载作用的极限承载力大小取决于桩身自身的混凝土强度和桩周地基土强度两大要素。

(2)对试验桩的要求正确的是(A)。

　　A. 试桩的成桩工艺和质量控制标准应与工程桩一致

　　B. 桩身混凝土达到28d强度

　　C. 试桩桩头混凝土可用 C30 砂浆抹平

　　D. 试桩顶部露出试坑底面的高度不宜小于 800mm

解析:在桩身混凝土强度达到设计要求的前提下,还应满足:不少于规范规定的休止时间;高强度等级砂浆;600mm。

(3)反力装置能提供的反力相对于最大加载量应有一定的储备,一般为其(A)倍。

　　A. 1.2~1.5　　　B. 1.5~2.0　　　C. 2.0　　　D. 3.0

解析:反力装置能提供的反力相对于最大加载量应有一定的储备,一般为其 1.2~1.5 倍;

依据《建筑基桩检测技术规程》(DGJ 08-218—2003)反力装置能提供的反力相对于最大加载量应有一定的储备,一般不应小于加载量的1.3倍;若依据《公路桥涵施工技术规范》(JTG/T 3650—2020)中规定则为1.3~1.5倍。

(4)根据《公路桥涵施工技术规范》(JTG/T 3650—2020)中规定,对于采用慢速维持荷载法加载试验,下述要求正确的是(A)。

  A. 加荷分级不宜少于10级
  B. 每级加载为最大加载量或预估极限承载力的1/15
  C. 最大加载量不应小于设计荷载的2.5倍
  D. 当每级加载下沉量不大于0.01mm时,即可认为稳定

解析:慢速维持荷载法试验要求:①加载分级。每级加载为最大加载量或预估极限承载力1/15~1/10,第一级可按2倍分级加荷。②沉降观测。下沉未达稳定时不得进行下一级加载;每级荷载施加后第5min、15min、30min、45min、60min测读桩顶沉降量,以后每隔30min测读一次。③稳定标准。每1h内的桩顶沉降量不超过0.1mm,并连续出现两次(从分级荷载施加后的第30min开始,按1.5h连续3次每30min的沉降观测值计算)。

(5)根据《公路桥涵施工技术规范》(JTG/T 3650—2020)中规定,慢速维持荷载法终止加载条件正确的是(A)。

  A. 总位移量大于或等于40mm,本级荷载沉降量大于或等于前一级荷载下沉降量的5倍
  B. 总位移量大于或等于40mm,本级荷载加上后12h尚未达到相对稳定标准
  C. 巨粒土、砂类土、坚硬黏质土中,总下沉量等于40mm
  D. 试验加载达到了基桩设计荷载2.5倍

解析:24h;巨粒土、砂类土、坚硬黏质土中,总沉降量小于40mm,但荷载已大于或等于设计荷载×设计规定的安全系数 D;在施工过程中的检验性试验,一般应继续加到桩的2倍设计荷载为止。

思考与练习题

注:【思考与练习题】中,*表示与[知识目标]和[能力目标]相对应的题目,属于必答题。

一、单选题

*1. 地基发生剪切破坏,即将失去整体稳定性时,相应的最小基础底面压力称为( )。
  A. 地基承载力容许值　　　　　　B. 地基容许承载力
  C. 地基承载力基本容许值　　　　D. 地基极限承载力

*2. 采用声波透射法检测时,双管可检测( )个剖面。
  A. 1　　　　B. 2　　　　C. 4　　　　D. 6

*3. 在采用低应变反射波法检测混凝土灌注桩时,激振点宜布置在桩顶的( )。
  A. 中心部位　　　　　　　　　　B. 距桩中心2/3半径处
  C. 距桩中心1/2半径处　　　　　　D. 边缘部位

4. 在采用低应变反射波法检测桩身完整性时,为获得所需激振频率和能量,应选择合适的激振设备,以下有关激振设备叙述正确的是(　　)。
   A. 激振锤材质相同时,质量大,力值也大,主频相对降低
   B. 激振锤材质相同时,质量大,力值也大,主频相对增高
   C. 激振锤质量相同时,主频随锤头硬度的降低而增高
   D. 激振锤质量相同时,主频随锤头硬度的增加而降低

*5. 基桩静载试验,每级加载量一般为预估最大荷载的(　　)。
   A. 1/10~1/5　　B. 1/15~1/5　　C. 1/15~1/8　　D. 1/15~1/10

6. 基桩水平静推试验中,对于承受反复水平荷载的基桩,应采用(　　)加、卸载方法。
   A. 双向单循环　　B. 双向多循环　　C. 单向单循环　　D. 单向多循环

*7. 用声波透射法检测桩身完整性时,某一声测剖面连续多个测点或某一深度桩截面处的声速、波幅值小于临界值,PSD值变大,波形畸变。此类桩为(　　)类桩。
   A. Ⅰ　　B. Ⅱ　　C. Ⅲ　　D. Ⅳ

8. 高应变动力试桩法中,下列关于重锤锤击方法和重锤最大落距的要求表述正确的是(　　)。
   A. 重锤低击,锤的最大落距不宜大于2.0m
   B. 轻锤高击,锤的最大落距不宜小于1.0m
   C. 重锤低击,锤的最大落距不宜大于3.0m
   D. 轻锤高击,锤的最大落距不宜小于2.0m

9. 拟采用超声透射波法对桩径为1.2m的灌注桩进行完整性检测,根据《公路工程基桩动测技术规程》(JTG/T 3512—2020)的规定,应埋设声测管的数量为(　　)。
   A. 2根　　　　　　　　　B. 3根
   C. 4根　　　　　　　　　D. 由检测单位自行确定

10. 在采用低应变反射波法检测某桥梁工程钻孔灌注桩的桩身完整性时,若实测平均波速为4400m/s,反射波首先返回的时间为0.005s,则缺陷位于桩顶以下(　　)处。
    A. 11m　　B. 22m　　C. 33m　　D. 44m

11. 在对竖直桩进行钻孔倾斜度检测时,当检测结果不超过桩长的(　　)%时,满足使用要求。
    A. 1　　B. 2　　C. 3　　D. 4

*12. 声测管埋设数量与桩径大小有关,当桩径大于或等于1000mm且小于或等于1600mm时,应埋设(　　)根管。
    A. 2　　B. 3　　C. 4　　D. 5

*13. 混凝土灌注桩、混凝土预制桩的激振点宜在桩顶中心部位;预应力混凝土管桩的激振点和传感器的安装点与桩中心连线的夹角不应小(　　)。
    A. 15°　　B. 30°　　C. 45°　　D. 60°

*14. 钻探取芯应在混凝土浇筑(　　)d后进行组混凝土试件。
    A. 7　　B. 14　　C. 21　　D. 28

15. (　　)也称稳定率,它是泥浆中土粒保持悬浮状态的性能。

  A. 静切力   B. 黏度   C. 胶体率   D. 含砂率

16. 高应变法检测桩应具有代表性,单位工程同一条件下检测单桩竖向抗压极限承载力时,不宜少于(　　)根。
  A. 2   B. 3   C. 4   D. 5

*17. 单桩水平静载试验加载反力结构的承载能力应为预估最大试验荷载的(　　)倍,其作用方向的刚度不应小于试桩。
  A. 1~1.5   B. 1.3~1.5   C. 1~1.3   D. 1.2~1.5

*18. 采用高应变动力检测法,重锤以自由落锤锤击设有桩垫的桩头,用以重锤低击,锤的最大落距不宜大于(　　)m。
  A. 1   B. 1.5   C. 2   D. 2.5

*19. 采用单桩竖向抗压静载试验,当桩总数小于500根时,检测数量不应少于(　　)根。
  A. 1   B. 2   C. 3   D. 4

二、多选题

1. 下列选项中关于低应变反射波法检测桩身完整性的局限性的描述中,正确的是(　　)。
  A. 检测的桩长有限制
  B. 桩身截面阻抗渐变时,容易造成误判
  C. 漏选桩身有两个以上缺陷时,较难判别
  D. 桩身阻抗变大的情况下,较难判断缺陷的性质
  E. 嵌岩桩的桩底反射信号多变,容易造成误判

2. 标准贯入试验可以检测的地基承载力所需指标有(　　)。
  A. 砂土密实度   B. 黏性土稠度
  C. 地基土容许承载力   D. 砂土的振动液化
  E. 土层剖面

*3. 在桥梁工程应用中,地基平板荷载试验是用于确定地基承压板下应力主要影响范围内土层承载力和变形模量的原位测试方法,主要分为(　　)。
  A. 浅层平板荷载试验   B. 水平静推试验
  C. 抗拔试验   D. 深层平板荷载试验

*4. 在桥梁工程地基与基础试验检测中,土工试验从试验环境和方法出发,可分为(　　)。
  A. 室内试验   B. 原位试验
  C. 原型试验   D. 模型试验
  E. 长期和短期试验

5. 低应变反射波法的优点是(　　)。
  A. 仪器轻便   B. 操作负责   C. 检测速度快   D. 成本低

*6. 低应变反射波法激振时应符合的规定有(　　)。
  A. 混凝土灌注桩、混凝土预制桩的激振点宜在桩顶中心部位
  B. 预应力混凝土管桩的激振点和传感器的安装点与桩中心连线的夹角不应小于45°
  C. 根据桩径大小,桩心对称布置2个安装传感器的检测点
  D. 空心桩的激振点和检测点宜为桩壁厚的1/2处,激振点和检测点与桩中心连线形成

的夹角宜为90°

7. 低应变反射波法可用于检测(估计)灌注桩的( )。
   A. 桩端嵌固情况　　　　　　　　B. 桩身缺陷及位置
   C. 桩身混凝土强度　　　　　　　D. 桩长
   E. 桩身的完整性

*8. 采用声波透射法检测混凝土灌注桩桩身质量时,可采用测试信号的( )等指标判定桩身质量。
   A. 阻尼比　　　B. 声时值　　　C. 波幅　　　D. 频率
   E. 波形

*9. 利用声波透射法检测钻孔灌注桩的桩身完整性,必须在基桩灌注施工前,在桩内埋设声测管,声测管的材质可选( )。
   A. 钢管　　　B. PVC管　　　C. 钢制波纹管　　　D. 橡胶软管

10. 基桩灌注后,试验前的准备工作包括( )。
    A. 必须待混凝土龄期满28d以后方可进场检测
    B. 在桩顶测量相应声测管外壁间净距
    C. 管疏通声测管,用清水灌满声测管
    D. 采用标定法确定仪器系统延迟时间

*11. 在低应变法测试基桩完整性时,起始波与桩底反射信号之间有与起始波同相位的反射信号,那么基桩在该信号处可能存在下面哪种缺陷( )。
    A. 薄弱层　　　B. 扩径　　　C. 缩径　　　D. 断桩

*12. 采用圆锥动力触探试验确定某桥涵地基的承载力,已知该地基为碎石土,所选择圆锥动力触探试验的类型,在现场试验时应注意的事项为( )。
    A. 地面上触探杆的高度不宜超过1.5m,以免倾斜和摆动过大
    B. 地面上触探杆的高度不宜超过2.0m,以免倾斜和摆动过大
    C. 贯入过程应尽量连续贯入,锤击速率宜为15~30击/min
    D. 贯入过程应尽量连续贯入,锤击速率宜为30~50击/min

*13. 在桥涵工程实际中,为测试极软岩的物理力学性质,可选择的圆锥动力触探试验类型为( )。
    A. 超轻型　　　B. 轻型　　　C. 中型　　　D. 重型
    E. 超重型

14. 在评价公路桥涵地基时,除应确定岩石的地质名称外,还应根据岩石的( )进行细分。
    A. 坚硬程度　　　B. 完整程度　　　C. 节理发育程度　　　D. 软化程度
    E. 特殊性岩石

*15. 泥浆性能指标包括( )。
    A. 酸碱度　　　B. 泥皮厚　　　C. 含砂率　　　D. 完整性

*16. 孔底沉淀土厚度的测定方法主要有( )。
    A. 垂球法　　　B. 电阻率法　　　C. 敲击法　　　D. 电容法

*17. 钻孔灌注桩成孔的检测内容有(　　)。
　　A. 桩位偏差　　　　B. 孔径和垂直度　　C. 钻孔倾斜度　　D. 桩底沉淀土厚度
18. 高应变动力检测法宜用于(　　)的现场检测。
　　A. 嵌岩桩　　　　　　　　　　　　B. 等截面非嵌岩灌注桩
　　C. 预制混凝土桩　　　　　　　　　D. 钢桩
*19. 单桩静载试验设备由(　　)等组成。
　　A. 加载装置　　　　B. 荷载观测装置　　C. 变形观测装置　　D. 重锤

三、判断题

1. 超声波检测桩基各发射与接收相对高差不应大于50mm,并随时校正。　　(　　)
*2. 圆锥动力触探试验的类型可分为轻型、中型、重型和超重型四种。　　(　　)
*3. 砂土的密实程度可根据标准贯入锤击数的多少分为密实、中密、稍密和松散四级。
　　(　　)
4. 声波检测管可采用钢管、塑料管或钢制波纹管。　　(　　)
*5. 在进行重型和超重型圆锥动力触探试验时,地面上触探杆的高度不宜超过1.5m,以免倾斜和摆动过大。　　(　　)
6. 利用低应变反射波法,不仅能判断桩身混凝土的完整性,估算混凝土强度等级,而且能估算出单桩承载力。　　(　　)
*7. 地基土静力荷载试验过程中当出现承压板周围的土体有明显的侧向挤出或发生裂纹现象时,即可认为土体已达到极限状态,应终止试验。　　(　　)
*8. 浅层平板荷载试验承压板一般采用50cm×50cm的方板,对软土地基则采用70cm×70cm的方板。　　(　　)
*9. 桩的水平荷载试验可采用连续加载或循环加载两种方式。　　(　　)
*10. 地基承载力基本容许值应首先考虑由荷载试验或其他原位测试取得,其值不应大于地基极限承载力的1/3。　　(　　)
*11. 采用低应变采用反射波法检测桩身完整性时,不宜单凭测试信号对桩身的完整性进行判定。　　(　　)
*12. 单桩竖向抗压静载试验时,被检桩在某级荷载作用下的沉降量大于前一级荷载沉降量的5倍,且桩顶总沉降量大于40mm。　　(　　)
13. 桩径不宜小于800mm,长径比不大于30且桩身混凝土强度等级不低于C15。(　　)
*14. 声测管以选用强度较高的金属管为宜,当桩径D不大于1200mm时,应埋设3根管;当桩径D大于1200mm时,应埋设4根管。　　(　　)
*15. 在灌注桩施工过程中,孔底沉淀土厚度常采用垂球法、电阻率法和电容法进行检测。
　　(　　)
*16. 平板荷载试验与圆锥动力触探试验均为公路桥涵勘察中的原位测试方法,均可用于确定地基承载力和变形模量。　　(　　)
*17. 现场荷载试验确定地基容许承载力时一般采用极限荷载。　　(　　)
18. 在桥梁工程中,采用低应变反射波法检测桩身完整性时,若要检查桩身微小的缺陷,应使锤击振源产生主频较低的激励信号。　　(　　)

*19. 高应变动力试桩法的测试结果可用于分析基桩承载力和基桩质量完整性。　　（　　）

*20. 单桩静压试验通常用于确定单桩承载力和荷载与位移的关系,并校核动力公式的准确程度。　　（　　）

模块 3　【思考与练习题】答案

模块 4 桥涵工程制品试验检测

单元 4.1　预应力筋用锚具、夹具和连接器的试验检测

【知识目标】
1. 了解预应力筋用锚具、夹具和连接器材料的性能试验检测内容和标准、规范、规程；
2. 掌握预应力筋用锚具、夹具和连接器的质量检查、性能试验检测及结果评价。

【能力目标】
1. 具备查阅预应力锚具、夹具和连接器相关试验检测的技术标准、规程的能力；
2. 能够规范地检测预应力锚具、夹具和连接器的各项力学性质指标。

【案例导入】
某公司安质部会同物资部于 2011 年 9 月 26 日对 4 家使用某预应力有限公司锚具的施工单位进行了检查，主要检查了连续梁锚具的外观质量和技术资料，并对现场锚具进行了抽样，共抽样 4 孔锚具 6 组，10 孔锚具 1 组，12 孔锚具 1 组，盲样编号后送第三方检测单位进行了检测。现将检查和复检情况通报如下：

（1）静载锚固试验：3 组 4 孔锚具静载锚固系数不合格。

（2）产品包装及外观质量：施工现场的圆锚及扁锚、锚垫板均无外包装，目测其表面有划痕、锈蚀等现象。

（3）技术文件：现场提供的产品技术资料无法证明其生产供应的锚具质量状况。所有质保单的检验数据内容与其技术要求的内容一致，检验数据均无具体数值，也未提供锚具的定期第三方外检报告。

【工程师寄语】
锚固性能试验需要按预应力钢绞线抗拉强度标准值的 20%、40%、60%、80%，分级等速加载。在进行锚固性能试验时，要严格按照规范规定的步骤完成。我们做任何事都要脚踏实地，一步一个脚印地去做，这样才可能高质量完成任务。

本单元将介绍预应力筋用锚具、夹具和连接器试验检测相关知识。

【知识框图】

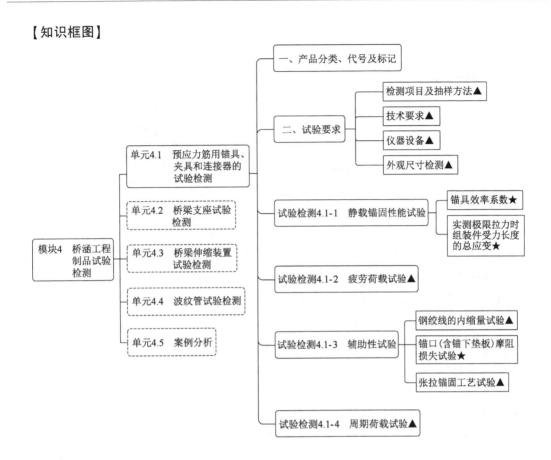

注：知识框图中标有"▲"符号的是教学重点内容，标有"★"符号的是教学难点内容。

产品分类、代号及标记
（锚具、夹具和连接器）（微课）

一、产品分类、代号及标记

（一）锚具、夹具和连接器的定义

锚具：用于保持预应力筋的拉力并将其传递到结构上所用的永久性锚固装置（图4-1）。

夹具：采用先张法构件结构施工时，为保持预应力筋的拉力并将其固定生产台座上的临时性锚固装置；采用后张法结构或构件施工时，在张拉千斤顶设备上夹持预应力筋的临时性锚固装置（图4-1）。

连接器：用于连接预应力筋的装置，如图4-2所示。

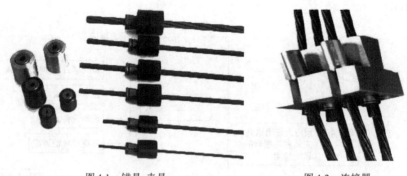

图 4-1 锚具、夹具　　　　图 4-2 连接器

（二）参考依据

(1)《公路桥梁预应力钢绞线用锚具、夹具和连接器》(JT/T 329—2010)。

(2)《预应力筋用锚具、夹具和连接器》(GB/T 14370—2015)。

(3)《预应力混凝土用钢绞线》(GB/T 5224—2014)。

（三）产品分类、代号、标记及示例

(1)交通运输部行业标准将锚具、连接器按其结构形式分为张拉端锚具、固定端锚具两类；国家标准将锚具、夹具和连接器按锚固方式不同分为夹片式、支承式、组合式和握裹式四种基本类型。

(2)锚具、夹具或连接的代号可以用两个汉语拼音字母表示。其中，第一位字母为预应力体系代号，研制单位选定，无研制单位者可省略不写。第二位字母为锚具(M)、夹具(J)或连接器(L)代号。锚具、夹具或连接器的标记由代号、预应力钢材直径、预应力钢材根数三部分组成。

(3)锚具、夹具及连接器的标记由产品代号、预应力筋类型、预应力钢绞线直径和预应力钢绞线根数 4 部分组成。纤维增强复合材料筋为 F，预应力钢材不标注。

示例 1：预应力钢绞线的圆锚张拉端锚具，钢绞线直径为 15.2mm，锚固根数为 12 根，标记为 YM15-12。

示例 2：预应力钢绞线的扁锚固定端挤压式锚具，钢绞线直径为 15.2mm，锚固根数为 5 根，标记为 YMPB15-5。

示例 3：预应力钢绞线的圆锚连接器，钢绞线直径为 15.2mm，锚固根数为 7 根，标记为 YMJ15-7。

以上标记符合《公路桥梁预应力钢绞线用锚具、夹具和连接器》(JT/T 329—2010)的规定。

二、试验要求

（一）试验依据

(1)《预应力筋用锚具、夹具和连接器》(GB/T 14370—2015)。

(2)《预应力混凝土用钢绞线》(GB/T 5224—2014)。

(3)《无损检测　磁粉检测　第 1 部分：总则》(GB/T 15822.1—2005)。

试验要求(微课)

(二)检测项目及抽样方法

1. 组批与抽样

(1)同一种产品、同一批原材料、同一种工艺、一次投料生产的产品为一组批。

(2)每个抽检组批不得超过2000件(套)。

(3)尺寸、外观抽样数量不应少于5%且不少于10件(套);硬度抽样数量应不少于3%且不少于6件(套);静置锚固性能、疲劳荷载性能、内缩量、锚口摩阻损失率和张拉锚固工艺各抽取3个组装件。

2. 检测项目

常规检测项目为硬度和静载锚固性能试验。

3. 特殊情况

(1)在锚具静载试验过程中,若试验值未满足 $\eta_a \geq 0.95$、$\varepsilon_{apu} \geq 2.0\%$,而钢绞线在锚具、夹具或连接器以外非夹持部位发生破断的,应更换钢绞线重新取样做试验。

(2)在锚具静载试验过程中,若试验值虽然满足 $\eta_a \geq 0.95$、$\varepsilon_{apu} \geq 2.0\%$,而锚具破坏、断裂、失效(如滑丝、零件断裂、严重变形等)时,则试验结果判定为锚具不合格。

(三)技术要求

锚具、夹具和连接器应具有可靠的锚固性能、足够的承载力和良好的适用性,以保证充分地发挥预应力筋的强度,并安全地实现张拉作业。

预应力筋用锚具、夹具、连接器的力学性能要求见表4-1。

预应力筋用锚具、夹具、连接器的力学性能要求　　　　表4-1

标准号		检测项目	力学性能要求
《预应力筋用锚具、夹具和连接器》(GB/T 14370—2015)	锚具、连接器	静载锚固性能	同时满足:(1)效率系数 $\eta_a \geq 0.95$; (2)实测极限拉力时的总应变 $\varepsilon_{apu} \geq 2.0\%$
		疲劳荷载性能	(1)试样经过200万次循环荷载后,锚具零件不应发生疲劳破坏; (2)钢绞线因锚具夹持作用发生疲劳破坏的面积不应大于原试样总面积的5%
		周期荷载性能	试样经过50次周期荷载试验后,钢绞线在锚具夹持区域不应发生破断、滑移和夹片松脱现象
		钢绞线内缩量	张拉端钢绞线内缩量应不大于5mm
		锚口摩阻损失率	锚口(含锚下垫板)摩阻损失率合计不大于6%
	夹具	静载锚固性能	效率系数 $\eta_g \geq 0.92$

1. 锚具

(1)锚具的静载锚固性能,应有静载试验时测定的锚具系数 η_a 达到实测极限拉力的预应力筋锚具受力长度的总应变。

锚具的静载锚固性能同时满足:$\eta_a \geq 0.95$,$\varepsilon_{apu} \geq 2.0\%$。

(2)在预应力筋—锚具组装件达到实测极限拉力时,应当是由预应力筋的断裂所致,而不应当是由夹具的破坏所致。

(3)预应力筋—锚具组装件,除必须满足静载锚固性外,尚须满足循环次数为200万次的疲劳性试验。试件受200万次循环荷载后,锚具零件不应疲劳破坏。预应力筋在锚具发生疲劳破坏的面积不应大于试件总截面面积的5%。

(4)用于抗震要求结构中的锚具,预应力筋—锚具组件还应满足循环次数为50次的周期荷载试验。试件50次循环荷载后预应力筋在锚具区域不应发生破坏、滑动的夹片松脱现象。

(5)锚固过程预应力筋的内缩量不大于6mm。

(6)锚口摩阻损失不大于6%。

2. 夹具

(1)夹具的效率系数要求:$\eta_a \geq 0.92$。

(2)在预应力筋—夹具组装达到实测极限拉力时,应当是由预应力筋的断裂所致,而不应当是由夹具的破坏导致。夹具的全部零件不应出现肉眼可见的裂缝或破坏;夹具应有良好的自锚性能、松锚性能和重复使用性能。

3. 连接器

在先张法或后张法施工中,张拉预应力永久地留在混凝土结构或构件中的连接器,均必须符合锚具的性能要求;若在张拉还需放张和拆卸的连接器,则必须符合夹具的性能要求。

(四)试验准备

(1)预应力筋—锚具、夹具、连接器组装件试验之前必须进行单根预应力钢绞线(母材)的力学性能试验。

(2)母材试样不应少于6根,力学性能试验结果符合《预应力混凝土用钢绞线》(GB/T 5224—2014)中规定的要求方可使用。

(五)仪器设备

(1)静载试验、疲劳荷载试验用设备,一般由加载千斤顶、荷载传感器、承力台座(架)、液压油泵源及控制系统组成。

(2)测力系统必须经过法定的计量检测机构标定,并在有效期内使用。

(六)外观尺寸检测

1. 外观

产品的外观可用目测法检测;裂缝可用有刻度或无刻度的放大镜检测。锚板和连接器应按《无损检测 磁粉检测 第1部分:总则》(GB/T 15822.1—2005)的规定进行表面磁粉探伤检验。

2. 产品外形尺寸检测

(1)测量器具为钢直尺、游标卡尺、螺旋千分尺或塞环规。

(2)锚具外形尺寸检测项目及检测方法见表4-2。

锚具外形尺寸检测项目及检测方法   表 4-2

检测项目	检测方法	检测结果
锚环(锚板)直径 D(mm)	(1)距锥孔大端平面约 15mm 处取直径平面 A，在 A 直径平面两个互相垂直的方向上测量，取平均值； (2)距锥孔小端平面约 15mm 处取直径平面 B，在 B 直径平面两个互相垂直的方向上测量，取平均值	A、B 两个直径平面的平均值应分别满足技术图纸要求，不进行平均
锚环(锚板)高度 H(mm)	(1)每件锚环(锚板)在相互垂直的两个方向取 4 个测量点，取平均值； (2)锚固锥孔大端面为平面时，可沿锚环外圆测量	4 个测量点的平均值应满足技术图纸要求
夹片高度 h(mm)	每件夹片在经小端且平行于轴线，取 2 个测量点，取平均值	平均值应满足技术图纸要求

试验检测 4.1-1

静载锚固性能试验

静载锚固性能试验(微课)

一、目的与适用范围

静载锚固性能试验是为了检验锚固零件的机械性能，检验其在锚固过程中的可靠性、适用性和永久性的锚固性能。预应力锚具应能够把力均匀地传递到预应力混凝土构件和钢构件中，并且不能有较大的变形，也不能有横向和斜向的断裂，应有多次重复使用的能力，而这些都要通过静载试验来检验其合格与否。

二、试验依据

(1)《公路桥梁预应力钢绞线用锚具、夹具和连接器》(JT/T 329—2010)。
(2)《预应力筋用锚具、夹具和连接器》(GB/T 14370—2015)。

三、仪器设备

(1)静载试验、疲劳荷载试验用设备一般由加载千斤顶、荷载传感器、承力台座(架)、液压油泵源及控制系统组成。
(2)测力系统必须经过法定的计量检测机构标定，并在有效期内使用。

四、试样制备

试样数量：组装件 3 个(6 个锚环及相配套的夹片、钢绞线)。

五、试验步骤

1. 组装

组装前必须把锚固零件擦拭干净，然后将钢绞线、锚具与试验台组装，如图 4-3 所示。每根钢绞线应受力均匀,初应力为预应力钢材抗拉强度标准值f_{ptk}的10%。总伸长率装置的标距不宜小于1m。

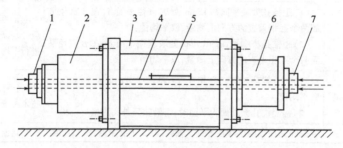

图4-3　预应力筋—锚具组装件静载试验示意图

1-张拉端试验锚具;2-加载千斤顶;3-承力台座(架);4-预应力筋;5-测量总应变的装置;6-荷载传感器;7-固定端试验锚具

2.加载

(1)加载速率为100MPa/min。

(2)以预应力钢绞线抗拉强度标准值的20%、40%、60%、80%,分4级等速加载。

(3)加载到钢绞线抗拉强度标准值的80%后,持荷1h。

(4)持荷1h后缓慢加载至试样破坏。

3.试验过程中测量项目

试验期间钢绞线及锚具(连线器)零件的位移图如图4-4所示。

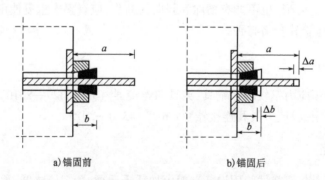

a)锚固前　　　　　b)锚固后

图4-4　试验期间钢绞线及锚具(连接器)零件的位移图

(1)选取有代表性的若干根钢绞线,按施加荷载的前四级,逐级测量其与锚具或连接器之间的相对位移Δa。

(2)选取锚具或连接器若干有代表性的零件,按施加荷载的前四级,逐级测量其间的相对位移Δb。

(3)试件的实测极限拉力F_{apu}。

(4)达到实测极限拉力时的总应变ε_{apu}。

(5)应力达到$0.8f_{ptk}$后,在持荷的1h期间,每20min测量一次相对位移(Δa和Δb)。在持荷期间,Δa和Δb均应无明显变化,保持稳定。如持续增加,不能保持稳定,则表明已经失去可靠的锚固能力。

4.试验过程中观察项目

观察锚具的变形,并且判断:

(1)在静载锚固性能满足后,夹片允许出现微裂和纵向断裂,不允许出现横向断裂、斜向断裂及碎断。

(2)当预应力筋达到极限破断时,锚板及其锥形锚孔不允许出现过大塑性变形,锚板中心残余变形不应出现明显挠度。

5.试验过程中记录项目

记录试样的破坏部位与形式。组装件的破坏部位与形式应符合:①夹片式锚具、夹具或连接器的夹片加载到最高一级荷载时不允许出现裂纹或断裂;②在满足效率系数和总伸长率后允许出现微裂和纵向断裂,不允许出现横向断裂、斜向断裂及碎断。

六、试验结果计算

静载试验应连续进行3个组装件的试验,试验结束后需计算锚具效率系数和实测极限拉力时组装件受力长度的总应变。

(1)锚具效率系数按下式计算:

$$\eta_a = \frac{F_{apu}}{F_{pm}} \tag{4-1}$$

$$F_{pm} = nf_{pm}A_{pk} \tag{4-2}$$

式中:F_{apu}——钢绞线锚具组装件的实测拉力,kN;

F_{pm}——钢绞线锚具组装件中各根钢绞线计算极限拉力之和,kN;

f_{pm}——从钢绞线中抽取的试样的极限抗拉强度平均值,MPa;

A_{pk}——钢绞线单根试样的特征(公称)截面面积,mm²;

n——钢绞线锚具组装件中钢绞线根数。

(2)总应变计算如下:

①采用直接测量标距时,按下式计算 ε_{apu}(%):

$$\varepsilon_{apu} = \frac{\Delta L_1 + \Delta L_2}{L_1} \times 100 \tag{4-3}$$

式中:ΔL_1——位移传感器从张拉至钢绞线抗拉强度标准值f_{ptk}的10%加载到极限应力时的位移增量;

ΔL_2——从0到张拉至钢绞线抗拉强度标准值f_{ptk}的10%的伸长量理论计算值(标距内);

L_1——张拉至钢绞线抗拉强度标准值f_{ptk}的10%时位移传感器的标距。

②采用测量加荷载用千斤顶活塞伸长量 ΔL 计算 ε_{apu}(%)时按下式计算:

$$\varepsilon_{apu} = \frac{\Delta L_1 + \Delta L_2 - \Delta a}{L_2} \times 100 \tag{4-4}$$

式中:ΔL_1——从张拉至钢绞线抗拉强度标准值的10%到极限应力时的活塞伸长量;

ΔL_2——从0到张拉至钢绞线抗拉强度标准值f_{ptk}的10%的伸长量理论计算值(夹持计算长度内);

Δa——钢绞线相对试验锚具(连接器)的实测位移量;

L_2——钢绞线夹持计算长度,即两端锚具(连接器)的端头起夹点之间的距离。

(3)夹具的静载锚固性能效率系数 η_g,按下式计算:

$$\eta_g = \frac{F_{gpu}}{F_{pm}} \quad (4\text{-}5)$$

式中:F_{gpu}——钢绞线—夹具的实测极限抗拉力,kN;

F_{pm}——钢绞线的实际平均极限抗拉力,由钢绞线试件实测破断荷载计算平均值得出,kN。

七、结果评定

(1)在 3 个组装件试件中,如有一个试件不符合要求,则可另取双倍数量的试件重做试验;如仍有一个试件不合格,则该批产品判定为不合格品;在 3 个组装件试件中,如有两个试件不符合要求,则该批产品判定为不合格品。

(2)若屈强比过高(大于 0.92)的钢绞线与锚具组成的组装件,在静载试验中出现锚固效率系数达到 95%而伸长率不足 2%的情况,不宜判定为锚具不合格,应更换钢绞线重新试验。

八、注意事项

影响锚具静载锚固性能的因素很多。在试验过程中,应注意:钢绞线、母材的试验最大力;初应力的均匀程度;加载时间等。

九、试验记录

静载试验记录及结果见表 4-3、表 4-4。

静载试验记录 表 4-3

检测单位名称: 记录编号:

锚具型号		钢绞线	规格		计算极限拉力之和(kN)	
千斤顶型号			强度级别(MPa)		实测极限抗拉力(kN)	
传感器型号		L_0(mm)			破断情况	
序号	加载量(kN)	夹片位移 Δb(m)		内缩量 Δa(m)		千斤顶活塞行程(mm)	破断时	Δa(mm)
		固定端	张拉端	固定端	张拉端			Δb(mm)
				持荷时间				
持荷后								
断裂时								

检测: 记录: 复核: 日期: 年 月 日

静载试验结果 表 4-4

检测单位名称： 记录编号：

试件编号	锚具型号	钢绞线根数	钢绞线计算极限拉力之和（kN）	钢绞线锚具组装件实测极限拉力（kN）	锚具效率系数	总应变（%）	破坏情况			
							破断丝数	颈缩丝数	斜切口断丝数	其他

检测： 记录： 复核： 日期： 年 月 日

试验检测 4.1-2

疲劳荷载试验

疲劳荷载试验（微课）

一、目的与适用范围

（1）疲劳荷载试验是指为了估算结构的使用寿命和进行疲劳可靠性分析，以及最后设计阶段所必需的全尺寸结构和零部件而进行的试验，进而反映真实的工作状态。

（2）本试验方法采用标准试件模拟使用过程来反映是否发生疲劳破坏。

二、试验依据

（1）《公路桥梁预应力钢绞线用锚具、夹具和连接器》（JT/T 329—2010）。
（2）《预应力筋用锚具、夹具和连接器》（GB/T 14370—2015）。

三、仪器设备

疲劳试验机。

四、试件制备

试样数量:组装件 3 个(6 个锚环及相配套的夹片、钢绞线)。

五、试验步骤

1. 组装

将钢绞线、锚具与试验台组装,使每根钢绞线受力均匀,初应力为钢绞线抗拉强度标准值的 5%~10%。

2. 应力幅度、试验应力上限值

(1)应力幅度应不小于 80MPa。

(2)试验应力上限值为钢材抗拉强度标准值 f_{ptk} 的 65%。

3. 疲劳试验机的脉冲频率循环次数

(1)试验频率 300~500 次/min。

(2)循环次数为 200 万次。

4. 加载

根据所使用的疲劳试验机,以约 100MPa/min 的速度加载至试验应力上限值,再调节应力幅度达到规定值后,开始记录循环次数。

5. 观察、记录

(1)观察并记录试验锚具和连接器部件及钢绞线疲劳损伤情况及变形情况。

(2)观察并记录疲劳破坏的钢绞线的断裂位置、数量以及相应的疲劳次数。

六、试验结果

(1)描述试样经受 200 万次循环荷载后,锚具零件不应发生疲劳破坏。

(2)钢绞线因锚具夹持作用发生疲劳破坏的截面面积不应大于原试件总面积的 5%。

七、结果评定

(1)在 3 个组装件试件中,如有一个试件不符合要求,则可另取双倍数量的试件重做试验;如仍有一个试件不合格,则该批产品判定为不合格品;在 3 个组装件试件中,如两个试件不符合要求,则该批产品判定为不合格品。

(2)在疲劳试验后钢绞线出现颈缩断口时,应判为非疲劳荷载破坏,应重新取样重做试验。

八、试验检测报告

锚具疲劳荷载试验、辅助性试验检测报告见表 4-5。

锚具疲劳荷载试验、辅助性试验检测报告 表 4-5

检测单位名称：　　　　　　　　　　　　　　　　　　　　　报告编号：

委托单位			委托编号	
工程名称			样品编号	
工程部位			规格型号	
试验依据			判定依据	
样品描述				
主要仪器设备及编号				
生产厂家			生产日期	
出厂编号			代表数量	

样品编号	荷载上限 (kN)	荷载下限 (kN)	循环次数	加载频率 (Hz)	循环完成后锚具状态	备注

样品编号	预应力筋截面面积之和 A_p (mm^2)	预应力筋自由长度 L (mm)	弹性模量 E_g (MPa)	锚固端摩阻损失 $1-(P_内/P_外)$	锚具内缩量 $(\Delta P \cdot L)/(A_p \cdot E)$	完成试验后锚具状态
平均值						

检测结论：

说明：1. 本报告仅对来样负责，若对本报告有异议，请在收到报告 15 日内向本单位提出。
　　　2. 本报告或报告复印件无"检验检测专用章"则视为无效。
　　　3. 本报告无主检、审核、批准人签字无效，报告涂改则视为无效

试验：　　　　　审核：　　　　　签发：　　　　　日期：　　　年　月　日(专用章)

试验检测 4.1-3

辅助性试验

辅助性试验(微课)

一、辅助性试验的目的

辅助性试验项目包括钢绞线的内缩量试验、锚口摩阻损失试验和张拉锚固工艺试验，以及测定参数及检验锚具张拉工艺适应性的项目。通过辅助性试验：

(1)可以检验设计所取计算参数是否正确,防止计算预应力损失偏小,给结构带来安全隐患。
(2)为施工提供可靠依据,以便更准确地确定张拉控制应力和力筋伸长量。
(3)可检验管道及张拉工艺的施工质量。
(4)通过大量现场测试,在统计的基础上,为规范的修订提供科学的依据。
注意:内缩量、锚口摩阻损失和张拉锚固工艺不做合格性判断。

二、钢绞线的内缩量试验

(1)内缩量试验可在台座或混凝土承压构件上进行,受力长度不少于5m。
(2)试验中的张拉控制力N_{con}宜取钢绞线的$0.8f_{ptk}A_p$。
(3)预应力筋的内缩量Δa可采用直接测量法进行测量,也可根据锚固前后测得的钢绞线拉力差值计算得出。
(4)试验结果:试验用的试件不得少于3个,取其平均值。
(5)结果判定:张拉端钢绞线内缩量应不大于5mm。
预应力内缩量按下式计算:

$$\Delta a = \frac{\Delta F \times L}{E \times A_p} \tag{4-6}$$

式中:Δa——钢绞线的内缩量,mm;
ΔF——锚固前后钢绞线拉力差值,N;
L——钢绞线的夹持计算长度,mm。

三、锚口(含锚下垫板)摩阻损失试验

(1)试验用混凝土承压构件锚固区配筋及构造钢筋应符合要求,混凝土构件的高度不应小于构件截面的长边边长。
(2)锚下垫板及螺旋筋应安装齐备,试件内管道应顺直。
(3)试验可在模拟锚周区的混凝土块体或张拉台座上进行。台座长度不小于5m。
(4)张拉控制力为钢绞线的$0.8f_{ptk}A_p$;试验加载速度不宜大于200MPa/min。
(5)用测量精度为0.5%级的压力传感器测出锚具前后预应力差值即锚具摩阻损失,通常以张拉力的百分率计。
(6)锚口及锚下垫板摩阻损失按下式计算:

$$\mu = \frac{\Delta F}{0.8f_{ptk}A_p} \tag{4-7}$$

式中:μ——锚口和锚下垫板摩阻损失,%。
(7)试验用的试件不得少于3个,取平均值。
(8)结果判定:
①锚口的(含锚下垫板)摩阻损失率合计不大于6%。
②锚下垫板的长度应保证钢绞线在锚具底口处的最大折角不大于4°。
③锚下垫板的构造尺寸应满足预应力能从锚具可靠地传递到混凝土构件中。

四、张拉锚固工艺试验

(1)应制作专门的钢筋混凝土构件作为试验平台,平台长度不应小于5m;或在施工现场进行试验。

(2)混凝土块体中应包含多种弯曲和直通孔道、喇叭形垫板、螺旋筋、波纹管等。

(3)按照 $0.3f_{ptk}$、$0.6f_{ptk}$、$0.8f_{ptk}$ 进行分级张拉,3次最大张拉力为 $0.8f_{ptk}A_p$ 的张拉、锚固和放松操作。

(4)观察并判断:

①分级张拉或因张拉设备倒换行程需要临时锚固的可能性。

②观察发生张拉故障时,预应力筋全部或部分放松的可能性。

五、试验检测报告

锚具疲劳荷载试验、辅助性试验检测报告见表4-5。

试验检测 4.1-4

周期荷载试验

周期荷载试验(微课)

一、试验依据

《公路桥梁预应力钢绞线用锚具、夹具和连接器》(JT/T 329—2010)。

二、仪器设备

周期荷载试验用设备,一般由加载千斤顶、荷载传感器、承力台座(架)、液压油泵源及控制系统组成。

三、试件制备

1. 试样数量

组装件3个(6个锚环及相配套的夹片、钢绞线)。

2. 组装

将钢绞线、锚具与试验台组装,每根钢绞线初应力调试均匀,初应力可取钢绞线抗拉强度标准值的10%。

3. 加载

以 100~200MPa/min 的速率加载至钢绞线抗拉强度标准值 f_{ptk} 的80%,为试验应力上限值,再卸荷至f_{ptk}的40%,为试验应力下限值,此为第一周期;然后荷载自下限值经上限值回复到下限值为第二个周期,依此重复50个周期。

四、观察、记录

在试验过程中观察并记录试验锚具及钢绞线疲劳损伤情况及变形情况。

五、试验结果评判

试件经过50次周期荷载试验后,钢绞线在锚具夹持区域不应发生破断、滑移和夹片松脱现象。

六、试验检测报告

锚具疲劳、周期荷载试验检测报告见表4-6。

锚具疲劳、周期荷载试验检测报告　　　　　表4-6

检测单位名称:　　　　　　　　　　　　　　　　　　报告编号:

	施工/委托单位			工程名称	
	工程部位/用途				
样品信息		样品编号		样品名称	
		样品状态		规格型号	
		来样时间		样品数量	
	检测依据			判定依据	
	主要仪器设备及编号				
生产厂家			出厂编号		
生产批号			代表数量		
序号	检测项目		技术指标	检测结果	结果判定
1	疲劳荷载性能				
2	周期荷载试验				
检测结论:					

说明:1.本报告仅对来样负责,若对本报告有异议,请在收到报告15日内向本单位提出。
　　　2.本报告或报告复印件无"检验检测专用章"则视为无效。
　　　3.本报告无主检、审核、批准人签字则视为无效,报告涂改则视为无效

试验:　　　　审核:　　　　签发:　　　　日期:　　　年　月　日(专用章)

单元 4.2　桥梁支座试验检测

【知识目标】
1. 了解桥梁支座的作用及分类;
2. 掌握板式橡胶支座、盆式支座和球型支座的试验方法。

【能力目标】
1. 具备查阅桥梁支座相关试验检测的技术标准、规程的能力;
2. 能够规范地检测橡胶支座、盆式支座和球型支座的各项性能指标。

【案例导入】

桥梁支座作为连接桥梁上部结构和下部结构的重要构件,必须满足以下功能要求:①桥梁支座必须具有足够的承载能力,以保证安全、可靠地传递支座反力。②支座对桥梁变形(位移和转角)的约束应尽可能小,以适应梁体自由伸缩及转动的需要。③支座应便于安装、养护和维修,并在必要时进行更换。

2008 年青岛某市政桥梁,在工程建设中发现箱梁安装后盆式支座的钢盆竖向开裂。其主要原因包括:①钢盆铸造质量低劣,盆壁内部有缺陷;②使用材料不当,应该采用铸钢,有的厂家采用的是铸铁,而铸铁容易开裂;③橡胶支座的垫石不平整和梁底支承接触面不平整导致受力不均匀,局部应力集中,从而使钢盆竖向开裂。

2010 年某现浇七跨 50m 预应力混凝土连续箱梁,采用移动支架施工,第一联跨落梁时,箱梁在活动盆式支座上出现滑移,1h 后最大横向滑移量达 46cm,导致严重事故。

桥梁支座起着承上启下的作用,其重要性不言而喻。因此,桥梁支座应满足各项性能指标才能到达所需的功能要求。

本单元将介绍板式橡胶支座、盆式支座和球型支座的相关试验检测方法等知识。

【工程师寄语】

作为新时代的青年,要不忘初心、牢记使命,勇于担当,肩负承上启下的重任,在学校要努力学习,求真务实,坚定信心、同心同德,埋头苦干、奋勇前进,为其将来走上社会,建设交通强国贡献力量。

【知识框图】

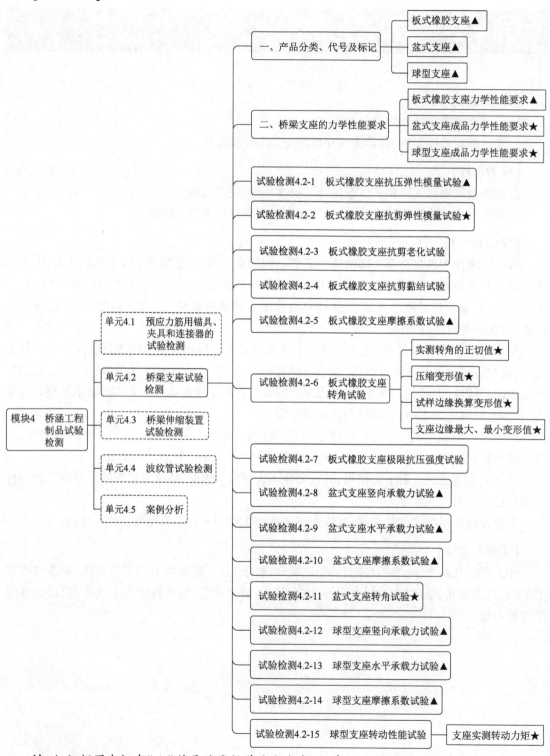

注：知识框图中标有"▲"符号的是教学重点内容，标有"★"符号的是教学难点内容。

一、产品分类、代号及标记

(一)板式橡胶支座

1. 分类及代号

板式橡胶支座产品分类及代号见表4-7。

板式橡胶支座产品分类及代号　　　　　表4-7

类型		名称代号
		《公路桥梁板式橡胶支座》(JT/T 4—2019)
普通板式橡胶支座	矩形板式橡胶支座	J
	圆形板式橡胶支座	Y
滑板式橡胶支座	矩形滑板橡胶支座	JH
	圆形滑板橡胶支座	YH

注:1. 常温型板式橡胶支座,适用温度为 −25~60℃,采用氯丁橡胶生产,代号 CR。
　　2. 耐寒型板式橡胶支座,适用温度为 −40~60℃,采用天然橡胶生产,代号 NR。

2. 标记

板式橡胶支座型号由名称代号、结构形式、外形尺寸及适用温度四部分组成。

示例1:公路桥梁普通矩形橡胶支座,常温型,采用氯丁橡胶生产,支座平面尺寸为300mm × 400mm,总厚度为47mm,表示为 GBZJ300 × 400 × 47(CR)。

示例2:公路桥梁圆形滑板式橡胶支座,耐寒型,采用天然橡胶生产,支座直径为300mm,总厚度为54mm,表示为 GBZYH300 × 54(NR)。

(二)盆式支座

1. 分类及代号

盆式支座产品分类及代号见表4-8。

盆式支座产品分类及代号　　　　　表4-8

类型	按使用性能分类的代号	按使用温度分类的代号	
	《公路桥梁盆式支座》(JT/T 391—2019)	常温型盆式支座 −25~60℃	耐寒型盆式支座 −40~60℃
双向活动支座	SX	C	F
纵向活动支座	ZX	C	F
横向活动支座	HX	C	F
固定支座	GD	C	F
减震型纵向活动支座	JZZX	C	F
减震型横向活动支座	JZHX	C	F
减震型固定支座	JZGD	C	F

注:1. 常温型盆式支座,适用温度为 −25~60℃,代号 C。
　　2. 耐寒型盆式支座,适用温度为 −40~60℃,代号 F。

2. 标记

盆式支座型号一般由支座名称代号、支座系列、设计竖向承载力(MN)、设计水平承载力(%)、使用性能分类代号、活动支座顺桥向位移量(mm)、适用温度代号组成。

示例1：××年设计,竖向设计承载力为15MN、横向水平设计承载力为竖向设计承载力10%的双向活动顺桥向设计位移为±100mm的耐寒型盆式支座,其型号表示为GPZ(××)15-10%-SX-±100-F。

示例2：××年设计,竖向设计承载力为15MN、横向水平设计承载力为竖向设计承载力15%的纵向活动顺桥向位移为±50mm的常温型盆式支座,其型号表示为GPZ(××)15-15%-ZX-±50-C。

示例3：××年设计,竖向设计承载力为15MN、水平设计承载力为竖向设计承载力10%的固定常温型盆式支座,其型号表示为GPZ(××)15-10%-GD-C。

示例4：××年设计,竖向设计承载力为15MN的减震型固定耐寒型盆式支座,其型号表示为GPZ(××)15-JZGD-F。

示例5：××年设计,竖向设计承载力为15MN、顺桥向设计位移为±150mm的减震型纵向活动常温型盆式支座,其型号表示为GPZ(××)15-JZZX-±150-C。

(三)球型支座

1. 分类及代号

球型支座产品分类及代号见表4-9。

球型支座产品分类及代号　　表4-9

类型	名称代号	产品分类代号
双向活动支座	QZ	SX
单向活动支座	QZ	DX
固定支座	QZ	GD

2. 标记

球型支座产品标记一般由支座名称代号、支座设计竖向承载力(kN)、产品分类代号、位移量(mm)、转角(rad)组成。

示例1：支座设计竖向承载力为30000kN的单向活动球型支座,其纵向位移量为±150mm,转角为0.05rad,标记为QZ30000DX/Z±150/R0.05。

示例2：支座设计竖向承载力为20000kN的双向活动球型支座,其纵向位移量为±100mm,横向位移量为±40mm,转角为0.02rad,标记为QZ20000SX/Z±100/H±40/R0.02。

二、桥梁支座的力学性能要求

(一)板式橡胶支座力学性能要求

板式橡胶支座力学性能要求见表4-10。

桥梁支座的力学性能要求(微课)

板式橡胶支座力学性能要求　　　　　　　　　　　　　　　　　　　　　　表4-10

项目		指标
		《公路桥梁板式橡胶支座》(JT/T 4—2019)
实测极限抗压强度 R_u(MPa)		≥70
实测抗压弹性模量 E_1(MPa)		$E \pm E \times 20\%$
实测抗剪弹性模量 G_1(MPa)		$G \pm G \times 15\%$
实测老化后抗剪弹性模量 G_2(MPa)		$G_1 + G \times 15\%$
实测转角正切值 $\tan\theta$	混凝土桥	≥1/300
	钢桥	≥1/500
实测聚四氟乙烯滑板与不锈钢板表面摩擦系数 μ_f(加硅脂时)		≤0.03

(二)盆式支座成品力学性能要求

盆式支座成品力学性能要求见表4-11。

盆式支座成品力学性能要求　　　　　　　　　　　　　　　　　　　　　　表4-11

项目	指标		
竖向承载力	压缩变形	径向变形	残余变形
	在竖向设计承载力作用下,支座压缩变形不大于支座总高度的2%	在竖向设计承载力作用下,盆环上口径向变形不得大于盆环外径的0.05%	卸载后,支座残余变形小于设计荷载下相应变形的5%
水平承载力	固定支座、纵向活动支座和横向活动支座	减震型固定支座、减震型纵向活动支座和减震型横向活动支座	
	不小于支座竖向承载力的10%或15%	不小于支座竖向承载力的20%	
转角	支座设计竖向转动角度不小于0.02rad		
摩擦系数(加5201硅胶润滑后)	常温型活动支座	耐寒型活动支座	
	不大于0.03	不大于0.05	

(三)球型支座成品力学性能要求

球型支座成品力学性能要求见表4-12。

球型支座成品力学性能要求　　　　　　　　　　　　　　　　　　　　　　表4-12

项目	指标	
竖向承载力	压缩变形	径向变形
	在竖向设计承载力作用下,支座的竖向压缩变形不应大于支座总高度的1%	在竖向设计承载力作用下,盆环径向变形不应大于盆环外径的0.05%
水平承载力	固定支座	单向活动支座
	不小于支座竖向承载力的10%	
支座实测转动力矩	应小于支座设计转动力矩	
摩擦系数(加5201硅脂润滑后)	温度适用范围在 -25~60℃时	温度适用范围在 -40~-25℃时
	不大于0.03	不大于0.05

(四)试验检测报告

板式橡胶支座物理力学性能试验检测报告见表4-13。

板式橡胶支座物理力学性能试验检测报告　　　　　　　　　　表 4-13

检测单位名称：　　　　　　　　　　　　　　　　　　　　　报告编号：

委托/施工单位		委托编号	
工程名称		样品编号	
工程部位/用途		样品名称	
试验依据		判定依据	
样品描述		规格型号	
主要仪器设备及编号			
生产厂家		生产日期/批号	
序号	检测项目	技术指标	检测结果	结果判定
1	极限抗压强度(MPa)			
2	抗压弹性模量(MPa)			
3	抗剪弹性模量(MPa)			
4	抗剪黏结性能			
5	老化后抗剪弹性模量(MPa)			
6	摩擦系数			
7	转角			

检测结论：

说明：1.本报告仅对来样负责，若对本报告有异议，请在收到报告15日内向本单位提出。
　　　2.本报告或报告复印件无"检验检测专用章"则视为无效。
　　　3.本报告无主检、审核、批准人签字则视为无效，报告涂改则视为无效

试验：　　　　审核：　　　　签发：　　　　日期：　　　年　月　日(专用章)

试验检测 4.2-1

板式橡胶支座抗压弹性模量试验

板式橡胶支座抗压弹性模量试验(微课)

板式橡胶支座检测(虚拟仿真)

一、目的与适用范围

(1)通过抗压弹性模量试验,检验板式橡胶支座的抗压弹性模量力学性能是否符合规范要求。

(2)本试验适用于承载力小于5000kN的公路桥梁板式橡胶支座。

二、试验依据

《公路桥梁板式橡胶支座》(JT/T 4—2019)。

三、仪器设备

(1)压力试验机级别为Ⅰ级,其示值相对误差最大允许值为±1.0%,并应具有正确的加载中心。加载时应平稳无震动。压力试验机的正压力和水平力的使用宜在最大力值的20%~80%范围内。

(2)位移传感器(百分表)。

(3)承载板等。

四、试件制备

(1)桥梁支座成品力学性能应采用实体支座。

(2)随机抽取试样,每种规格试样数量为3块。

五、试验步骤

(1)将板式橡胶支座成品直接置于试验加荷装置承压板上(图4-5),对准中心,偏差应小于1%,试样短边尺寸或直径,加荷至压应力为1.0MPa且稳压后,在承载板的4个角对称安装4个位移计(百分表)。

(2)预压。将压应力以0.03~0.04MPa/s的加荷速率连续增至平均压应力$\sigma = 10$MPa,持荷2min,然后以连续、均匀的速率将压应力卸至1.0MPa,持荷5min,记录百分表初始值,预压3次。

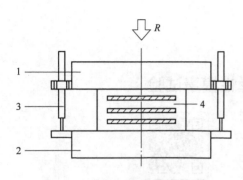

图 4-5 抗压弹性模量试验装置示意图
1-上承载板;2-下承载板;3-位移传感器;4-支座试样

(3)正式加载。每一加载循环自 1.0MPa 开始,将压应力以 0.03~0.04MPa/s 速率均匀加载至 4MPa,持荷 2min 后,采集支座变形值;然后以同样速率每 2MPa 为一级逐级加载,每级持荷 2min 后,采集支座变形数据直至平均压应力(一般取 σ = 10MPa)为止,绘制的应力—应变图应呈线性关系;再以连续、均匀的速率将压应力卸载至 1.0MPa,10min 后进行下一加载循环。加载过程应连续进行 3 次。

(4)以承载板 4 个角所测得的变化值的平均值,作为各级荷载下试样的累计竖向压缩变形 Δc,按试样橡胶层的总厚度 t_e。求出在各级试验荷载作用下,试样的累计压缩应变 ε_i。

六、试验结果计算

试样实测抗压弹性模量应按下式计算:

$$E_1 = \frac{\sigma_{10} - \sigma_4}{\varepsilon_{10} - \varepsilon_4} \tag{4-8}$$

式中:E_1——试样实测的抗压弹性模量算值,精确至 1MPa;

σ_4、ε_4——第 4MPa 级试验荷载下的压应力和累积压缩应变值,MPa;

σ_{10}、ε_{10}——第 10MPa 级试验荷载下的压应力和累积压缩应变值,MPa。

七、结果评定

(1)每一块试样的抗压弹性模量 E_1 为 3 次加载过程所得的 3 个实测结果的算术平均值。但单项结果和算术平均值之间的偏差不应大于算术平均值的 3%,否则应对该试样重新复核试验一次。

(2)随机抽取 3 块支座,若有 2 块支座不能满足 $E \pm E \times 20\%$ 的要求,则认为该批产品不合格。若有 1 块支座不能满足 $E \pm E \times 20\%$ 的要求,则应从该批产品中随机再抽取 2 倍支座对不合格项目进行复检;若仍有一项不合格,则判定该批规格产品不合格。

八、注意事项

(1)试样在标准温度为 23℃±5℃下的试验室停放 24h,并在该标准温度下进行试验。
(2)在板式橡胶支座抗压弹性模量试验中计算承载力时,按支座有效承压面积(钢板面积)A_0 计算。

九、试验记录

板式橡胶支座抗压弹性模量试验检测记录见表 4-14。

板式橡胶支座抗压弹性模量试验检测记录

表 4-14

检测单位名称： 记录编号：

工程名称						工程部位/用途					
样品信息	样品名称			样品编号				样品数量			
	样品状态			来样时间				样品规格			
试验条件				试验检测日期				检测依据			
主要仪器设备名称及编号											
试验前样品停放环境条件						样品停放时间					
钢板尺寸 $l_0 a \times l_0 b$ 或 d_0 （mm）						中间单层橡胶片厚度（mm）					
橡胶层总厚度（mm）						形状系数 S		试件编号			

实测次数	传感器编号	压应力（MPa）					实测 E_1 值（MPa）	E_1 3次平均值（MPa）	E_1 与 E_1 3次平均值偏差(%)	标准容许值 E（MPa）	与标准偏差值（%）
		1.0	4.0	6.0	8.0	10.0					
1	N_1										
	N_2										
	N_3										
	N_4										
	Δc										
	ε_i										
2	N_1										
	N_2										
	N_3										
	N_4										
	Δc										
	ε_i										
3	N_1										
	N_2										
	N_3										
	N_4										
	Δc										
	ε_i										
算术平均值 Δc（mm）											
附加声明：											

检测： 记录： 复核： 日期： 年 月 日

试验检测 4.2-2

板式橡胶支座抗剪弹性模量试验

板式橡胶支座抗剪弹性模量试验(微课)

一、目的与适用范围

（1）通过板式橡胶支座抗剪弹性模量试验，检验板式橡胶支座的抗剪弹性模量力学性能是否符合规范要求。

（2）本试验适用于承载力小于5000kN的公路桥梁板式橡胶支座。

二、试验依据

《公路桥梁板式橡胶支座》（JT/T 4—2019）。

三、仪器设备

（1）压力试验机。
（2）钢拉板。
（3）承载板。
（4）防滑摩擦板。
（5）位移传感器等。

四、试件制备

（1）桥梁支座成品力学性能应采用实体支座。
（2）随机抽取试样，每种规格试样数量为3对。

五、试验步骤

1. 试样放置

将试样置于压力试验机的承载板与中间钢拉板上按双剪组合配置好，对准中心，偏差应小于试样短边尺寸或直径的1%。当试样为矩形支座，应使支座顺其短边方向受剪，如图4-6所示。

2. 施加竖向荷载

将压应力以 0.03~0.04MPa/s 的加荷速率连续增至平均压应力 $P = 10\text{MPa}$（当支座形状系数小于7时为8MPa），并在整个抗剪弹性模量试验过程中保持不变。

3. 调整剪切试验机构

调整压力试验机的剪切试验机构，使水平油缸、负荷传感器的轴线和中间钢拉板的对称轴重合。

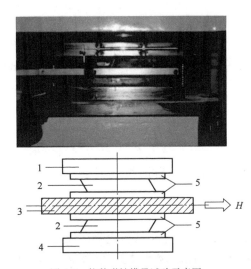

图 4-6 抗剪弹性模量试验示意图

1-上承载板;2-板式支座试样;3-中间钢拉板;4-下承载板;5-防滑摩擦板

4. 预加水平荷载

将压应力以 0.002~0.003MPa/s 的加荷速率,连续施加水平荷载至剪应力 $\tau=1.0$MPa,持荷 5min,然后连续均匀地卸载至剪应力为 0.1MPa,持荷 5min,记录初始值。预载 3 次。

5. 正式加载

(1)每一加载循环自 $\tau=0.1$MPa 开始,分级加载至 $\tau=1.0$MPa 为止;每级加载剪应力增加 0.1MPa,持荷 1min。

(2)连续均匀地将剪应力 $\tau=1.0$MPa 卸载至剪应力为 0.1MPa,持荷 10min。

(3)正式加载连续进行 3 次。

6. 数据采集与整理

将各级水平荷载下位移传感器所测的试样累积水平剪切变形 Δs,按试样橡胶层的总厚度 t_e,求出在各级试验荷载作用下,试样的累积剪切应变。

六、试验结果计算

抗剪弹性模量按下式计算:

$$G_1 = \frac{\tau_{1.0} - \tau_{0.3}}{\gamma_{1.0} - \gamma_{0.3}} \tag{4-9}$$

式中:G_1——试样的实测抗剪弹性模量计算值,MPa,精度为 1%;

$\tau_{1.0}$、$\gamma_{1.0}$——第 1.0MPa 级试验荷载下的剪应力和累计剪切应变值,MPa;

$\tau_{0.3}$、$\gamma_{0.3}$——第 0.3MPa 级试验荷载下的剪应力和累计剪切应变值,MPa。

七、结果评定

(1)每对检验支座所组成试样的综合抗剪弹性模量 G_1,为该对试件 3 次加载所得到的 3 个结果的算术平均值。但各单项结果与算术平均值之间的偏差应不大于算术平均值的 3%,

否则应对该试样重新复核试验一次。

(2)随机抽取 3 对支座,若有 2 对支座不能满足 $G \pm G \times 15\%$ 的要求,则判定该批产品不合格。若有 1 对支座不能满足 $G \pm G \times 15\%$ 的要求时,则应从该批产品中随机再抽取 2 倍支座对不合格项目进行复检;若仍有 1 项不合格,则判定该批规格产品不合格。

八、注意事项

在抗剪弹性模量试验中,当计算承载力 R 时,按支座有效承压面积(钢板面积)A_0 计算;当计算水平拉力时,按支座平面毛面积(公称面积)A 计算。

九、试验记录

板式橡胶支座抗剪弹性模量、抗剪老化试验检测记录见表 4-15。

板式橡胶支座抗剪弹性模量、抗剪老化试验检测记录　　　　表 4-15

检测单位名称:　　　　　　　　　　　　　　　　　　　　　　　　记录编号:

工程名称														工程部位/用途				
样品信息	样品名称								样品编号					样品数量				
	样品状态								来样时间					样品规格				
	试验条件								试验检测日期					检测依据				
主要仪器设备及编号																		
老化温度(℃)				老化时间(h)					试验前样品停放环境条件					样品停放时间				
钢板尺寸($l_0 a \times l_0 b$ 或 d_0,mm)				橡胶层总厚度(mm)					形状系数 S					试件编号				
实测次数	传感器编号	剪应力(MPa)											实测 G_1 值(MPa)	G_1 平均值(MPa)	G_1 与 G_1 平均值偏差(%)	标准容许值 $G=1$(MPa)	与标准偏差值(%)
		0.1	0.2	0.3	0.4	0.5	0.6	0.7	0.8	0.9	1.0	2.0					
1	N_1																
	N_2																
	Δs																
	γ_i																
2	N_1																
	N_2																
	Δs																
	γ_i																
3	N_1																
	N_2																
	Δs																
	γ_i																
附加声明:																	

检测:　　　　　　　记录:　　　　　　　复核:　　　　　　　日期:　　年　月　日

试验检测 4.2-3

板式橡胶支座抗剪老化试验

板式橡胶支座抗剪
老化试验(微课)

将抗剪弹性模量试验后的试样置于老化箱内,在 70℃ ±2℃ 温度条件下经 72h 后取出,将试样在标准温度 23℃ ±5℃ 下停放 48h,再在标准试验室温度下进行剪切试验,试验与标准抗剪弹性模量试验方法步骤相同。老化后抗剪弹性模量 G_2 的计算方法与标准抗剪弹性模量计算方法相同。

板式橡胶支座抗剪弹性模量、抗剪老化试验检测记录见表 4-15。

试验检测 4.2-4

板式橡胶支座抗剪黏结试验

板式橡胶支座抗剪
黏结试验(微课)

整体支座抗剪黏结性能试验方法与抗剪弹性模量试验方法相同,将压应力以 0.03 ~ 0.04MPa/s 的加荷速率连续增至平均压应力 σ,绘制应力—时间图,并在整个试验过程中保持不变。然后将压应力以 0.002 ~ 0.003MPa/s 的加荷速率连续施加水平力荷载,当剪应力达到 2MPa,持荷 5min 后,水平力以相同的速率连续卸载,在加、卸载过程中绘制应力—应变图。试验中随时观察试件受力状态及变化情况,观察水平力卸载后试样是否出现脱胶、裂纹和其他黏结缺陷。

板式橡胶支座抗剪黏结性能试验检测记录见表 4-16。

板式橡胶支座抗剪黏结性能试验检测记录　　　　　　表 4-16

检测单位名称:　　　　　　　　　　　　　　　　　　记录编号:

工程名称				
工程部位/用途				
样品信息	样品名称		样品状态	
	样品编号		样品数量	
	来样时间		样品规格	
试验条件		试验检测日期		
检测依据				
主要仪器设备名称及编号				
试验前样品停放环境条件		样品停放时间		
试样编号	试验剪力 (kN)	试样的剪切计算 面积(mm²)	试验抗剪强度 (MPa)	试验结果描述

检测:　　　　　记录:　　　　　复核:　　　　　日期:　　年　月　日

试验检测 4.2-5

板式橡胶支座摩擦系数试验

板式橡胶支座摩擦
系数试验(微课)

一、目的与适用范围

(1)通过摩擦系数试验,检验板式橡胶支座的摩擦系数力学性能是否符合规范要求。
(2)本试验适用于承载力小于 5000kN 的公路桥梁板式橡胶支座。

二、试验依据

《公路桥梁板式橡胶支座》(JT/T 4—2019)。

三、仪器设备

(1)压力试验机。
(2)钢拉板。
(3)承载板。
(4)防滑摩擦板等。

四、试件制备

(1)桥梁支座成品力学性能应采用实体支座。
(2)随机抽取试样,每种规格试样数量为 3 对。

五、试验步骤

1. 试样放置

将试样置于压力试验机的承载板与中间钢拉板上配置好,对准中心,偏差应小于试样短边尺寸或直径的 1%,如图 4-7 所示。试验时,应将聚四氟乙烯滑板试样的储油槽内注满 5201-2 硅脂油。

2. 施加竖向荷载

将压应力以 $0.03 \sim 0.04$ MPa/s 的加荷速率连续增至平均压应力 $\delta = 10$ MPa(当支座形状系数小于 7 时为 8 MPa),并在整个摩擦系数试验过程中保持不变,其预压时间为 1h。

3. 调整剪切试验机构

调整压力试验机的剪切试验机构,使水平油缸、负荷传感器的轴线和中间钢拉板的对称轴重合。

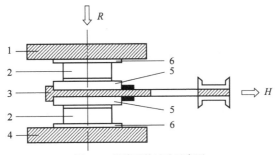

图 4-7　摩擦系数试验示意图

1-压力试验机上承载板；2-聚四氟乙烯滑板板式橡胶支座试样；3-中间钢拉板；4-压力试验机下承载板；5-不锈钢板试样；6-防滑摩擦板

4. 施加水平力

将压应力以 0.002~0.003MPa/s 的加荷速率连续施加水平力荷载，直至不锈钢板与聚四氟乙烯滑板试样接触面间发生滑动为止，记录此时的水平剪应力作为初始值。试验过程应连续进行 3 次。

六、试验结果计算

摩擦系数按下式计算：

$$\mu_f = \frac{H}{R} \tag{4-10}$$

$$\tau = \frac{H}{A} \tag{4-11}$$

$$\sigma = \frac{R}{A} \tag{4-12}$$

式中：μ_f——聚四氟乙烯滑板与不锈钢板表面的摩擦系数，精度精确至 0.01；

τ——接触面发生滑动时的平均剪应力，MPa；

σ——支座的平均压应力，MPa；

H——支座承受的最大水平力，kN；

R——支座最大承压力，kN；

A——支座毛面积，mm^2。

每对试样的摩擦系数为 3 次试验结果的算术平均值。

七、结果评定

随机抽取 3 对支座，若有 2 支座对不能满足 ≤0.03 的要求，则判定该批产品不合格；若有 1 对支座不能满足 ≤0.03 的要求时，则应从该批产品中随机再抽取 2 倍支座对不合格项目进行复检；若仍有 1 项不合格，则判定该批规格产品不合格。

八、注意事项

在板式橡胶支座摩擦系数试验中，当计算承载力 R 时，按支座有效承压面积（钢板面积）A_0 计算；当计算水平拉力时，按支座平面毛面积（公称面积）A 计算。

九、试验记录

板式橡胶支座摩擦系数试验检测记录见表4-17,试验报告应包括以下内容:
(1)要求检测的项目名称和执行标准。
(2)原材料的品种、规格和产地。
(3)仪器设备的名称、型号及编号。
(4)环境温度和湿度。
(5)水泥混凝土立方体抗压强度值。
(6)要说明的其他内容。

板式橡胶支座摩擦系数试验检测记录 表4-17

检测单位名称: 记录编号:

工程名称						
工程部位/用途						
样品信息	样品名称				样品状态	
	样品编号				样品数量	
	来样时间				样品规格	
试验条件				试验检测日期		
检测依据						
主要仪器设备及编号						
试验前样品停放环境条件				样品停放时间(h)		
接触面	试件编号	测定次数		压应力 σ (MPa)	剪应力 τ (MPa)	摩擦系数 μ
聚四氟乙烯滑板与不锈钢板(加硅脂油)		初始值				
		稳定值	1			
			2			
			3			
			平均值			
		初始值				
		稳定值	1			
			2			
			3			
			平均值			
		初始值				
		稳定值	1			
			2			
			3			
			平均值			

附加声明:

检测: 记录: 复核: 日期: 年 月 日

试验检测 4.2-6

板式橡胶支座转角试验

板式橡胶支座转角试验(微课)

一、目的与适用范围

(1)通过转角试验,检验板式橡胶支座的转角力学性能是否符合规范要求。
(2)本试验适用于承载力小于 5000kN 的公路桥梁板式橡胶支座。

二、试验依据

《公路桥梁板式橡胶支座》(JT/T 4—2019)。

三、仪器设备

(1)压力试验机。
(2)加载横梁。
(3)千斤顶加载系统。
(4)测量转角变化的位移传感器等。
(5)测力计。

四、试件制备

(1)桥梁支座成品力学性能应采用实体支座。
(2)随机抽取试样,每种规格试样数量为 3 对。

五、试验步骤

1. 试样放置

将试样置于压力试验机的承载板与加载横梁上组合配置好,对准中心,偏差应小于试样短边尺寸或直径的 1%,如图 4-8 所示。在距试样中心(压力试验机加载承压板中心)L 处,安装使梁产生转动用的千斤顶和测力计,并在承载板四角对称安置 4 只位移传感器。

2. 预压

(1)将压应力以 0.03~0.04MPa/s 速率连续增至平均压应力 $\sigma=10$MPa(当支座形状系数小于 7 时为 8MPa),持荷 5min,然后以连续、均匀的速率卸载至应力为 $\sigma=1$MPa,如此反复预压 3 遍。
(2)检查传感器是否灵敏、准确。

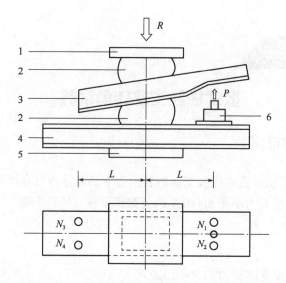

图 4-8 转角试验示意图

1-压力试验机上承载板；2-试样；3-加载横梁(假想梁体)；4-承载梁(板)；5-压力试验机下承载板；6-千斤顶加载系统

3. 加载

(1) 将压应力按照抗压弹性模量试验要求增至 σ，采集支座变形数据，并在整个试验过程中维持 σ 不变。

(2) 用千斤顶对加载横梁施加一个向上的力 P，使其达到预期转角的正切值(偏差不大于 5%)，持荷 5min 后，记录千斤顶力 P 及传感器的数值。

六、试验结果计算

(1) 实测转角的正切值应按下式计算：

$$\tan\theta = \frac{\Delta_1^2 + \Delta_3^4}{2L} \tag{4-13}$$

式中：$\tan\theta$ ——试样实测转角的正切值；

Δ_1^2 ——传感器 N_1、N_2 处的变形平均值，mm；

Δ_3^4 ——传感器 N_3、N_4 处的变形平均值，mm；

L ——转动力臂，mm。

(2) 各种转角下，由于垂直承压力和转动共同影响产生的压缩变形值应按下式计算：

$$\Delta_2 = \Delta_c - \Delta_1 \tag{4-14}$$

$$\Delta_1 = \frac{\Delta_1^2 - \Delta_3^4}{2} \tag{4-15}$$

式中：Δ_c ——支座最大承压力 R 时试样累积压缩变形值，mm；

Δ_1 ——转动试验时，试样中心平均回弹变形值，mm；

Δ_2 ——垂直承压力和转动共同影响下试样中心处产生的压缩变形值，mm。

(3) 各种转角下，试样边缘换算变形值应按下式计算：

$$\Delta_\theta = \frac{\tan\theta \cdot l_a}{2} \qquad (4\text{-}16)$$

式中：Δ_θ——实测转角产生的变形值，mm；

l_a——矩形支座试验的短边尺寸，mm，圆形支座采用直径 d，mm。

（4）各种转角下，支座边缘最大、最小变形值应分别按下式计算：

$$\Delta_{\max} = \Delta_2 + \Delta_\theta \qquad (4\text{-}17)$$

$$\Delta_{\min} = \Delta_2 - \Delta_\theta \qquad (4\text{-}18)$$

转角计算图如图 4-9 所示。

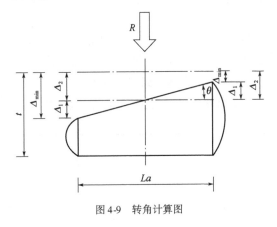

图 4-9　转角计算图

七、结果评定

根据所测各种转角下支座边缘最大、最小变形值来判定实测转角正切值是否符合标准要求。当 $\Delta_{\min} \geq 0$ 时，支座不脱空；当 $\Delta_{\min} < 0$ 时，支座脱空。

八、注意事项

（1）计算实测转角正切值时需要注意公式中"L"的取值，"L"在这里被定义为"转动力臂"。也就是说，"转动力臂"为被检测试样中心（压力试验机加载承压板中心）至转动加载千斤顶中心的距离。

（2）当被检测试样中心至位移传感器探头中心的距离与"转动力臂"相等时，"L"的取值为"转动力臂"。"转动力臂"大小取决于压力试验机结构，一般为定值。

（3）当被检测试样中心至位移传感器探头中心的距离与"转动力臂"不相等时，"L"的取值应是被检测试样中心至位移传感器探头中心的距离，而不是"转动力臂"。这时"转动力臂"只与计算预期转角的正切值有关。

九、试验检测报告

板式橡胶支座物理力学性能试验检测报告见本表 4-13。

试验检测 4.2-7

板式橡胶支座极限抗压强度试验

采用极限抗压强度试验计算承载力时,按支座有效承压面积(钢板面积)A_0计算。

(1)将试样放置在压力试验机的承载板上,并对准中心位置。

(2)将压应力以 0.1MPa/s 的加荷速率连续地加载至试样极限抗压强度 R_u 不小于 70MPa 为止。

(3)在试验过程中,随时观察试样受力状态及变化情况,试样是否完好无损。

在最大荷载作用时,支座侧面凸鼓沟纹应均匀,不应出现橡胶开裂、脱胶和其他粘接缺陷。

板式橡胶支座极限抗压强度试验检测记录见表 4-18。

板式橡胶支座极限抗压强度试验检测记录　　　　　　　表 4-18

检测单位名称：　　　　　　　　　　　　　　　　　　　　　记录编号：

工程名称					
工程部位/用途					
样品信息	样品名称		样品状态		
	样品编号		样品数量		
	来样时间		样品规格		
试验条件			试验检测日期		
检测依据					
主要仪器设备及编号					
试验前样品停放环境条件			样品停放时间		
试样编号	试样承受的极限压力(kN)	试样的计算面积(mm^2)	极限抗压强度(MPa)	试验结果描述	
附加声明：					

检测：　　　　　　记录：　　　　　　复核：　　　　　　日期：　　年　月　日

试验检测 4.2-8

盆式支座竖向承载力试验

盆式支座竖向承载力试验(微课)

一、目的与适用范围

(1)通过竖向承载力试验,检验盆式支座的竖向承载力力学性能是否符合规范要求。
(2)本试验适用于承载力为 1~80MN 的公路桥梁盆式支座。

二、试验依据

《公路桥梁盆式支座》(JT/T 391—2019)。

三、仪器设备

(1)压力试验机。
(2)位移传感器(百分表、千分表)。
(3)承载板等。

四、试件制备

(1)应采用实体支座进行。
(2)随机抽取 2~3 块试样。

五、试验步骤

1.试样放置

将待测试支座安置于压力试验机承载板上,并对准中心位置。

2.预压

正式加载前对支座预压 3 次,预压荷载为支座设计承载力;预压初始荷载为该试验支座竖向设计承载力的 1.0%,每次加载至预压荷载宜稳压 2min 后卸载至初始荷载。

3.安装位移传感器

在初始荷载稳压状态,在支座顶、底板间均匀安装 4 个竖向位移传感器(百分表),测试支座竖向压缩变形;在盆环上口相互垂直的直径方向安装 4 只径向位移传感器(千分表),测试盆环径向变形。

4.正式加载

正式加载分 3 次进行,检验荷载为支座竖向设计承载力的 1.5 倍。

(1)每次检测时,预加设计承载力的1.0%作为初始压力,分10级加载到检验荷载。

(2)每级加载后稳压2min,然后记录每一级的位移量,加载至检验荷载稳压3min后卸载至初始压力,测定残余变形。

六、试验结果计算

(1)每次、每级竖向变形取该次、该级加载时4个竖向位移传感器(百分表)读数的算术平均值。

(2)每次、每级径向变形取该次、该级加载时4个径向位移传感器(千分表)读数绝对值之和的1/2。

(3)取3次测试结果的平均值作为该支座试样的测试结果。

七、结果评定

(1)试验支座的竖向压缩变形和盆环径向变形,在竖向设计承载力作用下,支座压缩变形不大于支座总高度的2%,钢盆盆环上口径向变形不大于盆环外径的0.05%。

(2)根据每级加载的实测结果,绘制荷载—竖向压缩变形曲线和荷载—盆环径向变形曲线。实测的荷载—竖向压缩变形曲线和荷载—盆环径向变形曲线呈线性关系,且卸载后支座竖向压缩的残余变形小于支座设计荷载下相应变形的5%,该支座的竖向承载力为合格。

八、注意事项

(1)盆式支座竖向承载力试验应在垂直荷载作用下测定盆式支座竖向压缩变形和盆环径向变形。

(2)成品支座竖向承载力试验应采用实体支座,如受试验设备限制,经与使用者协商,可选用小型支座。

九、试验检测报告

盆式(球型)支座物理性能试验检测报告见表4-19。

盆式(球型)支座物理性能试验检测报告 表4-19

检测单位名称: 报告编号:

委托单位				
工程名称			工程部位/用途	
样品信息	样品名称		样品数量	
	样品编号		样品规格	
	来样时间		样品状态	
检测依据			判定依据	
主要仪器设备名称及编号				

续上表

委托编号			检测日期		检测类别	
生产厂家			生产批号		代表数量	

检测项目		技术要求	检测结果			结果判定
			试件1	试件2	试件3	
尺寸	橡胶板直径(mm)					
	橡胶板厚度(mm)					
	聚四氟乙烯板直径(mm)					
	聚四氟乙烯板厚度(mm)					
	钢板厚度(mm)					
外观质量						
内在质量						
外形尺寸(mm)	上支座板	长度				
		宽度				
		厚度				
	下支座板	长度				
		宽度				
	组装高度偏差					
竖向承载力试验	竖向压缩变形(%)					
	盆环径向变形(‰)					
摩擦系数μ						

检测结论：

说明：1. 本报告仅对来样负责，若对本报告有异议，请在收到报告15日内向本单位提出。
2. 本报告或报告复印件无"检验检测专用章"则视为无效。
3. 本报告无主检、审核、批准人签字则视为无效，报告涂改则视为无效

试验： 　审核： 　签发： 　日期： 　年　月　日(专用章)

试验检测 4.2-9

盆式支座水平承载力试验

盆式支座水平承载力
试验（微课）

一、目的与适用范围

（1）通过水平承载力试验，检验盆式支座的水平承载力力学性能是否符合规范要求。
（2）本试验适用于承载力为 1~80MN 的公路桥梁盆式支座。

二、试验依据

《公路桥梁盆式支座》(JT/T 391—2019)。

三、仪器设备

(1)压力试验机。
(2)位移传感器(百分表)。
(3)水平力加载装置。
(4)自平衡反力架。
(5)承载板等。

四、试件制备

(1)应采用实体支座进行。
(2)随机抽取2~3块试样。

五、试验步骤

1. 试样放置

将试样置于压力试验机的承载板上,将自平衡反力架及水平力试验装置组合配置好。试验荷载为支座水平承载力的1.2倍,加载至水平承载力的0.5%后,核对水平方向百分表及水平千斤顶数据,确认无误后,进行预推,如图4-10所示。

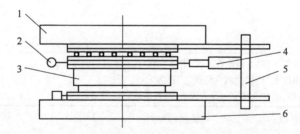

图4-10 盆式支座水平承载力试验示意图
1-压力试验机上承载板;2-百分表;3-试样;4-水平力加载装置;5-自平衡反力架;6-压力试验机下承载板

2. 预推

将支座竖向承载力加至设计承载力的50%,用水平承载力的20%进行预推,反复进行3次。

3. 正式加载

将试验荷载由设计水平力的0.5%至试验荷载均匀分为10级。试验时,先将竖向承载力加至50%后,再以支座设计水平力的0.5%作为初始推力,然后逐级加载,每级荷载稳压2min后,同时记录百分表数据;待设计水平力达到90%后,将竖向承载力加至设计承载力,然后将水平承载力加至试验荷载稳压3min后卸载。加载过程连续3次。

六、试验结果计算

水平力作用下变形分别取两个百分表的平均值,绘制的荷载—水平变形曲线应呈线性关系。

七、结果评定

(1)固定支座、纵向活动支座和横向活动支座水平承载力不小于支座竖向承载力的10%或15%。

(2)减震型固定支座、减震型纵向活动支座和减震型横向支座水平承载力不小于支座竖向承载力的20%。

八、注意事项

(1)试验室的标准温度为23℃±2℃。试验前,将试样直接暴露在标准温度下,停放24h。

(2)盆式支座水平承载力试验应配备自平衡反力架,应标定试验装置在设计竖向承载力下的滚动摩擦力。

九、试验记录

盆式支座水平承载力试验检测记录见表4-20。

表4-20 盆式支座水平承载力试验检测记录

检测单位名称:　　　　　　　　　　　　　　　　　　　　记录编号:

工程名称												
工程部位/用途												
样品信息												
试验检测日期						试验条件						
检测依据						判定依据						
主要仪器设备名称及编号												
竖向设计承载力(kN)						水平设计承载力(kN)						
试验荷载		0级	1级	2级	3级	4级	5级	6级	7级	8级	9级	10级	0级(卸载)
1	N_1											
	N_2											
	读数平均值											
	变形值(mm)											
2	N_1											
	N_2											
	读数平均值											
	变形值(mm)											

续上表

试验荷载		0级	1级	2级	3级	4级	5级	6级	7级	8级	9级	10级	0级(卸载)
3	N_1												
	N_2												
读数平均值													
变形值(mm)													
水平试验荷载(kN)							水平变形(mm)						

附加声明：

检测：　　　　　记录：　　　　　复核：　　　　　日期：　　年　月　日

试验检测 4.2-10

盆式支座摩擦系数试验

盆式支座摩擦系数试验(微课)

一、目的与适用范围

(1)通过摩擦系数试验,检验盆式支座的摩擦系数力学性能是否符合规范要求。
(2)本试验适用于承载力为 1~80MN 的公路桥梁盆式支座。

二、试验依据

《公路桥梁盆式支座》(JT/T 391—2019)。

三、仪器设备

(1)压力试验机。
(2)千斤顶加载系统。
(3)测力传感器等。

四、试件制备

(1)应采用实体支座进行。

(2)随机抽取2个相同规格的单向活动支座或双向活动支座。

五、试验步骤

(1)成品支座摩擦系数试验应在专用试验机上进行,试验装置如图4-11所示。

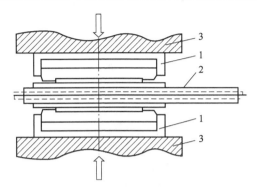

图4-11　盆式支座摩擦系数试验示意图
1-试样;2-水平加载装置;3-试验机

(2)试验前将试件储脂坑内涂满5201-2硅脂。支座对中后,先对支座进行预压,预压荷载为支座竖向设计承载力,预压3次,每次加载持荷3min后卸载至初始荷载,初始荷载为支座设计承载力的1.0%或由压力试验机的精度确定。

(3)试验时,压力试验机对支座加载至竖向设计承载力,然后用千斤顶对支座施加水平力荷载,并用专用压力传感器记录水平力大小,支座发生滑移即停止施加水平力,同时计算出支座的初始摩擦系数。重复以上试验,记录每次施加的水平力。至少重复3次。

六、试验结果计算

第一次滑动记录初始值,试验过程应连续进行3次,实测摩擦系数取后3次(第2次至第4次)试验结果的算术平均值。

七、结果评定

(1)常温型盆式活动支座摩擦系数不大于0.03。
(2)耐寒型盆式活动支座摩擦系数不大于0.05。

八、注意事项

(1)为测试方便,试件选用两个相同规格的双向活动支座。
(2)成品支座摩擦系数试验应采用实体支座,如受试验设备限制,经与使用者协商,可选用小型支座。

九、试验记录

盆式(球型)支座摩擦系数试验检测记录见表4-21。

盆式（球型）支座摩擦系数试验检测记录　　　　表 4-21

检测单位名称：　　　　　　　　　　　　　　　　　　　　　　　　记录编号：

工程名称				
工程部位/用途				
样品信息	样品名称		样品状态	
	样品编号		样品数量	
	来样时间		样品规格	
试验条件			试验检测日期	
检测依据				
主要仪器设备及编号				
试验前样品停放环境条件			样品停放时间	
试验次数	试样编号	竖向压力(MN)	产生的滑动剪力(MN)	摩擦系数	平均值
附加声明：					

检测：　　　　　　记录：　　　　　　复核：　　　　　　日期：　年　月　日

试验检测 4.2-11

盆式支座转角试验

盆式支座转动试验（微课）

一、目的与适用范围

(1)通过转角试验，检验盆式支座的转动性能是否符合规范要求。
(2)本试验适用于承载力为 1~80MN 的公路桥梁盆式支座。

二、试验依据

《公路桥梁盆式支座》(JT/T 391—2019)。

三、仪器设备

(1)压力试验机。
(2)加载横梁。
(3)千斤顶加载系统。
(4)测量转角编号的位移传感器等。

四、试件制备

(1)应采用实体支座。
(2)随机抽取2个相同规格的固定支座,也可以选用2个相同规格的双向支座。

五、试验步骤

支座转角试验应在专用试验机上进行,试验装置如图4-12所示。

(1)试验时,将试件按图4-12所示位置摆放在压力试验机台座上,并对准中心位置。在试件中心一定距离处,安装使加载横梁产生转动的千斤顶和测力计。在压力试验机台座上与加载横梁两端对应的适当位置,分别安装2只位移传感器或千分表。

(2)试验前,应对支座进行预压,预压荷载为试验支座的竖向设计承载力预压3次。每次加载持荷3min后卸载至初始荷载。初始荷载为支座设计承载力的1.0%或由压力试验机的精度确定。

(3)压力试验机对试验支座加载至设计荷载时,顶起加载横梁,使支座分别产生0.010rad、0.015rad、0.020rad转角,每次达到要求的转角后,稳压30min。加到最大转角时,稳压30min后卸载。

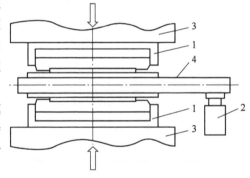

图4-12 盆式支座转动试验示意图
1-试样;2-千斤顶;3-试验机;4-加载横梁

(4)支座卸载后,将支座各部件拆解,观察高性能滑板、黄铜密封圈、橡胶板、钢件等各部件有无永久变形及损坏。

六、试验结果及评定

盆式支座转角试验后,要求聚四氟乙烯板和钢件无损伤,橡胶承压板没有被挤出,黄铜密封圈也没有明显损伤。

七、注意事项

成品支座转角试验应采用实体支座,如受试验设备限制,经与使用者协商,可选用小型支座。

八、试验记录

盆式支座转角试验检测记录见表4-22。

盆式支座转角试验检测记录表 表4-22

检测单位名称：　　　　　　　　　　　　　　　　　　　　记录编号：

工程名称			
工程部位/用途			
样品信息			
试验检测日期		试验条件	
检测依据		判定依据	
主要仪器设备名称及编号			
竖向设计承载力(kN)		初始竖向荷载(kN)	
最大转角(rad)			
卸载后各部位状态	聚四氟乙烯板		
	黄铜密封圈		
	橡胶板		
	钢件		
附加声明：			

检测：　　　　　记录：　　　　　复核：　　　　　日期：　年　月　日

试验检测 4.2-12

球型支座竖向承载力试验

一、目的与适用范围

(1)通过竖向承载力试验,检验球型支座的竖向承载力力学性能是否符合规范要求。
(2)本试验适用于桥梁工程中承载力为1500~60000kN的支座。

二、试验依据

《桥梁球型支座》(GB/T 17955—2009)。

三、仪器设备

(1)压力试验机。
(2)承载板。
(3)位移传感器(百分表、千分表)等。

四、试件制备

(1)应采用实体支座。
(2)随机抽取3个支座。

五、试验步骤

1. 试样放置

将待测试支座安置于压力试验机承载板上,并对准中心位置,如图4-13所示。

2. 预压

正式加载前对支座预压3次,预压荷载为支座设计承载力;预压初始荷载为该试验支座竖向设计承载力的0.5%,每次加载至预压荷载宜稳压2min后卸载至初始荷载。

3. 安装位移传感器

在初始荷载稳压状态,在支座顶、底板之间均匀地安装4个竖向位移传感器(百分表),测试支座竖向压缩变形;在盆环上口相互垂直的直径方向安装4个径向位移传感器(千分表),测试盆环径向变形。

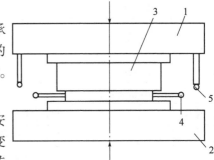

图4-13 竖向承载力试验示意图
1-压力试验机上承载板;2-压力试验机下承载板;3-试样;4-位移传感器(千分表);5-位移传感器(百分表)

4. 正式加载

正式加载分3次进行,检验荷载为支座竖向设计承载力的1.5倍。

(1)将每次检测时预加设计承载力的0.5%作为初始荷载,分10级加载到检验荷载。
(2)每级加载稳压2min后记录每一级的位移量,加载至检验荷载稳压3min后卸载至初始荷载。

六、试验结果计算

(1)每次、每级竖向变形,取该次、该级加载时4个竖向位移传感器(百分表)读数的算术平均值。

(2)每次、每级径向变形,取该次、该级加载时 4 个径向位移传感器(千分表)读数的算术平均值。

(3)取 3 次测试结果的平均值作为该支座试样的测试结果。

七、结果评定

(1)在竖向设计承载力作用下,支座的竖向压缩变形不应大于支座总高度的 1%。
(2)在竖向设计承载力作用下,盆环径向变形不应大于盆环外径的 0.05%。

八、注意事项

(1)试验室的标准温度为 23℃±5℃,试验前将试样直接暴露在标准温度下,停放 24h。
(2)球型支座竖向承载力试验应测定在垂直荷载作用下,球型支座竖向压缩变形和底盆径向变形。

九、试验检测报告

球型支座物理力学性能试验检测报告见表 4-23。

球型支座物理力学性能试验检测报告 表 4-23

检测单位名称:　　　　　　　　　　　　　　　　　　　　　　　报告编号:

工程部位/用途			任务编号	
样品名称			样品编号	
试验依据			样品描述	
试验条件			试验日期	
主要仪器设备及编号				
序号		检测项目	技术指标	检测结果	结果判定
1	竖向承载力	竖向变形(mm)			
		竖向变形/支座高度(mm)			
		径向变形(mm)			
		径向变形/盆环外径(mm)			
2	水平承载力	水平试验荷载(kN)			
		水平变形(mm)			
3		转动角度			
4		摩擦系数			

检测结论:

说明:1. 本报告仅对来样负责,若对本报告有异议,请在收到报告 15 日内向本单位提出。
　　 2. 本报告或报告复印件无"检验检测专用章"则视为无效。
　　 3. 本报告无主检、审核、批准人签字则视为无效,报告涂改则视为无效

试验:　　　　　审核:　　　　　签发:　　　　　日期:　　　年　月　日(专用章)

试验检测 4.2-13

球型支座水平承载力试验

一、目的与适用范围

(1)通过水平承载力试验,检验球型支座的水平承载力力学性能是否符合规范要求。
(2)本试验适用于桥梁工程中承载力为 1500~60000kN 的支座。

二、试验依据

《桥梁球型支座》(GB/T 17955—2009)。

三、仪器设备

(1)压力试验机。
(2)水平力试验装置。
(3)自平衡反力架。
(4)位移传感器。
(5)承载板等。

四、试件制备

(1)应采用实体支座。
(2)随机抽取 3 个支座。

五、试验步骤

1.试样放置

将试样置于压力试验机的承载板上,将自平衡反力架及水平力试验装置组合配置好,如图 4-14 所示。

2.安装位移传感器

水平承载力试验荷载为支座水平承载力的 1.2 倍,将支座竖向承载力加至设计承载力的 50%,将水平力加载至设计水平承载力的 0.5% 后,核对水平方向位移传感器(百分表)及水平千斤顶数据。确认无误后,进行预推。

3.预推

支座竖向承载力加至设计承载力的 50% 持荷

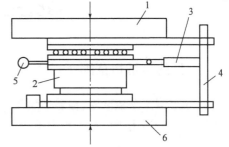

图 4-14 水平承载力试验示意图
1-压力试验机上承载板;2-试样;3-水平力试验装置;4-自平衡反力架;5-位移传感器;6-压力试验机下承载板

后,用水平承载力的 20% 反复进行 3 次预推。

4. 正式加载

(1)将试验荷载由零至试验荷载均匀分为 10 级。

(2)试验时先将竖向承载力加至 50%。

(3)将支座设计水平力的 0.5% 作为初始推力,逐级加载,每级荷载稳压 2min 后记录百分表数据。

(4)待水平承载力达到设计水平力的 90% 后,将竖向承载力加至设计承载力,然后将水平承载力加至试验荷载稳压 3min 后卸载至初始推力。正式加载过程连续进行 3 次。

六、试验结果计算

水平力作用下变形分别取 2 个百分表的平均值,绘制荷载—水平变形曲线。

七、结果评定

(1)水平力承载力不小于支座竖向承载力的 10%。

(2)支座水平承载力试验,在拆除装置后,检查支座变形是否恢复。

八、注意事项

试验室的标准温度为 23℃ ±5℃,试验前将试样直接暴露在标准温度下,停放 24h。

九、试验检测报告

球型支座物理力学性能试验检测报告见表 4-23。

试验检测 4.2-14

球型支座摩擦系数试验

一、目的与适用范围

(1)通过摩擦系数试验,检验球型支座的摩擦系数力学性能是否符合规范要求。

(2)本试验适用于桥梁工程中承载力为 1500~60000kN 的支座。

二、试验依据

《桥梁球型支座》(GB/T 17955—2009)。

三、仪器设备

(1)压力传感器。
(2)千斤顶加载系统。
(3)测力传感器。
(4)承载板等。

四、试件制备

(1)应采用实体支座。
(2)随机抽取 2 个相同规格的单向或者双向支座。

五、试验步骤

1. 试样放置

将一个试样放置在压力试验机的下承载板上,另一个试样放置在水平加载装置的拉板上,并对准中心位置,如图 4-15 所示。

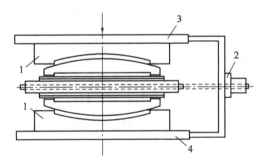

图 4-15　摩擦系数试验示意图
1-试样;2-水平力加载装置;3-压力试验机上承载板;4-压力试验机下承载板

2. 预压

试验前,应对支座进行预压,预压荷载为该试验支座的竖向设计承载力。将支座以连续、均匀的速率加载到预压荷载,在整个摩擦系数试验过程中保持不变。其预压时间为 1h。

3. 正式加载

(1)用水平力加载装置连续、均匀地施加水平力。
(2)当球型支座试样发生滑动(水平拉力下降)时,即停止施加水平力,并由专用的测力传感器记录水平力值。
(3)依照以上相同的方法再连续重复进行 4 次。

六、试验结果计算

第一次滑动记录初始值,实测摩擦系数取后 4 次(第 2 次至第 5 次)试验结果的算术平均值。

七、结果评定

(1)温度适用范围在 25~60℃时,摩擦系数不大于 0.03。
(2)温度适用范围在 -40~-25℃时,摩擦系数不大于 0.05。

八、注意事项

试验室的标准温度为 23℃±5℃,试验前将试样直接暴露在标准温度下,停放 24h。

九、试验检测报告

球型支座物理力学性能试验检测报告见表 4-23。

试验检测 4.2-15

球型支座转动性能试验

一、目的与适用范围

(1)通过转动试验,检验球型支座的转动性能是否符合规范要求。
(2)本试验适用于桥梁工程中承载力为 1500~60000kN 的支座。

二、试验依据

《桥梁球型支座》(GB/T 17955—2009)。

三、仪器设备

(1)压力试验机。
(2)加载横梁。
(3)千斤顶加载系统。
(4)力传感器。
(5)承载板等。

四、试件制备

(1)应采用实体支座。
(2)随机抽取 2 个相同规格的支座。

五、试验步骤

1. 试样放置

将一个试样放置在压力试验机的下承载板上,另一个试样放置在加载横梁上,并对准中心位置。如图 4-16 所示。

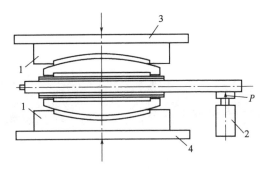

图 4-16 转动性能试验示意图
1-试样;2-加载装置;3-压力试验机上承载板;4-压力试验机下承载板

2. 预压

试验前,应对支座进行预压,预压荷载为该试验支座的竖向设计承载力。将支座以连续、均匀的速率加载到预压荷载,并在整个转动试验过程中保持不变。

3. 正式加载

(1) 用千斤顶以 5kN/min 的速率施加转动力矩,直至支座发生转动后千斤顶卸载。
(2) 记录支座发生转动瞬间的千斤顶最大荷载。
(3) 试验过程连续进行 3 次。

六、试验结果计算

(1) 支座实测转动力矩按下式计算:

$$M_1 = \frac{P \cdot L}{2} \tag{4-19}$$

式中:M_1——支座实测转动力矩,N·m;
　　P——千斤顶最大荷载,kN;
　　L——转动力臂,mm。

(2) 试验结果取其 3 次试验的平均值。

七、结果评定

试验支座实测转动力矩应小于计算的设计转动力矩。

八、注意事项

试验室的标准温度为 23℃±5℃,试验前将试样直接暴露在标准温度下,停放 24h。

九、试验检测报告

球型支座物理力学性能试验检测报告见表 4-23。

单元 4.3 桥梁伸缩装置试验检测

【知识目标】
1. 了解桥梁伸缩装置产品标准和相关规定;
2. 掌握桥梁伸缩装置的试验检测方法;
3. 掌握桥梁伸缩装置试验检测结果的分析判定。

【能力目标】
1. 具备查阅桥梁伸缩装置相关试验检测的技术标准、规程的能力;
2. 能够规范地检测桥梁伸缩装置的各项力学性质指标;
3. 能够正确判定桥梁伸缩装置试验检测结果。

【案例导入】
2022 年 4 月初,某管理处技术人员在日常养护巡查时,发现肇庆鼎湖西江大桥往江门方向 K227+340 模数式主桥有 4 条 D480 型伸缩缝和引桥有 1 条 D160 型伸缩缝纵梁断裂、变形,以及止水带破损等病害,存在较大安全隐患。该大桥跨越西江,全长 2692m,是珠三角环线高速的重要一环。

【工程师寄语】
伸缩装置是桥梁工程中非常重要的组成部分。桥梁伸缩缝的作用在于调节由车辆荷载和桥梁建筑材料所引起的上部结构之间的位移和联结。若伸缩装置损坏时,不仅会给正在行驶的车辆带来不安全因素,降低桥梁的通行能力,还会加大车辆对桥梁的冲击作用,对桥梁造成不利影响。因此,伸缩装置必须具有良好的伸缩性能、承载能力和防水性能等。

我们要学会做事做人,遇到困难和压力时,既要勇于担当、坚韧不拔,又要张弛有度、收放自如。

本单元将介绍桥梁伸缩装置的试验检测方法和试验检测结果的分析评定知识。

【知识框图】

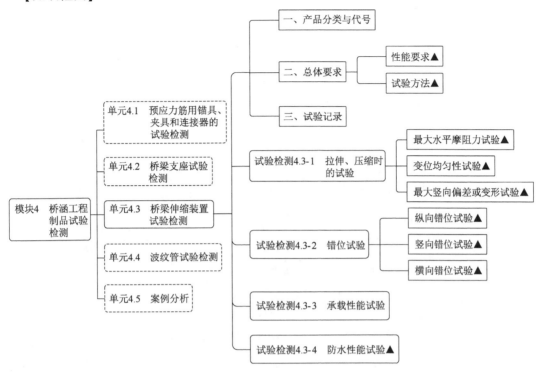

注:知识框图中标有"▲"符号的是教学重点内容,标有"★"符号的是教学难点内容。

本单元内容所涉及的桥梁伸缩装置产品标准按照《公路桥梁伸缩装置通用技术条件》(JT/T 327—2016)。

一、产品分类与代号

桥梁伸缩装置产品分类及代号见表4-24。

伸缩装置基本要求(微课)

桥梁伸缩装置产品分类及代号 表4-24

产品	分类及代号		
桥梁伸缩装置	模数式伸缩装置(M)	单缝(MA)	
		多缝(MB)	
	梳齿板式伸缩装置(S)	悬臂(SC)	
		简支(SS)	活动梳齿板位于伸缩缝一侧(SSA)
			活动梳齿板跨越伸缩缝(SSB)
	无缝式伸缩装置代号(W)		

注:括号内容为产品代号。

二、总体要求

1. 性能要求

当桥梁变形使伸缩装置产生显著的横向错位或竖向错位时,宜通过专题研究确定伸缩装置的平面转角和竖向转角要求,并进行变形性能测量。

桥梁伸缩装置变形性能应符合表 4-25 的要求。

伸缩装置变形性能要求 表 4-25

装置类型	项目			要求
MB	拉伸、压缩时最大水平摩阻力(kN/m)			≤4n
MB	拉伸、压缩时变形均匀性	每单元最大偏差值(mm)		−2 ~ 2
MB	拉伸、压缩时变形均匀性	总变形最大偏差值(mm)	80 ≤ e ≤ 400	−5 ~ 5
MB	拉伸、压缩时变形均匀性	总变形最大偏差值(mm)	400 < e ≤ 800	−10 ~ 10
MB	拉伸、压缩时变形均匀性	总变形最大偏差值(mm)	e > 800	−15 ~ 15
MB	拉伸、压缩时每单元最大竖向变形偏差(mm)			≤2
MB	符合水平摩阻力和变形均匀性条件下的错位性能	纵向错位		伸缩装置的扇形变位角度≥2.5°
MB	符合水平摩阻力和变形均匀性条件下的错位性能	横向错位		伸缩装置两端偏差值≥20n(mm)
MB	符合水平摩阻力和变形均匀性条件下的错位性能	竖向错位		顺桥向坡度≥5%
SC	拉伸、压缩时最大竖向变形偏差(mm)			≤1.0
SSA SSB	拉伸、压缩时最大水平摩阻力(kN/m)			≤5.0
SSA SSB	拉伸、压缩时最大竖向变形偏差(mm)	80 ≤ e ≤ 720		≤1.0
SSA SSB	拉伸、压缩时最大竖向变形偏差(mm)	720 < e ≤ 1440		≤1.5
SSA SSB	拉伸、压缩时最大竖向变形偏差(mm)	e > 1440		≤2.0
W	拉伸、压缩时最大竖向变形(mm)			≤6.0

注:1. n 为多缝模数式伸缩装置中橡胶密封带的个数。
   2. 防水性能应符合注满水 24h 无渗漏。

2.使用要求

在车辆轮载作用下,伸缩装置各部件及连接应安全、可靠。在正常设计、生产安装、运营养护条件下,伸缩装置设计使用年限不应低于 15 年。

3.外观质量

产品的外观质量可用目测方法和相应精度的量具进行检测。

4.尺寸检测

(1)测量器具为钢直尺、游标卡尺、平整度仪、水准仪等量测。

(2)测量方法:橡胶伸缩装置平面尺寸除量测四边长度外,还应量测对角线尺寸,厚度应在四边量测 8 点取其平均值。模数式伸缩装置和梳齿板式伸缩装置应每 2m 取其断面量测后,取其平均值。

5.试验方法

模数式伸缩装置试验检测项目包括变形性能试验、防水性能试验及承载性能试验。其中,变形性能试验又包含拉伸、压缩时最大水平摩阻力,拉伸、压缩时变形均匀性,拉伸、压缩时每单元最大竖向变形偏差,以及符合水平摩阻力和变形均匀性条件的错位性能等内容。

梳齿板式伸缩装置试验检测项目包括拉伸、压缩时的最大竖向变形偏差、最大水平摩阻力以及防水性能试验。

无缝式伸缩装置试验检测项目包括拉伸、压缩时的最大竖向变形及防水性能试验。

三、试验记录

伸缩缝外观质量、外形尺寸试验检测记录见表4-26。

伸缩缝外观质量、外形尺寸试验检测记录　　　　　　　　　　　　表4-26

检测单位名称：　　　　　　　　　　　　　　　　　　　　　记录编号：

工程名称						
工程部位/用途						
样品信息	样品名称			样品数量		
	样品编号			样品规格		
	来样时间			样品状态		
试验条件				试验检测日期		
检测依据						
主要仪器设备名称及编号						
试验项目	部位或断面部位			检测结果		
				1	2	平均值
外形尺寸	钢材尺寸（mm）	边梁	高度 H			
			宽度 B			
			厚度 t			
		中梁	厚度 t			
			宽度 B			
			高度 H			
	橡胶伸缩装置尺寸（mm）		长度范围 l			
			宽度范围 a			
			厚度范围 t			
			螺孔中距 l_1 偏差			
	密封橡胶带尺寸（mm）		宽度范围 a			
			厚度范围 b			
			厚度范围 b_1			
外观质量	外观描述					

附加声明：

检测：　　　　　　记录：　　　　　　复核：　　　　　　日期：　年　月　日

试验检测 4.3-1

拉伸、压缩时的试验

拉伸、压缩时的试验(微课)

一、目的与适用范围

(1)检测伸缩装置拉伸、压缩时最大水平摩阻力、变位均匀性、最大竖向偏差或变形试验是否符合《公路桥梁伸缩装置通用技术条件》(JT/T 327—2016)相关要求。

(2)本试验适用于伸缩量为 20~3000mm 的公路桥梁工程使用的模数式伸缩装置。

二、试验依据

《公路桥梁伸缩装置通用技术条件》(JT/T 327—2016)。

三、仪器设备

(1)试验台。
(2)固定台座。
(3)移动台座。
(4)垫块。

四、试样制备

桥梁伸缩装置的试验对象分为材料试件、构件试件和整体试件三类。材料试件应按试验要求取样。构件试件取足尺产品。整体试件采用整体装配后的伸缩装置;当受试验设备限制,不能对整体试件进行试验时,试件截取长度不得小于 4m;多缝模数式伸缩装置应不少于 4 个位移箱;梳齿板式伸缩装置应不少于 1 个单元。

五、试验步骤

1.最大水平摩阻力试验

(1)试样放置
将整体组装的伸缩装置试样有效地固定在试验台上。

(2)预加载
将放置好的试样分级往返预加载(拉伸、压缩)1 次。

(3)正式加载
将试样拉伸到最大伸缩量的位置时,开始分级(按位移控制如±80mm、±160mm 等)加载(压缩、拉伸),直至加载到最大伸缩量的位置为 1 个循环。重复试验 3 次。

(4)摩阻力测定
每级加载后测定摩阻力(读取、记录摩擦阻力值)。

2. 变位均匀性试验

（1）试样放置

将整体组装的伸缩装置试样有效地固定在试验台上。

（2）预加载

将放置好的试样分级往返预加载（拉伸、压缩）1 次。

（3）记录初始值

在试样两端和中间做好标记线，再将试样拉伸到最大伸缩量的位置时，准确地测定标记线处的总宽（b）和每条缝隙宽度（b_1、b_2、…、b_n）的初始值并做好记录。

（4）正式加载

分级（按位移控制，如 ±80mm、±160mm 等）加载（压缩、拉伸），直至加载到最大伸缩量的位置为 1 个循环。重复试验 3 次。

（5）变位均匀性测定

每级加载后测定变位均匀性（量测、记录伸缩装置两端总宽和每条缝隙宽度变化值）。

3. 最大竖向偏差或变形试验

（1）试样放置：将整体组装的伸缩装置试样有效地固定在试验平台上。

（2）预加载：将放置好的试样分级往返预加载（拉伸、压缩）1 次。

（3）正式加载：伸缩装置分级加载（压缩、拉伸）时，选择任意位置，在同一断面处，测定伸缩装置边梁与中梁间的竖向偏差。重复试验 3 次。

六、试验结果计算

试验结果取 3 次循环的算术平均值。

七、结果评定

拉伸、压缩时最大水平摩阻力、变位均匀性、最大竖向偏差或变形试验，满足表 4-25 的要求为合格。若检验项目中有一项不合格，则从该批产品中再随机抽取 2 倍数目的试样对不合格项目进行复检；若仍有一项不合格，则判定该批产品不合格。

八、注意事项

（1）检查试验所用的样品是否符合相关要求。

（2）试验前，要将试件直接置于标准温度 23℃ ±5℃ 下，静置 24h，使试件内外温度一致。环境中不能存在腐蚀性气体及影响检测的振动源。

（3）在测定伸缩装置水平摩阻力时应扣除试验装置台架本身的摩阻力。

九、试验检测报告

伸缩缝装置拉伸、压缩试验检测报告见表 4-27。

伸缩装置拉伸、压缩试验检测报告　　　　　　　　　　表4-27

检测单位名称：　　　　　　　　　　　　　　　　　　　　报告编号：

施工/委托单位		委托编号	
工程名称		样品编号	
工程部位/用途		样品描述	
试验依据		判定依据	
规格型号		生产厂家	
出厂编号		生产日期	
主要仪器设备及编号			
序号	检测项目	技术指标	检测结果	结果判定
1	外形尺寸			
2	外观质量			
3	防水性能			
4	拉伸水平摩阻力			
5	压缩水平摩阻力			
6	拉伸变位均匀性			
7	压缩变位均匀性			
检测结论				

说明：1. 本报告仅对来样负责，若对本报告有异议，请在收到报告15日内向本单位提出。
　　　2. 本报告或报告复印件无"检验检测专用章"则视为无效。
　　　3. 本报告无主检、审核、批准人签字则视为无效，报告涂改则视为无效

试验：　　　　审核：　　　　签发：　　　　日期：　　年　月　日（专用章）

试验检测 4.3-2

错 位 试 验

错位试验（微课）

伸缩装置错位试验包括纵向错位试验、竖向错位试验、横向错位试验，均使用相同的仪器设备。本试验方法适用于检测变形性能是否符合规范要求。

以下将介绍模数式伸缩装置错位的试验方法。

一、目的与适用范围

（1）检测伸缩装置纵向错位试验、竖向错位试验和横向错位试验是否符合《公路桥梁伸缩装置通用技术条件》（JT/T 327—2016）规范要求（具体参考表4-25）。

（2）本试验方法适用于伸缩量为20～3000mm的公路桥梁工程使用的模数式伸缩装置。

二、试验依据

《公路桥梁伸缩装置通用技术条件》(JT/T 327—2016)。

三、仪器设备

(1)试验台。
(2)定位螺栓。
(3)锚固板。

四、试样制备

桥梁伸缩装置的试验对象分为材料试件、构件试件和整体试件三类。
(1)材料试件应按试验要求取样。
(2)构件试件取足尺产品。
(3)整体试件采用整体装配后的伸缩装置;当受试验设备限制,不能对整体试件进行试验时,试件截取长度不得小于4m;多缝模数式伸缩装置应不少于4个位移箱;梳齿板式伸缩装置应不少于一个单元。

五、试验步骤

1. 纵向错位试验

伸缩装置纵向错位试验示意如图4-17所示。

(1)试样放置

①将整体组装的伸缩装置试样有效地固定在试验台上。

用作动器沿试验平台纵向施加作用力,使其产生满足伸缩装置支承横梁倾斜角度≥2.5°的纵向位移。

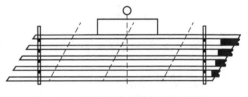

图4-17 伸缩装置纵向错位试验示意图

(2)正式加载

在纵向错位后分级进行拉伸及压缩,实测其拉压过程中摩阻力(kN/m)大小与变位均匀性(mm)。方法同前边拉伸、压缩时最大水平摩阻力试验和拉伸、压缩时变位均匀性试验。纵向错位后重复试验3次。

2. 竖向错位试验

伸缩装置竖向错位试验示意如图4-18所示。

(1)试样放置

①将整体组装的伸缩装置试样有效地固定在试验台上。
②将试验台用竖向作动器顶起,使伸缩装置沿顺桥向产生5%的坡度。

(2)正式加载

在竖向错位后分级进行拉伸及压缩试验,实测其拉压过程中摩阻力(kN/m)大小与变位均匀性(mm),方法同前边拉伸、压缩时最大水平摩阻力试验和拉伸、压缩时变位均匀性试验。竖向错位后重复试验3次。

3. 横向错位试验

伸缩装置横向错位试验示意如图4-19所示。

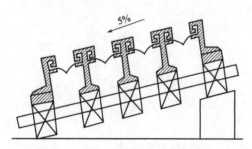

图4-18 伸缩装置竖向错位试验示意图

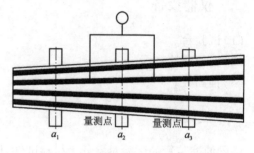

图4-19 伸缩装置横向错位试验示意图

(1)试样放置

①将整体组装的伸缩装置试样有效地固定在试验台上。

②用一个主作动器将试样在两支承横梁3.6m间距两端总宽度产生80mm的差值,形成扇形张开。

(2)正式加载

在横向错位后分级进行拉伸及压缩试验,实测其拉压过程中摩阻力(kN/m)大小与变位均匀性(mm),方法同前边拉伸压缩时最大水平摩阻力试验和拉伸、压缩时变位均匀性试验。横向错位后重复试验3次。

六、试验结果计算

计算3次循环的算术平均值。

七、结果评定

伸缩装置纵向错位试验、竖向错位试验和横向错位试验,若满足表4-25要求为合格。若检验项目中有一项不合格,则从该批产品中再随机抽取2倍数目的试样对不合格项目进行复检;若仍有一项不合格,则判定该批产品不合格。

八、注意事项

(1)检查试验所用的样品是否符合相关要求。

(2)试验前,要将试件直接置于标准温度23℃±5℃下,静置24h,使试件内外温度一致。环境中不能存在腐蚀性气体及影响检测的振动源。

九、试验检测报告

伸缩缝试验检测报告见表4-28。

伸缩缝试验检测报告

表 4-28

检测单位名称： 报告编号：

委托单位					
工程名称			工程部位/用途		
样品信息	样品名称		样品数量		
	样品编号		样品规格		
	来样时间		样品状态		
检测依据			判定依据		
主要仪器设备名称及编号					
委托编号			检测日期	检测类别	
生产厂家			生产批号	代表数量	

序号	检测项目		技术指标	检测结果	结果判定
1	尺寸偏差	钢材边梁/中梁高度 H(mm)			
		钢材边梁/中梁宽度 B(mm)			
		钢材边梁/中梁厚度 t(mm)			
2	外观质量				
3	焊接质量				
4	防水性能				
5	装配公差	模数式伸缩装置（mm）	中纵梁与边纵梁顶面相对高差		
			每单元纵向偏差		
			平面总宽度的偏差值		
		梳齿板式伸缩装置（mm）	任一位置,同一断面处两边齿板高度		
			纵向间隙		
			横向间隙		
			最大拉伸量时齿板搭接长度		
6	表面涂装质量	涂层附着力			
		涂层厚度（μm）			
7	橡胶密封带夹持性能				

检测结论：

说明:1. 本报告仅对来样负责,若对本报告有异议,请在收到报告15日内向本单位提出。
2. 本报告或报告复印件无"检验检测专用章"则视为无效。
3. 本报告无主检、审核、批准人签字则视为无效,报告涂改则视为无效

试验： 审核： 签发： 日期： 年 月 日(专用章)

试验检测 4.3-3

承载性能试验

承载性能试验(微课)

桥梁伸缩装置检测(虚拟仿真)

一、目的与适用范围

(1)检测伸缩装置承载性能试验应符合《公路桥梁伸缩装置通用技术条件》(JT/T 327—2016)规范要求。

(2)本试验方法适用于伸缩量为 20～3000mm 的公路桥梁工程使用的模数式伸缩装置。

二、试验依据

《公路桥梁伸缩装置通用技术条件》(JT/T 327—2016)。

三、仪器设备

(1)试验台。
(2)固定台座。
(3)移动台座。
(4)钢加载板。
(5)橡胶板。

四、试样制备

桥梁伸缩装置的试验对象分为材料试件、构件试件和整体试件三类。
(1)材料试件应按试验要求取样。
(2)构件试件取足尺产品。
(3)整体试件采用整体装配后的伸缩装置;当受试验设备限制,不能对整体试件进行试验时,试件截取长度不得小于4m;多缝模数式伸缩装置应不少于4个位移箱;梳齿板式伸缩装置应不少于一个单元。

五、试验步骤

1. 试样放置

在试验台座上固定伸缩装置,移动台座,使伸缩装置处于最大开口状态并固定,如图 4-20 所示。

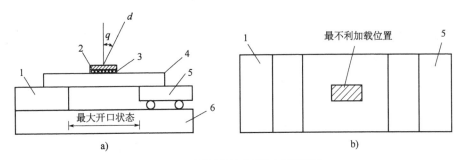

图 4-20 承载性能试验试件布置示意图
1-固定台座;2-钢加载板;3-橡胶板;4-伸缩装置试件;5-移动台座;6-试验台

2. 加载

使用钢加载板和橡胶板模拟轮载作用,加载板尺寸采用轮载的着地尺寸。在模拟轮载的静力作用时,α 取 16.7°;在模拟轮载的疲劳作用时,α 取 0°;以 0~P_d 为循环幅,施加 2×10^6 次,测量伸缩装置的应力变化情况,并观察伸缩装置是否开裂。

3. 应力和竖向挠度测量

在模拟轮载的静力作用时,以设计轮载 P_d 的 10% 为步长,以 1kN/s 的速度加载,每步加载完成后,静置 5min。测量伸缩装置的应力和竖向挠度;在模拟轮载的疲劳作用时,以 0~P_d 为循环幅,施加 2×10^6 次,测量伸缩装置的应力变化情况,并观察伸缩装置是否开裂。

六、试验结果计算

在模拟轮载的静力作用时,重复测量 3 次,试验结果取 3 次测量结果的算术平均值;在模拟轮载的疲劳作用时,观察伸缩装置是否开裂。

七、结果评定

伸缩装置承载性能试验,若满足表 4-5 要求为合格。若检验项目中有一项不合格,则从该批产品中再随机抽取 2 倍数目的试样对不合格项目进行复检;若仍有一项不合格,则判定该批产品不合格。

八、注意事项

(1)检查试验所用的样品是否符合相关要求。
(2)试验前,要将试件直接置于标准温度 23℃ ±5℃ 下,静置 24h,使试件内外温度一致。环境中不能存在腐蚀性气体及影响检测的振动源。

九、试验记录

桥梁伸缩装置承载能力试验检测记录见表 4-29。

桥梁伸缩装置承载能力试验检测记录

表 4-29

检测单位名称：　　　　　　　　　　　　　　　　　　　　　　　记录编号：

工程名称/任务编号							
工程部位/用途							
样品信息	名称				编号		
	规格型号				数量		
	状态				来样时间		
检测依据					检测条件		
主要仪器设备名称及编号							
设计轮载 P_d（MPa）			加载速度（kN/s）			α（°）	
试件编号							
试验重复次数		1	2	3	1	2	3
应力（MPa）	单值						
	平均值						
竖向挠度（mm）	单值						
	平均值						
试验过程中的异常现象描述							
附图							
附加声明：							

检测：　　　　　　记录：　　　　　　复核：　　　　　　日期：　年　月　日

防水性能试验

防水性能试验（微课）

一、目的与适用范围

（1）检测桥梁伸缩装置的防水性能是否符合规范要求。

（2）本试验方法适用于桥梁伸缩装置的防水性能检测。

二、试验依据

《公路桥梁伸缩装置通用技术条件》(JT/T 327—2016)。

三、仪器设备

试验台等。

四、试样制备

桥梁伸缩装置的试验对象分为材料试件、构件试件和整体试件三类。
（1）材料试件应按试验要求取样。
（2）构件试件取足尺产品。
（3）整体试件采用整体装配后的伸缩装置；当受试验设备限制，不能对整体试件进行试验时，试件截取长度不得小于4m；多缝模数式伸缩装置应不少于4个位移箱；梳齿板式伸缩装置应不少于一个单元。

五、试验步骤

（1）伸缩装置在最大开口状态下固定，将每个伸缩单元两端堵截。
（2）在伸缩装置缝内注满水（水面超过伸缩装置顶面10mm）。
（3）经过24h后检查有无渗水、漏水现象。

六、试验结果评定

24h后观察有无渗水、漏水现象，若无则符合伸缩装置的防水性能要求，反之则不符合要求；然后从该批产品中再随机抽取2倍数目的试样对不合格项目进行复检，若仍有一项不合格，则判定该批产品不合格。

七、注意事项

将试件直接置于标准温度23℃±5℃下，静置24h，使试件内外温度一致。环境中不能存在腐蚀性气体及影响检测的振动源。

八、试验记录

桥梁伸缩缝装配公差、橡胶密封带夹持性能、防水性能试验检测记录见表4-30。

伸缩缝装配公差、橡胶密封带夹持性能、防水性能试验检测记录　　　　表4-30

检测单位名称：　　　　　　　　　　　　　　　　　　　　　　　　记录编号：

工程名称					
工程部位/用途					
样品信息	样品名称		样品数量		
	样品编号		样品规格		
	来样时间		样品状态		
试验条件			试验检测日期		
检测依据					
主要仪器设备名称及编号					

检测项目			检测结果		
			检测点数		平均值
			1	2	
装配公差	模数式伸缩装置	完全压缩时,中纵梁与边纵梁顶面相对高差(mm)			
		每单元纵向偏差(mm)			
		平面总宽度的偏差值(mm)			
	梳齿板式伸缩装置	任一位置,同一断面处两边齿板高度(mm)			
		最大压缩量时 纵向间隙(mm)			
		最大压缩量时 横向间隙(mm)			
		最大拉伸量时齿板搭接长度(mm)			
橡胶密封带夹持性能		加载次数	第一次	第二次	第三次
		试验结果描述			
防水性能		注水时间(h)			
		试验结果描述			

附加声明：

检测：　　　　　记录：　　　　　复核：　　　　　日期：　年　月　日

单元4.4　波纹管试验检测

【知识目标】
1. 了解波纹管的力学性能、产品标准和相关规定；
2. 掌握波纹管试验检测方法、试验检测结果的分析判定。

【能力目标】
1. 具备查阅波纹管相关试验检测的技术标准、规程的能力；
2. 能够规范地检测波纹管的各项力学性质指标。

【案例导入】
某立交桥全长为422.2m，桥面单幅宽为13m，全宽为26.0m，桥梁总面积为16977.2m²，该桥分设左右两幅，两幅桥梁之间相距17.0m。桥跨结构采用L_p=14～30m预应力混凝土箱形连续梁，全桥14孔为一联，7号墩与梁体固结其余墩台均采用纵向活动支座。梁体设置纵横双向预应力，预应力筋采用高强、低松弛7ϕ5mm钢绞线，波纹管成孔，OVM锚和扁锚锚固。

在该桥左幅第12跨的施工过程中，由于工人在浇捣混凝土时，不慎将底板3束预应力筋(每束均为5ϕ15.2mm的低松弛钢绞线)的波纹管振破，导致波纹管漏浆，致使在后期张拉预应力筋时，出现此3束预应力筋无法全部按照设计要求张拉的情况。

【工程师寄语】
工程制品的质量是影响工程质量的关键因素。检验是质量的保障，我们应做好工程制品的质量检验，坚持安全第一、预防为主方针，在工程现场，通过严格的试验检测手段，杜绝不合格的材料进场使用，从源头上为工程质量保驾护航。

波纹管的质量影响后张法预应力混凝土的质量。

本单元将介绍波纹管的分类、试验检测方法、试验检测结果分析评定等知识。

【知识框图】

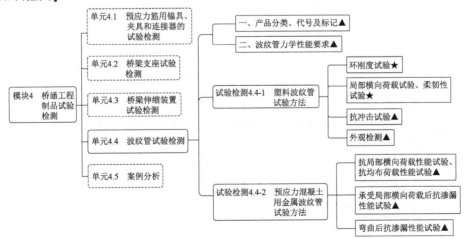

注：知识框图中标有"▲"符号的是教学重点内容，标有"★"符号的是教学难点内容。

一、产品分类、代号及标记

1. 分类、代号

目前桥梁工程常用的波纹管有预应力混凝土桥梁用塑料波纹管和预应力混凝土用金属波纹管两大类。预应力混凝土桥梁用塑料波纹管按截面形状可分为圆形和扁形两大类。预应力混凝土桥梁用金属波纹管按径向刚度可分为标准型和增强型；按截面形状可分为圆形和扁形；按每两个相邻折叠咬口之间凸起波纹的数量可分为双波和多波。

波纹管产品分类及代号见表4-31。

波纹管产品分类及代号　　　　　　　　　　　　表4-31

产品名称	产品代号	管材类别代号		刚度类别代号	
		圆形	扁形	标准型	增强型
塑料波纹管	SBG	Y	B	—	—
金属波纹管	JBG	—	—	B	Z

注：1. 塑料波纹管内径(mm)：圆管以直径表示，扁形管以长轴表示。
　　2. 金属波纹管内径(mm)：圆管以直径表示，扁管以长轴尺寸×短轴尺寸表示。

2. 标记

波纹管的标记由产品代号、管材内径及管材(刚度)类别三部分组成。
示例1：内径为50mm的圆形塑料波纹管标记为SBG-50Y。
示例2：长轴方向内径为41mm的扁形塑料波纹管标记为SBG-41B。
以上标记适用于交通运输行业标准《预应力混凝土桥梁用塑料波纹管》(JT/T 529—2016)。
示例3：内径为70mm的标准型圆管标记为JBG-70B。
示例4：长轴为65mm、短轴为20mm的增强型扁管标记为：JBG-65×20Z。
以上标记适用于建筑工业行业标准《预应力混凝土用金属波纹管》(JG/T 225—2020)。

二、波纹管力学性能要求

预应力混凝土桥梁用塑料波纹管力学性能要求见表4-32，金属波纹管力学性能要求见表4-33。

预应力混凝土桥梁用塑料波纹管力学性能要求　　　　　表4-32

项目	指标
环刚度	圆形塑料波纹管不小于6kN/m²；扁形塑料波纹管不小于4kN/m²
局部横向荷载	承受局部横向荷载，持荷2min，管节表面不应出现破裂；卸荷5min后，管节变形量不得超过管材外径(扁形管节短轴)的10%
纵向荷载	纵向压缩量与管节长度之比不大于0.8%
柔韧性	按规定的弯曲方法反复弯曲5次后，用专用塞规能顺利地从塑料波纹管中通过
抗冲击性	塑料波纹管低温落锤冲击试验的真实冲击率 TIR 最大允许值为10%

金属波纹管力学性能要求 表4-33

项目	指标		管材类别	
	截面形状		圆形	扁形
金属波纹管径向刚度要求	集中荷载(N)	标准型 增强型	800	500
	均布荷载(N)	标准型 增强型	$F=0.31d^2$	$F=0.15d^2$
	δ	标准型 $d \leq 75mm$ $d > 75mm$	≤0.20 ≤0.15	≤0.20
		增强型 $d \leq 75mm$ $d > 75mm$	≤0.10 ≤0.08	≤0.15
金属波纹管抗渗漏性能要求	在规定的加载荷载作用后或规定的弯曲情况下,预应力混凝土用金属波纹管允许水泥浆泌水渗出,但不得渗出水泥浆			

注:1. 表中圆管内径及扁管长、短轴长度均为公称尺寸。
  2. F——均布荷载值,N;
   d——圆管公称内径或扁管等效公称内径,mm;扁管等效公称内径 $d=\dfrac{2(b+h)}{\pi}$,其中 b 为扁管公称内长轴,mm;
   h——扁管公称内短轴,mm;
   δ——内径变化比,$\delta=\Delta d/d$ 或 $\delta=\Delta h/h$,其中 Δd 为圆管外径变形值,Δh 为扁管短轴向变形量,mm。

试验检测 4.4-1

塑料波纹管试验方法

塑料波纹管的试验检测项目有环刚度试验、局部横向荷载试验、柔韧性试验、抗冲击性试验、外观及规格尺寸检测。

一、目的与适用范围

(1)本试验方法检测预应力混凝土桥梁用塑料波纹管环刚度、柔韧性、抗冲击性、外观及规格尺寸等。

(2)本试验方法适用于预应力混凝土桥梁用塑料波纹管。

二、试验依据

(1)《预应力混凝土桥梁用塑料波纹管》(JT/T 529—2016)。
(2)《热塑性塑料管材耐性外冲击性能 试验方法 时针旋转法》(GB/T 14152—2001)。
(3)《热塑性塑料管材环刚度的测定》(GB/T 9647—2015)。

三、仪器设备

本试验所用仪器设备包括压力试验机、游标卡尺、螺旋千分尺、落锤式冲击试验机、角度尺、π尺、电子万能试验机、柔韧性测定仪、塞规、箱式电阻炉、电热鼓风干燥箱、拉力计、真空泵等。

四、试件制备与测量

1. 环刚度试验

(1)从5根管材上各截取长300mm±10mm试样一段,两端与轴线垂直切平。
(2)每个试样沿圆周方向等分测量3个长度值,计算其算术平均值为试样长度(L_a、L_b、L_c、L_d、L_e),精度精确到1mm。
(3)分别测量 a、b、c、d、e 5个试样的内直径,应通过横断面中点处每隔45°依次测量4处,取算术平均值,每次的测量结果精确到内直径的0.5%。
(4)分别记录 a、b、c、d、e 5个试样的平均内径 d_{ia}、d_{ib}、d_{ic}、d_{id}、d_{ie}。
(5)按下式计算5个值的平均值:

$$d_i = \frac{d_{ia} + d_{ib} + d_{ic} + d_{id} + d_{ie}}{5} \tag{4-20}$$

2. 局部横向荷载试验、柔韧性试验

取5根试样,每根长1100mm。

3. 抗冲击试验

(1)每个试样应沿管材圆周方向等分,沿长度方向画出等分标记线,并顺序编号。
(2)不同外径管材试样等分标记线数量如下:
①公称外径为50~63mm,等分标记线数为3;
②公称外径为75~90mm,等分标记线数为4;
③公称外径为110~125mm,等分标记线数为6;
④公称外径为140~180mm,等分标记线数为8。

五、外观检测

外观质量可用肉眼直接观察,内壁可以用光源照看。

1. 厚度

任取一段试样,使用管壁测厚仪测量其厚度。在同一断面各处测量,读取最小值和最大值。每个选定的被测截面上,沿环向均匀间隔至少6点进行壁厚测量。由测量值计算平均值,壁厚的测量精度应满足表4-34的要求。

壁厚的测量　　　　　　　　　　　　　　　　表4-34

壁厚(mm)	单个结果要求的准确度	算术平均值修约至
≤10	0.03	0.05
>10;≤30	0.05	0.1
>30	0.1	0.1

2. 外直径(平均直径)

任取一段试样,使用 π 尺测量其外直径。将 π 尺垂直于管材轴线,绕外壁一周,紧紧贴合后,读数,直径结果精确到 0.1mm。

3. 内直径

任取一段试样,测量其内径。应通过横断面中点处,每隔 45°依次测量 4 处,取测量结果的算术平均值,直径结果精确至 0.1mm。

4. 不圆度

用分度不大于 0.05mm 的游标卡尺在管材同一表面各处测量,直至得出最大值与最小值。按下式计算管材的不圆度:

$$\Delta d(\%) = \frac{d_{\max} - d_{\min}}{d_{\max} + d_{\min}} \times 200 \tag{4-21}$$

式中:$d_{\max}$——最大外径,mm;
　　　$d_{\min}$——最小外径,mm。

取 5 个试样试验结果的平均值作为不圆度。

外观质量检测所抽取的 5 根(段)产品中,若有 3 根(段)不符合规定的要求时,则判定该 5 根(段)所代表的产品为不合格;若有 2 根(段)不符合规定时,可再抽取 5 根(段)进行检测,若仍有 2 根(段)不符合规定的要求,则判定该批产品不合格。

六、试验步骤

1. 环刚度试验

加载:上压板下降速度为 5mm/min ± 1mm/min,当试样垂直方向的内径变形量为原内径的 3% 时,记录此时试样所受的负荷。

2. 局部横向荷载试验

(1)试样放置

试样长为 1100mm,在试样中部位置波谷处取 1 点,用端部为 φ12mm 的圆柱顶压头施加横向荷载 F,如图 4-21 所示。

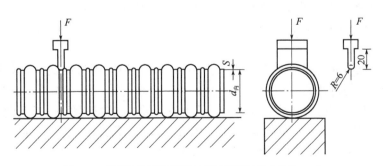

图 4-21　塑料波纹管横向荷载试验示意图(尺寸单位:mm)

(2)加载

在30s内加载到规定荷载值800N,持荷载2min后观察管材表面是否破裂。

(3)测量外形

卸荷5min后,在加载处测量塑料波纹管外径(扁形管节短轴)的变形量。

3.柔韧性试验

(1)试样放置

将每根1100mm的试样垂直地固定在专用测试平台上,如图4-22所示。

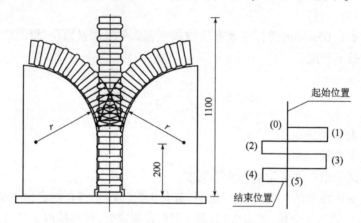

图4-22 塑料波纹管柔韧性试验示意图(尺寸单位:mm)

(2)加载

在试样上部900mm处,用手向两侧缓慢弯曲试样至弧形模板位置,左右反复弯曲5次;当试样弯曲至最终结束位置时保持弯曲状态2min。

4.抗冲击性试验

(1)试样状态调节

①试验调节温度:0℃±1℃。

②调节时间:≥15min(壁厚≤8.6mm)。

③完成试验时间间隔:≤10s。

④再处理时间:≥5min。

(2)确定落锤质量和冲击高度

当波纹管内径≤90mm时,落锤质量为0.5kg,冲击高度为2000mm。

当波纹管内径90~130mm时,落锤质量为1.0kg,冲击高度为2000mm。

(3)冲击试验

①使落锤冲击在每个试样的1号标线上,若试样未破坏,则将该试样立即放回预处理装置,最少进行5min的再处理。

②将试样顺时针方向旋转放置到2号标线上进行冲击,若试样仍未破坏,则将该试样立即放回预处理装置,最少进行5min的再处理。依次试验,直至试样破坏(记录试样冲击破坏时的试验次数)或全部标线都冲击一次(记录冲击次数)。

注:当波纹管的波纹间距超过管材外径的0.25倍时,要保证被冲击点为波纹顶部。

③逐个对试验进行冲击,直至取得判定结果。

④每个试样至少冲击一次;当冲击总次数≤25,试验冲击破坏数≥4时,则测试可以终止(试验结果为 C:TIR 值大于 10%);当冲击总次数≥25,试验冲击破坏数 = 0 时(试验结果为 A:TIR 值小于或等于 10%),则试验可终止。

七、试验结果计算

1. 环刚度试验结果

试验结果按下式计算:

$$S = \left(0.0186 + \frac{0.025\Delta Y}{d_i}\right) \cdot \frac{F}{\Delta YL} \quad (4\text{-}22)$$

式中:S——试验的环刚度,kN/m²;

ΔY——试样内径垂直方向 3% 变化量,m;

F——试样内径垂直方向 3% 变形时的负荷,kN;

d_i——试验内径,m;

L——试验长度,m。

2. 局部横向荷载试验结果

每根试样测试 1 次,记录数据,取 5 根试样试验结果的平均值作为最终结果。

3. 柔韧性试验结果

用专用塞规检查是否能顺利地从波纹管中通过。

4. 抗冲击性试验结果

记录试样冲击总数、试样冲击破坏数。

八、结果评定

在外观质量检验后,检验其他指标均合格时则判断产品为合格批。若其他指标中有一项不合格,则应在该产品中重新抽取 2 倍样品制作试样,对指标中的不合格项目进行复检,复检全部合格,判断该批为合格批;检测结果若仍有一项不合格,则该批产品为不合格。复检结果作为最终判定的依据。

九、注意事项

(1)试样试验前在 23℃ ±2℃ 环境条件下放置 24h 以上。

(2)每个试样环刚度的计算值(S_a、S_b、S_c、S_d、S_e),精确到小数点后第 2 位;环刚度的计算值 S,保留 3 位有效数字。

十、试验检测报告

塑料波纹管试验检测报告见表 4-35。

塑料波纹管试验检测报告　　　　　　　　　　　　　　表 4-35

检测单位名称：　　　　　　　　　　　　　　　　　　　　　报告编号：

施工/委托单位				委托编号	
工程名称				样品编号	
工作部位/用途				样品名称	
试验依据				判定依据	
样品描述				规格型号	
生产厂家				生产日期/批号	
主要仪器设备及编号					
检验项目		标准要求		实测值	结果判定
外观					
尺寸	内径(mm)				
	外径(mm)				
	壁厚(mm)				
不圆度					
环刚度(kN/m²)					
局部横向荷载	持荷 2min 后，表面是否破裂				
	卸荷 5min 后，加载处波纹管外径的变形量与外径的比值				
柔韧性					
抗冲击性					

检测结论：

说明：1. 本报告仅对来样负责，若对本报告有异议，请在收到报告 15 日内向本单位提出。
　　　2. 本报告或报告复印件无"检验检测专用章"则视为无效。
　　　3. 本报告无主检、审核、批准人签字则视为无效，报告涂改则视为无效

试验：　　　　审核：　　　　签发：　　　　　　日期：　　　　年　月　日(专用章)

试验检测 4.4-2

预应力混凝土用金属波纹管试验方法

预应力混凝土桥梁用金属波纹管试验检测项目包括抗局部横向荷载性能试验、抗均布荷载性能试验、承受局部横向荷载后抗渗漏性能试验、弯曲后抗渗漏性能试验、外观及尺寸检测。

一、目的与适用范围

(1)本试验方法可检测预应力混凝土桥梁用金属波纹管径向刚度、抗渗漏性能、外观及规格尺寸等性能。

(2)本试验方法适用于预应力混凝土用金属波纹管。

二、试验依据

《预应力混凝土用金属波纹管》(JG/T 225—2020)。

三、仪器设备

本试验所用仪器设备包括试验台座、万能试验机、游标卡尺、千分尺、钢卷尺、深度尺等。

四、试件制备

1. 抗局部横向荷载性能试验、抗均布荷载性能试验

试样长度取$5d(5d_e)$,且不应小于300mm。

2. 承受局部横向荷载后抗渗漏性能试验

(1)试样长度取$5d(5d_e)$,且不应小于300mm。

(2)按抗局部横向荷载性能试验方法进行加载,压头放置在金属波纹管中部咬口位置,施加局部横向荷载至变形量达到圆管公称内径或扁管公称内短轴尺寸的20%,持荷1min后卸荷形成试件。

3. 弯曲后抗渗漏性能试验

(1)试件长度取1500mm,将试件弯成圆弧形。

(2)圆弧半径:圆管的曲率半径R应为圆管公称内径的30倍,扁管短轴方向的曲率半径应为4000mm。

五、外观检测

1. 外观

外观质量可用目测法检验。

2. 尺寸

(1)测量工具

内外径尺寸应采用游标卡尺,如图4-23a)所示;钢带厚度测量应采用螺旋千分尺,如图4-23b)所示;长度测量应采用钢卷尺;波纹高度测量应采用深度尺。

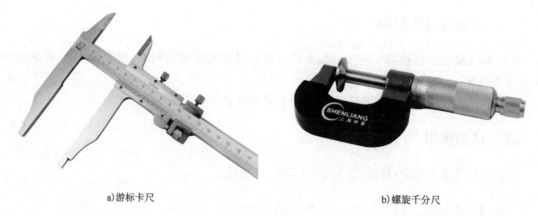

a) 游标卡尺　　　　　　　　　b) 螺旋千分尺

图 4-23　测量工具

(2) 测量方法

圆管内径尺寸应分别量取试件两端相互垂直的两个方向的内径,取算术平均值;扁管内长轴和内短轴尺寸应分别量取试件两端的内长轴和内短轴尺寸,分别取算术平均值;钢带厚度及波纹高度应分别在试件两端量取,取算术平均值。

测量时应避开波纹和咬口位置。

六、试验步骤

1. 抗局部横向荷载性能试验

(1) 试样放置

在试样中部位置波谷处取一点,用直径为 10mm 的圆钢棒横向施加集中荷载 F,如图 4-24 所示。

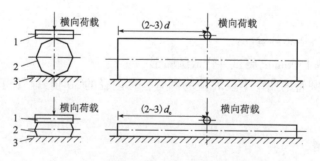

图 4-24　抗局部横向荷载性能试验示意图
1-加载板;2-试件;3-试验台座

(2) 加载

当采用万能试验机加载时,加载速度不应超过 20N/s;当采用砝码及辅助装置加载时,每次增加砝码不宜超过 10kg。

在持荷状态下测量试件的变形量,并计算变形比 δ,观察试件是否出现咬口开裂、脱扣或其他破坏现象。在测量变形量时,持荷时间不应短于 1min。每根试件测试 1 次。

2. 抗均布荷载性能试验

(1) 试样放置

将试样放置在加载板上对准中心,在上、下加载板与试样之间放置10mm厚的海绵垫,如图4-25所示。

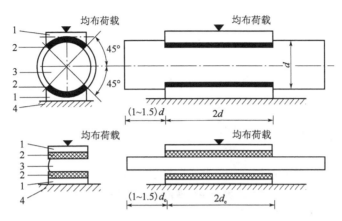

图4-25 均布荷载性能试验示意图
1-加载板;2-10mm厚海绵垫;3-试样;4-试验台座

(2) 加载

当采用万能试验机加载时,加载速度不应超过20N/s;当采用砝码及辅助装置加载时,每次增加砝码不宜超过10kg。

在持荷状态下测量试件的变形量,并计算变形比 δ,观察试件是否出现咬口开裂、脱扣或其他破坏现象。在测量变形量时,持荷不应短于1min。每根试件测试1次。

3. 变形测量

(1) 施加的外荷载达到10N时开始测量变形量。

(2) 变形量可用百分表直接在加载处测量,也可由万能试验机位移计直接读取。

4. 承受局部横向荷载后抗渗漏性能试验

(1) 将试件的一端封严后竖放。

(2) 用水灰比为0.50的普通硅酸盐水泥浆灌满试件,观察试件表面渗漏情况30min;也可用清水灌满试件,如果试件不渗水,可不再用水泥浆试验。

5. 弯曲后抗渗漏性能试验

(1) 将制备好的试样按规定放置,下端封严,如图4-26所示。

(2) 用水灰比为0.50的普通硅酸盐水泥浆灌满试件,观察试件表面渗漏情况30min;也可用清水灌满试件,如果试件不渗水,可不再用水泥浆试验。

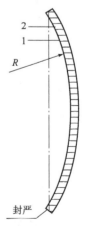

图4-26 弯曲后抗渗漏性能试验示意图
1-试件;2-纯水泥浆或清水

七、试验结果评定

当全部出厂检验项目均符合要求时,应判定该批产品合格;当检验结果有不合格项目时,应从同一批产品中未经抽样的产品中重新加倍取样对不合格项目复检,若复检结果全部合格,应判定该批产品合格,否则应判定该批产品不合格。

八、注意事项

加载可采用万能试验机,万能试验机使用量程应与试验荷载匹配,万能试验机级别不应低于1.0级,力值分辨力不应低于10N,位移分辨力不应低于0.02mm;也可采用砝码及辅助装置加载。

九、试验检测报告

预应力混凝土用金属波纹管试验检测报告见表4-36。

预应力混凝土用金属波纹管试验检测报告 表4-36

检测单位名称:				报告编号:		
施工/委托单位			委托编号			
工程名称			样品编号			
工作部位/用途			样品名称			
试验依据			判定依据			
样品描述			规格型号			
生产厂家			生产日期/批号			
主要仪器设备及编号						
检验项目			标准要求	试件1	试件2	试件3	结果判定
外观							
尺寸		圆管外径 d(mm)					
		扁管 $b \times h$(mm)					
		钢带厚度 t(mm)					
		波纹高度 h_o(mm)					
径向刚度	集中荷载下	外径变形(mm)					
		内径变形比					
	均布荷载下	外径变形(mm)					
		内径变形比					
集中荷载作用后抗渗漏							
弯曲后抗渗漏							
检测结论:							

说明:1. 本报告仅对来样负责,若对本报告有异议,请在收到报告15日内向本单位提出。
2. 本报告或报告复印件无"检验检测专用章"则视为无效。
3. 本报告无主检、审核、批准人签字则视为无效,报告涂改则视为无效

试验:　　　审核:　　　签发:　　　日期:　　　年　月　日(专用章)

单元 4.5　案例分析

【案例 4-1】　有关支座力学性能试验检测项目和结果判定,请回答下列问题。

(1)板式橡胶支座试验检测项目包括(ABCD)。
  A. 抗压弹性模量　　　　　　　B. 抗剪弹性模量
  C. 极限抗压强度　　　　　　　D. 摩擦系数

解析:板式橡胶支座试验检测项目有抗压弹性模量、抗剪弹性模量、抗剪黏结性能、抗剪老化、摩擦系数、转角、极限抗压强度试验、外观质量及尺寸检测。

(2)板式橡胶支座试验结果判定:随机抽取(C)块(对)支座,若有(C)块(对)支座不能满足要求时,则应从该批产品中随机再抽取(C)倍支座对不合格项目进行复检,若仍有不合格项,则判定该批产品不合格。
  A. 3,1,1　　　　B. 3,2,1　　　　C. 3,1,2　　　　D. 3,2,2

解析:成品板式橡胶支座试验结果的判定:板式橡胶支座力学性能试验时,随机抽取 3 块(3 对)支座,若有 2 块(2 对)不能满足表 4-10 的要求,则认为该批产品不合格;若有 1 块(1 对)支座不能满足表 4-10 的要求时,则应从该批产品中随机再抽取 2 倍支座对不合格项目进行复检,若仍有一项不合格,则判定该批规格产品不合格。

(3)盆式支座试验检测项目包括(ABCD)。
  A. 竖向承载力　　B. 水平承载力　　C. 摩擦系数　　D. 转角

解析:盆式支座成品试验检测项目有竖向承载力、水平承载力、摩擦系数、转角试验。

(4)盆式支座各项试验均为合格,判定该支座为合格支座。试验合格的支座,试验后(A)继续使用。
  A. 可以　　　　　　　　　　　B. 不可以
  C. 再补测 P-σ 线性曲线后可以　　　D. 再补测某个参数后可以

解析:支座各项试验均为合格,判定该支座为合格支座。试验合格的支座,试验后可以继续使用。

(5)球型支座试验检测项目包括(ACD)。
  A. 竖向承载力　　B. 极限抗压强度　　C. 摩擦系数　　D. 转动性能

解析:球型支座试验检测项目有竖向承载力、水平承载力、摩擦系数、转角试验。(同盆式支座)根据《金属材料　拉伸试验　第 1 部分:室温试验方法》(GB/T 228.1—2010)。

【案例 4-2】　盆式支座具有承载能力大,水平位移大,转动灵活等优点。广泛应用于各种桥梁工程中,《公路桥梁盆式支座》(JT/T 391—2019)对盆式支座的分类、型号、结构形式、技术要求、试验方法、检验规则等都进行了规定。请结合规范的规定回答以下问题。

(1)关于盆式支座竖向承载力试验参数正确的是(BD)。
  A. 检测荷载为竖向设计承载力的 1.2 倍　　B. 检测荷载为竖向设计承载力的 1.5 倍
  C. 预压荷载为竖向设计承载力的 1.0%　　D. 初始压力为竖向设计承载力的 1.0%

解析： 盆式支座竖向承载力试验正式加载：正式加载分 3 次进行，检验荷载为支座竖向设计承载力的 1.5 倍。每次检测时预加设计承载力的 1.0% 作为初始压力，分 10 级加载到检验荷载。每级加载后稳压 2min，然后记录每一级的位移量，加载至检验荷载稳压 3min 后卸载至初始压力，测定残余变形。C 选项中预压荷载为支座设计承载力。

(2) 盆式支座竖向承载力试验结果计算选取以下参数(D)。
    A. 每次、每级径向变形取该次、该级加载时 4 个百分表读数的算术平均值
    B. 每次、每级径向变形取该次、该级加载时 4 个千分表读数的算术平均值
    C. 每次、每级径向变形取该次、该级加载时 4 个百分表读数绝对值之和的一半
    D. 每次、每级径向变形取该次、该级加载时 4 个径向位移传感器千分表读数绝对值之和的一半

解析： 盆式支座竖向承载力试验结果计算：①每次、每级竖向变形取该次、该级加载时 4 个竖向位移传感器(百分表)读数的算术平均值。②每次、每级径向变形取该次、该级加载时 4 个径向位移传感器(千分表)读数绝对值之和的一半。③3 次测试结果的平均值为该支座试样的测试结果。注意 A 选项是径向。

(3) 盆式支座竖向承载力试验力学性能要求有(BCD)。
    A. 在竖向设计承载力作用下，支座压缩变形不大于支座总高度的 1%
    B. 在竖向设计承载力作用下，支座压缩变形不大于支座总高度的 2%
    C. 在竖向设计承载力作用下，盆环上口径向变形不大于盆环外径的 0.05%
    D. 卸载后支座残余变形小于设计荷载下相应变形的 5%

解析： 在竖向设计承载力作用下，支座压缩变形不大于支座总高度的 2%，盆环上口径向变形不大于盆环外径的 0.05%，卸载后支座残余变形小于设计荷载下相应变形的 5%。

(4) 盆式支座水平承载力描述正确的是(BD)。
    A. 固定支座的水平承载力不小于支座竖向承载力的 10%
    B. 纵向活动支座非滑移方向的水平承载力为支座竖向设计承载力的 15%
    C. 减震型固定支座的水平承载力不小于支座竖向承载力的 20%
    D. 减震型纵向活动支座非滑移方向的水平承载力为支座竖向设计承载力的 20%

解析： 固定支座、纵向活动支座和横向活动支座的非滑移方向水平设计承载力分 2 级，即支座竖向设计承载力的 10%、15%。减震型固定支座、减震型纵向活动支座和减震型横向活动支座的非滑移方向水平设计承载力为支座竖向设计承载力的 20%。

(5) 盆式支座转动试验中会有以下转角值(BCD)。
    A. 0.005rad   B. 0.010rad   C. 0.015rad   D. 0.020rad

解析： 试验机对试验支座加载至设计荷载时，顶起加载横梁，使支座分别产生 0.010rad、0.015rad、0.020rad 转角，每次达到要求的转角后稳压 30min。加到最大转角时稳压 30min 后卸载。

【案例 4-3】 关于盆式支座竖向承载力试验，请回答下列问题。

(1) 正式加载前需对支座进行 3 次预压，预压初始荷载为该试验支座竖向设计承载力的(A)。
    A. 1%   B. 2%   C. 3%   D. 4%

解析：《公路桥梁盆式支座》(JT/T 391—2019)规定：正式加载前对支座预压3次,预压荷载为支座设计承载力;预压初始荷载为该试验支座竖向设计承载力的1.0%,每次加载至预压荷载宜稳压2min后卸载至初始荷载。

(2)正式加载分3次进行,检验荷载为支座竖向设计承载力的(C)倍。

　　A.1.0　　　　　　B.1.2　　　　　　C.1.5　　　　　　D.2.0

解析：正式加载分3次进行,检验荷载为支座竖向设计承载力的1.5倍。

(3)试验结果计算中,竖向压缩变形取每级加载4只百分表读数的(A)。

　　A.算术平均值　　　　　　　　　B.绝对值之和

　　C.绝对值之和的一半　　　　　　D.绝对值之和的四分之一

解析：①每次、每级竖向变形取该次、该级加载时4个竖向位移传感器(百分表)读数的算术平均值。②每次、每级径向变形取该次、该级加载时4个径向位移传感器(千分表)读数绝对值之和的一半。

(4)测定残余变形时,加载至(B)稳压(D)后卸载至初始压力。

　　A.设计荷载　　　B.检验荷载　　　C.2min　　　D.3min

解析：①每次检测时预加设计承载力的1.0%作为初始压力,分10级加载到检验荷载。②每级加载后稳压2min,然后记录每一级的位移量,加载至检验荷载稳压3min后卸载至初始压力,测定残余变形,一个加载程序完毕。

(5)试验检测结果判定时,满足哪些条件可判定该支座的竖向承载力为合格(ABCD)。

　　A.在竖向设计承载力作用下,支座压缩变形不大于支座总高度的2%

　　B.在竖向设计承载力作用下,盆环上口径向变形不大于盆环外径的0.05%

　　C.实测的荷载—竖向压缩曲线和荷载—盆环径向变形曲线呈线性关系

　　D.卸载后残余变形小于支座设计荷载下相应变形的5%

解析：具体要求详见《公路桥梁盆式支座》(JT/T 391—2019)相关规定。

思考与练习题

注：【思考与练习题】中,＊表示与[知识目标]和[能力目标]相对应的题目,属于必答题。

一、单选题

＊1.板式橡胶支座试样试验前应暴露在标准温度为(　　)下停放24h,以使试样内外温度一致。

　　A.23℃±5℃　　　B.20℃±5℃　　　C.23℃±2℃　　　D.20℃±2℃

＊2.《公路桥梁板式橡胶支座》(JT/T 4—2019)中规定桥梁板式橡胶支座抗压弹性模量指标为(　　)。

　　A.$E±E×10\%$　　B.$E±E×15\%$　　C.$E±E×20\%$　　D.$E±E×25\%$

＊3.橡胶伸缩装置平面尺寸除量测四边长度外,还应量测对角线尺寸,厚度应在四边量测(　　)点,取其算术平均值。

　　A.4　　　　　　B.6　　　　　　C.8　　　　　　D.10

*4. 预应力混凝土波纹管环刚度试验时,须从( )根管材上各截取一段( )的试件。
   A. 3,(300±10)mm   B. 5,(300±10)mm
   C. 3,(200±10)mm   D. 5,(200±10)mm

*5. 球型支座在竖向设计承载力作用下,支座的竖向压缩变形不应大于支座总高度的( )%。
   A. 1   B. 2   C. 3   D. 4

*6. 静载试验应连续进行( )个组装件的试验,试验结束后需计算锚具效率系数和实测极限拉力时组装件受力长度的总应变。
   A. 1   B. 2   C. 3   D. 4

*7. 桥梁支座试验前对支座的停放与试验条件进行了规定,下列关于支座停放条件中对温度和时间要求正确的是( )。
   A. 温度70℃±2℃,时间24h   B. 温度70℃±2℃,时间48h
   C. 温度23℃±5℃,时间24h   D. 温度23℃±5℃,时间48h

8. 金属波纹管扁形管内径(mm)表示方式为( )。
   A. 长轴尺寸   B. 短轴尺寸
   C. 短轴尺寸×长轴尺寸   D. 长轴尺寸×短轴尺寸

*9. 某锚具组装件3个试样在疲劳荷载试验中,锚具零件未发生疲劳破坏,钢绞线因锚具夹持作用发生疲劳破坏的面积分别为原试样总面积的2%、4%、6%,则对该批锚具试验检测结果的判定为( )。
   A. 合格
   B. 不合格
   C. 另取2个试样重做试验,如仍有一个试样不合格,则判定该批产品不合格
   D. 另取3个试样重做试验,如仍有一个试样不合格,则判定该批产品不合格

*10. 对于锚具中钢绞线的内缩量试验,下列描述正确的是( )。
    A. 试验用钢绞线需在台座上张拉,不可在混凝土梁上张拉
    B. 试验用钢绞线需在混凝土梁上张拉,不可在台座上张拉
    C. 钢绞线的受力长度为4m
    D. 试验用试样为3个,试验结果取平均值

*11. 在盆式支座水平承载力试验中,要求单向活动支座水平承载力不小于支座竖向承载力的( )。
    A. 5%   B. 10%   C. 15%   D. 20%

*12. 在锚具的疲劳荷载试验中,试件需经过( )循环荷载后,锚具零件不应发生疲劳破坏。
    A. 200万次   B. 100万次   C. 75万次   D. 50万次

*13. 板式橡胶支座抗剪弹性模量试验适用于承载力小于( )kN的公路桥梁板式橡胶支座。
    A. 2000   B. 3000   C. 4000   D. 5000

14. 不是球型支座产品标记的是( )。

A. 支座名称代号 B. 支座设计竖向承载力(kN)
C. 支座设计横向承载力(kN) D. 位移量(mm)

15. 常温型活动支座摩擦系数不大于(　　);耐寒型活动支座摩擦系数不大于(　　)。
A. 0.03,0.05　　B. 0.03,0.04　　C. 0.05,0.03　　D. 0.04,0.03

二、多选题

*1. 板式橡胶支座抗剪老化试验将试样置于老化箱内,在(　　)温度下经72h后取出,再将试样在标准温度(　　)下停放48h后,在标准试验室温度下进行剪切试验。
A. 70℃±2℃ B. 80℃±2℃
C. 90℃±2℃ D. 100℃±2℃
E. 20℃±5℃ F. 23℃±5℃
G. 25℃±5℃

*2. 模数式橡胶伸缩装置作用相对错位试验包括(　　)。
A. 纵向错位　　B. 横向错位　　C. 切线方向错位　　D. 竖向错位

*3. 板式橡胶支座力学性能指标有(　　)。
A. 极限抗压强度 B. 抗剪弹性模量
C. 抗压弹性模量 D. 老化后抗剪弹性模量
E. 转角正切值 F. 水平位移
G. 竖向位移

*4. 锚具的常规试验项目包括(　　)。
A. 静载锚固性能 B. 疲劳荷载性能
C. 周期荷载性能 D. 抗弯拉试验

*5. 预应力孔道金属波纹管检查项目(　　)。
A. 外观 B. 尺寸
C. 径向刚度 D. 荷载作用抗渗性
E. 抗弯曲渗漏

*6. 锚具的辅助性试验项目包括(　　)。
A. 钢绞线的内缩量试验 B. 锚具摩阻损失试验
C. 张拉锚固工艺试验 D. 静载锚固性能试验

*7. 锚具抽样检测中,对同一组批表述正确的是(　　)。
A. 同一种产品 B. 同一批原材料
C. 同一种工艺 D. 同一生产时间
E. 一次投料生产的产品

*8. 板式橡胶支座试验过程中需对试样进行对中放置,下列说法正确的是(　　)。
A. 对中偏差小于1%的试样短边尺寸或直径
B. 对中偏差小于2%的试样长边尺寸或直径
C. 对于抗剪弹性模量试验,当试样为矩形支座时,应使支座顺其短边方向受剪
D. 对于抗剪弹性模量试验,当试样为矩形支座时,应使支座顺其长边方向受剪

*9. 波纹管的试验检测项目有（　　）。
　　A. 环刚度试验　　　　　　　　B. 局部横向荷载试验
　　C. 柔韧性试验　　　　　　　　D. 抗拉试验
　　E. 抗冲击性试验
*10. 桥梁伸缩装置的试验对象分为（　　）3 类。
　　A. 部分试件　　　　　　　　　B. 材料试件
　　C. 构件试件　　　　　　　　　D. 整体试件

三、判断题

*1. 矩形板式橡胶支座极限抗压强度规定为 70MPa。　　　　　　　　　　　　（　　）
*2. 耐寒型橡胶支座：适用温度为 -40 ~ 60℃，采用天然橡胶生产，代号 CR。（　　）
 3. 球型支座产品标记一般由支座名称代号、支座设计竖向承载力（kN）、产品分类代号、位移量（mm）、转角（rad）组成。　　　　　　　　　　　　　　　　　　　　　　　（　　）
*4. 球型支座竖向承载力试验试验室的标准温度为 23℃ ±5℃，试验前将试样直接暴露在标准温度下，停放 24h。　　　　　　　　　　　　　　　　　　　　　　　　　　　（　　）
 5. 长轴为 65mm、短轴为 20mm 的增强型扁管标记为：JBG-65×20。　　　　（　　）
 6. 桥梁伸缩缝装置是保持车辆平稳通过桥面的装置。　　　　　　　　　　（　　）
*7. 用于抗震结构中的锚具在周期性荷载试验中，试样经过 50 次循环荷载试验后，钢绞线在锚具夹持区域不应发生破断、滑移和夹片松脱现象。　　　　　　　　　　　　　（　　）
*8. 依据国家行业标准《预应力筋用锚具、夹具和连接器》（GB/T 14370—2015），永久留在混凝土结构或构件中的连接器力学性能要求与夹具的相同。　　　　　　　　　（　　）
*9. 对锚具的外观质量及尺寸检验，如表面无裂缝，尺寸符合设计要求，判定为合格；如有一套表面有裂缝并超过允许偏差，则结果判定为不合格。　　　　　　　　　　　（　　）
*10. 支座抗剪弹性模量试验，当试样为矩形支座时，应使支座顺其短边方向受剪。（　　）
*11. 盆式支座的盆环径向变形试验满足要求，且卸载后残余变形为支座设计荷载下相应变形的 5%，则该支座的盆环径向变形为合格。　　　　　　　　　　　　　　　　（　　）
*12. 板式橡胶支座抗压弹性模量试验压力试验机级别为 Ⅰ 级。　　　　　　　（　　）
*13. 板式橡胶支座摩擦系数试验将试样置于压力试验机的承载板与中间钢拉板上配置好，对准中心，偏差应小于试样短边尺寸或直径的 2%。　　　　　　　　　　　　　（　　）
*14. 球型支座转动性能试验适用于桥梁工程中承载力为 1500 ~ 60000kN 的支座。（　　）
*15. 伸缩装置设计使用年限不应低于 10 年。　　　　　　　　　　　　　　（　　）

模块 4 【思考与练习题】答案

桥梁荷载试验

模块 5

桥梁荷载试验是检验桥梁结构工作状态或实际承载能力的一种试验手段,是通过施加荷载方式对桥梁结构或构件的静、动力特性进行的现场试验测试。桥梁荷载试验包括静载试验和动载试验。

桥梁荷载试验为桥梁的承载能力评定和日后养护、维修及加固的决策提供科学依据和支持,其主要任务包括如下四个方面。

1. 检验桥梁设计与施工的质量

对于一些新建的大中型桥梁或者具有特殊设计的桥梁,为保证桥梁建设质量,交、竣工时一般要求进行实桥荷载试验,并把试验结果作为评定桥梁工程质量优劣的主要技术资料和依据。另外,对桥梁工程师来说,新建桥梁的荷载试验的作用很大,可以帮助他们理解活荷载作用下桥梁的正常使用和极限状态行为,验证原来分析得到的有关荷载分布、应力水平和变形的假设。

2. 评定桥梁结构的实际承载能力

国内许多早年建成的桥梁设计荷载等级偏低,难以满足现今交通发展的需要,为对这类桥梁进行加固、改建或在其加固、改建后,有必要通过试验检测确定桥梁的实际承载能力。有时因特殊原因(如超重型车过桥或结构遭意外损伤等),也要用试验检测方法确定桥梁的承载能力。

3. 验证桥梁结构设计理论和设计方法

桥梁工程中的结构、材料和工艺创新不断,对一些理论问题的深入研究,对某种新方法、新材料的应用实践,往往都需要荷载试验数据来验证其创新的可行性和应用价值。

4. 桥梁结构动力特性及动态反应的测试研究

对一些桥梁在动力荷载作用下的桥梁车致振动问题(包括动态增量和冲击系数),大跨径轻柔结构抗风稳定以及桥梁结构抗震性能等,都要求实测桥梁结构的动力特性和动态反应。

单元5.1　桥梁静载试验

【知识目标】

1. 了解桥梁静载试验的目的,桥梁静载试验测试参数及需要使用的各种专业仪器设备,以及桥梁静载试验的基本内容;

2. 掌握桥梁静载试验的规范、标准、规程,变形测量用机械仪表、连通管、光学类仪器设备技术指标,裂缝检测仪器设备技术指标和使用方法;

3.掌握静力荷载试验的内容、方法、测点布置、仪器操作,桥梁静载试验数据采集、分析处理和结果判定。

【能力目标】

1.具备查阅桥梁静载试验的规范、标准、规程的能力;

2.能够规范地进行桥梁静载试验的测点布置、相关仪器操作、数据采集和结果判定。

【案例导入】

随着科学技术的进步,桥梁结构的设计方法和设计理论都有了根本性的变化,然而影响桥梁工程质量的许多不确定因素仍然存在,对于建成后的桥梁工程质量,人们更希望了解和掌握其使用性能及效果。此时,人们通过对公路桥梁实施静、动荷载试验,来检验设计和施工质量是否满足设计标准规范要求,评定桥梁运营荷载等级和实际使用状况等。

安徽省滁州市某桥主跨上部结构为预应力混凝土变截面连续箱梁桥,分两幅设置,主跨跨径组合均为40m+75m+40m。在桥梁定期检查过程中发现两幅主桥底板、腹板共有81条裂缝,长度为0.8~19.0m,宽度为0.14~0.38mm,走向主要为纵向裂缝,约45°斜裂缝,同时伴有网裂现象。为进一步查明裂缝产生原因,了解桥梁目前使用性能和承载能力,经研究决定需进行一次桥梁荷载试验。

通过桥梁荷载试验,可以检验桥梁的施工质量和结构受力性能,判定桥梁结构的实际承载能力,确定桥梁的实际运营状况和使用条件,为竣工验收、投入运营使用提供科学依据。因此,桥梁荷载试验对于提高桥梁建设质量,保障桥梁安全运营以及科学养护发挥着重要的作用。

【工程师寄语】

有一位专家曾说过:"无论多么高新的结构分析技术都不能取代用于评估公路桥梁工作性能的现场测试。当建筑物承受工作荷载时,记录下应变测试结果,根据测试结果工程师就能更好地了解桥梁的真实结构响应。"

对于既有桥梁,特别是修建时间较长,已无法查找原设计、施工和竣工资料的桥梁,通过桥梁静载试验,可以评估其使用性能和承载能力,为既有桥梁的继续安全使用、养护、加固、改建或限载提供可靠的技术资料。我们要严格遵照规范和规程,尊重事实,实事求是,采集准确的数据,做出科学的分析与判断。

本单元将介绍桥梁静载试验仪器设备、桥梁静载试验准备工作及实施、数据分析及结果评定等相关知识。

【知识框图】

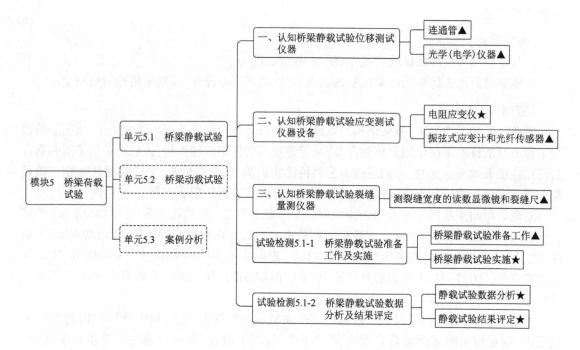

注：知识框图中标有"▲"符号的是教学重点内容，标有"★"符号的是教学难点内容。

一、认知桥梁静载试验位移测试仪器

（一）线位移测量仪表

桥梁测试中最常用的位移测量仪表是千分表、百分表（图5-1）和挠度计。这类机械式仪表一般可以方便地直接测读结构的位移。另外，由这类不同精度和量程的仪表再配以其他机械装置可组成各种测量其他参数的仪器，如测量应变的千分表引伸仪等。

桥梁静载试验位移测试仪器（微课）　　图5-1　百分表

(二)连通管

连通管是一种可用来测量桥梁结构挠度的简单装置。连通管临时用于测量桥梁挠度,可用 φ10mm 的白塑料软管和三通,配普通(毫米刻度的)钢卷尺,人工可测读精度为 1mm,十分方便。

使用前,先沿桥梁跨度方向布置管子,然后在每个测点位置剪断管子,接上三通,把三通开口的一端管子竖起来绑在支架上,最后灌水或其他有色液体至标尺位置,如图 5-2 所示。桥梁试验时,加、卸荷载会引起桥梁结构下挠,此时水管中的水平液面仍需持平,但每个测点的相对水位会发生变化(注意下挠前后的水位线都必须在所安装标尺的有效范围内),读取这个变化值,经简单计算即可得到桥梁的挠度。

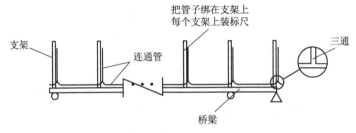

图 5-2 用连通管测桥梁挠度

使用连通管测量桥梁挠度的优点是可靠、易行,当挠度的绝对值大于 20mm 时,其 1mm 最小读数至少可有 5% 的相对精度。这个精度对小跨度桥梁显然是不合适的,所以选用连通管之前须先了解挠度的期望值。

(三)光学(电学)仪器

1. 高精度全站仪

高精度全站仪是集电子经纬仪、光电测距仪和数据记录装置于一体的测量仪器。

测量桥梁变形,特别是静力荷载作用下的变形,要求使用高精度全站仪。这里的高精度是指测距精度达到毫米级,测角精度小于或等于 0.5″类的全站仪。

高精度全站仪被应用在一些大桥成桥状态坐标或变形测量方面,桥梁跨径越大(变形绝对值越大),其优势越明显(相对精度越高)。另外,一些智能型全站仪具有预学习、360°旋转自寻目标、自动测读记录数据等功能,对于大跨度桥梁的线形、位移和挠度测量来说,既可保证数据质量,又能提高现场测量效率、减轻作业强度。

2. 精密水准仪

精密水准仪与一般水准仪比较,其特点是能够精密地整平视线和精确地读数。

数字电子水准仪是结合计算机电子与精密水准仪光学技术的新型精密水准仪。目前普遍采用的数字电子水准仪的分辨力为 0.01mm,测量精度为 0.3mm,测距为 150m。这类数字电子水准仪要求有一根能与其配套使用的铟钢条形编码尺。数字电子水准仪中的行阵传感器识别标尺上的条形编码后,处理器将编码转变为相应的数字,再通过信号转换和数据化,在显示屏上直接显示中丝读数和视距。

桥梁荷载试验中，一些中小跨（桥跨下不宜安装仪表支架）桥梁的挠度测量，可以采用数字电子水准仪。

3. 动挠度检测仪

目前市售的桥梁动挠度检测仪的工作原理是：在桥梁的测试点上安装一个测点目标靶，在靶上制作一个光学标志点，通过光学系统把标志点成像在 CCD 接收面上，当桥梁在动荷载作用下产生振动时，测试目标靶也跟着发生振动，通过测出靶上标志点在 CCD 接收面上图像位置的变化值，可以得到桥梁振动的位移值。通过其软件可对桥梁动态挠度最大值、最小值、挠度曲线等进行分析。

二、认知桥梁静载试验应变测试仪器设备

应变（应力）是桥梁结构构件强度指标，也是桥梁荷载试验重要的实测参数之一。桥梁测试技术中很大一部分都与应变测试技术有关。

（一）手持应变仪

手持应变仪的主要部分是千分表，它固定在一根金属杆上，其测杆则自由地顶在另一金属杆的突出部分上，两金属杆之间用两片富有弹性的薄钢片相连，因此能平行地相对移动，每根金属杆的一端带有一个尖形插轴，两插轴间的距离 L 即仪器的标距。两次读数差即结构在区段 L 内的变形 ΔL，除以标距 L 即得杆件的应变值。注意：仪器不是固定在测点上，而是读数时才安上去。

为了保证仪器工作稳定、可靠，标距两端的小孔必须钻得和仪器的插轴钢尖相吻合。测孔的制作方法建议如下：

（1）钢构件可在杆件上直接钻孔。

（2）圬工或木质构件则可粘贴特制的钢脚标（用环氧树脂粘贴剂粘贴）。

使用此种仪器，还要考虑温度影响问题。为了达到温度补偿目的，根据量测的实践，建议采取"横向温度补偿法"。在布置测应变的测点的同时，在垂直方向布置测点。

（二）电阻应变仪

用电阻应变仪测试桥梁结构应变时需用应变仪和电阻应变片（应变计）配合使用。

1. 电阻应变片的优点

电阻应变片又称为电阻应变计，简称应变片或电阻片。电阻应变片电测法与其他测试方法比较，具有如下优点：

（1）灵敏度高。电阻应变仪可以精确地分辨出 1×10^{-6} 应变，这个应变的量级对于钢材而言，相当于 0.2MPa 的应力。

（2）电阻应变片尺寸小且粘贴牢固。

（3）电阻应变片质量小。

（4）电阻应变片可以在高温（800~1000℃）、低温（-100~-70℃）、高压（上万个大气压）、高速旋转（几千 r/mm~几万 r/mm）、核辐射等特殊条件下成功使用。

此外，由于电阻应变片输出的是电信号，易于实现测量数字化和自动化。电阻应变片已在

实验应力分析、断裂力学、静/动态试验、宇航工程中广泛应用。

2. 电阻应变片的构造

绕线式电阻应变片主要由敏感丝栅、基底、覆盖层和引出线等部分组成。

(1)敏感丝栅是电阻应变片的主要元件,一般由康酮、镍铬合金制成。

(2)基底与覆盖层不仅起定位和保护电阻应变片几何形状的作用,还起到与被测试试件之间的电绝缘作用。纸基常用厚度为0.015~0.02mm、机械强度高、绝缘性能好的纸张制作。

(3)引出线是用以连接导线的过渡部分,一般用直径为0.15~0.30mm的金属丝。

(4)粘结剂把敏感丝栅、基底和覆盖层牢固地粘结成一个整体。

3. 电阻应变片的分类及选用

(1)电阻应变片的分类

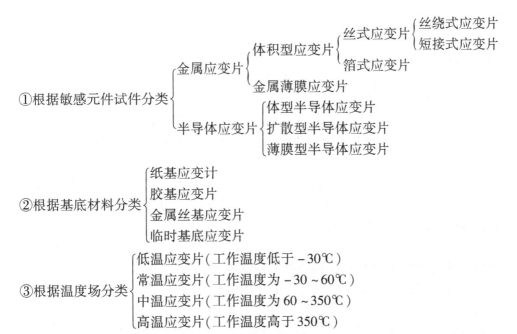

④按敏感丝栅的长度分类,可分为大标距应变片和小标距应变片;按敏感丝栅形状分类,可分为单轴应变片和应变花。此外,还有各种特殊用途的应变片,如防磁应变片、防水应变片、埋入式应变片、层式应变片、可拆式应变片、疲劳寿命片、测压片、无基底式应变片、大应变片、裂缝探测片、温度自补偿应变片等。

(2)电阻应变片的选用

选用电阻应变片时应根据电阻应变片的初始参数及试件的受力状态、应变梯度、应变性质、工作条件、测试精度要求等综合考虑。

对于一般的结构试验,采用120Ω纸基金属丝应变片就可以满足试验要求。其标距可结合试件的材料来选定,如钢材常用5~20mm,混凝土常用40~150mm,石材常用20~40mm。

4. 电阻应变片的粘贴技术

(1) 应变胶

应变胶的性能要求：黏结强度高（剪切强度一般不低于 3~4MPa）、电绝缘性能好、化学稳定性及工艺性好等。在特殊条件下，还要考虑一些其他要求，如耐高温、耐老化、耐介质（油、水、酸和碱等）、耐疲劳等。目前，常用的应变胶可分为有机胶和无机胶两类。常温下用有机胶，无机胶则用于高温应变片的粘贴。

常规桥梁试验粘贴电阻应变片的应变胶一般为快干胶（501、502）和热固性树脂胶等。

501 快干胶和 502 快干胶是借助于空气中微量水分的催化作用而迅速聚合固化来产生黏结强度的。该类胶的黏结强度能满足桥梁应变测试要求，但其受生产厂家产品质量情况和存放时间长短影响很大，只能在低温、干燥和避光的条件下保存。

环氧树脂胶是靠分子聚合反应而固化产生黏结强度的。它具有较高的剪切强度和防水性能，电绝缘性能好。它的主要成分是环氧树脂，并酌量加入固化剂和增韧剂等配制而成。环氧树脂胶可以自制，其配方如下：

① 环氧树脂：100%。
② 邻苯二甲酸二丁酯：5%~20%。
③ 乙二胺：6%~7%。注意：乙二胺有毒，须通风操作。

(2) 电阻应变片的粘贴技术

① 选片。使用放大镜对电阻应变片进行检查，保证选用的电阻应变片无缺陷和破损。同批试验选用灵敏系数和阻值相同的电阻应变片，采用兆欧表或万能表对其阻值进行测量，保证误差不大于 0.5Ω。

② 定位。先初步画出贴片位置，用砂布或砂轮机将贴片位置打磨平整，钢材光洁度达到 $\Delta 3 \sim \Delta 5$；混凝土表面无浮浆，必要时涂底胶处理，待固化后再次打磨。在打磨平整的部位准确地画出测点的纵、横中心及贴片方向。

③ 贴片。

a. 用镊子夹脱脂棉球蘸酒精或丙酮将贴片位置清洗干净。

b. 用手握住电阻应变片引出线，在其背面均匀涂抹一层胶水，然后放在测点上，调整电阻应变片的位置，使其可准确定位。

c. 在电阻应变片上覆盖小片玻璃纸，用手指轻轻滚压，挤出多余胶水和气泡。注意：不要使应变片位置移动。

d. 用手指轻按 1~2min，待胶水初步固化后，即可松手。

e. 粘贴质量较好的电阻应变片，应使胶层均匀，位置准确。电阻应变片的粘贴如图 5-3 所示。

④ 干燥固化。干燥才能固化，当气温较高、相对湿度较低的短期试验，可用自然干燥，时间一般为 1~2d。人工干燥：自然干燥 12h 后，用红外线灯烘烤，温度不高于 50℃，同时避免骤热，烘干到绝缘电阻符合要求时为止。

⑤ 电阻应变片的防护。在电阻应变片引线端贴上接线端子，把电阻应变片引线和连接导线分别焊在接线端子上，然后立即涂防护层，以防止电阻应变片受潮和机械损伤。一般静态测量绝缘电阻应为 200MΩ，动态测量可以稍小于 200MΩ，长期观测和高精度要求的测量应大于 500MΩ。

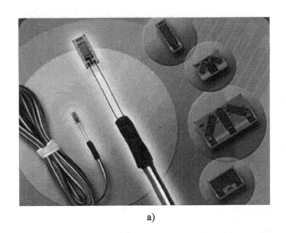 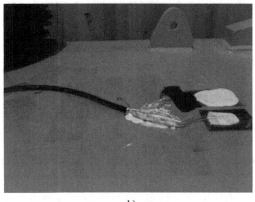

图 5-3　电阻应变片的粘贴

5. 电阻应变测量的温度补偿

当用电阻应变片测量应变时,它除了能感受试件受力后的变形外,还能感受环境温度的变化,并引起电阻应变仪指示部分的示值变动,这称为温度效应。

温度变化从两方面使电阻应变片的电阻值发生变化:一方面是电阻丝温度改变 Δt(℃),其电阻将会随之而改变。改变量 ΔR_β 按下式计算。

$$\Delta R_\beta = \beta_1 R \Delta t \tag{5-1}$$

式中：β_1——电阻丝的电阻温度系数,1/℃;

R——电阻应变片的原始电阻值,Ω。

另一方面是因为材料与电阻应变片的电阻丝的线膨胀系数不相等,但二者又黏合在一起,当温度改变 Δt(℃)时,电阻应变片中产生了温度应变,引起一附加电阻的变化,改变量 ΔR_α 可按下式计算。

$$\Delta R_\alpha = K_t(\alpha_j - \alpha) R \Delta t \tag{5-2}$$

式中：K_t——贴好的应变丝对温度应力的灵敏系数,$K_t = K_0$;

α_j——试件材料的线膨胀系数,1/℃;

α——电阻丝的线膨胀系数,1/℃。

因此,总的温度效应是二者之和,按下式计算：

$$\Delta R_t = \Delta R_\alpha + \Delta R_\beta = [K_t(\alpha_j - \alpha) + \beta_1] R \Delta t \tag{5-3}$$

$$\beta = K_t(\alpha_j - \alpha) + \beta_1 \tag{5-4}$$

$$\Delta R_t = \beta R \Delta t \tag{5-5}$$

式中：β——贴好的电阻应变片总的电阻温度系数。

温度效应的应变值按下式计算：

$$\varepsilon_t = K_0 \beta_1 R \Delta t \tag{5-6}$$

这个 ε_t 称为视应变。当采用镍铬合金丝做成的电阻应变片进行测量时,温度变动1℃,会在钢材($E = 2.1 \times 10^5 \mathrm{MPa}$)中产生相当于 1.5 MPa 左右的应力示值变动,这是不能忽视的,必须加以消除。消除温度效应的应变值主要是利用惠斯登电桥桥路的特性进行,称为温度补偿。

测量电阻应变片 R_1(简称工作片)贴在受力构件上,它既受应变作用又受温度作用,所以 ΔR_1 是由两部分组成,即:

$$\Delta R_1 = \Delta R_\varepsilon + \Delta R_t \tag{5-7}$$

补偿片 R_2 贴在一个与试件材料相同并置于试件附近,具有同样温度变化条件但不承受外力作用的小试块上,它只有 $\Delta R_2 = \Delta R_t$ 的变化。此时,电桥对角线上的电流计的反应为 $\Delta R_1 - \Delta R_2 = \Delta R_\varepsilon$,测得结果仅是试件受力后产生应变值,而温度效应所产生的视应变就消除了。

为保证补偿效果,对补偿片的设置应考虑如下因素:

(1)补偿片与工作片应该是同批产品,具有相同的电阻值、灵敏系数和几何尺寸。

(2)贴补偿片的试块材料应与试件的材料一致,并应做到热容量基本相等。若是混凝土材料,则需同样配合比和在同样条件下养护。

(3)补偿片的贴片、干燥、防潮等处理工艺必须与工作片完全一致。

(4)连接补偿片的导线应与连接工作片的导线同一规格、同一长度,并且相互并列靠近布置或捆扎成束。

(5)补偿片与工作片的位置应尽可能靠近,使二者处于同样温度场条件下,以防不均匀热源的影响。

(6)补偿片数量的多少应根据试验材料特性、测点位置、试验条件等确定。一般情况下,对于钢结构,可用一个补偿片同时补偿 10 个工作片;对于混凝土材料或木材,可用一个补偿片补偿 5~10 个工作片。如果要求严格或者某些测点所处条件特殊时,应单独补偿,以尽量减少因补偿片连续工作而工作片间断工作所造成的温差影响。

目前,除采用桥路补偿外,还可以采用应变片温度自补偿的办法,即使用一种特殊的应变片,当温度变化时,其电阻增量等于零或相互抵消而不产生视应变。这种特殊应变片称温度自补偿应变片,它主要用于机械类试验中,在结构试验中国内目前尚少采用。

6. 应变仪

(1)测量电路

测量电路是应变仪的重要组成部分,其作用是将电阻应变片的电阻变化转换为电压(电流)的变化。在特殊情况下,应根据测量的目的和具体要求自行设计测量电路。电阻应变片电测一般采用两种测量电路:一种是电位计式电路,另一种是桥式电路,通常采用惠斯登电桥,如图 5-4 所示。

惠斯登电桥具有 4 个电阻,其中任一个都可以是电阻应变片电阻,电桥的对角接入输入电压,另一对角测量输出电压。电桥的一个特点是,4 个电阻达到某一关系时,电桥输出为零,这样我们就能应用检流计灵敏地测量输出。这一特点使电桥能够精确地测量微小的电阻

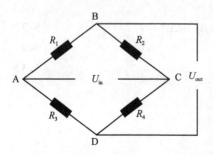

图 5-4 惠斯登电桥

变化。

根据电桥的测量电路,对应变电桥的测量方法有单点测量、平桥测量和全桥测量三种。

①单点测量

单点测量时,组成测量电桥的 4 个电阻中,R_1 为电阻应变片电阻,其余 3 个为精密电阻(无电阻变化),则 ΔE 按下式计算:

$$\Delta E = \frac{1}{4}EK\varepsilon_1 \tag{5-8}$$

②半桥测量

其方法是将半桥接电阻片,另半桥为精密电阻($\Delta R_3 = \Delta R_4 = 0$),则 ΔE 按下式计算:

$$\Delta E = \frac{1}{4}EK(\varepsilon_1 - \varepsilon_2) \tag{5-9}$$

③全桥测量

其方法是组成测量电桥的 4 个电阻全由电阻片组成,则 ΔE 按下式计算:

$$\Delta E = \frac{1}{4}EK(\varepsilon_1 - \varepsilon_2 + \varepsilon_3 - \varepsilon_4) \tag{5-10}$$

根据应变电桥测量电路的分析,所建立的这些基本关系式表明了电桥的输出与桥臂电阻(根据测量的接片需要可由电阻片和精密电阻组成)的相对增量 $\Delta R/R$ 或应变 ε 成正比的关系。由此可以看出,电桥的增减特性包括:相邻的输出符号相反,电桥输出具有相减特性;相对两臂符号相同,电桥输出具有相加特性。

根据电桥的这些特性,我们可以采用不同的测量(电阻片接线)方法进行选择。

(2)电阻应变仪

电阻应变仪按使用内容不同分类,可分为静态应变仪、动态应变仪和静动态应变仪。

(三)电阻应变传感器

1. 电阻应变式测力传感器

圆柱(筒)形弹性承受轴向力,而粘贴在元件上面的电阻应变片感受其应变。得到元件的截面面积,即可求得压力。为了提高量测的灵敏度和达到温度补偿,在元件上粘贴 8 片电阻应变片,并组成全桥式接线。

2. 电阻应变式位移传感器

电阻应变式位移传感器是一种位移测量计,属于一次仪表。它只能检测试件的位移,而其本身不能显示数值,因此,使用时必须依赖二次仪表进行显示和指示。

YHD 型电子位移计是电阻应变式位移计的一种。它主要由机械传动机构、应变电桥和滑线电阻等组成。

电阻应变式位移传感器的特点是结构简单、输出信号大,但是存在着活动触点,寿命受磨损影响。

(四)振弦式应变计和光纤传感器

1. 振弦式应变计

振弦式应变计是以被张紧的钢弦为敏感元件,利用其固有频率与张拉力的函数关系,根据固有频率的变化来反映外界作用力大小。

振弦式应变计的测量范围一般可达几千 $\mu\varepsilon$,测量精度为 $1\mu\varepsilon$ 或 $0.1\mu\varepsilon$。

振弦式应变计使用方便,测钢或混凝土构件的应变时可直接安装在它们的表面,也可预埋在混凝土内部,如图 5-5 所示。

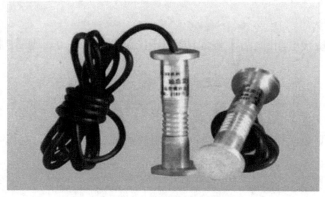

图 5-5　振弦式应变计

2. 光纤传感器

光纤传感器是一种将被测对象的状态转变为可测的光信号的传感器,如图 5-6 所示。光纤传感器的工作原理是将光源入射的光束经由光纤送入调制器,在调制器内与外界被测参数的相互作用下,使光的光学性质(如光的强度、波长、频率、相位、偏振态等)发生变化,成为被调制的光信号,再经过光纤送入光电器件,经解调器后获得被测参数。整个过程中,光束经由光纤导入,通过调制器后再射出,其中光纤的作用有两个:一是传输光束,二是起光调制器的作用。

图 5-6　光纤传感器

光纤传感器的优点：光纤传感器用光作为敏感信息的载体，用光纤作为传递敏感信息的媒质，具有光纤及光学测量的特点；电绝缘性能好，抗电磁干扰能力强，非侵入性，高灵敏度，容易实现对被测信号的远距离监控，耐腐蚀，防爆，光路有可挠曲性，便于与计算机连接。

三、认知桥梁静载试验裂缝量测仪器

桥梁静载试验
裂缝量测
仪器（微课）

桥梁工程上混凝土出现裂缝的情况十分普遍，这里所提到的裂缝均指可视性裂缝。对可视性裂缝的检测主要包括裂缝的长度、宽度和深度以及裂缝的分布和走向。裂缝的长度、分布和走向等只需通过普通几何测量即可得到，下面主要介绍测量裂缝宽度和深度的仪器设备。

（一）测量裂缝宽度的读数显微镜和裂缝尺

读数显微镜是可以用来测量裂缝宽度的常用光学仪器，如图 5-7 所示。该类显微镜读数精度一般为 0.01mm，量程几毫米。读数显微镜主要由物镜、目镜、刻度分划板和测微机械装置等组成。它的特点是体积小，质量轻，便于现场使用。

裂缝尺实质是一张硬质的纸片，上面刻印有许多大小不等的标准线条，如图 5-8 所示。在现场测试中，只要再配一个放大镜，用比照的方法即可方便地量测裂缝宽度。

图 5-7　读数显微镜

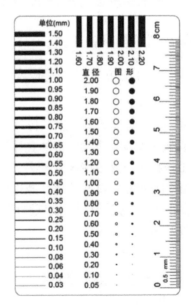
图 5-8　裂缝尺

混凝土桥梁荷载试验过程中，有时需要观察已有裂缝的开合情况，当多处、逐点就近观察可能有难度时，可跨裂缝安装"半个"引伸仪。在裂缝的另一侧顺裂缝粘一小块角铁，用千分表直接顶在角铁竖起的面上（事先将该面整平或抛光），标距不论（只要跨裂缝即可）。如不方便读表，可用电阻应变式位移传感器替代千分表，以实现自动读数。

（二）裂缝深度测试仪

裂缝深度测试仪应用的是声波绕射原理。它是一款集测试、存储、传输于一体的智能型无

损检测设备,其主要用途为测量混凝土裂缝深度和超声波在混凝土中的传播速度。该仪器适用于构件的单侧裂缝,不适用于双面贯通的裂缝。

使用该仪器时,裂缝内不能有积水、泥浆;裂缝纵深走向应与混凝土表面基本垂直;混凝土表面清洁平整;换能器通过耦合剂与混凝土表面耦合;为了避免混凝土内部的绕射声波被横跨裂缝的钢筋短路,两个换能器的连线方向不宜与混凝土内部的钢筋走向平行,而应形成一定的夹角。

试验检测 5.1-1

桥梁静载试验准备工作及实施

桥梁静载试验准备工作及实施(微课)

桥梁荷载试验(虚拟仿真)

一、桥梁静载试验准备工作

为使桥梁荷载试验顺利实施,首先应做好试验的总体设计和组织工作。

1. 资料准备、现场调查、方案编制

(1)资料准备主要收集设计、施工、监理、施工监控和竣工资料。

(2)现场调查主要调查桥梁结构的总体尺寸、主要构件截面尺寸、主要部位的高程、桥面平整度、支座工作状况、材料的物理力学性能、结构物的裂缝、缺陷、损伤和钢筋锈蚀等。

(3)方案编制是指根据试验控制荷载作用下的结构动力、位移及结构基频等的理论计算结果,结合测试内容,按等效原则拟定试验荷载的大小、试验工况、加载位置及方法,制定试验加载、测点布设及测试方案等。

2. 试验孔(墩)的选择

对多孔桥梁中跨径相同的桥孔(墩)可选 1~3 孔具有代表性的桥孔(墩)进行加载试验。选择时应综合考虑以下因素:

(1)该孔(墩)计算受力最不利。

(2)该孔(墩)施工质量较差、缺陷较多或病害较严重。

(3)该孔(墩)便于搭设脚手架,便于设置测点或便于实施加载。

3. 搭设脚手架和测试支架

脚手架和测试支架应分开搭设,互不影响,脚手架和测试支架应有足够的强度、刚度和稳定性。脚手架要保证工作人员的安全、方便操作。搭设脚手架如图 5-9 所示。

测试支架要满足仪表安装的需要,不因自身变形影响测试的精度,同时还应保证试验时不受车辆和行人的干扰。测试支架及位移计安装如图 5-10 所示。

图 5-9　搭设脚手架

图 5-10　测试支架及位移计安装

脚手架和测试支架设置要因地制宜,就地取材,便于搭设和拆卸,一般采用木支架或建筑钢管支架。当桥下净空较大,不便搭设固定脚手架时,可考虑采用轻便活动吊架,两端用尼龙绳或钢丝绳固定在栏杆或人行道缘石上。整套设置使用前应进行试载以确保安全,活动吊架如需多次使用,可做成拼装式,以便运输和存放。桥下河道检测平台搭设如图 5-11 所示。

在晴天或多云天气条件下进行加载试验时,阳光直射下的应变测点,应设置遮挡阳光的设置,以减小温度变化造成的观测误差。在雨季进行加载试验时,则应准备仪器、设备等的防雨设施,以备不时之需。目前,桥梁检测车(图 5-12)已经十分普及,在许多无架设脚手架条件的地方有很大的优势。

图 5-11　桥下河道检测平台搭设

图 5-12　桥梁检测车

4. 静载试验加载位置的放样和卸载位置的安排

静载试验前应在桥面上对加载位置进行放样,以便加载试验的顺利进行。如果加载工况较少,时间允许,可在每次工况加载前临时放样;如果加载工况较多,则应预先放样,且用不同颜色的标志区别不同加载工况时的荷载位置。如图 5-13 所示。

静载试验荷载卸载的安放位置应预先安排。卸载位置的选择既要考虑加卸载方便,离加载位置近一点,又要使安放的荷载不影响试验孔(墩)的受力。一般可将荷载安放在桥台后一定距离处。对于多孔桥,一般应停放在距试验孔较远处以不影响试验观测为准。

a)

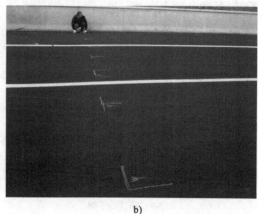
b)

图 5-13　试验加载放样

5. 试验人员组织及分工

应根据每个试验人员的特长进行分工,每人分管的仪表数目除考虑便于进行观测外,应尽可能使每人对分管仪表进行一次观测所需的时间大致相同。所有参加试验的人员应能熟练地掌握所分管的仪器设备,否则应在正式开始试验前进行演练。为使试验有条不紊地进行,应设试验总指挥 1 人,其他人员的配设可根据具体情况考虑。

6. 其他准备工作

加载试验的安全设施、供电照明设施、通信联络设施、桥面交通管制等应根据荷载试验的需要进行准备。检测时交通管制如图 5-14 所示。

a)

b)

图 5-14　检测时交通管制

二、桥梁静载试验实施

桥梁静载试验是指通过在桥梁结构上施加与控制荷载等效的静态外加荷载,利用检测仪器设备测试桥梁结构控制部位与控制截面的力学效应的现场试验。

正式加载试验是整个实桥静载试验的核心内容,也是对试验准备工作的考核。

实桥静载试验一般安排在晚上进行,主要考虑加载时温度变化和环境的干扰。如果这种干扰不大或对试验数据不会产生任何影响(如适逢阴天),不一定非要安排在晚上。

加载试验过程如下。

1. 静载初读数

静载初读数是指试验正式开始时的零荷载读数,不是准备阶段调试仪器的读数。从初读数开始整个测试系统就开始运作,测量、读数记录人员进入状态,各司其职。

2. 加载

(1)试验荷载应分级施加,加载级数应根据试验荷载总量和荷载分级增量确定,可分为 3~5 级。当桥梁的技术资料不全时,应增加分级。对于重点测试桥梁,在荷载作用下的响应规律时,可适当加密加载分级。

(2)在加载过程中,应保证非控制截面内力或位移不超过控制荷载作用下的最不利值。

(3)当试验条件限制时,附加控制截面可只进行最不利加载。

(4)加载时间间隔应满足结构反应稳定的时间要求。应在前一荷载阶段内结构反应相对稳定,进行了有效测试及记录后,方可进行下一荷载阶段。当进行主要控制截面最大内力(变形)加载试验时,分级加载的稳定时间不应少于 5min;对尚未投入营运的新桥,首个工况的分级加载稳定时间不宜少于 15min。

3. 加载控制

当试验过程中发生下列情况之一时,应停止加载,查清原因,采取措施后再确定是否进行试验:

(1)控制测点应变值已达到或超过理论计算值。

(2)控制测点变形(挠度)超过理论计算值。

(3)结构裂缝的长度和宽度急剧增加,新裂缝大量出现,并且缝宽超过允许值的裂缝大量增多,对结构使用寿命造成较大影响时。

(4)实测变形分布规律异常。

(5)桥体发出异常响声或发生其他异常情况。

(6)斜拉索或吊索(杆)索力增量实测值超过理论计算值。

4. 卸载读零

一个工况结束,荷载退出桥面。各测点读回零值,同样要有一个稳定过程。

试验加卸载要求稳定后读数,实际要观测结构残余变形或残余应变。当结构变形或应变在卸载后不能正常回复时,反映的可能是结构承载能力不足或其他原因,需要仔细分析。

5. 重复加载要求

试验过程中必须时时关心几个控制点数据的情况,一旦发现问题(如数据本身规律差或仪器故障等)要重新加载测试。对一些特大桥的主要加载工况,一般也要求重复加载。

试验检测 5.1-2

桥梁静载试验数据分析及结果评定

一、静载试验数据分析及结果评定依据

(1)《公路钢筋混凝土及预应力混凝土桥涵设计规范》(JTG 3362—2018)。
(2)《公路桥梁承载能力检测评定规程》(JTG/T J21—2011)。
(3)《公路桥梁荷载试验规程》(JTG/T J21-01—2015)。

二、静载试验数据分析

1. 试验数据的修正

(1)测值修正

根据各类仪表的标定结果进行测试数据的修正,如机械式仪表的校正系数、电测仪表的率定系数、灵敏系数、电阻应变观测的导线电阻影响等。当这类因素对测值的影响小于1%时,可不予修正。

(2)温度影响修正

由于温度对测试的影响比较复杂,通常采取缩短加载时间、选择温度稳定性较好的时间进行试验等办法,尽可能减小温度对测试精度的影响。需要时,一般可采用综合分析的方法来进行温度影响修正,即利用加载试验前进行的温度稳定观测数据,建立温度变化(测点处构件表面温度或空气温度)和测点测值(应变和挠度)变化的线性关系。

(3)支点沉降影响的修正

当支点沉降量较大时,应修正其对挠度值的影响。

2. 实测位移(如挠度、位移、沉降等)或实测应变计算

静力荷载试验的各测点实测位移(如挠度、位移、沉降等)与应变按下式计算。

$$S_t = S_1 - S_i \tag{5-11}$$

$$S_e = S_1 - S_u \tag{5-12}$$

$$S_p = S_t - S_e = S_u - S_i \tag{5-13}$$

式中:S_t——总位移(总应变);

S_e——弹性位移(弹性应变);

S_p——残余位移(残余应变);

S_i——加载前测值;

S_1——加载达到稳定时测值;
S_u——卸载后达到稳定时测值。

3. 结构校验系数

静力荷载试验结构校验系数 η 是试验荷载作用下测点的实测弹性位移或应变值与相应的理论计算值的比值。当 η 值小于 1 时,代表桥梁的实际状况好于理论状况,结构校验系数 η 可按下式计算。

$$\eta = \frac{S_e}{S_s} \tag{5-14}$$

式中:S_e——试验荷载作用下实测弹性位移(应变)值;
S_s——试验荷载作用下的理论计算位移(应变)值。

4. 相对残余位移或应变

静力荷载试验相对残余变形或应变 S'_p 是测点残余位移或应变与实测总位移或应变的比值。当 S'_p 值小于 20%,说明结构处于弹性工作状况,具体可按下式计算。

$$S'_p = \frac{S_p}{S_t} \times 100\% \tag{5-15}$$

式中:S'_p——相对残余位移(应变);
S_p、S_t 符号意义同前。

5. 横向增大系数 ξ

横向增大系数 ξ,可用实测的位移(应变)最大值 S_{emax} 与横向各测点实测位移(应变)平均值 $\bar{S_e}$ 按下式进行计算:

$$\xi = \frac{S_{emax}}{\bar{S_e}} \tag{5-16}$$

6. 荷载横向分布系数

荷载横向分布系数,可根据量测截面实测的各主梁或拱肋的测点挠度,按下式进行计算:

$$m_i = \frac{f_i}{\sum_{i=1}^{n} f_i} \tag{5-17}$$

式中:m_i——试验荷载作用下,某一量测截面第 i 片主梁或拱肋的荷载横向分布系数;
f_i——试验荷载作用下,某一量测截面第 i 片主梁或拱肋的测点挠度;
n——主梁或拱肋的根数。

7. 试验相关曲线

试验曲线能够非常直观地反映试验的结果,如通过试验曲线来表示实测应变和理论计算值的比较情况、各控制点主要控制点的位移(应变)与荷载的历程情况、挠度分布以及截面应变沿高度的分布情况。通过这些曲线可以一目了然地对试验结果进行评价，找出异常点、结构的工作状态是否处于弹性状态、判断应变分布是否符合平截面假定等，有针对性地分析产生这些情况的原因、在结果中是否具有普遍性，从而对结构做出客观、准确的评价。

（1）列出各加载工况下主要测点实测位移（应变）与相应的理论计算值的对照表，并绘制出其关系曲线。

（2）绘制各加载工况下主要控制点的位移（应变等）与荷载的关系曲线。

（3）绘制各加载工况下控制截面应变（挠度）分布图、沿纵桥向挠度分布图、截面应变沿高度分布图等。

（4）当裂缝数量较少时，可根据试验前、后观测情况及裂缝观测表对裂缝状况进行描述。

（5）当裂缝发展较多时，应选择结构有代表性部位描绘裂缝展开图，图上应注明各加载程序裂缝长度和宽度的发展。

三、静载试验结果评定

经过荷载试验的桥梁，应根据整理的实验资料分析结构的工作状况，进一步评定桥梁承载能力，为新建桥梁验收做出鉴定结论，或作为旧桥承载力鉴定验算的依据，并纳入桥梁承载能力鉴定报告和桥梁承载能力鉴定表。

1. 结果工作状况评定

（1）结构校验系数 η。

结构校验系数 η 是评定结构工作状况、确定桥梁承载能力的一个重要指标。对于不同结构形式的桥梁，其 η 值不同，η 值常见的范围可参考相关规范。一般要求 η 值不大于 1，η 值越小结构的安全储备越大。当 η 值大于 1，说明桥梁的承载能力不满足要求。

（2）相对残余位移（应变）。

测点在控制荷载工况作用下的相对残余位移（应变）S_p/S_t 值越小，说明结构越接近弹性工作状况。一般要求 S_p/S_t 值不大于 20%，当 S_p/S_t 值大于 20% 时，应查明原因。如确系桥梁强度不足，应在评定时，酌情降低桥梁的承载能力或判定桥梁承载能力不满足要求。

（3）主要控制截面在控制荷载作用下的横向增大系数 η 或荷载横向分布系数 m，反映了桥梁结构荷载横向不均匀分布的程度及结构横向联结的工作状况。当 η 值或 m 值越小，说明荷载横行分布越均匀，结构横向联结越可靠；当 η 值或 m 值越大，说明荷载横行分布越不均匀，结构横向联结越薄弱，结构受力越不利。在桥梁工程中，可将实测的横向分布系数或横向增大系数应用到桥梁结构的计算分析中。

2. 裂缝评定

（1）在试验荷载作用下，裂缝的高度不应超过设计计算值，裂缝间距接近或大于设计计算值，裂缝扩展很快趋于稳定，不允许出现典型受力临界裂缝。

（2）在试验荷载作用下，裂缝扩展宽度不应超过设计标准的许可值，并且卸载后其扩展宽度应闭合到设计标准许可值的 1/3。

(3)在试验荷载作用下,新桥裂缝宽度不应超过《公路钢筋混凝土及预应力混凝土桥涵设计规范》(JTG 3362—2018)规定的容许值,卸载后其扩展应闭合到容许值的1/3;在用桥梁的裂缝宽度不宜超过《公路桥梁承载能力检测评定规程》(JTG/T J21—2011)的规定。

3. 承载能力检测评定

在试验荷载作用下,桥梁基础发生不稳定沉降位移,说明桥梁承载能力不满足要求。

《公路桥梁承载能力检测评定规程》(JTG/T J21—2011)中规定,在役桥梁有下列情况之一时,应进行承载能力检测评定:

(1)技术状况等级为四、五类的桥梁。
(2)拟提高荷载等级的桥梁。
(3)需通行大件运输车辆的桥梁。
(4)遭受重大自然灾害或意外事件的桥梁。

单元5.2　桥梁动载试验

【知识目标】

1. 了解桥梁动载试验的目的,桥梁动载试验测试参数及需要使用的各种专业仪器设备及使用知识,以及桥梁动载试验的基本内容;
2. 了解桥梁动载试验的规范、标准、规程,掌握结构振动测试仪器设备(测振传感器)的技术指标和使用方法;
3. 掌握动力荷载试验测试内容、方法、测点布置、仪器操作,动挠度、动应力(应变)的测试方法,结构振动测试等仪器设备的正确使用方法,桥梁承载能力评定的基本方法。

【能力目标】

1. 具备查阅桥梁动载试验的规范、标准、规程的能力;
2. 能够规范地进行动梁荷载试验的测点布置、相关仪器操作;
3. 能够正确进行桥梁动力特性的评定。

【案例导入】

某桥为4×30m简支转连续小箱梁桥,总长为120m,斜度为10度。桥面宽度:2.5m(人行道)+2.5m(非机动车道)+1.75m(分隔带)+16.5m(机动车道)+1.75m(分隔带)+2.5m(非机动车道)+2.5m(人行道)=30m。上部结构采用30m跨标准预制小箱梁,后张法预应力体系,梁高1.6m。下部结构桥墩采用桩柱式桥墩,墩柱直径为1.4m,桩基直径为1.6m;桥台采用桩接盖梁桥台,桩基直径为1.6m。

试验项目包括:

(1)无障碍行车(跑车)试验。

采用接近运营条件且满足试验荷载效率的 4 辆各 30t 三轴载重汽车,分别以 20km/h、30km/h、40km/h、50km/h、60km/h 的车速通过测试截面。

(2)有障碍行车(跳车)试验。

采用一辆 30t 三轴载重汽车以 5~20km/h 的车速通过测试截面上的障碍物(高度为 15cm 的三角形垫板或高度为 5~7cm、宽度为 30cm 的弓形橡胶板)。

(3)制动(刹车)试验。

采用一辆 30t 三轴载重汽车以 30~50km/h 车速在测试截面上制动(刹车)。

【工程师寄语】

实践是检验真理的唯一标准。桥梁建成通车前,通过现场动载试验,可以直观地反映桥梁在运营环境条件下的真实动力性能,直观地判定桥梁抗震、抗冲击能力是否满足设计及规范要求,这是确保桥梁营运安全、保障人民生命安全的最后一道关口,具有不可取代的检验效果。空谈误国、实干兴邦。我们既然选择了工程检测行业,就要坚定信心、同心同德、埋头苦干、奋勇前进,认真学好检测专业理论知识,熟练地掌握试验检测技术,努力成为真正的工程质量卫士。因此,希望学生在今后的工作中,要重视桥梁动载试验及其价值意义,确保桥梁安全运营、行车舒适愉悦。

本单元将介绍测定桥梁动力特性参数、桥梁振动试验仪器设备、桥梁动载试验等相关知识。

【知识框图】

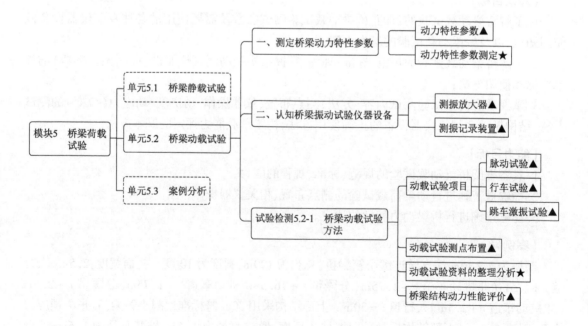

注:知识框图中标有"▲"符号的是教学重点内容,标有"★"符号的是教学难点内容。

一、测定桥梁动力特性参数

动载试验是指测试桥梁结构或构件在动荷载激振和环境荷载作用下的受迫振动特性与自振特性的现场试验。

桥梁动力特性
参数测定(微课)

结构动力特性参数,也称结构自振特性参数、振动模态参数,其内容主要包括结构的自振频率(自振周期)、阻尼比和振型等。它们都是由结构形式、建筑材料性能等结构所固有的特性所决定的,与外荷载无关。

(一)动力特性参数

1. 自振频率(自振周期)

自振频率(自振周期)是动力特性参数中最重要的概念。物理上,自振频率指单位时间内完成振动的次数,通常用 f 表示,单位为赫兹(Hz);也可以用圆频率 $\omega(\omega=2\pi f)$ 表示,单位为 $1/秒(1/s)$。

结构的自振频率只与结构的刚度和质量有关,并与刚度 K 成正比,与质量 M 成反比。

2. 阻尼比

阻尼是存在于结构中的消耗结构振动能量的一种物理作用,它对结构抵抗振动有利。结构工程上,假定阻尼属于黏滞阻尼,与结构振动速度成正比,并且习惯以一个无量纲的系数 ζ(阻尼比)来表示阻尼量值大小。

3. 振型

振型是结构上各点振幅值的连线,但它不是结构的变形曲线。

结构动力学认为,对应每一个固有频率,结构都有并只有一个主振型。一般情况下,结构线性微幅振动时其可能的自由振动都是无数个主振型叠加的结果;特定条件下,结构(被外界激励源激出纯模态时)会按某一自振频率及其相应主振型振动。

(二)动力特性参数测定

测定实桥结构动力特性参数的方法主要有自由振动衰减法、强迫振动法和环境随机振动法等。对于桥梁测试技术的发展来说,自由振动衰减法和强迫振动法是用得比较早的方法,其特点是得到的数据结果往往简单直观,容易处理;环境随机振动法是一种建立在概率统计方法上的技术,它以现场测试简单和数据后续处理计算机化的优势进入桥梁振动测试领域。

1. 自由振动衰减法

自由振动衰减法是给结构一个初位移或初速度使结构产生振动,因为结构的自振特性只与它本身的刚度、质量和材料等固有形式有关,所以无论施加何种方式的力、初位移或初速度大小(当然在结构受力允许条件下),只要求能够激发起结构的振动并且能够测到结构的自由振动衰减曲线,通过对该曲线的分析处理可以得到一些自振特性参数。

能使桥梁产生自由振动的方法很多,如撞击、跳车、突然释放等(只要求给结构一个瞬态激振力),实际中这类方法比较活,往往根据不同的要求因地制宜地选用。例如,为测竖向振动可采用跳车、撞击等方法;为测横向振动或扭转振动可采用突然释放、撞击等方法。

2. 强迫振动法(共振法)

强迫振动法通常是利用激振器械对结构进行连续正弦扫描,根据共振效应,当扫描频率与结构的某一固有频率相一致时,结构振幅会明显增大,采用仪器测出这一过程,绘出频率—幅值曲线(共振曲线),通过曲线得到结构的自振特性参数。

强迫振动法在测频率、阻尼的同时,还可以对桥梁的振型进行测量。当桥梁结构在其某一共振频率上产生共振时,总对应着一个主振型,此时只要在桥上布置足够的测点,同时记录它们在振动过程中的幅值和相位差就可分析得到所要求的振型曲线。

3. 环境随机振动法

环境随机振动法(工程上也有人称其为"脉动法")可用于识别桥梁结构的动力特性。早前人们就已认识到对桥梁等大型结构物进行"激励"的难度和局限性,所以试着通过测量结构响应的时域信号来识别动力特性参数。对一些时域(包括振动拍波形、自由衰减波形等)波形进行频率、阻尼等参数分析,其过程和结果都有赖于所测波形的可分析或不可分析(对复杂波形往往会束手无策)。20世纪80年代,随机振动数字分析技术开始计算机化,人们研究各种基于"响应"信号数据处理的方法,通过只测响应信号来识别桥梁结构的动力特性参数,包括获得结构的多阶振型。

二、认知桥梁振动试验仪器设备

动载试验仪器仪表的选择,应根据桥梁的跨径大小及刚度进行合理的选择。动载试验常用仪器仪表及其技术参数见表 5-1。

桥梁振动试验仪器设备(微课)

动载试验常用仪器仪表及其技术参数 表 5-1

测量内容	测量系统		数据采集分析系统		备注
	仪器名称	适用范围	仪器名称	技术参数	
应变	电阻应变计及动态应变仪	(1)测量范围:±10000$\mu\varepsilon$; (2)频率响应:0~10kHz; (3)可用于行车试验、跳车试验	(1)由计算机与相应软件构成的采集系统; (2)磁带记录仪	(1)输入电压范围 0~±5(10)V; (2)频率响应:0~5kHz; (3)采样频率不低于 1kHz; (4)可监视信号质量	可预埋或后装
	光纤应变计及调制解调器	(1)测量范围:±10000$\mu\varepsilon$; (2)频率响应:0~10kHz; (3)可用于行车试验、跳车试验			
位移	电阻应变式位移计及动态应变仪	(1)测量范围:±10000$\mu\varepsilon$; (2)频率响应:0~10kHz; (3)可用于行车试验、跳车试验			接触式测量,需要表架
	光电位移测量装置	(1)测量距离:500m; (2)测量范围:±2.5m(在最大测距时); (3)频率响应:20Hz; (4)可用于行车试验、跳车试验			非接触式测量

续上表

测量内容	测量系统		数据采集分析系统		备注
	仪器名称	适用范围	仪器名称	技术参数	
动力特性参数	磁电式振动传感器及放大器	（1）测量范围：位移±20mm；加速度±0.5g； （2）频率响应：0.3~20Hz； （3）可用于行车试验、跳车、脉动试验	（1）由计算机与相应软件构成的采集系统； （2）磁带记录仪	（1）输入电压范围0~±5(10)V； （2）频率响应：0~5kHz； （3）采样频率不低于1kHz； （4）可监视信号质量	—
	应变式加速度计及动态应变仪	（1）测量范围：±0.5g； （2）频率响应：0~100Hz； （3）可用于行车试验、跳车试验			—
	压电式加速度计及电荷放大器	（1）测量范围：±100g； （2）频率响应：0.5~1kHz； （3）可用于行车试验、跳车试验，高灵敏度的也可用于脉动试验			—
	伺服式加速度计及放大器	（1）测量范围：±0.5g； （2）频率响应：0~100Hz； （3）可用于行车试验、跳车、脉动试验			—

（一）测振传感器

通常所指的测振传感器是惯性式测振传感器（以下简称测振传感器），如图5-15所示。

测振传感器的基本原理：由惯性质量、阻尼和弹簧组成一个动力系统，这个系统固定在振动体上（传感器的外壳固定在振动体上）与振动体一起振动。通过测量惯性质量相对于传感器外壳运动，就可以得到振动体的振动。由于这是一种非直接的测量方法，所以，这个传感器动力系统的动力特征对测量结构具有非常重要的影响。

（二）测振放大器

测振放大器是动力测试系统中的重要组成部分，一般称为二次仪表。测振传感器输出的信号一般都很微弱，需经测振放大器放大之后才能推动记录设备。测振放大器除对信号有放大作用之外，还具有对信号进行微分、积分和滤波等功能。测振放大器按放大方式分为两种：一种是直接放大形式，并具有微、积分等运算网络和滤波器。这类测振放大器可配合电动式和压电式传感器使用。另一种是载波放大形式，将输入信号经载波调制后再放大，经过检波解调恢复原波形输出。它又可分为调幅式、调频式和调相式等放大器，这类放大器配合电阻应变式传感器及电感、电容式传感器使用。

在桥梁结构试验中，一般常用的测振放大器有微积分放大器、电压放大器（图5-16）、电荷放大器、动态电阻应变仪等。

图 5-15　测振传感器

图 5-16　电压放大器

(三)测振记录装置

测振记录装置是动力测试系统中的最后一个环节,对于近期主要采用磁带记录仪等记录装置。

磁带记录仪是一种常用的、较理想的记录仪器,可用于振动量测和静载试验的数据记录。它将电信号转换成磁信号并记录在磁带上,得到的是试验变量与时间的变化关系。

磁带记录仪由磁带、磁头、磁带传动机构、放大器和调制器等组成。

磁带记录仪的记录方式有模拟式和数字式两种。对记录数据进行处理时应采用不同的方法。当采用模拟式磁带记录仪记录数据时,可通过重放把信号输送给其他分析仪器,用 A/D 转换得到相应的数值。当采用数字式磁带记录仪记录数据时,可直接输送给打印机打印输出或输送到计算机等进行分析。

磁带记录仪的特点如下:

(1)工作频带宽,直接记录方式工作频率为 50～2000000Hz,采用配频记录方式工作频带宽为 0～40kHz。

(2)以同时进行多通道记录,并能保持多通道信号之间正确的时间和相位关系。

(3)可以快速记录、慢速重放,或慢速记录、快速重放,使数据记录和分析更加方便。

(4)通过重放功能,可以很方便地将磁信号还原成电信号,输送给各种分析仪器。

(5)作噪比较高,零点漂移小,线性好,不怕过载。

(四)信号分析处理设备

一般信号处理机首先通过低通抗混滤波器和前置放大器,然后经过模数转换器,将模拟电量信号转换成数字信号输入给计算机,在数据处理硬件和软件支持下进行各种数据处理,最后将分机结果显示在屏幕上或通过打印机(绘图仪)打印出来。信号分析仪如图 5-17 所示。

图 5-17　信号分析仪

试验检测 5.2-1

桥梁动载试验方法

桥梁动载试验(微课)

动载试验主要是通过对结构进行脉动测试,汽车的行车、跳车、刹车激振或其他方式的激振试验,测试桥梁结构上各控制部位的动挠度、动应变、模态参数(自振频率、振型、阻尼比),反映桥梁的整体工作性能。

一、动载试验项目

动载试验是为了测定桥梁结构的自振特性或在动力荷载作用下的受迫振动特性。其试验项目主要包括脉动试验、行车试验、跳车激振试验。

1. 脉动试验

脉动试验是指在桥面无任何交通荷载以及桥址附近无规则振源的情况下,测定桥跨结构由于桥址处风荷载、地脉动、水流等随机荷载激振而引起的桥跨结构微小振动响应。

2. 行车试验

试验荷载可采用接近于检算荷载(标准荷载)重车的单辆载重汽车来充当。试验时,单辆载重汽车可分偏载和中载两种情形,以不同行车速度(通常采用20km/h、40km/h、60km/h、80km/h)匀速通过桥跨结构,测定桥跨结构主要控制截面测点的动应力和动挠度时间历程响应曲线。

3. 跳车激振试验

试验荷载宜采用近于检算荷载(标准荷载)重车的单辆载重汽车来充当。试验时,让单辆载重汽车的后轮在指定位置从高度为15cm的三角形垫板或高度为5~7cm、宽度为30cm的弓形橡胶板突然下落对桥梁产生冲击作用,激起桥梁的振动。

二、动载试验测点布置

测点布置应按照动载试验的要求和目的,结合桥梁结构形式综合确定。在位移和应变较大的部位应布置测点。用于测记结构振动响应测点应尽可能避开振型的节点。

测定桥梁结构振型测点布置:

(1)在所要测定桥梁结构振型的峰、谷点上布设测振传感器(振动传感器),用放大特性相同的多路放大器和记录特性相同的多路记录仪,同时测记各测点的振动响应信号。

(2)将结构分成若干段,选择某一分界点作为参考点,在参考点和各分界点分别布设测振传感器(振动传感器),用放大特性相同的多路放大器和记录特性相同的多路记录仪,同时测记各测点的振动响应信号。

三、动载试验资料的整理分析

(1)行车试验的动力试验荷载效率可按下式计算：

$$\eta_d = \frac{S_d}{S_{lmax}} \tag{5-18}$$

式中：S_d——动力试验荷载作用下控制截面最大内力或变形；

S_{lmax}——控制荷载作用下控制截面最大内力或变形(不计冲击)；

η_d——宜取高值，但不应超过1。

(2)阻尼比。

桥梁结构阻尼可采用波形分析法、半功率带宽法或模态分析法得到。结构阻尼参数宜取用多次试验所得结果的均值，单次试验的实测结果与均值的偏差不应超过±20%。

(3)活载冲击系数μ计算。

在计算冲击系数时，应优先采用桥面无障碍行车下的动挠度时程曲线计算。对于小跨径桥梁的高速行车试验，当判断直接求取法误差较大时，应根据实际情况采用数字低通滤波法求取最大静挠度或应变。μ值按下式计算：

$$\mu = \frac{f_{dmax}}{f_{jmax}} - 1 \tag{5-19}$$

式中：f_{dmax}——最大动挠度幅值；

f_{jmax}——最大静挠度幅值。

(4)根据不同车速的活载冲击系数或动力增大系数，绘制活载冲击系数或动力增大系数与车速的关系曲线，并求出活载冲击系数的最大值。

(5)结构自振频率，结构自振频率可采用频谱分析法、波形分析法或模态分析法得到。自振频率宜取用多次试验、不同分析方法的结果相互验证，单次试验的实测值与均值的偏差不应超过±3%。

四、桥梁结构动力性能评价

桥梁结构动力性能的参数(如固有频率、阻尼比、振型、动力冲击系数等)及动力响应的大小，是宏观评价桥梁结构的整体刚度、运营性能的重要指标，也是一些规范评价桥梁安全运营性能的主要尺度。在实际测试过程中，通常通过以下几个方面来评价桥梁结构的动力性能：

(1)比较桥梁结构频率的理论值与实测值。若实测值大于理论计算值，则说明桥梁结构的实际刚度较大，反之则说明桥梁结构的刚度偏小，可能存在开裂或其他不正常的现象。

(2)根据动力冲击系数的实测值来评定桥梁结构的行车性能。若实测冲击系数较大，则说明桥梁结构的行车性能差，桥面平整度不良，反之亦然。

(3)实测阻尼比的大小反映了桥梁结构耗散外部能量输入的能力。若阻尼比大，则说明桥梁耗散外部能量输入的能力大,振动衰减得慢。但是,过大的阻尼比可能是由于桥梁结构存在开裂或支座工作不正常等现象引起的。

五、试验记录

桥梁结构静态应变(应力)、位移、裂缝试验检测记录见表 5-2 ~ 表 5-4。

桥梁结构静态应变(应力)试验检测记录   表 5-2

检测单位名称：   记录编号：

工程名称/任务编号								
工程部位/用途								
检测条件								
检测依据								
主要仪器设备名称及编号								
工况								
测点编号	观测值(单位：)							
	初始值	第_级_载_min	第_级_载_min	第_级_载_min	第_级_载_min	第_级_载_min	第_级_载_min	第_级_载_min
附加声明：								

检测：   记录：   复核：   日期：   年 月 日

桥梁结构位移试验检测记录（百分表/位移计法） 表 5-3

检测单位名称： 记录编号：

工程名称/任务编号	
工程部位/用途	
检测依据	
主要仪器设备及编号	
工况	

测点编号	观测值（单位： ）							
	初始值	第__级__载__min	第__级__载__min	第__级__载__min	第__级__载__min	第__级__载__min	第__级__载__min	第__级__载__min

附加声明：

检测： 记录： 复核： 日期： 年 月 日

桥梁结构裂缝试验检测记录 表 5-4

检测单位名称： 记录编号：

工程名称/任务编号	
工程部位/用途	
检测条件	
检测依据	
主要仪器设备名称及编号	
试验工况	

裂缝编号	裂缝位置	长度(mm)			裂缝宽度(mm)		
		试验前	满载	卸载后	试验前	满载	卸载后

附加声明：

检测： 记录： 复核： 日期： 年 月 日

单元 5.3　案例分析

一、案例分析(一)

【**案例 5-1**】　某公路桥梁的主桥长度为 60m + 3 × 100m + 60m = 420m,上部结构采用预应力混凝土连续箱梁,各控制截面梁高分别如下:箱梁端支座处梁高为 2.6m,中支座处梁高为 5.6m,跨中处梁高为 2.6m,高跨比 1/38.5。梁底曲线采用圆曲线平滑过渡,圆曲线半径为 $R = 377.542$m。设计荷载:公路—Ⅰ级。现选择对主桥右幅进行荷载试验,桥梁试验联立面示意图如图 5-18 所示,桥梁试验联横断面示意图如图 5-19 所示。

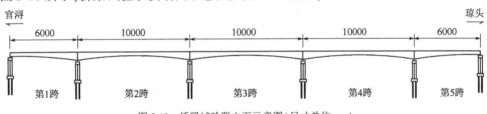

图 5-18　桥梁试验联立面示意图(尺寸单位:cm)

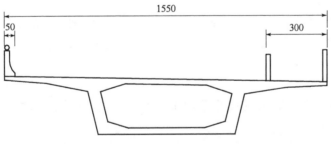

图 5-19　桥梁试验联横断面示意图(尺寸单位:cm)

1. 试验目的

(1)通过静载试验,了解结构的实际工作状况,判断桥梁的实际承载能力是否符合设计要求。

(2)通过动载试验,测定桥梁的自振特性及动力响应,评价桥梁的实际动力性能。

(3)通过静、动载试验,检验桥梁结构的施工质量,为桥梁的竣工验收提供依据,同时为桥梁后期的养护积累资料。

2. 试验依据

(1)《公路桥梁荷载试验规程》(JTG/T J21-01—2015)。

(2)《公路桥梁承载能力检测评定规程》(JTG/T J21—2011)。

(3)《公路桥涵设计通用规范》(JTG D60—2015)。

(4)《公路钢筋混凝土及预应力混凝土桥涵设计规范》(JTG 3362—2018)。

(5)桥梁设计文件(含变更文件)、项目招投标文件及合同文件。

3.试验内容

1)静载试验内容

静载试验是将静止的荷载作用在桥梁上的指定位置而测试结构的静应变、静位移以及其他试验项目,从而推断桥梁结构在荷载作用下的工作状态和使用能力。

(1)静态变形测量

结构的变形及其变形曲线能够表征结构总体工作性能指标。例如,通过试验荷载作用下的桥梁变形情况,可以判断桥梁的工作性能。

(2)静态应变测量

对于试验的断面内力及断面应力分布的测量,一般是通过应变测定来实现,因此,精确地测定应变值,对于结构受力状态的正确分析是非常重要的。

(3)裂缝观测

①试验前,首先借助桥梁检测车对其进行外观检查。在对全桥进行外观普查过程中,应注意检查是否已经有裂缝产生,并采用裂缝观测仪对裂缝的深度、宽度、长度等情况进行观察、记录;对已有裂缝应注意观测在加载时裂缝是否会加宽,长度是否扩展等;卸载时,裂缝是否会恢复闭合。

②在静载试验时,应注意在加载时,关键断面是否会产生新裂缝。

③记录时记录内容应包括裂缝出现的加载工况、裂缝宽度、裂缝长度及发展方向等。

2)动载试验内容

桥梁结构动载试验的主要内容包括:①测定桥梁的动力特性,如动力荷载的大小、方向、频率及作用规律等;②测定桥梁结构在动力荷载下的强迫振动响应,如振幅、动应力(挠度)、冲击系数等。

(1)冲击系数

桥梁结构的冲击系数大小,反映了桥梁的动力效应。它可以通过动应变或动挠度曲线进行分析得到。

(2)自振频率

结构的自振频率反映了通过结构刚度的大小。它可以通过脉动试验得到。

(3)振型

结构的振型是结构相应于各阶固有频率的振动形式,一个振动系统振型的数目与其自由度数目相等。对于一般的桥梁结构,第一固有频率即基频对结构的动力分析最为重要。因此,本项目重点对一阶振型进行测试。

(4)阻尼比

振动分析中用阻尼比代表阻尼的大小。结构阻尼的大小是反映结构振动能量消耗状态的复杂参数。阻尼力与运动速度成正比。阻尼比值是反映结构在阻尼力的影响下结构振动衰减幅值的比值。阻尼比值越大,说明振动衰减速度越快,即结构传递振动能力越差或结构有裂缝,均质程度差。

3)测点布置及编号原则

为了规范数据采集及报告中测试对象编码的唯一性,对本次检测中对测点编号采用双字段,如图 5-20 所示。

图 5-20　测点编号示意图

4)加载车辆选择

本次试验采用等效荷载的原则布载,试验采用 38t 轴载重汽车,共 12 车。试验前,应对每辆车都过磅,记录各车辆的实际轴重、总重、轮间距和轴间距等有关参数。车辆实际加载吨位表见表 5-5。

车辆实际加载吨位表　　　　　　　　　　　表 5-5

车辆编号	前轴重(kN)	中后轴重(kN)	总重(kN)	L_1(cm)	L_2(cm)
1	74.3	303.4	377.7	400	140
2	76.3	304.1	380.3	400	140
3	74.6	303.6	378.2	400	140
4	76.3	303.6	379.8	400	140
5	77.0	304.6	381.6	400	140
6	75.2	303.2	378.4	400	140
7	76.4	304.2	380.7	400	140
8	76.7	303.4	380.1	400	140
9	75.5	304.4	379.8	400	140
10	75.6	304.0	379.5	400	140
11	76.7	304.2	381.0	400	140
12	76.2	304.7	380.9	400	140

加载车辆及车辆荷载模型如图 5-21 所示。

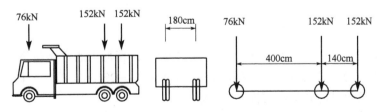

图 5-21　加载车辆及车辆荷载模型

注:将实际加载吨位计算后加载效率满足规范要求的 0.85~1.05 范围内。

5)试验设备

为了完成试验目的,本项目在实施中使用了桥梁静态测试系统、动态测试系统、分析软件以及相关测试辅助设备等。主要仪器设备清单表见表 5-6。

主要仪器设备清单表　　　　表 5-6

序号	名称	型号	准确度	用途	数量
1	精密水准仪	徕卡 NA2	0.3mm	挠度观测	1 台
2	无线桥梁模态测试分析系统	DN5907	—	动力测试	1 套
3	裂缝观测仪	KON-FK(N)	—	裂缝观测	1 台
4	桥梁及结构应力检测系统	RS-QL06E 型	—	应变观测	1 套
5	数码静态应变传感器	HY-65B3000B	$0.1\mu\varepsilon$	应变观测	若干只
6	数码动态应变传感器	HY-65DJB3000B	$0.1\mu\varepsilon$	动应变观测	若干只
7	数码相机	日本	—	外观检查	1 部
8	对讲机	—	—	—	若干部
9	MIDAS 软件	2012 版	—	结构分析	1 套
10	桥梁博士	V3.0	—	结构分析	1 套
11	桥梁检测车	徐工	—	—	1 台

4. 结构初始状态参数调查

1) 主要工作内容

在进行荷载试验前,为达到对试验结构全面了解的目的,首先应对桥梁现有技术状况进行调查,并根据调查结果对理论计算模型进行修正,得到符合桥梁实际成桥状态的有限元计算分析模型,以便达到在试验过程、正确解释试验现象、合理评定测试结果的目的。

2) 外观质量检查

在荷载试验前对桥梁结构进行详细的外观检查,其检测结果包括如下:

(1) 墩台顶部支座无脱空、错位现象,工作性能良好。

(2) 主梁、桥墩混凝土表面无明显蜂窝、麻面等缺陷。

(3) 桥面铺装完好,平整度较好。

(4) 试验跨梁体未发现裂缝。

5. 静载试验

1) 理论分析

该项目由桥梁结构分析软件 Midas/Civil 建立模型,计算得出的弯矩包络图确定其内力最不利位置。根据《公路桥梁荷载试验规程》(JTG/T J21-01—2015)的规定,并经过精确的结构分析计算确定该桥梁试验联的内力控制断面。

该桥的设计荷载为公路-I 级,通过对该桥的有限元分析,桥梁在设计荷载作用下的内力包络图分别如图 5-22、图 5-23 所示。经过分析,确定的 3 个主要内力控制断面分别为边跨最大正弯矩断面、支点负弯矩断面、中跨跨中最大正弯矩断面。

测试控制面布置图如图 5-24 所示。

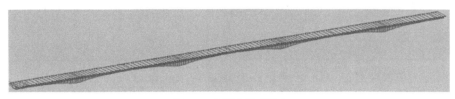

图 5-22 桥梁有限元模型

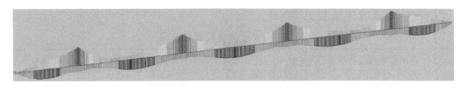

图 5-23 标准荷载作用下全桥弯矩 My 包络图

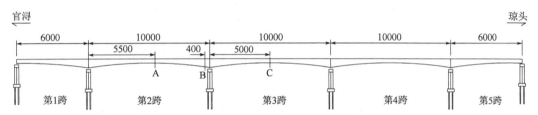

图 5-24 测试控制断面布置图(尺寸单位:cm)

对应于这 3 个内力控制断面,确定 4 个静载试验工况,即工况Ⅰ、工况Ⅱ、工况Ⅲ、工况Ⅳ。由各控制断面确定的荷载试验工况及试验内容如下:

工况Ⅰ:第 2 跨 A 截面处箱梁最大内力及挠度的偏心加载试验;

工况Ⅱ:次边墩近支点 B 截面处箱梁最大内力的偏心加载试验;

工况Ⅲ:第 3 跨 C 截面处箱梁最大内力及挠度的对称加载试验;

工况Ⅳ:第 3 跨 C 截面处箱梁最大内力及挠度的偏心加载试验。

根据桥梁的结构形式,采用结构有限元程序分析计算,得出控制断面的弯矩及挠度影响线如图 5-25 ~ 图 5-27 所示。

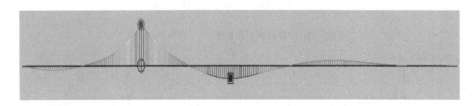

图 5-25 A 断面弯矩影响线

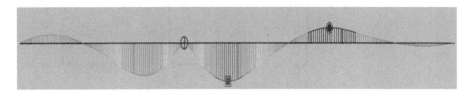

图 5-26 B 断面弯矩影响线

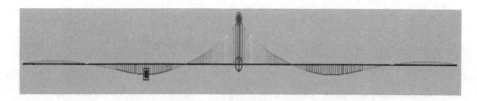

图 5-27 C 断面弯矩影响线

各工况的试验荷载效率系数见表 5-7。

各工况的试验荷载效率系数表 表 5-7

加载工况	控制荷载理论弯矩值(kN·m)	试验荷载计算弯矩值(kN·m)	试验荷载效率系数
工况 I	26360.6	25121.8	0.953
工况 II	42816.8	44731.2	1.045
工况 III	27064.7	26279.0	0.971
工况 IV	27064.7	26279.0	0.971

2)测点布置

(1)应力测点

主梁每个正负弯矩控制断面(A、B、C 3 个内力控制断面)布置 8 个应力(应变)测点,主要测试纵梁等构件各控制断面在最大弯矩作用下的受力状况。各控制断面的典型测点布置图如图 5-28 ~ 图 5-30 所示。

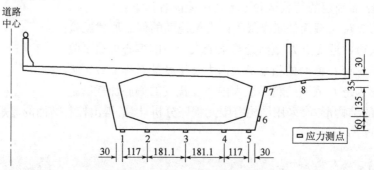

图 5-28 A 断面测点布置图(尺寸单位:cm)

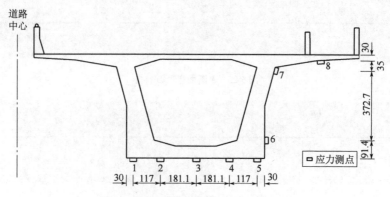

图 5-29 B 断面测点布置图(尺寸单位:cm)

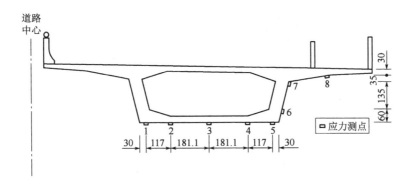

图 5-30　C 断面测点布置图(尺寸单位:cm)

(2)挠度测点

桥梁挠度测量是根据现场具体条件和情况选择使用精密水准仪进行各测点的挠度测量,挠度测试断面为 A、C 断面。断面挠度典型测点布置图如图 5-31 所示。

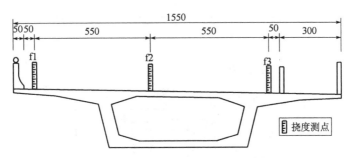

图 5-31　断面挠度典型测点布置图(尺寸单位:cm)

3)各静载工况车辆布载

各静载工况车辆布载见表 5-8 ~ 表 5-11。

工况 I 载位布置表　　　　　　　表 5-8

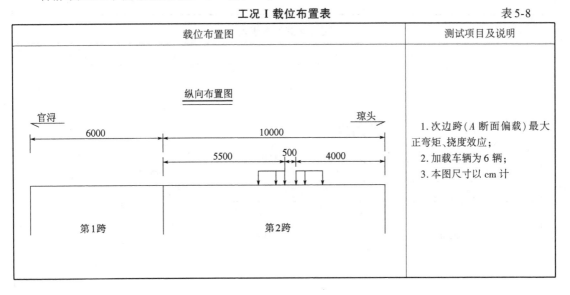

载位布置图	测试项目及说明
	1.次边跨(A 断面偏载)最大正弯矩、挠度效应; 2.加载车辆为 6 辆; 3.本图尺寸以 cm 计

续上表

载位布置图	测试项目及说明
横向布置图 ... 道路中心 50 50 180 130 180 130 180 300 1550 ... 平面布置图 官浔 琼头 6000 10000 5500 250 250 4000 2 1 / 4 3 / 6 5 第1跨 第2跨	分级加载
	1 1~2
	2 3~4
	3 5~6

工况Ⅱ载位布置表　　　　　　　　　　　　　　　表5-9

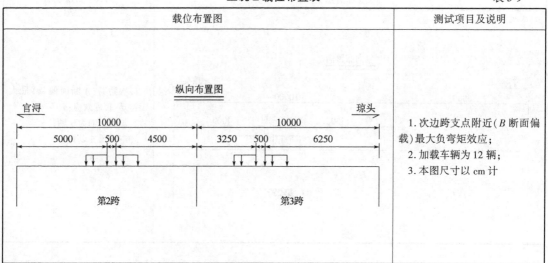

载位布置图	测试项目及说明
纵向布置图（官浔——琼头） 10000 10000 5000 500 4500 3250 500 6250 第2跨 第3跨	1.次边跨支点附近（B断面偏载）最大负弯矩效应； 2.加载车辆为12辆； 3.本图尺寸以cm计

续上表

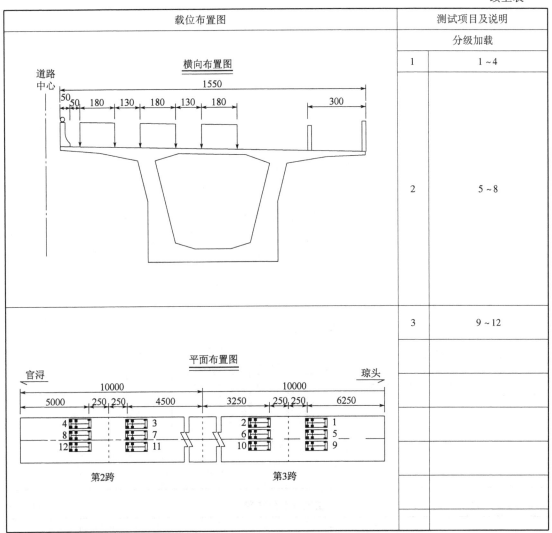

载位布置图	测试项目及说明
	分级加载
	1 1～4
	2 5～8
	3 9～12

工况Ⅲ载位布置表   表5-10

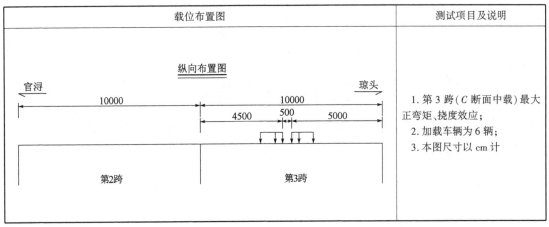

载位布置图	测试项目及说明
	1. 第3跨（C断面中载）最大正弯矩、挠度效应； 2. 加载车辆为6辆； 3. 本图尺寸以 cm 计

续上表

载位布置图	测试项目及说明	
	分级加载	
横向布置图（尺寸：50 200 180 130 180 130 180 200 300，总1550）	1	1~2
	2	3~4
平面布置图（官浔—琼头，10000+10000；4500 250 250 5000；第2跨/第3跨）	3	5~6

工况Ⅳ载位布置表 表5-11

载位布置图	测试项目及说明
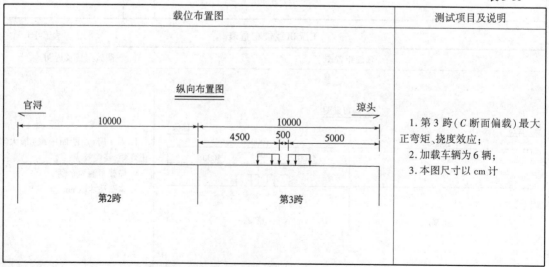 纵向布置图（官浔—琼头，10000+10000；4500 500 5000；第2跨/第3跨）	1. 第3跨（C 断面偏载）最大正弯矩、挠度效应； 2. 加载车辆为6辆； 3. 本图尺寸以 cm 计

续上表

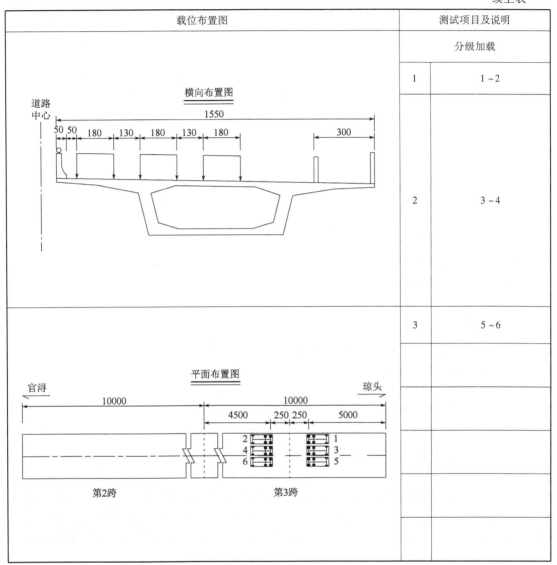

	测试项目及说明
	分级加载
1	1~2
2	3~4
3	5~6

4) 试验荷载的加(卸)载控制与安全措施

(1) 加(卸)载程序的确定

在试验过程中,结构的变形与所受荷载的时间特性有关。因此,只有选择合理的加(卸)载程序,才能准确地了解结构的变形性质。

① 车辆荷载加载分级的原则:

a. 逐渐增加加载车辆的数量。

b. 加载车位于内力影响线的不同部位。

静力试验荷载的加载分级主要依据加载车在某一加载试验项目中对应的控制截面内力和位移影响面内纵横向位置的不同以及加载车数量的多少。一般按控制截面内力或位移的最不利效应值的一定比例进行加载。

②试验加载方式应根据理论计算结果以及逐级加载结构变形量来确定,本方案中分为 3 级加载至最大荷载,并进行逐级递卸至零荷载。分级加载、分级卸载的目的是得到结构试验荷载与变形的相关曲线,同时防止加载意外损伤结构。

(2)测点的观测

对加载试验的控制点应随时观测、随时计算,并且要将计算结果报告试验指挥人员。若实测值超过计算值较多,则应暂停加载,待查明原因后再决定是否继续加载。

试验人员如发现其他测点的测值有较大的反常变化时也应查找原因,并及时向试验指挥人员报告。

(3)加载过程的观察

在加载过程中,应指定人员随时注意观察以下各种状况:

①结构各部位可能产生的新裂缝。

②构件薄弱部位是否有开裂、破损。

③组合构件的接合面是否有开裂错位。

④支座附近混凝土是否开裂。

⑤横隔板的接头是否拉裂。

⑥结构是否产生不正常的响声。

⑦加载时墩台是否发生摇晃现象等。

如发生以上情况应报告试验指挥人员,以采取相应的措施。

(4)加载过程中裂缝监控

此项检查分为 3 个部分:

①在对全桥进行外观普查过程中对裂缝情况进行观察、记录。

②静载试验前,对被试验梁的裂缝位置、长度、缝宽等进行观测。

③在试验过程中及试验后,观测有无新裂缝产生、裂缝开展情况等,并做好记录。

(5)加载持续时间

①在进行正式加载试验前,宜用 2 辆载重加载车在桥跨 $L/2$ 断面进行横桥向对称的预加载,预加载试验持荷时间以不少于 20min 为宜。预加载的目的:一是使结构进入正常工作状态,二是检查测试系统和试验组织是否工作正常。只有预加载卸至零荷载,并且在结构得到充分的零荷恢复后,才能进入正式加载试验。

②正式加载试验按加载工况序号逐一进行,每次加载或卸载的持续时间取决于结构位移达到稳定标准时所需要的时间。只有在前一荷载阶段内结构位移达到相对稳定后,才能进入下一个荷载阶段。结构位移相对稳定的标志:同一级荷载内,结构在最后 5min 内的位移增量小于前一个 5min 内位移增量的 15%,或小于所用量测仪器的最小分辨值;每级稳定时间不少于 15min。

(6)终止加载控制条件

当发生下列情况之一时,应中途终止加载:

①控制测点的应力值已达到或超过用弹性理论按规范安全条件反算的控制应力值时。

②控制测点位移(挠度)超过规范允许值时。

③由于加载,使结构裂缝的长度、宽度急剧增加,新裂缝大量出现,裂缝宽度超过允许值的

裂缝大量增多,从而对结构使用寿命造成较大的影响时。

④加载时沿跨长方向的实测挠度曲线分布规律与计算值相差过大或实测挠度超过计算过多时。

⑤发生其他损坏,进而影响桥梁承载能力或正常使用时。

5)静载试验结果与分析

利用桥梁专用程序分析软件 MIDAS 建立模型,进行各工况荷载作用下位移、应力的计算。根据实际的加载车位置加载,计算出位移测点处的位移计算值和应变测点处的应变计算值。在静载试验中所测得的控制截面各部位的挠度值,均为加载后的挠度增量,而未与已有恒载挠度值叠加。将计算的挠度增量值与实测的挠度增量值进行比较,采用校验系数表示,即

$$\eta' = \frac{实测值 - 残余}{计算值} \tag{5-20}$$

若校验系数为负值表示位移向上,若校验系数为正值表示位移方向为向下。

在静载试验中所测得的控制截面各部位的混凝土应变值,均为加载后的应变增量,而未与已有恒载应变值叠加。将计算的应变增量值与实测的应变增量值进行比较,采用校验系数[式(5-20)]表示,负应变值代表混凝土受压,正应变值代表混凝土受拉。

(1)挠度测试结果及分析

将挠度测试数据经支点沉降修正后,计算出试验梁测试截面在试验荷载满载作用下的挠度值。各个工况计算位移值和实测位移值的比较见表5-12～表5-14,同时给出了各个工况测点的校验系数。

主桥右幅第 2 跨工况 I 挠度比较表　　　　表5-12

测点编号	实测值(mm)	计算值(mm)	残余(mm)	校验系数
$A-f_1$	29.69	40.77	1.07	0.70
$A-f_2$	26.99	40.77	0.13	0.66
$A-f_3$	26.59	40.77	0.37	0.64

主桥右幅第 3 跨工况 III 挠度比较表　　　　表5-13

测点编号	实测值(mm)	计算值(mm)	残余(mm)	校验系数
$C-f_1$	30.24	45.69	0.14	0.66
$C-f_2$	30.08	45.69	0.96	0.64
$C-f_3$	29.63	45.69	0.97	0.63

主桥右幅第 3 跨 IV 挠度比较表　　　　表5-14

测点编号	实测值(mm)	计算值(mm)	残余(mm)	校验系数
$C-f_1$	32.18	45.69	1.05	0.68
$C-f_2$	31.23	45.69	0.86	0.66
$C-f_3$	30.26	45.69	0.21	0.66

由表5-12～表5-14可以看出,各个工况的控制截面位移与计算位移的比值均小于1.0,说明刚度满足要求。

(2)应变测试结果及分析

各个工况计算应变值和实测应变值的比较见表 5-15 ~ 表 5-18,同时给出了各个工况测点的校验系数。主桥右幅各跨工况应变比较图如图 5-32 ~ 图 5-35 所示。

主桥右幅第 2 跨工况 I 应变比较表　　　　　　表 5-15

测点编号	实测值($\mu\varepsilon$)	计算值($\mu\varepsilon$)	残余($\mu\varepsilon$)	校验系数
A_1	103.5	129.3	-16.3	0.93
A_2	95.4	129.3	-0.2	0.74
A_3	82.3	129.3	3.2	0.61
A_4	75.3	129.3	-5.1	0.62
A_5	72.3	129.3	-9.9	0.64
A_6	50.0	81.2	-1.6	0.64
A_7	-12.4	-26.1	-0.2	0.47
A_8	-42.0	-51.8	-0.8	0.80

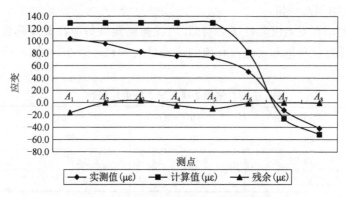

图 5-32　主桥右幅第 2 跨工况 I 应变比较图

主桥右幅第 2 跨工况 II 应变比较表　　　　　　表 5-16

测点编号	计算值($\mu\varepsilon$)	实测值($\mu\varepsilon$)	残余($\mu\varepsilon$)	校验系数
B_1	-40.3	-52.8	-4.9	0.67
B_2	-46.9	-52.8	-6.1	0.77
B_3	-48.7	-52.8	-7.4	0.78
B_4	-44.9	-52.8	-8.4	0.69
B_5	-41.2	-52.8	-1.7	0.75
B_6	-34.5	-35.7	-5.7	0.81
B_7	27.9	35.1	1.8	0.74
B_8	32.0	41.7	-1.3	0.80

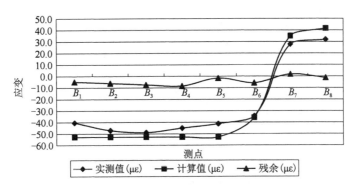

图 5-33　主桥右幅第 2 跨工况 Ⅱ 应变比较图

主桥右幅第 3 跨工况 Ⅲ 应变比较表　　　　　　　　　　　　　　　　表 5-17

测点编号	实测值($\mu\varepsilon$)	计算值($\mu\varepsilon$)	残余($\mu\varepsilon$)	校验系数
C_1	112.0	135.1	13.5	0.73
C_2	128.8	135.1	5.9	0.91
C_3	90.3	135.1	−4.3	0.70
C_4	98.8	135.1	−2.2	0.75
C_5	101.7	135.1	−6.3	0.80
C_6	75.5	85.5	−1.8	0.90
C_7	−20.1	−26.4	−0.8	0.73
C_8	−43.7	−55.4	−0.6	0.78

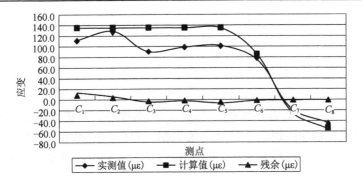

图 5-34　主桥右幅第 3 跨工况 Ⅲ 应变比较图

主桥右幅第 3 跨工况 Ⅳ 应变比较表　　　　　　　　　　　　　　　　表 5-18

测点编号	实测值($\mu\varepsilon$)	计算值($\mu\varepsilon$)	残余($\mu\varepsilon$)	校验系数
C_1	126.0	135.1	3.8	0.90
C_2	131.8	135.1	7.0	0.92
C_3	95.6	135.1	6.9	0.66
C_4	109.3	135.1	7.6	0.75
C_5	112.6	135.1	4.6	0.80
C_6	76.1	85.5	8.1	0.80
C_7	−22.2	−26.4	−1.8	0.77
C_8	−40.9	−55.4	−1.0	0.72

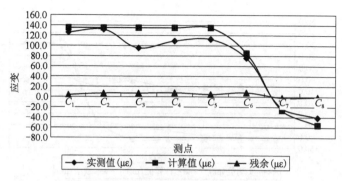

图 5-35 主桥右幅第 3 跨工况 Ⅳ 应变比较图

由表 5-15～表 5-18 可以看出,各个工况的控制截面应变与计算应变的比值均小于 1.0,说明强度满足要求。

6) 静载试验结论

该桥梁试验联静力荷载试验的试验结果及分析表明:

(1) 本次荷载试验各工况的荷载效率 η 值满足 $0.85 \leqslant \eta \leqslant 1.05$,满足基本静荷载试验要求,表明试验结果有效。

(2) 本次荷载试验对结构是安全的,在各工况加载过程中,未发现桥梁有异常振动、声响以及裂缝出现,表明试验过程中桥梁均未出现因加载而产生的裂缝和损伤。

(3) 该桥梁试验联各控制断面的挠度、应变校验系数均小于 1,满足规范要求,表明主梁的刚度和强度满足设计及规范要求。

(4) 该桥梁试验联各检测点挠度、应变的残余均在 20% 以内,变形恢复良好,满足规范要求,表明桥梁的主要受力构件处于弹性工作状况。

综上所述,该桥梁主桥的承载能力符合设计及规范要求。

6. 动载试验

桥梁结构的动力特性(包括自振频率、振型、阻尼系数等),是进行风振和地震响应分析的基础,也可作为对结构损伤识别或质量评定的依据。它只与结构本身的固有性质(如结构的组成形式、刚度、质量分布、材料性质等)有关,而与荷载等其他条件无关,是桥梁结构振动系统的基本特征。

桥梁结构是一个多变量的复杂系统,当结构的物理特性(如开裂、尺寸、材料力学性能等)发生变化时,不但静力特性(变形、应力、裂缝等)会发生变化,而且动力特性也发生变化,这一变化对于其现状评估有着重要的意义。

通过动力荷载作用下结构的动力特性试验,可以了解桥梁结构的动力特性的基本特征;通过动力荷载作用下结构的动力响应试验,基于测试各控制截面在动力荷载作用下的动力响应(如振幅、速度、加速度、冲击系数等),除了可用于判断结构在动荷载作用下的响应特征外,还可作为结构设计的基本依据,并且可为桥梁以后的运营养护管理提供必要的数据和资料。

桥梁动载试验主要包括主梁结构自振特性试验、行车动力响应试验。桥梁自振特性试验测试内容包括自振频率、振型、阻尼比;行车动力响应试验测试内容包括跑车作用下测试断面的动应变、冲击系数。通过桥梁结构的实测动力参数与理论计算参数的比较,从而判断桥梁结构的整体刚度、行车性能是否满足设计要求。

(1)动载试验工况

①脉动试验

在桥面无任何交通荷载以及桥址附近无规则振源的情况下,测定桥跨结构由于桥址处风荷载、地脉动等随机荷载激发而引起桥跨结构的振动响应,测得结构的自振频率、振型和阻尼比等动力学特征。

②行车试验

在桥面无任何障碍的情况下,用一辆载重汽车(每辆重约 380kN)以 10km/h、20km/h、30km/h、40km/h 的速度驶过桥跨结构,测定桥梁主跨在运行车辆荷载作用下的动力反应。动力试验工况见表5-19。

动力试验工况　　　　　　　　　　表 5-19

工况分类	工况内容	测试内容
工况 1	脉动试验	振型、频率、阻尼比
工况 2	10km/h,跑车试验	冲击系数
工况 3	20km/h,跑车试验	冲击系数
工况 4	30km/h,跑车试验	冲击系数
工况 5	40km/h,跑车试验	冲击系数

(2)测点布置

①振动传感器布置

根据结构振型的特点,将振动传感器布置在振型的峰、谷位置。振动传感器全部为竖向,分别布置在每跨的 $L/4$、$L/2$、$3L/4$ 截面。动载模态试验测点布置图如图5-36所示。

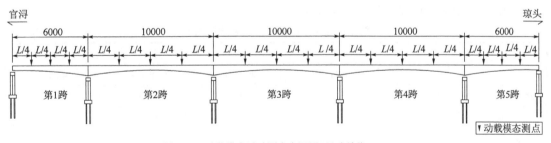

图 5-36　动载模态试验测点布置图(尺寸单位:cm)

②动应变测点布置

动应变测点主要布置在试验跨(第 3 跨)跨中位置,在箱梁底板布置 3 个测点,具体布置如图 5-37 所示。

(3)动载试验结果及分析

①冲击系数试验结果

动力荷载作用于结构上产生的动应变,一般较同样的静荷载所产生的相应静应变要大。动应变与静应变的比值称为活荷载的冲击系数。由于挠度反映了桥跨结构的整体变形,是衡量结构刚度的主要指标,则活载冲击系数综合反映了荷载对桥梁的动力作用。它与结构的型式、车辆运行速度和桥面的平整度等有关。

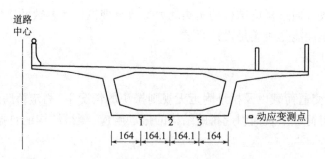

图 5-37 动应变测点布置图(尺寸单位:cm)

为了测定冲击系数,利用所测动应变时程曲线,根据定义可得冲击系数的大小。冲击系数按下式计算:

$$1 + \mu = \frac{\varepsilon_{\text{dmax}}}{\varepsilon_{\text{smax}}} \tag{5-21}$$

式中:$\varepsilon_{\text{dmax}}$——最大动应变值;

$\varepsilon_{\text{smax}}$——最大静应变值。

冲击系数的大小与车速、路面平整度状况、测点布设位置、试验工况等诸多因素都有一定的关系。

用 1 辆载重汽车(总重约 380kN)以 10km/h、20km/h、30km/h、40km/h 的速度驶过桥跨结构,测定桥梁主跨在运行车辆荷载作用下的动力反应。在行车过程中,桥跨结构有一定的冲击系数$(1+\mu)$,实测冲击系数最大值为 1.035,属于正常范围。

总体而言,桥梁在车辆动态荷载作用下引起的动态应变值均很小,说明桥梁自身的动力特性较好,车辆动荷载对桥梁的动态影响小。

跨中截面跑车试验时冲击系数实测值见表 5-20。

跨中截面跑车试验时冲击系数实测值　　表 5-20

项目测试参数		工况:无障碍行车试验			
		10km/h	20km/h	30km/h	40km/h
跨中	冲击系数 $1+\mu$	1.024	1.029	1.027	1.035
	理论冲击系数 $1+\mu$	1.050			

实测 10km/h 动应变曲线如下:

续上表

项目测试参数		工况:无障碍行车试验			
		10km/h	20km/h	30km/h	40km/h
跨中	冲击系数 $1+\mu$	1.024	1.029	1.027	1.035
	理论冲击系数 $1+\mu$	1.050			

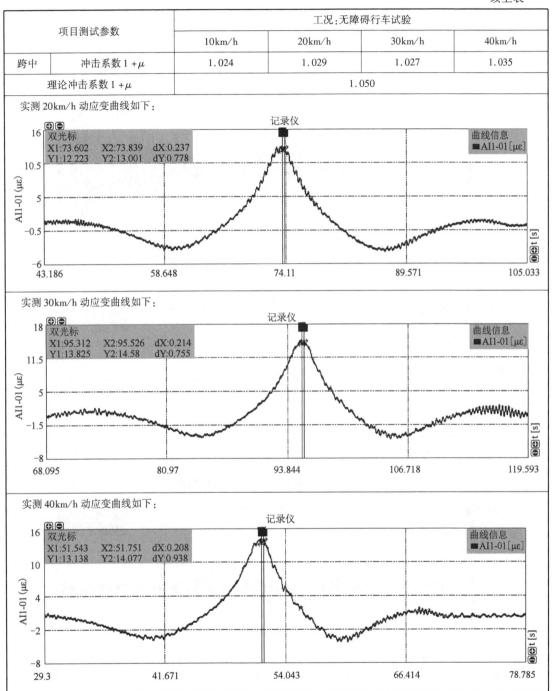

②模态试验结果

主桥右幅实测频率及阻尼比见表 5-21,主桥右幅第 2 跨、第 3 跨跨中测点的时程曲线及频域曲线如图 5-38～图 5-41 所示,主桥右幅一阶理论振型图如图 5-42 所示,主桥右幅一阶实测振型图如图 5-43 所示。

实测频率及阻尼比 表 5-21

桥梁	阶数	理论频率	实测频率	阻尼比
主桥右幅	1	0.755	0.918	0.008

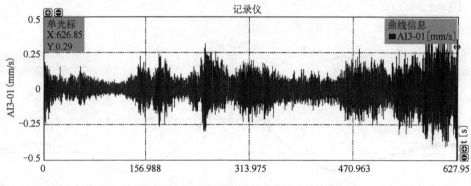

图 5-38　主桥右幅第 2 跨跨中测点时程曲线

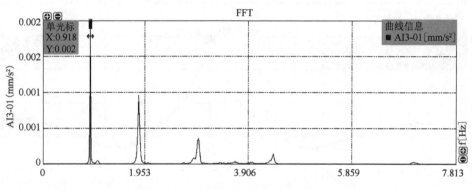

图 5-39　主桥右幅第 2 跨跨中测点频域曲线

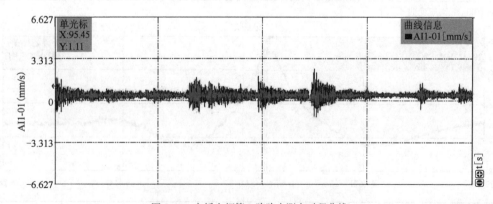

图 5-40　主桥右幅第 3 跨跨中测点时程曲线

模态试验结果表明，桥梁各阶竖弯模态实测振型与理论振型吻合，说明测试结果良好、可信。自振频率实测值均大于理论值，这说明该桥整体刚度较好，具有较强的抗冲击性能，即结构动力特性能够满足设计要求。

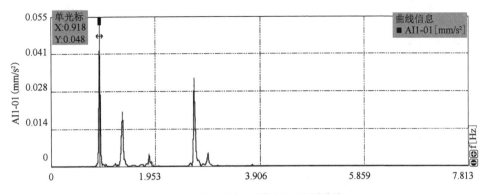

图 5-41　主桥右幅第 3 跨跨中测点频域曲线

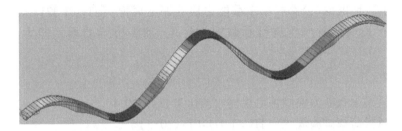

图 5-42　主桥右幅一阶理论振型图

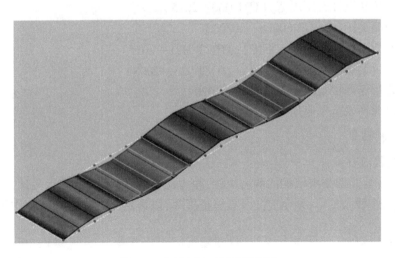

图 5-43　主桥右幅一阶实测振型图

(4)动载试验结论

根据试验桥跨动荷载试验实测频率、阻尼比、冲击系数,结合结构动力响应以及理论分析,可以得到以下结论:

①脉动试验中,基频实测值大于理论计算值,说明结构的动刚度满足设计要求。
②脉动试验得出桥梁试验跨结构的振型与理论分析振型吻合。
③脉动试验中,一阶频率的阻尼比为 0.008,在合理范围之内。

④跑车试验基本上模拟了桥梁运营阶段的工作状态,各车速作用下冲击系数为1.024~1.035,在设计允许范围内。

综上所述,该桥梁主桥动力特性符合设计及规范要求。

二、案例分析(二)

【案例 5-2】 某大桥桥跨纵向布置 8×30m T 形梁 +(65m+98m+65m)主桥连续梁 +53×30m T 形梁 +(38m+68m+38m)跨堤连续梁 +4×30m T 形梁,主桥为第 9 跨~第 11 跨,基础均采用钢筋混凝土钻孔灌注桩,桩径为 1.5m,主桥墩身为双向下缩型空心墩,南岸跨堤段主墩为实体矩形墩;全桥总长为 2328m,水泥混凝土桥面。设计荷载等级汽车—超 20 级,挂车—120。

1. 检测目的

本次检测主要是根据《公路桥梁承载能力检测评定规程》(JTG/T J21—2011)中桥梁承载能力评估的有关规定对大桥进行承载能力评定,判断桥梁的承载能力是否满足设计要求。

2. 检测依据

(1)《公路桥梁承载能力检测评定规程》(JTG/T J21—2011)。
(2)《公路桥梁荷载试验规程》(JTG/T J21-01—2015)。
(3)《公路钢筋混凝土及预应力混凝土桥涵设计规范》(JTG 3362—2018)。
(4)《公路桥涵设计通用规范》(JTG D60—2015)。
(5)《工程测量标准》(GB 50026—2020)。
(6)《公路桥梁技术状况评定标准》(JTG/T H21—2011)。
(7)《公路桥梁加固施工技术规范》(JTG/T J23—2008)。
(8)《公路桥涵养护规范》(JTG 5120—2020)。
(9)《公路养护安全作业规程》(JTG H30—2015)。

3. 试验检测内容

1) 静载试验内容

静载试验主要是对桥梁结构的静力位移、静力应变、裂缝等参数进行测试,通过分析得到结构的校验系数、残余变形、残余应变及裂缝扩展等,以评定结构在设计荷载作用下的工作性能等。

2) 动载试验内容

桥梁动载试验是利用某种激振方法激起桥梁结构的振动,然后测定其固有频率、阻尼比、振型、动力冲击系数、行车响应等参量,从而判断桥梁结构的整体刚度、行车性能。

4. 静载试验检测方案及数据分析评定

1) 理论分析结果

该桥理论计算采用桥梁结构分析软件 MIDAS 进行空间分析,并将计算结果与设计计算结果相比较,保证计算结果的正确。活载作用下弯矩包络图及最大正弯矩截面影响线(第 9 跨、第 10 跨和 9 号墩)最大负弯矩截面影响线如图 5-44~图 5-47 所示。

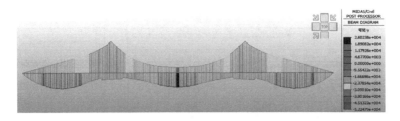

图 5-44　活载作用下弯矩包络图

图 5-45　第 9 跨最大正弯矩截面影响线

图 5-46　第 10 跨最大正弯矩截面影响线

图 5-47　9 号墩最大负弯矩截面影响线

2）荷载试验工况选择

根据主桥的理论分析结果，选择桥梁受力不利的截面进行测试，具体工况选择见表 5-22。

静载试验工况选择　　　　　　　　　　表 5-22

工况	测试截面	测试内容	备注
工况 1	第 9 跨最大正弯矩测试截面	主测挠度、应变	偏载
工况 2	第 10 跨最大正弯矩测试截面	主测挠度、应变	偏载
工况 3	第 10 跨最大正弯矩测试截面	主测挠度、应变	中载
工况 4	9 号墩最大负弯矩截面测试	主测应变	偏载

3）试验荷载

根据当地车型及理论分析结果，本次选择单车总质量尽量控制在 340kN ± 10kN 以内，前轴尽量控制在 60kN ± 5kN 以内，后轴尽量控制在 110kN ± 5kN 以内。同时，对加载车编号，复测每辆加载车的轮距和轴距。加载主要轴重参数图（34T 车型）如图 5-48 所示。

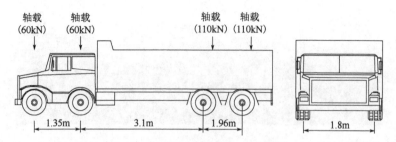

图 5-48　加载主要轴重参数图（34T 车型）

4）测点布置

（1）应变测点布置

第 9 跨和第 10 跨应变测点布置如图 5-49、图 5-50 所示。

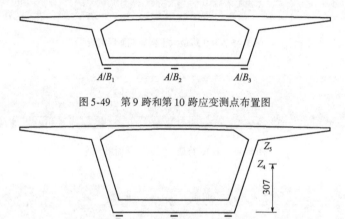

图 5-49　第 9 跨和第 10 跨应变测点布置图

图 5-50　9 号墩支点测点布置图（尺寸单位：cm）

从图 5-49、图 5-50 中可以看出，所有应变测点编号按前进方向依次从左向右进行，第 9 跨最大正弯矩测试截面测点布置编号为 $A_1 \sim A_3$；第 10 跨最大正弯矩测试截面测点布置依次编号为 $B_1 \sim B_3$；9 号墩支点测点布置为 $Z_1 \sim Z_5$，其中 Z_4 为应变花测点。应变花安装如图 5-51 和图 5-52 所示。

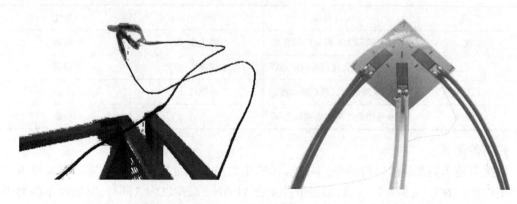

图 5-51　应变花安装示意　　　　　图 5-52　应变花细部图

(2)变形测点布置

如图 5-53 所示,按前进方向依次从左向右进行编号,第 9 跨最大正弯矩测试截面变形测点编号为 $f_1 \sim f_2$;第 10 跨最大正弯矩测试截面变形测点编号为 $f_3 \sim f_4$。

图 5-53 变形测点布置图

(3)裂缝测点布置

根据调查结果,裂缝计主要安装在第 10 跨 10~11 号节段底板、第 10 跨 10~13 号节段右侧腹板和第 10 跨 10~13 号节段底板,分别观测底板横向裂缝、腹板斜向裂缝和底板斜向裂缝。裂缝计安装如图 5-54 所示。

图 5-54 裂缝计安装

5)试验工况及荷载分级

(1)试验荷载横向布置示意图

试验荷载横向布置示意图如图 5-55 所示。

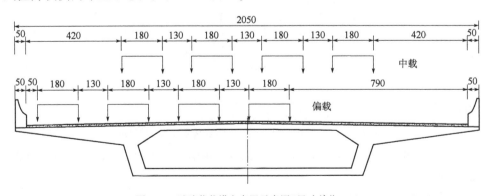

图 5-55 试验荷载横向布置示意图(尺寸单位:cm)

(2)试验荷载纵向布置示意图

①工况1:第9跨最大正弯矩测试(偏载)如图5-56所示。

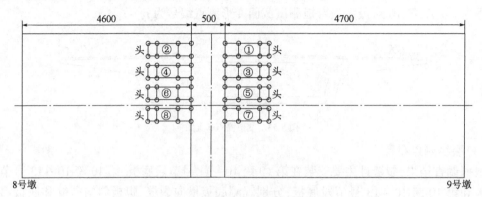

图5-56 工况1:第9跨最大正弯矩测试(偏载)(尺寸单位:cm)

②工况2:第10跨最大正弯矩测试(偏载)如图5-57所示。

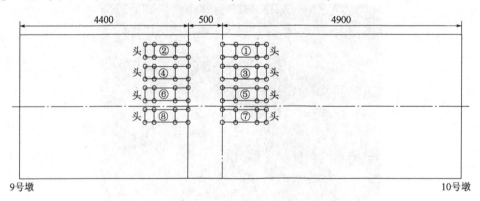

图5-57 工况2:第10跨最大正弯矩测试(偏载)(尺寸单位:cm)

③工况3:第10跨最大正弯矩测试(偏载)如图5-58所示。

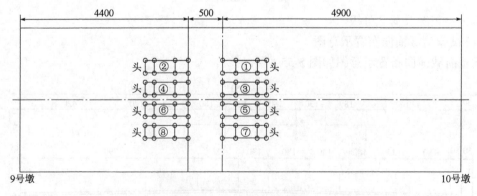

图5-58 工况3:第10跨最大正弯矩测试(偏载)(尺寸单位:cm)

④工况4:9号墩内支点最大负弯矩测试(偏载)如图5-59所示,分级加载如图5-60所示。

6)试验荷载效率系数

静力荷载试验效率系数表见表5-23。

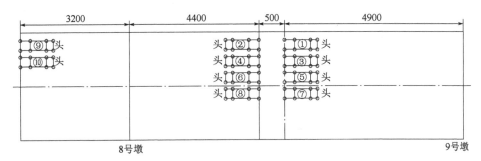

图 5-59 工况 4：9 号墩内支点最大负弯矩测试（偏载）（尺寸单位：cm）

a)

b)

图 5-60 分级加载

静力荷载试验效率系数表 表 5-23

工况	设计荷载作用下弯矩（kN·m）	试验荷载作用下弯矩（kN·m）	试验荷载效率系数
工况 1	23163.02	22471.69	0.97
工况 2、工况 3	26023.81	25414.78	0.98
工况 4	-35603.32	-33884.1	0.95

7）静载试验数据分析与评定

(1) 变形测试结果

分级加载变形测试结果见表 5-24。

分级加载变形测试结果 表 5-24

工况	测点编号	一级加载（m）	二级加载（m）	三级加载（m）	四级加载（m）	五级加载（m）	六级加载（m）	七级加载（m）	八级加载（m）	卸载（m）
工况 1	f_1	—	-0.0067	—	-0.0112	—	-0.0154	—	-0.0217	-0.0017
	f_2	—	—	—	—	—	—	—	-0.0149	-0.0010
工况 2	f_3	-0.0040	-0.0076	-0.0111	-0.0143	-0.0190	-0.0215	-0.0234	-0.0264	-0.0031
	f_4	—	-0.0029	—	—	—	—	—	-0.0212	-0.0020

续上表

工况	测点编号	一级加载(m)	二级加载(m)	三级加载(m)	四级加载(m)	五级加载(m)	六级加载(m)	七级加载(m)	八级加载(m)	卸载(m)
工况3	f_3	—	−0.0102	—	−0.0121	—	−0.0162	—	−0.0254	−0.0024
	f_4	—	—	—	—	—	—	—	−0.0196	−0.0018

(2)应变测试结果

分级加载裂缝应变测试结果见表5-25。

分级加载裂缝应变测试结果 表5-25

工况	测点编号	一级加载($\mu\varepsilon$)	二级加载($\mu\varepsilon$)	三级加载($\mu\varepsilon$)	四级加载($\mu\varepsilon$)	五级加载($\mu\varepsilon$)	六级加载($\mu\varepsilon$)	七级加载($\mu\varepsilon$)	八级加载($\mu\varepsilon$)	卸载($\mu\varepsilon$)
工况1	A_1	−7	−16	−19	−20	−35	−40	−49	−66	−8
	A_2	−5	−8	−18	−21	−33	−39	−45	−59	−2
	A_3	−15	−28	−30	−32	−45	−49	−57	−70	−9
工况2	B_1	−8	−17	−20	−25	−38	−45	−62	−75	−12
	B_2	−3	−9	−21	−26	−35	−40	−55	−65	−8
	B_3	−20	−31	−35	−36	−48	−55	−63	−86	−10
工况3	B_1	−9	−15	−18	−24	−32	−43	−52	−68	−5
	B_2	−5	−9	−10	−21	−27	−40	−55	−61	−6
	B_3	−15	−20	−34	−37	−45	−48	−63	−75	−11
工况4	C_1	3	4	8	15	18	21	24	26	1
	C_2	2	3	7	12	16	22	23	20	2
	C_3	3	4	9	16	19	23	25	27	4
	C_4	−1	−1	−2	−3	−3	−5	−5	−7	−1
	C_5	−3	−4	−5	−6	−8	−10	−12	−15	−2

(3)裂缝测试结果

分级加载裂缝宽度测试结果见表5-26。

分级加载裂缝宽度测试结果(单位:mm) 表5-26

工况	裂缝位置	原始宽度	一级加载扩展宽度	二级加载扩展宽度	三级加载扩展宽度	四级加载扩展宽度	五级加载扩展宽度	六级加载扩展宽度	七级加载扩展宽度	八级加载扩展宽度	卸载后宽度
工况2	第10跨10~11号节段底板横向裂缝	0.96	0.04	0.09	0.19	0.23	0.30	0.33	0.35	0.43	0.98

续上表

工况	裂缝位置	原始宽度	一级加载扩展宽度	二级加载扩展宽度	三级加载扩展宽度	四级加载扩展宽度	五级加载扩展宽度	六级加载扩展宽度	七级加载扩展宽度	八级加载扩展宽度	卸载后宽度
工况2	第10跨10~13号节段右侧腹板斜向裂缝	0.34	0.03	0.06	0.14	0.18	0.20	0.21	0.32	0.25	0.39
	第10跨10~13号节段右侧底板斜向裂缝	0.20	0.01	0.03	0.08	0.12	0.14	0.20	0.24	0.30	0.23
工况3	第10跨10~11号节段底板横向裂缝	0.96	—	—	—	—	—	—	—	0.38	0.96
	第10跨10~13号节段右侧腹板斜向裂缝	0.34	—	—	—	—	—	—	—	0.19	0.38
	第10跨10~13号节段右侧底板斜向裂缝	0.20	—	—	—	—	—	—	—	0.21	0.21
工况4	第10跨10~11号节段底板横向裂缝	0.96	0.04	0.09	0.19	0.23	0.30	0.33	0.35	0.43	0.98
	第10跨10~13号节段右侧腹板斜向裂缝	0.34	0.03	0.06	0.14	0.18	0.20	0.21	0.32	0.21	0.39
	第10跨10~13号节段右侧底板斜向裂缝	0.20	0.01	0.03	0.08	0.12	0.14	0.20	0.24	0.26	0.22

(4) 试验结果评定

①校验系数评定

变形、应变校验系数评定见表 5-27、表 5-28,变形、应变校验系数曲线如图 5-61、图 5-62 所示。

变形校验系数评定 表 5-27

工况	测点	实测弹性变形 S_e (m)	理论计算变形 S_s (m)	校验系数 $\zeta = S_e/S_s$	评定结果
工况 1	f_1	-0.0183	-0.0264	0.69	满足要求
	f_2	-0.0129	-0.0264	0.49	满足要求
工况 2	f_3	-0.0202	-0.0444	0.45	满足要求
	f_4	-0.0172	-0.0444	0.39	满足要求
工况 3	f_3	-0.0206	-0.0444	0.46	满足要求
	f_4	-0.0160	-0.0444	0.36	满足要求

应变校验系数评定 表 5-28

工况	测点编号	实测弹性应变 S_e ($\mu\varepsilon$)	理论计算应变 S_s ($\mu\varepsilon$)	校验系数 $\zeta = S_e/S_s$	评定结果
工况 1	A_1	-58	-110	0.53	满足要求
	A_2	-57	-110	0.52	满足要求
	A_3	-61	-110	0.55	满足要求
工况 2	B_1	-63	-121	0.52	满足要求
	B_2	-57	-121	0.47	满足要求
	B_3	-76	-121	0.63	满足要求
工况 3	B_1	-63	-121	0.52	满足要求
	B_2	-55	-121	0.45	满足要求
	B_3	-64	-121	0.53	满足要求
工况 4	C_1	25	37	0.68	满足要求
	C_2	18	37	0.49	满足要求
	C_3	23	37	0.62	满足要求
	C_4	-6	-14	0.43	满足要求
	C_5	-13	-23	0.57	满足要求

由表 5-27、表 5-28 可知,变形校验系数在 0.36~0.69 范围内,应变校验系数在 0.43~0.68 范围内,均小于限值 1,说明桥梁刚度、强度符合设计及规范要求,且具有一定的安全储备。

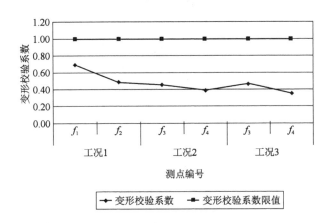

图 5-61　变形校验系数曲线

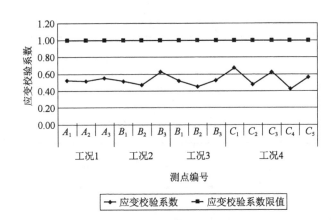

图 5-62　应变校验系数曲线

②相对残余变形评定

相对残余变形、应变评定见表 5-29、表 5-30，相对残余变形、应变曲线如图 5-63、图 5-64 所示。

相对残余变形评定　　　　　　　　　　　　　表 5-29

工况	测点	实测残余变形 S_p（m）	实测总变形 S_t（m）	相对残余变形 $S'_p = S_p/S_t \times 100(\%)$	评定结果
工况 1	f_1	−0.0017	−0.0200	8.50	满足要求
	f_2	−0.0010	−0.0139	7.19	满足要求
工况 2	f_3	−0.0031	−0.0233	13.30	满足要求
	f_4	−0.0020	−0.0192	10.42	满足要求
工况 3	f_3	−0.0024	−0.0230	10.43	满足要求
	f_4	−0.0018	−0.0178	10.11	满足要求

相对残余应变评定　　　　　　　　　　　　　表 5-30

工况	测点	实测残余变形 S_p（m）	实测总变形 S_t（m）	相对残余变形 $S'_p = S_p/S_t \times 100(\%)$	评定结果
工况 1	A_1	-8	-66	12.12	满足要求
	A_2	-2	-59	3.39	满足要求
	A_3	-9	-70	12.86	满足要求
工况 2	B_1	-12	-75	16.00	满足要求
	B_2	-8	-65	12.31	满足要求
	B_3	-10	-86	11.63	满足要求
工况 3	B_1	-5	-68	7.35	满足要求
	B_2	-6	-61	9.84	满足要求
	B_3	-11	-75	14.67	满足要求
工况 4	C_1	1	26	3.85	满足要求
	C_2	2	20	10.00	满足要求
	C_3	4	27	14.81	满足要求
	C_4	-1	-7	14.29	满足要求
	C_5	-2	-15	13.33	满足要求

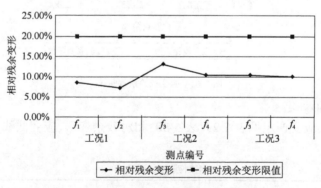

图 5-63　相对残余变形曲线

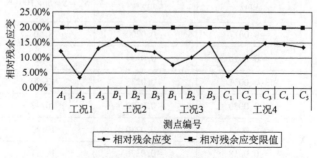

图 5-64　相对残余应变曲线

由图 5-63、图 5-64 可知,相对残余变形在 7.19%~13.3% 范围内,相对残余应变在 3.39%~16% 范围内,均小于限值20%,说明桥梁具有一定的弹性恢复能力,但相对残余变形和应变值较大,说明弹性恢复能力较原设计差。

③裂缝评定

试验荷载作用下裂缝宽度评定见表 5-31。

试验荷载作用下裂缝宽度评定　　　表 5-31

工况	裂缝位置	满载裂缝宽度（mm）	卸载后宽度（mm）	闭合裂缝宽度（mm）	满载裂缝扩展总宽度的2/3（mm）	卸载后的裂缝闭合宽度是否大于扩展总宽度的2/3
工况 2	第 10 跨 10~11 号节段底板横向裂缝	1.39	0.98	0.41	0.29	是
	第 10 跨 10~13 号节段右侧腹板斜向裂缝	0.59	0.39	0.20	0.17	是
	第 10 跨 10~13 号节段右侧底板斜向裂缝	0.50	0.23	0.27	0.20	是
工况 3	第 10 跨 10~11 号节段底板横向裂缝	1.34	0.96	0.38	0.27	是
	第 10 跨 10~13 号节段右侧腹板斜向裂缝	0.53	0.38	0.15	0.13	是
	第 10 跨 10~13 号节段右侧底板斜向裂缝	0.41	0.21	0.20	0.14	是
工况 4	第 10 跨 10~11 号节段底板横向裂缝	1.39	0.98	0.41	0.29	是
	第 10 跨 10~13 号节段右侧腹板斜向裂缝	0.55	0.39	0.16	0.14	是
	第 10 跨 10~13 号节段右侧底板斜向裂缝	0.46	0.22	0.24	0.17	是

由表 5-31 可知,在各工况作用下,所测裂缝宽度均能恢复到扩展宽度2/3 以上。

5. 动载试验检测方案及数据分析

1)试验工况选择

本次检测对主桥和跨堤连续梁桥进行动载试验,其主要分为脉冲试验和行车试验两种。动载试验工况选择见表 5-32。

动载试验工况选择　　　表 5-32

工况	截面	测试内容	备注
脉冲试验	跨中	固有特性(自振频率等)	利用桥梁在各种随机环境激励(包括地脉动、风、水流等)下引起的结构振动响应
行车试验	跨中	动力增大系数、冲击系数	分别以 20km/h、30km/h 匀速过桥进行激振

2) 测点布置

(1) 模态试验测点布置

为了与上次检测结果进行比较,本次模态试验测点布置与 2014 年 3 月模态测试测点布置相同。其主要布置在测试桥跨的四分点和二分点处,测点从小桩号到大桩号依次编号为 $D_1 \sim D_{10}$,其中 D_{10} 为参考测点。主桥模态测试测点布置示意图如图 5-65 所示。

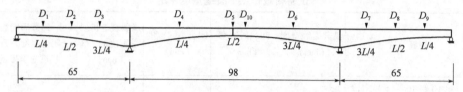

图 5-65　主桥模态测试测点布置示意图(尺寸单位:m)

(2) 主桥动态应变测点布置

主桥动态应变主要布置在主跨跨中位置,按小桩号到大桩号为前进方向,从左向右依次编号为 A/B_1、A/B_2、A/B_3。主桥动态应变测点布置示意图如图 5-66 所示。

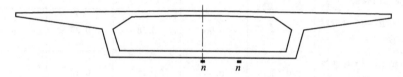

图 5-66　主桥动态应变测点布置示意图

3) 动力特性测试

在自然环境激励和车辆移动荷载激励作用下,采用连续采样方式同时采集 10 个测点(通道)的速度响应信号,每通道的采样率为 200Hz,各批次采样的采样时间一般为 20min。

通过频域滤波、时域平均等方法对信号进行去噪处理,然后根据信号的自功率谱、互谱以及相干函数识别主体结构竖向振动的低阶模态参数。

(1) 实测振型

实测振型如图 5-67 ~ 图 5-69 所示。

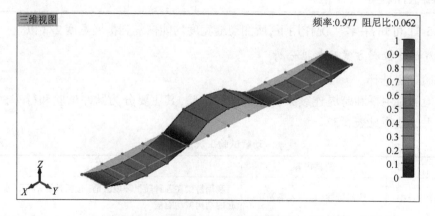

图 5-67　一阶振型($f_1 = 0.977\text{Hz}$,阻尼比 6.2%)

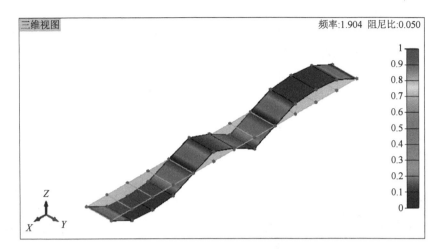

图 5-68 二阶振型（$f_2=1.904\mathrm{Hz}$，阻尼比 5.0%）

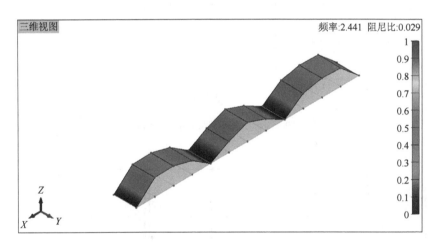

图 5-69 三阶振型（$f_3=2.441\mathrm{Hz}$，阻尼比 2.9%）

(2) 历年实测自振频率对比

通过上述振型，可以得出前 3 阶振动模态，其振动频率分别与 2014 年、2011 年、2010 年、2008 年所测试自振频率进行对比，见表 5-33。

主桥连续梁实测自振频率　　表 5-33

序号	振型	自振频率（Hz）				
		2008 年实测值	2010 年实测值	2011 年实测值	2014 年实测值	本次实测值
1	一阶竖弯	0.98	1.10	1.07	0.98	0.98
2	二阶竖弯	1.86	2.10	1.86	1.86	1.90
3	三阶竖弯	2.44	2.50	2.54	2.44	2.44

由表 5-33 可以看出，本次测试值与 2014 年测试值对比来看，一、二、三阶自振频率无明显变化。

4)动力响应测试

动力荷载作用于结构上产生的动响应,一般比相同静荷所产生的静响应大。最大动响应与静响应的比值称为动载的冲击系数。动载冲击系数综合反映了动力荷载对桥梁结构的动力作用,它与结构形式、车辆运行速度和桥面的平整度等因素有关。

本次对主桥的动力响应测试通过一辆 34t 重汽车分别以不同速度进行跑车测试动力响应。

(1)跑车增大系数曲线

跑车增大系数曲线如图 5-70 ~ 图 5-72 所示。

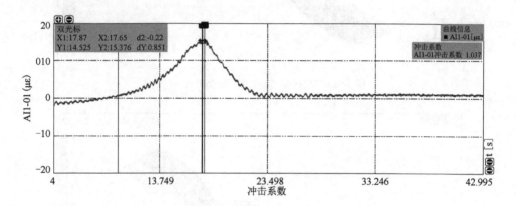

图 5-70　20km/h 跑车试验动应变时程曲线

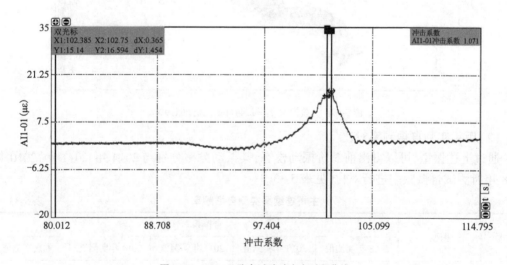

图 5-71　40km/h 跑车试验动应变时程曲线

(2)测试结果及对比

应用动力响应信号测试分析系统,实时采集在各种试验条件下测点的动应变时程曲线。通过对上述动应变时程曲线分析可以得到各试验条件下对应的动力增大系数,推算实测冲击系数,见表 5-34。

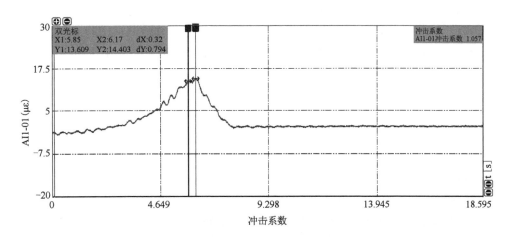

图 5-72 60km/h 跑车试验动应变时程曲线

实测冲击系数表 表 5-34

试验类型	加载车速度(km/h)	动力增大系数	冲击系数	理论冲击系数
跑车	20	1.037	0.037	0.050
	40	1.071	0.071	
	60	1.057	0.057	
平均值			0.055	

由表 5-34 可知,实测冲击系数 0.055 略大于理论冲击系数 0.050,说明该桥行车舒适性逐渐变差。

6. 主桥承载能力评定

通过对主桥进行全桥静动载试验可得出以下结论:

(1)由表 5-27、表 5-28 可知,变形校验系数在 0.36 ~ 0.69 范围内,应变校验系数在 0.43 ~ 0.68 范围内,均小于限值 1,说明桥梁具有一定的安全储备。

(2)由表 5-29、表 5-30 可知,相对残余变形在 8.5% ~ 13.3% 范围内,相对残余应变在 7.35% ~ 14.81% 范围内,均小于限值 20%,说明桥梁具有一定的弹性恢复能力,但相对残余变形和应变值较大,说明弹性恢复能力较原设计逐渐变差。

(3)由表 5-31 可知,在各工况作用下,所测裂缝宽度均能恢复到扩展宽度 2/3 以上,满足规范规定的要求。

(4)本次测试值与 2014 年测试值对比来看,一、二、三阶自振频率无明显变化,说明桥梁整体刚体,未出现较大的损伤。

(5)由表 5-34 可知,实测冲击系数 0.055 大于理论冲击系数 0.050,说明该桥行车舒适性逐渐变差。

综合所述,目前主桥承载能力满足汽车—超 20 级,挂车—120 要求。

三、案例分析(三)

【案例 5-3】 某预应力混凝土简支工字形组合梁桥进行荷载试验,该桥跨径组合为 4 ×

25m+3×30m+4×25m,每孔7片梁。请完成以下题目。

1. 按照《公路桥梁承载能力检测评定规程》(JTG/T J21—2011)要求试验效率(A)。
   A. 宜介于 0.95~1.05 范围内　　　B. 宜介于 0.80~1.00 范围内
   C. 宜介于 0.90~1.05 范围内　　　D. 宜介于 0.85~1.05 范围内

   解析:按照《公路桥梁承载能力检测评定规程》(JTG/T J21—2011)要求试验效率宜在 0.95~1.05 之间。

2. 挠度测试测点布置应能反映(AB)。
   A. 跨中下挠　　B. 支座压缩　　C. 梁板扭转　　D. 横向联系

   解析:挠度测试测点布置应能反映跨中下挠、支座压缩。

3. 试验孔跨选择正确的是(B)。
   A. 应选择最大跨径的做试验,3 孔 30m　　B. 不同跨径的各选择 1 孔,最少 2 孔
   C. 应选择最大跨径的做试验,1 孔 30m　　D. 不同跨径的各选择 2 孔

   解析:不同跨径各选择 1 孔,最少 2 孔。

4. 应变测点布设应(BD)。
   A. 跨中断面沿梁高度在侧面布置应变花
   B. 跨中断面沿梁高度在侧面布置水平向应变花
   C. 支点附近沿梁高度在侧面布置应变花
   D. 支点附近沿梁高度在侧面布置水平向应变花

   解析:参照应变测点布置。

5. 动载试验测试动力响应时(AC)。
   A. 可选择用一辆加载车以不同车速通过被测桥跨,进而测试桥梁基频
   B. 可通过跳车试验测试桥梁阻尼比
   C. 可通过加载车辆在指定位置紧急制动以记录动态响应时程曲线
   D. 可采用强迫振动法获得桥梁的动态放大系数

   解析:动载试验测试动力响应时,可选择用一辆加载车以不同车速通过被测桥跨,进而测试桥梁基频,或者通过加载车辆在指定位置紧急制动以记录动态响应时程曲线。

【案例5-4】 某跨径为 20m 的预应力混凝土简支箱梁桥动力(自振)特性测定试验,试完成以下相关试验设计、现场操作和分析等工作。

1. 只用一个测振传感器,要求同时测定该桥的一、二阶竖向自振频率和阻尼,则测点可布置在(BC)。
   A. 跨中截面　　　　　　　　B. $L/4$ 截面
   C. $5L/16$ 截面　　　　　　D. 支点处

   解析:简支梁桥一阶竖向振型为对称形态(类似半个周期的正弦波),二阶竖向振型为反对称(类似一个周期的正弦波),跨中是二阶振型的节点,测振传感器应避开跨中和支点截面安装。所以,A、D 选项错误。

2. 可以采用的激励方法包括(BCD)。
   A. 行车强迫振动激励
   B. 跳车激励,但对车辆的附加质量影响应作修正处理

C. 环境随机振动激励

D. 共振法激励

解析：行车强迫振动激励不只用于自振频率测定,原因是此类信号包含车辆自振频率成分和其他随机振动成分。跳车激励可用于自振频率测定,但激励车辆的附加质量会对测试结果造成误差,因为此时振动系统的质量已经发生改变。当跨径越小时,这种影响越大,应进行必要修正。环境随机振动激励(脉动法)是实桥自振参数测定的最常用激励方法。D 选项也正确,对于阻尼参数识别,共振法激励具有比其他方法更高的精度,但此方法涉及大型激振设备的运输和安装不便等问题,现场操作复杂,在实桥试验中应用很少。

3. 试验时采用自由振动法进行激励,测得的自振信号包含二阶竖向自振频率成分,属复合振动信号,则以下数据处理方法正确的有(BC)。

A. 可从实测时程信号中直接求取自振频率

B. 可用滤波器对信号进行处理,得到单一频漏选率的自振信号后,再利用时域法求取自振频率

C. 可利用频谱分析法识别自振频率

D. 可利用共振曲线求取自振频率

解析：因信号中包含二阶自振频率成分,不能从实测时程信号中直接求取自振频率,否则会产生较大的误差。实测得到的是自振信号,而非共振曲线。

4. 以下相关分析正确的有(AD)。

A. 实测一、二阶竖向自振频率为 5.50Hz 和 22.50Hz,可认为桥跨结构刚度大于计算刚度

B. 实测一阶竖向自振频率为 5.50Hz,则桥跨结构刚度约为计算刚度的 1.1 倍

C. 实测一阶竖向自振频率为 4.80Hz,可认为桥跨结构刚度大于计算刚度

D. 实测一阶竖向自振频率为 15.01Hz,该数据严重异常,须重新进行试验

解析：实测一、二阶竖向自振频率均大于计算值,可认为桥跨结构刚度大于计算刚度,所以 A 选项正确,C 选项错误;结构自振频率与结构刚度不是简单的线性相关关系,比如,质量块—弹簧组成的振动系统,显然 B 选项错误;实测一阶自振频率为 15.01Hz,则结构实际刚度达到计算刚度的 9 倍左右,因此该数据完全不可信,须重新试验。

思考与练习题

注：[思考与练习题]中,＊表示与[知识目标]和[能力目标]相对应的题目,属于必答题。

一、单选题

＊1. 桥梁静载试验关于加载过程数据测读的表述,不正确的是( )。

A. 需测读加载前的初始值

B. 荷载卸除后,稳定一定时间或在确定结构变形稳定后测读卸载值

C. 为提高效率并保证安全,荷载施加到位后应迅速测读,并及时进行下一阶段加载

D. 应对关键测点的数据进行监测和分析

*2. 桥梁静载试验中,某挠度测点的初始值为0.02mm,试验控制荷载作用下的加载测值为4.22mm,卸载后测值为0.22mm,计算挠度为5.00mm,则挠度校验系数为(　　)。
　　A.0.8　　　　　B.0.844　　　　　C.1　　　　　D.1.25

3. 桥梁静载试验中,关于结构校验系数的表述属于正确的选项是(　　)。
　　A.该指标是实测残余值与计算值的比值
　　B.该指标是实测总值与计算值的比值
　　C.该指标是实测弹性值与计算值的比值
　　D.当结构校验系数大于1时,可认为结构的安全储备大于设计要求

*4. 试验荷载作用下,全预应力桥梁结构的纵向裂缝宽度不得超过(　　)mm。
　　A.0.1　　　　　B.0.2　　　　　C.0.3　　　　　D.0.4

5. 某桥静力荷载试验的实测应力校验系数为0.70~0.80,说明实际桥梁结构(　　)。
　　A.强度不足　　　　　　　　　B.刚度不足
　　C.结构强度有储备　　　　　　D.结构刚度有储备

6. 桥梁动载试验中,测振传感器的可用频率范围是根据传感器的相频响应特性和(　　)确定的。
　　A.量程　　　　B.线性度　　　　C.幅频响应特性　　　　D.分辨力

*7. (　　)属于结构动力(自振)特性参数。
　　A.动应变　　　　B.振型　　　　C.动挠度　　　　D.加速度

8. 桥梁现场动载试验的主要内容包括行车动力反应和(　　)两个方面的测定试验。
　　A.车辆对结构的冲击效应　　　　B.车辆制动力
　　C.结构动力特性　　　　　　　　D.结构动挠度

*9. 用电阻应变片测量混凝土桥梁结构的表面应变,应采用标距为(　　)的电阻应变片。
　　A.5~10mm　　　　B.20~40mm　　　　C.80~100mm　　　　D.200~240mm

*10. 利用连通管测试桥梁结构挠度,以下表述错误的一项是(　　)。
　　A.利用水平平面上的静止液体的压强相同的原理制成
　　B.适用大跨径桥梁静挠度测量
　　C.可用于大跨径桥梁动挠度测量
　　D.可进行多点测量

*11. 混凝土箱形拱桥静载试验,主拱圈应变测点应按(　　)所述的方式设置。
　　A.主要布置在主拱圈侧面的轴线处　　　　B.上缘、下缘均应布置
　　C.1/2截面只需布置在上缘　　　　　　　D.拱脚截面只需布置在下缘

12. 简支梁桥跨中截面静力加载试验,试验计算时须取用(　　)作为控制内力进行活载效应计算,并使荷载效率满足要求。
　　A.剪力　　　　B.轴力　　　　C.弯矩　　　　D.压力

*13. 下列选项中,不属于桥梁现场荷载试验的内容是(　　)。
　　A.静应变、静挠度、裂缝测试
　　B.试验荷载作用下,桥梁结构异常现象观测
　　C.桥梁结构抗疲劳性能测试

D. 结构动力(自振)特性和行车动力反应测试

14. 利用分辨力为 0.001mm 的千分表制作成标距为 200mm 的引伸计测量构件应变,其测量分辨力为( )。

A. 1×10^{-6} B. 5×10^{-6} C. 10×10^{-6} D. 20×10^{-6}

15. 采用电阻应变片测定桥梁结构静应变,如在空载调试阶段发现应变数据不稳定,则可能存在的问题不包括( )。

A. 回路接触电阻不稳定　　　　B. 仪器性能不稳定
C. 附近存在电磁干扰　　　　　D. 应变片灵敏系数设定错误

二、多选题

*1. 桥梁静载试验的测试内容应包括( )。

A. 应变　　　　　　　　　　　B. 挠度
C. 实际冲击系数　　　　　　　D. 裂缝

*2. 桥梁静载试验中,电阻应变片的操作内容包括( )等。

A. 采用合适的桥路组合方式连接应变片,通常采用半桥
B. 应变仪灵敏系数设定
C. 应变仪应尽量远离电磁干扰源
D. 正式加载之前,应对应变数据的稳定性进行观测
E. 进行恰当的温度补偿

3. 混凝土桥梁静载试验的待测参数包括( )。

A. 应力(应变)　　　　　　　　B. 结构变位
C. 冲击系数　　　　　　　　　D. 裂缝
E. 支点沉降(变形)

*4. 桥梁行车动力反应测定试验的加载方法主要包括( )等。

A. 无障碍行车试验　　　　　　B. 弯道离心力测定试验
C. 有障碍行车试验　　　　　　D. 特征截面刹车制动试验
E. 特征截面跳车

5. 电阻应变仪是一种专用应变测量放大器,下列选项中对其功能描述正确的有( )。

A. 为测量电桥提供电源
B. 装有几个电桥补充电阻,以适用半桥测量
C. 把放大后的信号变换显示出来或送给后续设备采集
D. 能把微弱的电信号放大
E. 仅用于静应变测试

6. 桥梁静载试验结束后,需要整理分析的数据和资料主要包括( )。

A. 加载车辆的型号、编号、轮轴距、载重等相关试验荷载资料
B. 实测应变的修正和应力计算
C. 实测值与计算值的比较分析资料
D. 裂缝宽度、裂缝分布图等裂缝资料

*7. 试验加载实施时，以下哪些做法是错误的？（　　）
　　A. 便于试验组织，应安排在天气晴朗的时段进行试验
　　B. 可采用三轴车作为试验加载车辆
　　C. 试验桥梁为小跨径桥梁，无须进行分级加载
　　D. 试验荷载作用下，跨中附近出现新裂缝，最大宽度达到0.18mm，因此需终止加载试验

8. 某普通钢筋混凝土简支梁桥静载试验，当出现下述（　　）情形时，可判定桥梁承载力不满足要求。
　　A. 主要测点结构校验系数大于1
　　B. 主要测点的相对残余变位大于25%
　　C. 试验荷载作用下，跨中下缘出现新增竖向裂缝
　　D. 试验荷载作用下，桥梁基础出现不稳定沉降变形

*9. 桥梁静载试验当出现下述（　　）等情况应暂停试验，待查明原因且能保证安全时，方能进行下一阶段的加载。
　　A. 控制测点应力超过计算值
　　B. 控制测点变位超过规范限值
　　C. 发现存在少量超宽裂缝
　　D. 试验荷载作用下，桥梁基础出现不稳定沉降变形
　　E. 试验加载过程中出现不明原因的异响和振动

10. 桥梁动载试验的测试仪器选用，应考虑的因素包括（　　）。
　　A. 量程　　　　　　　　　　　B. 量程
　　C. 频率响应特性　　　　　　　D. 灵敏度

*11. 结构动力特性参数，也称为结构自振特性参数、振动模态参数，其内容主要包括结构的（　　）等。
　　A. 自振频率（自振周期）　　　B. 振型
　　C. 荷载　　　　　　　　　　　D. 阻尼比

*12. 利用连通管测试桥梁结构挠度，以下表述正确的是（　　）。
　　A. 利用水平平面上的静止液体的压强相同的原理制成
　　B. 适用于大跨径桥梁静挠度测量
　　C. 适用于大跨径桥梁动挠度测量
　　D. 可进行多点测量

*13. 电阻应变片的粘贴技术包括（　　）。
　　A. 选片　　　　　　　　　　　B. 定位
　　C. 贴片　　　　　　　　　　　D. 干燥固化
　　E. 电阻应变片的防护

14. 静载试验数据的修正包括（　　）。
　　A. 测值修正　　　　　　　　　B. 温度影响修正
　　C. 动挠度　　　　　　　　　　D. 支点沉降影响的修正

*15. 规范规定,在役桥梁有下列( )情况之一时,应进行承载能力检测评定。
  A. 拟提高荷载等级的桥梁
  B. 遭受重大自然灾害或意外事件的桥梁
  C. 日交通流量超过 5 万台车辆的桥梁
  D. 技术状况等级为四、五类的桥梁

三、判断题

1. 桥梁荷载试验时,工况选择应反映桥梁的最不利受力状态。（　　）
2. 桥梁荷载试验时,应选择深夜凌晨时段进行。（　　）
3. 温度补偿是保证电阻应变片电测效果的重要措施,其主要目的是消除(减少)温度变化对测试结果的影响。（　　）
*4. 普通钢筋混凝土简支梁桥静载试验,可将电阻应变片布置在跨中下缘混凝土表面上进行测量。（　　）
*5. 采用电阻应变片测定结构应变时,要求应变仪的灵敏系数设定值与电阻应变片的标称灵敏系数相间,不然会产生系统误差,但事后发现该问题可对结果进行修正。（　　）
6. 某应变式电测位移计的灵敏度为 $100\mu\varepsilon/mm$,量程为 $10mm$,假定应变仪的分辨率为 $1\mu\varepsilon$,则挠度测试分辨率为 $0.01mm$。（　　）
7. 预应力混凝土简支 T 形梁桥静载试验,位于 T 形梁腹板中性轴附近的应变测点的校验系数超过 1,据此应判定该桥结构强度不满足要求。（　　）
8. 当采用磁电式传感器测量桥梁振动时,其测量的频率下限不能达到 0Hz。（　　）
9. 静载试验效率系数与实际加载车辆质量有关。（　　）
10. 桥梁静载效率系数与挠度校验系数含义相同。（　　）
*11. 桥梁荷载试验是在现场进行,通过对实桥进行加载、量测和分析评定,检验桥梁结构工作状态和实际承载力的一种试验方法。（　　）
12. 桥梁荷载试验中,目前应用的测试设备大多属于机械式仪器。（　　）
*13. 中一小跨径桥梁静载试验的挠度检测,采用高精度全站仪具有比精密电子水准仪更高的精度。（　　）
*14. 惠斯登电桥具有 4 个电阻,其中任一个都可以是应变片电阻,电桥的对角接入输入电压,另一对角来测量输出电压。（　　）
15. 简支梁桥静载试验需测定梁端附近截面抗剪性能时,应在测试截面的中性轴处布置应变花。（　　）

模块 5【思考与练习题】答案

构件材质状况无损检测及营运桥梁健康监测

模块 6

单元6.1　结构混凝土强度的检测与评定

【知识目标】
1. 了解混凝土强度检测方法的分类；
2. 掌握回弹法、超声回弹综合法、钻芯法检测混凝土强度的试验方法及其评定标准。

【能力目标】
1. 具有查阅混凝土强度相关的试验检测的技术标准、规程的能力；
2. 能够规范地采用回弹法、超声回弹综合法、钻芯法检测混凝土强度。

【案例导入】
2016年11月24日7时左右，江西省宜春市丰城电厂三期在建项目冷却塔施工平台发生倒塌，事故造成73人遇难、2人受伤。

事故原因：在7号冷却塔第50节筒壁混凝土强度不足的情况下，违规拆除模板，致使筒壁混凝土失去模板支护，不足以承受上部荷载，造成第50节及以上筒壁混凝土和模架体系连续倾塌坠落。

【工程师寄语】
奋进新征程，建功新时代。坚持交通先行，加强交通基础设施建设，不断地提升检测能力与水平，确保工程建设质量安全，做好人民满意工程，为迈向交通强国奠定基础。

混凝土强度对于结构，犹如骨骼对人体的重要性，学生在今后的检测工作中务必慎重对待，严谨规范操作。目前常用的结构混凝土强度的检测方法有回弹法、超声回弹综合法、钻芯法、回弹结合钻芯法等。本单元主要介绍回弹法和超声回弹综合法这两种无损检测方法。

【知识框图】

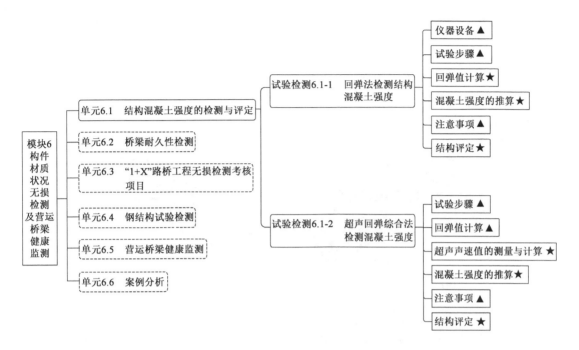

注:知识框图中标有"▲"符号的是教学重点内容,标有"★"符号的是教学难点内容。

试验检测 6.1-1

回弹法检测结构混凝土强度

回弹法检测结构
混凝土强度(微课)

一、目的与适用范围

(1)使用回弹仪检测普通混凝土抗压强度。

(2)本试验适用于普通混凝土抗压强度的检测,不适用表层与内部质量有明显差异或内部存在缺陷的混凝土强度检测。例如,当混凝土遭受化学腐蚀或火灾、硬化期间遭受冻伤等内部存在缺陷时,不能用回弹法评定混凝土强度。

二、检测依据

《回弹法检测混凝土抗压强度技术规程》(JGJ/T 23—2011)。

三、仪器设备

1. 回弹仪的类型

回弹仪的类型比较多,有重型、中型、轻型和特轻型回弹仪。一般工程使用最多的是中型回弹仪。数显式回弹仪和普通回弹仪分别如图 6-1、图 6-2 所示。下文主要介绍使用中型回弹仪测普通混凝土抗压强度的方法。

图 6-1 数显式回弹仪

图 6-2 普通回弹仪

2. 中型回弹仪的技术要求

(1)在洛氏硬度 HRC 为 60 ± 2 的钢砧上,回弹仪的率定值应为 80 ± 2。

(2)弹击锤与弹击杆碰撞的瞬间,弹击拉簧应处于自由状态,此时弹击锤起跳点应相应于指针指示刻度尺上"0"处。

(3)水平弹击时,弹击锤脱钩的瞬间,中型回弹仪的标称能量应为 2.207J。

(4)数字式回弹仪应带有指针直读示值系统,数字显示的回弹值与指针直读示值相差应不超过 1。

(5)回弹仪使用时的环境温度应为 $-4 \sim 40$℃。

3. 回弹仪的率定方法

回弹仪在工程检测前后,应在钢砧上做率定试验,并应符合下述要求:

(1)率定试验宜在干燥、室温为 $5 \sim 35$℃ 的条件下进行。

(2)率定试验时,钢砧应稳固地平放在刚度大的物体上。测定回弹值时,取连续向下弹击 3 次稳定回弹值的平均值。

(3)弹击杆应分 4 次旋转,每次旋转宜为 90°。

(4)弹击杆每旋转一次的率定平均值应为 80 ± 2,率定回弹仪的钢砧应每 2 年校准一次。

4. 回弹仪的检定

在回弹仪具有下列情况之一时,应对回弹仪进行检定:

(1)超过检定有效期限。

(2)数字式回弹仪显示的回弹值与指针直读示值相差大于 1。

(3)经保养后,在钢砧上率定值不合格。

(4)遭受严重撞击或其他损害。
(5)新回弹仪启用前。

四、试验步骤

1. 测区布置

每一构件的测区,应符合下列要求:

(1)对一般构件,测区数不宜少于10个,应均匀分布,面积不宜大于0.04m²。

(2)当受检构件数量大于30个且不需提供单个构件推定强度,或构件某一方向尺寸不大于4.5m且另一方向尺寸不大于0.3m时,其测区数量可适当减少,但不应少于5个。

(3)相邻两测区的间距不应大于2m,测区离构件边缘的距离不宜大于0.5m,且不宜小于0.2m。

(4)测区宜选在使回弹仪处于水平方向检测混凝土浇筑侧面。

(5)测区宜选在构件的两个对称可测面上,或选在一个可测面上。在构件的受力部位及薄弱部位必须布置测区,并应避开预埋件。

2. 测点布置

(1)测点宜在测区范围内均匀分布,相邻两个测点的净距不宜小于20mm,测点距外露钢筋、预埋件的距离不宜小于30mm。

(2)测点不应在气孔或外露石子上,同一测点只应弹击一次。每一测区应记取16个回弹值;每一测点的回弹值读数估读至1。

3. 回弹值测量

按照回弹仪的使用说明进行操作,检测时,回弹仪的轴线应始终垂直于结构或构件混凝土检测面,缓慢施压,准确读数,快速复位。回弹法检测混凝土强度现场如图6-3所示。

4. 碳化深度检测

回弹值测量完毕后,应选择不小于构件30%测区数在有代表的位置上测量碳化深度值。碳化深度检测方法见本模块单元6.2中试验检测6.2-4(详见后文)。

图6-3 回弹法检测混凝土强度现场

五、回弹值计算

计算测区平均回弹值,应从测区的16个回弹值中剔除3个最大值和3个最小值,余下的10个回弹值按下式计算:

$$R_m = \frac{\sum_{i=1}^{10} R_i}{10} \qquad (6-1)$$

式中:R_m——测区平均回弹值,精度为0.1;

R_i——第 i 个测点的回弹值。

(1)非水平方向检测混凝土浇筑侧面时,应按下式修正:

$$R_m = R_{m\alpha} + R_{a\alpha} \tag{6-2}$$

式中:$R_{m\alpha}$——非水平状态检测时测区的平均回弹值,精度为0.1;

$R_{a\alpha}$——非水平状态检测时回弹值的修正值,可由《回弹法检测混凝土抗压强度技术规程》(JGJ/T 23—2011)附录 C 查得。

(2)水平方向检测混凝土浇筑顶面或底面时,应按下式修正:

$$R_m = R_m^t + R_a^t \tag{6-3}$$

$$R_m = R_m^b + R_a^b \tag{6-4}$$

式中:R_m^t、R_m^b——水平方向检测混凝土浇筑表面、底面时,测区的平均回弹值,精度为0.1;

R_a^t、R_a^b——混凝土浇筑表面、底面回弹值的修正值,可由《回弹法检测混凝土抗压强度技术规程》(JGJ/T 23—2011)附录 D 查得。

(3)当检测时回弹仪为非水平方向且测试面为非混凝土的浇筑侧面时,应先对回弹值进行角度修正,再对修正后的值进行浇筑面修正。

六、混凝土强度的推算

(1)结构或构件第 i 个测区混凝土强度换算值,可按平均回弹值 R_m 及求得的平均碳化深度值 d_m 由《回弹法检测混凝土抗压强度技术规程》(JGJ/T 23—2011)查得。如果有地区测强曲线或专用测强曲线时,混凝土强度换算值应按地区测强曲线或专用测强曲线换算得出。

(2)结构或构件的混凝土强度推定值($f_{cu,e}$)式计算

①当该结构或构件的测区数少于10个时,应按下式计算:

$$f_{cu,e} = f_{cu,min}^c \tag{6-5}$$

②当该结构或构件的测区数不少于10个或按批量检测时,应按下式计算:

$$f_{cu,e} = m_{f_{cu}} - 1.645 S_{f_{cu}} \tag{6-6}$$

式中:$m_{f_{cu}}$——该批每个构件中测区混凝土强度换算值的平均值,MPa,精确至0.1MPa;

$S_{f_{cu}}$——该批每个构件中测区混凝土强度换算值的标准差,MPa,精确至0.01MPa。

(3)对按批量检测的构件,当该构件混凝土强度标准差出现下列情况之一时,则该批构件应全部按单个构件检测。

①当该批构件混凝土强度平均值小于25MPa时,应按下式计算:

$$S_{f_{cu}} > 4.5 \text{MPa} \tag{6-7}$$

②当该批构件混凝土强度平均值不小于25MPa时,应按下式计算:

$$S_{f_{cu}} > 5.5 \text{MPa} \tag{6-8}$$

七、注意事项

(1)采用回弹法检测结构混凝土强度的误差比较大,因此对比较重要的构件或结构物必须慎重使用回弹法。

(2)批量检测的条件:

①在相同的生产工艺条件下,混凝土强度等级相同,原材料、配合比、成型工艺、养护条件基本一致且龄期相近的同类结构或构件。

②按批进行检测的构件,抽检数量不得少于同批构件总数的30%,且构件数量不得少于10件。

③抽检构件时,应随机抽取并使所选构件具有代表性。

(3)当构件混凝土抗压强度大于60MPa时,可采用标准能量大于2.207J的混凝土回弹仪,并应另行制定检测方法及专用测强曲线进行检测。

(4)泵送混凝土,测区混凝土强度值的确定:

①当碳化深度值不大于2.0mm时,每一测区混凝土强度换算值应按规范的规定修正。

②当碳化深度值大于2.0mm时,可采用同条件试件或钻取混凝土芯样进行修正。

(5)只有符合下列条件的非泵送混凝土,才能采用全国统一测强曲线进行测区混凝土强度换算:

①混凝土采用的材料、拌和用水符合现行国家有关标准。

②不掺外加剂或仅掺非引气型外加剂。

③采用普通成型工艺。

④采用符合《混凝土结构工程施工质量验收规范》(GB 50204—2015)规定的钢模、木模及其他材料制作的模板。

⑤自然养护或蒸汽养护出池后经自然养护7d以上,且混凝土表层为干燥状态。

⑥龄期为14~1000d。

⑦抗压强度为10~60MPa。

(6)当有下列情况之一时,测区混凝土强度值不得按全国统一测强曲线进行测区混凝土强度换算,但可制定专用测强曲线或通过试验进行修正,专用测强曲线的制定方法按照《回弹法检测混凝土抗压强度技术规程》(JGJ/T 23—2011)中的规定:

①粗集料最大粒径大于60mm。

②特种成型工艺制作的混凝土。

③检测部位曲率半径小于250mm。

④潮湿或浸水混凝土。

八、结构评定

桥梁结构混凝土材质强度检测结果的评定,应依据桥梁结构(构件)实测强度推定值或测区平均换算强度值,计算其推定强度匀质系数 K_{bt} 或平均强度匀质系数 K_{bm},并根据其值的范围按表6-1确定混凝土强度评定标度。

混凝土强度评定标度 表6-1

序号	K_{bt}	K_{bm}	强度状况	评定标度
1	≥0.95	≥1.00	良好	1
2	(0.95,0.90]	(0.100,0.95]	较好	2

续上表

序号	K_{bt}	K_{bm}	强度状况	评定标度
3	(0.95,0.80]	(0.95,0.90]	较差	3
4	(0.80,0.70]	(0.90,0.85]	差	4
5	<0.70	<0.85	危险	5

（1）推定强度匀质系数按下式计算：

$$R_{bt} = \frac{R_{it}}{R} \tag{6-9}$$

式中：R_{it}——混凝土实测强度推定值；

R——混凝土极限抗压强度设计值。

（2）平均强度匀质系数按下式计算：

$$R_{bm} = \frac{R_{im}}{R} \tag{6-10}$$

式中：R_{im}——混凝土测区平均换算强度值。

九、试验记录

回弹法检测混凝土强度是全国交通运输行业职业技能大赛公路养护工赛项（学生组）竞赛桥梁病害检测与评定的重要内容。回弹法检测混凝土强度记录见表6-2。

回弹法检测混凝土强度记录　　　　　　　　　　表6-2

检测单位名称：　　　　　　　　　　　　　　　　　　　　　　　　记录编号：

工程名称		工程部位		任务编号	
检测依据		判定依据		样品描述	
混凝土龄期(d)		设计强度（MPa）		检测环境	
主要仪器设备		泵送混凝土	是□ 否□	检测日期	

测区	各测点实测回弹值 N_i															
	1	2	3	4	5	6	7	8	9	10	11	12	13	14	15	16
1																
2																
3																
4																
5																
6																
7																
8																
9																
10																

续上表

测区	1	2	3	4	5	6	7	8	9	10
实测平均回弹值										
测试角度(°)										
非水平测试修正值										
不同浇筑面修正值										
修正平均回弹值										
平均碳化深度值(mm)	测点1:			测点2:			测点3:		平均碳化深度值:	
强度换算值$f_{cu,i}^c$（MPa）										
强度推定值f_{cu}^e（MPa）										

检测：　　　　　　记录：　　　　　　复核：　　　　　　日期：

试验检测 6.1-2

超声回弹综合法检测混凝土强度

超声回弹综合法检测
混凝土强度（微课）

一、目的与适用范围

（1）采用中型回弹仪、混凝土超声波检测仪综合检测并推断混凝土结构中普通混凝土抗压强度。

（2）在正常情况下,混凝土强度的验收和评定应按现行有关国家标准执行。当对结构中的混凝土有强度检测要求时,可按方法进行检测,并推定结构混凝土的强度,作为混凝土结构处理的一个依据。本方法不适用于检测因冻害、化学侵蚀、水灾、高温等已造成表面疏松、剥落的混凝土。

二、检测依据

《超声回弹综合法检测混凝土强度技术规程》（T/CECS 02—2020）。

三、仪器设备

混凝土超声波检测仪（图6-4）和回弹仪。

图 6-4 混凝土超声波检测仪

四、试验步骤

1. 测区布置规定

（1）当对单个构件检测时，应在构件上均匀布置测区。每个构件的测区数不应少于 10 个。

（2）当对同批构件抽样检测时，构件抽样数应不少于同批构件的 30%，且不少于 10 件；每个构件测区数不少于 10 个。

（3）当对某一方向尺寸不大于 4.5m 且另一方向尺寸不大于 0.3m 的构件检测时，其测区数量可适当减少，但不应少于 5 个。

2. 同批构件要求

当按批抽样检测时，必须符合下列条件的构件才能作为同批构件：

（1）混凝土强度等级相同。

（2）混凝土原材料、配合比、成型工艺、养护条件及龄期相同。

（3）构件种类相同。

（4）在施工阶段所处状态相同。

3. 构件测区布置要求

（1）在条件允许时，测区宜优先布置在构件混凝土浇筑方向的侧面。

（2）测区可在构件的两个对应面、相邻面或同一面上布置。

（3）测区宜均匀布置，相邻两测区的间距不宜大于 2m。

（4）测区应避开钢筋密集区和预埋件。

（5）测区尺寸宜为 200mm×200mm；采用平测时宜为 400mm×400mm。

（6）测试面应为清洁、平整、干燥的混凝土原浆面，不应有接缝、施工缝、饰面层、浮浆和油垢，并应避开蜂窝、麻面等缺陷部位。必要时，可用砂轮片清除杂物和打磨平整，并擦净残留粉尘。

4. 检测顺序

结构或构件的每一测区，宜先进行回弹测试，后进行超声测试。

五、回弹值计算

超声回弹综合法回弹值的测试和计算与回弹法相同。

六、超声声速值的测量与计算

宜采用对测或角测,当被测结构或构件不具备对测或角测条件时,可采用单面平测,具体如下。

1. 超声波角测方法

(1)当结构或构件被测部位只有两个相邻表面可供检测时,可采用超声波角测方法测量混凝土中的声速,如图6-5所示。每个测区布置3个测点。

(2)布置超声角测点时,换能器中心与构件边缘的距离 l_1、l_2 不宜小于300m,并且两者相差不宜大于1.5倍。

(3)角测时超声测距应按下式计算:

$$l_i = \sqrt{l_{1i}^2 + l_{2i}^2} \qquad (6-11)$$

式中:l_i——角测时第 i 个测点换能器的超声测距,mm;

l_{1i}、l_{2i}——角测时第 i 个测点换能器与构件边缘的距离,mm。

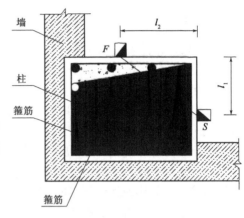

图6-5 超声波角测示意图

(4)角测时,混凝土中声速代表值应按下式计算:

$$v = \frac{1}{3}\sum_{i=1}^{3} \cdot \frac{l_i}{t_i - t_0} \qquad (6-12)$$

式中:v——角测时混凝土中声速代表值,km/s;

t_i——角测时第 i 个测点的声时读数,μs;

t_0——声时初读数,μs。

2. 超声波平测方法

(1)当结构或构件被测部位只有一个表面可供检测时,可采用平测方法测量混凝土中声速。每个测区布置3个测点。

(2)布置超声平测点时,宜使发射换能器和接收换能器的连线与附近钢筋轴线成40°~50°夹角,超声测距 l 宜采用350~450mm。

(3)宜采用同一构件的对测声速 v_d 与 v_p 平测声速之比求得修正系数 λ,对平测声速进行修正。

(4)当被测结构或构件不具备对测与平测的对比条件时,宜选取有代表性的部位,以测距 l 分别为200mm、250mm、300mm、350mm、400mm、450mm、500mm,逐点测读相应声时值 t,用于回归分析。

3. 测区声速值的修正

当在混凝土浇筑的顶面与底面测试时,由于上表面砂浆较多,强度偏低,底面粗集料较多,强度偏高,综合起来与成型侧面是有区别的。另外,浇筑表面不平整,因此会使声速偏低,所以应按下式进行修正:

$$v_\alpha = \beta v \tag{6-13}$$

式中：v_α——修正后的测区声速值，km/s；

β——超声测试面修正系数，在混凝土浇灌顶面及底面时 $\beta=1.034$，在混凝土侧面测试时，$\beta=1$。

七、混凝土强度的推算

（1）结构或构件第 i 个测区的混凝土强度换算值应采用修正后的测区回弹值及修正后的测区声速值，优先采用专用测强曲线或地区测强曲线推定。

（2）当结构或构件所用材料与制定的测强曲线所用材料有较大差异时，必须用同条件试件块或从结构或构件测区钻取的混凝土芯样进行修正，试件数量应不少于 6 个。此时，得到的测区混凝土强度换算值应乘以修正系数。

（3）结构或构件混凝土强度的推定。结构或构件的混凝土强度推定值应按下列公式确定：

① 当按单个结构或构件检测时，单个结构或构件的混凝土强度推定值 $f_{cu,i}$ 取该结构或构件各测区中最小的混凝土强度换算值 $f^c_{cu,min}$。

② 当按批抽样检测时，该批结构或构件的混凝土强度推定值应按下式计算：

$$f_{cu,e} = m_{f^c_{cu,i}} - 1.645 s_{f^c_{cu}} \tag{6-14}$$

各测区混凝土强度换算值的平均值及标准差应按下式计算：

$$m_{f^c_{cu}} = \frac{1}{n}\sum_{i=1}^{n} f^c_{cu,i} \tag{6-15}$$

$$S_{f^c_{cu}} = \sqrt{\frac{\sum_{i=1}^{m}(f^c_{cu,i})^2 - n(m_{f^c_{cu}})^2}{n-1}} \tag{6-16}$$

（4）当属同批结构或构件按批抽样检测时，若全部测区强度的标准差出现下列情况时，则该批结构或构件应全部按单个构件检测：

① 当该批结构或构件混凝土强度平均值小于 25MPa 时，$S_{f^c_{cu}} > 4.5$MPa。

② 当该批结构或构件混凝土强度平均值等于 25～50MPa 时，$S_{f^c_{cu}} > 5.5$MPa。

③ 当该批结构或构件混凝土强度平均值大于 50MPa 时，$S_{f^c_{cu}} > 6.5$MPa。

八、注意事项

（1）在操作回弹仪时，回弹仪的轴线始终应与测试面垂直。

（2）在超声声时测量时，换能器与混凝土之间的良好耦合是十分重要的。

（3）同批构件的条件：①混凝土强度等级相同；②混凝土原材料、配合比、成型工艺、养护条件及龄期基本相同；③构件种类相同；④在施工阶段所处状态相同。

（4）如缺少专用测强曲线或地区测强曲线时，可制定专用测强曲线或地区测强曲线，并经工程质量监督主管部门组织审定和批准实施。

九、结构评定

超声回弹综合法检测混凝土强度的结构评定同回弹法检测混凝土强度。

十、试验记录

超声回弹综合法检测混凝土强度试验记录见表6-3。

超声回弹综合法检测混凝土强度试验记录　　　　　表6-3

检测单位名称：　　　　　　　　　　　　　　　　　　　　　　　　　记录编号：

工程名称							任务编号			
工程部位							样品名称			
样品描述							样品编号			
检测依据							检测环境			
主要仪器设备							检测日期			
回弹测试面及状态							t_0			
回弹仪率定值					回弹测试角度		超声测试方式			

测区	回弹值 R_i						碳化深度值(mm)		测区声时 t (μs)			
							单点值	平均值	位置	轴线1	轴线2	轴线3
									测点1~2			
									测点1~3			
									测点1~2			
									测点1~3			
									测点1~2			
									测点1~3			
									测点1~2			
									测点1~3			
									测点1~2			
									测点1~3			
									测点1~2			
									测点1~3			
									测点1~2			
									测点1~3			
									测点1~2			
									测点1~3			
									测点1~2			
									测点1~3			
									测点1~2			
									测点1~3			

备注：

检测：　　　　　　　记录：　　　　　　　复核：　　　　　　　日期：

单元6.2　桥梁耐久性检测

【知识目标】

1. 了解影响桥梁耐久性的因素；
2. 掌握钢筋锈蚀电位、结构混凝土中氯离子含量、混凝土中钢筋分布及保护层厚度、混凝土碳化深度和混凝土电阻率的检测方法及结果评定。

【能力目标】

1. 具备查阅影响桥梁耐久性相关的试验检测的技术标准、规程的能力；
2. 能够规范地检测钢筋锈蚀电位、结构混凝土中氯离子含量、混凝土中钢筋分布及保护层厚度、混凝土碳化深度和混凝土电阻率等各项指标，并准确地进行结果评定。

【案例导入】

某大桥全长2324m，其中主桥长为595m，引桥长为1729m。主桥采用大跨度预应力混凝土连续箱梁结构，引桥采用预应力混凝土简支T形梁结构。引桥桥墩采用钢筋混凝土双柱式墩身，主桥桥墩采用钢筋混凝土实体墩。根据日常养护外观检查结果，分别抽取该桥上部结构、下部结构总数的10%且不少于10个构件进行混凝土材质状况与主体参数检测评定，检测主要内容有混凝土材质强度检测评定、桥梁钢筋保护层厚度检测评定、桥梁碳化状况检测评定、桥梁钢筋锈蚀电位检测评定、桥梁电阻率检测评定，从而判定桥梁结构耐久性状况。

【工程师寄语】

百年大计，质量第一。千里之堤，溃于蚁穴。钢筋混凝土质量的优劣决定了桥梁使用寿命的长短。我们要牢固树立质量意识，依据现行的规范与标准，严把工程质量关，做到规范检测，筑牢质量屏障，防患于未然，真正做到"学思用贯通、知信行统一"。

本单元将介绍钢筋锈蚀电位检测、结构混凝土中氯离子含量的测定与评定、混凝土中钢筋分布及保护层厚度检测、混凝土碳化深度检测和混凝土电阻率检测与评定等知识。

【知识框图】

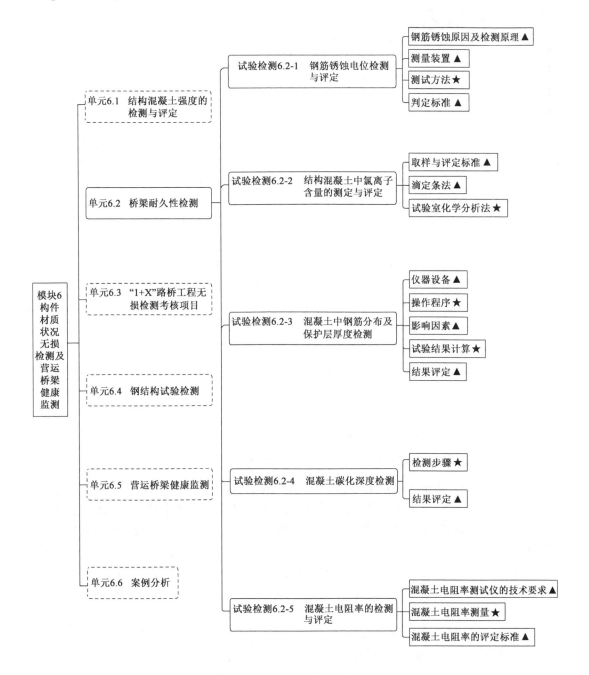

注：知识框图中标有"▲"符号的是教学重点内容，标有"★"符号的是教学难点内容。

由于桥梁在建造和使用过程中会受到环境、有害化学物质的侵蚀，并要承受车辆、风、疲劳、超载、人为因素等外来作用，同时桥梁所采用的材料自身性能也在不断老化，导致结构各部分不同程度的损伤和劣化。因此，进行桥梁耐久性检测非常重要。

试验检测 6.2-1

钢筋锈蚀电位检测与评定

钢筋锈蚀电位检测
与评定（微课）

钢筋锈蚀电位检测
（虚拟仿真）

一、钢筋锈蚀原因及检测原理

1. 钢筋锈蚀原因

一般来说，钢筋锈蚀的主要原因有两大类：一是盐害；二是中性化。

盐害是指当混凝土中钢筋表面的氯离子超过一定浓度时，钢筋表面的保护性钝化膜开始破坏，接着钢筋开始腐蚀膨胀，造成混凝土的龟裂或崩落。

混凝土的中性化，即混凝土的碳化。混凝土中的水泥水化物呈强碱性，当混凝土包裹在钢筋表面时，将在钢筋表面形成一层具有保护作用的钝化膜，可以保护钢筋免受侵蚀，即通常所说的混凝土对钢筋的"碱性保护"。随着时间的流逝，空气中的 CO_2 和水分与混凝土的碱性成分缓慢发生化学反应，致使混凝土逐渐失去碱性成分，作为保护层的混凝土由外到内逐渐碳化，一旦碳化深度达到或超过保护层厚度，钢筋表面的钝化膜就会被破坏，混凝土将失去对钢筋的保护作用，这时外界水分和腐蚀性物质通过混凝土毛细孔侵入钢筋表面，钢筋就开始锈蚀。

下面以硅酸盐水泥为例，介绍混凝土中钢筋表面钝化膜的破坏与腐蚀半电池的形成机理。硅酸盐水泥在水化过程产生一定的碱，其反应方程式如下：

$$2(3CaO \cdot SiO_2) + 6H_2O \rightarrow 3CaO \cdot 2SiO_2 \cdot 3H_2O + 3Ca(OH)_2 \tag{6-17}$$

$Ca(OH)_2$ 一部分溶解于混凝土的液相中，使混凝土 pH 在 13～14 范围内，另一部分则沉淀于混凝土的微孔中。处于强碱环境中的钢筋，其表面生成致密氧化膜，使钢筋处于钝化状态，同时混凝土对钢筋也起着物理保护作用。但是从热力学的观点来看，钢筋的钝化状态是不稳定的，钝化状态的保持具有一定的条件，一旦条件改变，钢筋的钝化状态便向活化状态转变。

混凝土通常是具有连续贯通的毛细空隙，起初这些毛细空隙被水泥水化过程中所产生的自由水和固体 $Ca(OH)_2$ 所填塞，但是暴露在空气中的混凝土随着时间的推移，会逐渐释放一部分自由水；在干燥过程中，混凝土中的水分挥发，其原来占有的空隙空间就会被空气所填补，通常空气中含着大量的 CO_2 和酸性气体，它们能与混凝土中的碱性成分反应，大气中 CO_2、SO_2、SO_3 与混凝土中 $Ca(OH)_2$ 的反应方程式如下：

$$\left. \begin{array}{l} CO_2 + Ca(OH)_2 \rightarrow CaCO_3 + H_2O \\ SO_2 + Ca(OH)_2 \rightarrow CaSO_3 + H_2O \\ SO_3 + Ca(OH)_2 \rightarrow CaSO_4 + H_2O \end{array} \right\} \tag{6-18}$$

这就是我们所说的混凝土碳化。混凝土碳化会使得混凝土的 pH 值降低，当 pH 值小于 11 时，混凝土中钢筋表面的致密钝化膜就被破坏，不仅如此，$CaSO_3$、$CaSO_4$ 还会与水泥水化产

物中的 C_3A 反应,生成物体积增大,从而使混凝土胀裂,这就是硫酸盐侵蚀破坏。常说的碱性集料反应或碱性反应破坏机理,均与此相似。当混凝土中的碱浓度超过一定临界值后,集料中像微晶和隐晶硅等活性矿料就会起化学反应而生成一种凝胶。这种凝胶往往是吸水膨胀的,一旦混凝土遭受水的侵蚀,就使凝胶膨胀,从而产生过高的内应力,导致混凝土胀裂,从而加快了混凝土表面剥落。

2. 检测原理

一旦钢筋表面钝化膜局部破坏或变得致密度差,即不完整,则钝化膜就会形成阳极,而周围钝化膜完好的部位构成阴极,从而形成了若干个微电池。虽然有些微电池处于抑制状态,但在一定条件下可以激化,从而使其处于活化状态发生氧化还原反应,造成钢筋的锈蚀,宏观上混凝土和握裹其中的钢筋形成半电池,而我们也正是通过检测以上所述的处于活化状态的钢筋锈蚀半电池电位来判断目前混凝土内的钢筋锈蚀活化程度。

半电池法是利用混凝土中钢筋锈蚀的电化学反应引起的电位变化来测定钢筋锈蚀状态的一种方法。通过测定钢筋/混凝土半电池电极与在混凝土表面的铜或硫酸铜参与电极之间电位差的大小,评定混凝土中钢筋的锈蚀活化程度。

二、测量装置

1. 参考电极(半电池)

参考电极为铜或硫酸铜半电池,温度系数为 0.9mV/℃。铜或硫酸铜参考电极的实物图和结构图如图 6-6、图 6-7 所示。铜或硫酸铜参考电极主要由以下几部分组成:

(1)一根不与铜或硫酸铜发生化学反应的刚性有机玻璃管。
(2)一只通过毛细作用保持湿润的多孔塞。
(3)一个处在刚性管里饱和硫酸铜溶液中的紫铜棒。

 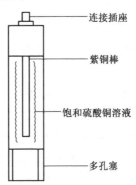

图 6-6　铜或硫酸铜参考电极实物图　　图 6-7　铜或硫酸铜参考电极结构图

2. 二次仪表技术性能要求

(1)测量范围大于 1000mV。
(2)准确度优于 0.5% F.S. ±1mV。
(3)输入电阻大于 $10^{10}\Omega$。
(4)使用环境条件:环境温度 0 ~ +40℃;相对湿度≤95% RH。

3. 接触液

检测时,可在水中加适量的家用液态洗涤剂对被测表面进行润湿,使铜或硫酸铜电极与混凝土表面有较好的电接触,减少接触电阻与电路电阻。

4. 导线

导线总长不应超过150m,一般选择截面面积大于 $0.75mm^2$ 的导线,以使测试回路中产生的电压不超过 $0.1mV$。

三、测试方法

1. 测区选择

(1)钢筋锈蚀状况检测范围应为主要承重构件的主要受力部位,或根据一般检查结果有迹象表明钢筋可能存在锈蚀的部位。但测区不应出现明显的锈蚀胀裂、脱空或层离现象。

(2)测区应统一编号,注明位置,并描述外观情况。

2. 测点布置

(1)在测区上布置测试网格,网格节点为测点,网格间距可选择 $20cm \times 20cm$、$30cm \times 30cm$、$20cm \times 10cm$ 等。根据构件尺寸而定,测点位置距构件边缘应不大于5cm,一般不宜少于20个测点。

(2)当一个测区内存在相邻测点的读数超过150mV时,通常应减小测点的间距。

3. 混凝土表面处理

混凝土表面处理是指用砂纸、钢丝刷打磨测区混凝土表面,去除涂料、污迹、浮浆、尘土等,并用接触液将表面润湿。

4. 二次仪表与钢筋的电连接

(1)现场检测时,铜或硫酸铜电极一般接二次仪表的正输入端,钢筋接二次仪表的负输入端。

(2)局部打开混凝土或裸露的钢筋,在钢筋上钻一小孔并拧上自攻螺钉,用加压型鳄鱼夹夹住并润湿,确保有良好的电连接。若测量远离钢筋连接点的测区,必须用万用表检查内部钢筋的连接性;如不连接,应重新进行钢筋的连接。

(3)铜或硫酸铜参考电极与测点的接触。测量前应预先将电极前端多孔塞充分浸湿,以保证良好的导电性。正式测读前应再次用喷雾器将被测表面润湿,但不应存在游离水。混凝土电阻率测试技术示意图如图6-8所示。

5. 铜或硫酸铜电极的准备

将硫酸铜晶体溶解在蒸馏水中制成饱和硫酸铜溶液。当在溶液底部出现硫酸铜晶体沉淀时,可认为该溶液达到饱和。电极铜棒应清洁,无明显缺陷,否则,需用稀释后的盐酸溶液清洁铜棒,并用蒸馏水彻底冲净。硫酸铜溶液应注意更换,保持清洁,溶液应充满电极,以保证电连接。

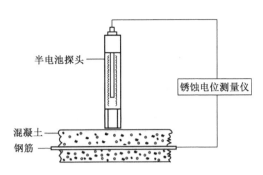

图 6-8 混凝土电阻率测试技术示意图

6. 测量值的采集

测点读数变动不超过 2mV，可视为稳定。在同一测点、同一个参考电极，重复测度的差异不超过 10mV；不同的参考电极重复测度的差异不超过 20mV。若不符合读数稳定要求，应检查测试系统的各环节。

四、影响因素

(1) 混凝土含水率对测量值的影响较大，因此，测量时构件应在自然干燥状态。
(2) 若环境温度在 22℃ ±5℃ 范围之外，应对铜或硫酸铜电极进行温度修正。
(3) 测量值受各种外界因素产生的波动电流的影响。
(4) 混凝土保护层电阻对测量值有一定影响。
(5) 为提高现场评定钢筋状态的可靠度，一般要进行现场比较性试验，通常按已暴露钢筋的锈蚀程度不同，在它们周围分别测出相应的锈蚀电位，比较这些钢筋的锈蚀程度和相应测值的对应关系，提高评判的可靠度，但不能与有明显锈蚀胀裂、脱空、层离现象的区域比较。

五、判定标准

(1) 在对已处理的数据（已进行温度修正）进行判读之前，按惯例将这些数据加以负号，绘制等电位图，然后进行判读。
(2) 混凝土中钢筋发生锈蚀的概率或钢筋正在发生锈蚀活化程度按表 6-4 的规定判断。

混凝土桥梁钢筋锈蚀电位评定标准　　　表 6-4

点位水平 (mV)	钢筋状况	评定标度
≥ -200	无锈蚀活动性或锈蚀活动性不确定	1
(-200, -300]	有锈蚀活动性，但锈蚀状态不确定，可能抗蚀	2
(-300, -400]	有锈蚀活动性，发生锈蚀概率大于 90%	3
(-400, -500]	有锈蚀活动性，严重锈蚀可能性极大	4
< -500	构件存在锈蚀开裂区域	5

注：1. 量测时，混凝土桥梁结构或构件应为自然状态。
　　2. 表中电位水平采用铜或硫酸铜电极时的量测值。

六、试验记录

钢筋锈蚀电位检测记录见表 6-5。

钢筋锈蚀电位检测记录　　　　　　　　表 6-5

检测单位名称：　　　　　　　　　　　　　　　　　　记录编号：

桥梁名称						
检测构件名称						
检测部位						
检测值 锈蚀电位(mV)						
列数	行数					
	1	2	3	4	5	6
1						
2						
3						
4						
5						
6						
测区位置示意图及说明						

检测：　　　　　记录：　　　　　复核：　　　　　日期：

试验检测 6.2-2

结构混凝土中氯离子含量的测定与评定

结构混凝土中氯离子含量的测定与评定(微课)

混凝土中氯离子含量检测(虚拟仿真)

一、取样与评定标准

1.取样部位与数量

（1）混凝土粉末分析样品的取样部位可参照钢筋锈蚀电位测试测区布置原则确定。

（2）测区的数量应根据钢筋锈蚀电位检测结果以及结构的工作环

境条件确定。

(3)每一测区取粉的钻孔数量不宜少于3个,取粉孔可与碳化深度测量孔合并使用。

(4)测区、测孔应统一编号。

钻取混凝土粉末的方法图如图6-9所示。

2.取样方法

(1)先确定钢筋位置,再使用直径为20mm以上的冲击钻进行钻孔。

(2)分层收集混凝土粉末,一般深度间隔可取3mm、5mm、10mm、15mm、20mm、25mm、50mm等;钻孔深度使用附在钻头侧面的标尺杆控制。

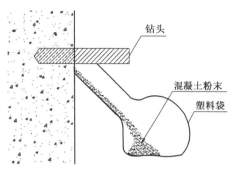

图6-9　钻取混凝土粉末的方法图

(3)每一深度的混凝土粉末应使用一个新的塑料袋收集,每次采集后,钻头、硬塑料管及钻孔内部都应用毛刷将残留粉末清理干净,以免混杂不同深度的混凝土粉末。

(4)不同测区、测孔相同深度的混凝土粉末不应混合在一起。同一测区、不同孔、相同深度的混凝土粉末可收集在一个塑料袋内,质量不应少于25g。

(6)对采集的混凝土粉末,各塑料袋应立即封口保存,并注明测区、测孔编号及深度。

3.评定标准

(1)根据每一取样层氯离子含量的测定值,绘制氯离子含量的深度分布曲线,判断氯化物是混凝土生成时已有的,还是结构使用过程中由外界浸入的。

(2)混凝土中的氯离子含量可按表6-6的评判经验值确定其引起钢筋锈蚀的可能性。

氯离子含量的评定标准　　　　　　　　　　表6-6

序号	氯离子含量(占水泥含量的百分比)(%)	诱发钢筋锈蚀的可能性	评定标准
1	<0.15	很小	1
2	[0.15,0.40)	不确定	2
3	[0.40,0.70)	有可能诱发钢筋锈蚀	3
4	[0.70,1.00)	会诱发钢筋锈蚀	4
5	≥1.00	钢筋锈蚀活化	5

二、滴定条法

采用滴定条法检测混凝土中氯离子含量的步骤如下:

(1)将样品过筛后置于烘箱内,设置温度为105℃±5℃,烘2h,再冷却至室温。

(2)称取5g样品粉末放入烧杯,缓慢加入50mL(1.0mol)HNO_3并彻底搅拌直至嘶嘶声停止。

(3)用石蕊试纸检查溶液是否呈酸性(石蕊试纸变红);如果不呈酸性,再加入适量硝酸。

(4)加入约5g无水碳酸钠(Na_2CO_3)后检查溶液是否呈中性(石蕊试纸不变色);如果不

呈中性,再加入少量无水碳酸钠直至溶液呈中性。

(5)将液体加入用过滤纸做的锥斗中;当纯净的溶液掺入锥斗后,把滴定条插入液体中。

(6)待到滴定条顶端水平黄色细条转变成蓝色,取出滴定条并顺着由上至下的方向将其擦干。

(7)读取滴定条颜色变化处的最高值,然后在该批滴定条表中查出所对应的氯离子含量值(以百万分之几表示)。若分析过程取样 5g,加硝酸 50mL,则将查表所得的值除以 1000 即百分比含量。如果使用样品质量不足 5g 或使用过量的硝酸,则应按下式修正氯离子百分比含量:

$$氯离子百分比含量 = \frac{a \cdot b}{10000c} \tag{6-19}$$

式中:a——查表所得的值;
b——硝酸体积,mL;
c——样品质量,g。

三、试验室化学分析法

1. 混凝土中游离氯离子含量测定

(1)适用范围

本方法适用于测定硬化混凝土中砂浆的游离氯离子含量。

(2)所需化学药品

本方法检测时所需化学药品包括硫酸(相对密度 1.84)、酒精(95%)、硝酸银、铬酸钾、酚酞(均为化学纯)、氯化钠(分析纯)。

(3)试剂配制

①配制实际浓度约 5% 铬酸钾指示剂:称取 5g 铬酸钾溶于少量蒸馏水中,加入少量硝酸银溶液使之出现微红,摇匀后放置 12h,然后过滤并移入 100mL 容量瓶中,稀释至刻度。

②配置浓度约 5% 酚酞溶液:称取 0.5g 酚酞,溶于 75mL 酒精和 25mL 蒸馏水中。

③配置稀硫酸溶液:以 1 份体积硫酸倒入 20 份蒸馏水中。

④配置 0.02N 氯化钠标准溶液:把分析纯氯化钠置于瓷坩埚中(以玻璃棒搅拌),一直到不再有盐的爆裂声为止。冷却后称取 1.2g 左右(精确至 0.1mg),用蒸馏水溶解后移入 1000mL 容量瓶,并稀释至刻度。

氯化钠当量浓度按下式计算:

$$N = \frac{W}{58.45} \tag{6-20}$$

式中:N——氯化钠溶液的当量浓度;
58.45——氯化钠的克当量;
W——氯化钠质量,g。

⑤配置 0.02N 硝酸银溶液(视所测的氯离子含量,也可配成浓度略高的硝酸银溶液):称取硝酸银溶液约 3.4g 溶于蒸馏水中并稀释至 1000mL,置于棕色瓶中保存;用移液管吸取氯化

钠标准溶液20mL(V_1)于三角烧瓶中,并加入10~20滴铬酸钾指示剂,用于配置的硝酸银溶液滴定至刚呈砖红色。记录所消耗的硝酸银毫升数(V_2)。

硝酸银溶液的当量浓度按下式计算:

$$N_2 = \frac{N_1 \cdot V_1}{V_2} \quad (6\text{-}21)$$

式中:N_2——硝酸银溶液的当量浓度;
N_1——氯化钠标准溶液的当量浓度;
V_1——氯化钠标准溶液的毫升数;
V_2——消耗硝酸银溶液的毫升数。

(4)试验步骤

①处理样品:取混凝土中的砂浆约30g,研磨至全部通过0.63mm筛;然后置于温度条件为105℃±5℃烘箱中加热2h,取出后冷却至室温;称取20g(G),置于三角烧瓶中并加入200mL(V_3)蒸馏水,塞紧瓶塞,剧烈震荡1~2min,浸泡24h。

②过滤试样:用移液管分别吸取滤液20mL(V_4),置于两个三角烧瓶中,各加2滴酚酞,使溶液呈微红色,再用稀硫酸中和至无色,然后加铬酸钾指示剂10~20滴,立即用硝酸银溶液滴定至呈砖红色;记录所消耗的硝酸银毫升数(V_5)。

(5)试验结果计算

游离氯离子含量按下式计算:

$$P = \frac{N_2 V_5 \times 0.03545}{G \cdot \dfrac{V_4}{V_3}} \times 100\% \quad (6\text{-}22)$$

式中:P——砂浆样品游离氯离子含量,%;
N_2——硝酸银标准溶液的当量浓度;
G——砂浆样品质量,g;
V_3——浸样品的水量,mL;
V_4——每次滴定时提取的滤液量,mL;
V_5——每次滴定时消耗的硝酸银溶液,mL;
0.03545——氯离子的毫克当量。

2.混凝土中氯离子总含量测定

(1)适用范围

该方法适用于测定混凝土中砂浆的氯离子总含量,包括已和水泥结合的氯离子量。

(2)测定方法

将含有氯化物的水泥全部溶解在硝酸溶液中,用佛尔哈德法测定氯化物含量。

(3)所需化学药剂

氯化钠、硝酸银、硫氰化钾、硝酸、铁矾、铬酸钾(以上均为化学纯)。

(4)试剂配制

① 0.02N氯化钠标准溶液的配置。

②0.02N 硝酸银溶液配置与标定。

③6N 硝酸溶液的配置:取含量 65%～68% 的 25.8mL 化学纯浓硝酸(HNO_3)置容量瓶中,用蒸馏水稀释至刻度。

④10% 铁矾溶液:用 10g 化学纯铁矾溶于 90g 蒸馏水配成。

⑤0.02N 硫氰化钾标准溶液:用天平称取化学纯硫氰化钾晶体约 1.95g,溶于 100mL 蒸馏水,充分摇匀,装在瓶内配置成硫氰化钾溶液,并用硝酸银标准溶液进行标定;将硝酸银标准溶液装入滴定管,从滴定管放出硝酸银标准溶液约 25mL,加 6N 硝酸 5mL 和 10% 铁矾溶液 4mL,然后用硫氰化钾标准溶液滴定;滴定时激烈摇动溶液,当滴至红色维持 5～10s 不退时即为终点。

硫氰化钾标准溶液的当量浓度按下式计算:

$$N_1 = \frac{N_2 V_2}{V_1} \tag{6-23}$$

式中:N_1——硫氰化钾标准溶液的当量浓度;
　　V_1——滴定时消耗的硫氰化钾标准溶液,mL;
　　N_2——硝酸银标准溶液的当量浓度;
　　V_2——硝酸银标准溶液量,mL。

(5)试验步骤

①取适量的混凝土试样(约 40g),用小锤去除石子部分,把剩余的砂浆研磨成粉末状,置于温度为 105℃±5℃ 的烘箱中烘 2h。

②取出试样冷却至室温,称取 10～20g 砂浆试样倒入三角锥瓶。

③在盛有砂浆试样的三角锥瓶内加入 100mL 稀硝酸(按体积比为浓硝酸:蒸馏水 = 15:85),为防止蒸发应盖上瓶盖。

④砂浆试样浸泡 24h 后左右(以水泥全部溶解为度),其间应摇动三角锥瓶,然后用滤纸过滤,除去沉淀。

⑤用移液管分别量取滤液 20mL,置于 2 个三角锥瓶,每份由滴定管加入硝酸银溶液约 20mL(可估算氯离子含量的多少而酌量增减)。

⑥用硫氰化钾溶液进行滴定。滴定时激烈摇动溶液,当滴至红色能维持 5～10s 不褪色时即为终点。

(6)试验结果计算

氯离子含量按下式计算:

$$P = \frac{0.03545(NV - N_1 V_1)}{G \cdot \dfrac{V_2}{V_3}} \times 100\% \tag{6-24}$$

式中:P——砂浆样品中氯离子总含量,%;
　　N——硝酸银标准溶液的当量浓度;
　　V——加入滤液试样中的硝酸银标准溶液,mL;
　　N_1——硫氰化钾标准溶液的当量浓度;

V_1——加入滤液试样中的硫氰化钾标准溶液,mL;

V_2——每次滴定时提取的滤液量,mL;

V_3——浸样品的水量,mL;

G——砂浆样品质量,g;

0.03545——氯离子的毫克当量。

四、试验记录

混凝土中氯离子总含量测定试验记录见表6-7。

混凝土氯离子总含量测定试验记录　　　　　　　　　　　　表6-7

检测单位名称：　　　　　　　　　　　　　　　　　　　　　记录编号：

试验次数	试样质量（g）	加入滤液试样中的硝酸银标准溶液量 V（mL）	滴定时消耗的硫氰化钾标准溶液量 V_1（mL）	每次滴定时提取的滤液量 V_2（mL）	浸样品的水量 V_3（mL）	氯离子总含量(%)	
						单值	平均值
1							
2							
硝酸银标准溶液的浓度（mol/L）				硫氰化钾标准溶液的浓度（mol/L）			
备注							

检测：　　　　　　　记录：　　　　　　　复核：　　　　　　　日期：

试验检测 6.2-3

混凝土中钢筋分布及保护层厚度检测

混凝土中钢筋分布及保护层
厚度检测(微课)

钢筋位置及混凝土保护层
厚度检测(虚拟仿真)

钢筋间距及混凝土保护层
厚度测定(动画)

一、检测方法

钢筋位置采用电磁无损检测方法确定,辅以现场修正确定保护层厚度,估测钢筋直径。

二、检测原理

仪器探头会产生一个电磁场,当这个电磁场内有金属物体存在时,电磁场的磁力线会发生改变,造成局部电磁场强度的变化。电磁场强度的变化和金属物大小与探头距离存在一定的对应关系。如果把特定尺寸的钢筋和所要调查的材料进行适当标定,通过探头测量并由仪表显示出来这种对应关系,即可估测混凝土中钢筋位置、深度和尺寸。

三、仪器设备

1. 仪器的构成

检测仪器一般包含探头、仪表和连接导线。仪表可进行模拟或数字的指示输出,较先进的仪表还具有图形显示功能。钢筋保护层测试仪如图6-10所示。

2. 仪器的标定

(1)标定应在无外界磁场干扰的环境中进行。

(2)钢筋保护层测试仪使用期间的标定校准应使用专用的标定块,如图6-11所示。当测量标定块所给定的保护层厚度时,测读值应在仪器说明书所给定的准确度范围之内。

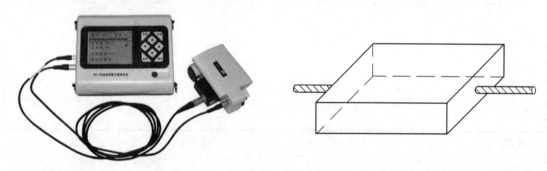

图6-10 钢筋保护层测试仪　　　　　图6-11 标定块

(3)标定块由一根 φ16mm 的普通碳素钢筋垂直浇筑在长方体无磁性的塑料块内,使钢筋距4个侧面分别为 15mm、30mm、60mm、90mm。

(4)每次试验检测前均应对仪器进行标定,若仪器达不到应有的精度,则应送专业机构维修检验。

四、操作程序

1. 调查范围

混凝土结构钢筋分布状况调查的范围如下:

(1)主要承重构件或承重构件的主要受力部位。

(2)钢筋锈蚀电位测试结果表明钢筋可能锈蚀活化的部位。
(3)发生钢筋锈蚀胀裂的部位。
(4)布置混凝土碳化测区的部位以及根据结构检算及其他检测需要确定的部位。

2. 测区布置原则

(1)按单个构件检测时,应根据尺寸大小,在构件上均匀布置测区,每个构件上的测区数不应少于3个,相邻两个测区的间距不宜小于2m。
(2)对于最大尺寸大于5m的构件,应适当增加测区数量。
(3)测区表面应清洁、平整,避开接缝、蜂窝、麻面、预埋件等有缺陷的部位。
(4)注明测区编号,并记录测区位置和外观情况。
(5)测点数量及要求:每一测区应不少于10个测点;测点间距应小于测试仪传感器长度。
(6)对某一类构件的检测,可采取抽样的方法,抽样数不少于同类构件数的30%,且不少于3件,每个构件测区布置按单个构件要求进行。
(7)对结构整体的检测,可先按构件类型分类,再按类型进行检测。

3. 测量步骤

(1)确定钢筋的种类和直径

测试前通过查阅有关图纸资料确定钢筋的种类和直径。

(2)确定测区内钢筋的位置与走向

①将保护层测试仪传感器在构件表面平行移动,当仪器显示最小值时,传感器正下方即所测钢筋的位置。

②找到钢筋位置后,将传感器在原处左右转动一定角度,当仪器显示最小值时,传感器长轴线的方向即钢筋的走向。

③在构件测区表面画出钢筋位置与走向。

(3)测读保护层厚度

①将传感器置于钢筋所在位置正上方,并左右稍移动,读取仪器显示最小值即该处保护层厚度。

②每一测点值宜读取2~3次稳定读数,取其平均值,精度为1mm。

③应避免在钢筋交叉位置进行测量。

(4)量测钢筋直径

对于缺少资料、无法确定钢筋直径的构件,应首先测量钢筋直径。对钢筋直径的测量宜采用5~10次测读,剔除异常数据,求其平均值。

钢筋保护层厚度及间距现场检测如图6-12所示。

图6-12 钢筋保护层厚度及间距现场检测

五、影响因素

1. 影响测量准确度的因素

(1)外加磁场的影响,应予避免。

(2)混凝土若具有磁性,测量值需加以修正。

(3)钢筋品种对测量值有一定影响,主要是高强钢筋需加以修正。

(4)不同的布筋状况,钢筋间距影响测量值,当 $D/S<3$ 时需修正测量值。其中,D 为钢筋净间距(mm),即钢筋边缘至边缘的间距;S 为保护层厚度,即钢筋边缘至保护层表面的最小距离。

2. 保护层测量值的修正

当钢筋直径、材质、布筋状况、混凝土性质都已明确时,才能准确地测量保护层厚度,而在实际测量时,往往这些因素都是未知的。

(1)仪器测量直径档的选择:

①当两根钢筋直径分别为 d_1、d_2,横向并在一起(图6-13),等效直径 $d_{等效}=d_1+d_2$;

②当两根钢筋竖向并在一起(图6-14),等效直径 $d_{等效}=3(d_1+d_2)/4$。

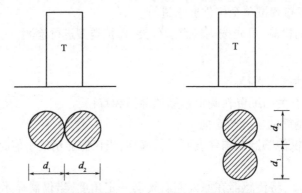

图 6-13　两根钢筋横向并在一起　　图 6-14　两根钢筋竖向并在一起

(2)用标准垫块进行综合修正,这种方法适用于现场检测。标准垫块用硬质无磁性材料制成,修正系数 K 计算方法如下:

①将传感器直接置于混凝土表面已标好的钢筋位置正上方,读取测量值 S_{m1}。

②将标准垫块置于传感器原混凝土表面位置,并把传感器放于标准垫块之上,读取测量值 S_{m2},则修正系数 K 按下式计算:

$$K=\frac{S_{m1}-S_{m2}}{S_b} \tag{6-25}$$

③对于不同钢种和直径的试块应,确定各自的修正系数,每一修正系数应采用3次平均值求得。

(3)用标准孔进行综合修正,也是现场校准测量值的有效方法。

①用6mm钻头在钢筋位置正上方,垂直于构件表面打孔,手感碰到钢筋立即停止,用深度卡尺量测钻孔深度,即实际的保护层厚度 S_r,则修正系数 K 按下式计算:

$$K=\frac{S_m}{S_r} \tag{6-26}$$

式中:S_m——仪器读数值。

②对于不同钢筋种类和直径的试块,应打各自的校准孔,一般应不少于2个,求其平均值。

(4)现场检测的准确度。经过修正后确定的保护层厚度值,精度在10%以内,因混凝土表面的平整度及各种因素的存在仍会给测量带来误差。

（5）用图示方式注明检测部位及测区位置,将各测区的钢筋分布、走向绘制成图,并在图上标注间距、保护层厚度及钢筋直径等数据。

六、试验结果计算

（1）首先根据某一测值部位各测点混凝土厚度实测值,按式(6-27)求出混凝土保护层厚度平均值 $\overline{D}_n$（精度为 0.1mm）。

$$\overline{D}_n = \frac{\sum_{i=1}^{n} D_{ni}}{n} \tag{6-27}$$

式中：$\overline{D}_n$——结构或构件测量部位测点混凝土保护层厚度,精度为 0.1mm；

n——检测构件或部位的测点数。

（2）测量部位混凝土保护层厚度特征值 D_{ne} 按下式计算,精度为 0.1mm：

$$D_{ne} = \overline{D}_n - K_p S_D \tag{6-28}$$

式中：s_D——测量部位测点保护层厚度的标准差,按下式计算,精度为 0.1mm；

$$s_D = \sqrt{\frac{\sum_{i=1}^{n} (D_{ni})^2 - n(\overline{D}_n)^2}{n-1}} \tag{6-29}$$

K_p——合格判定系数值,按表 6-8 取用。

混凝土保护层厚度合格判定系数值　　　表 6-8

n	10~15	16~24	≥25
K_p	1.695	1.645	1.595

七、结果评定

混凝土保护层厚度对结构钢筋耐久性评定可参考表 6-9 中的经验值。

钢筋保护层厚度评定标准　　　表 6-9

序号	D_{ne}/D_{nd}	对结构钢筋耐久性的影响	评定标度
1	>0.95	影响不显著	1
2	(0.85,0.95]	有轻度影响	2
3	(0.70,0.85]	有影响	3
4	(0.55,0.70]	有较大影响	4
5	≤0.55	钢筋易失去碱性保护,发生锈蚀	5

注：D_{ne}——实测保护层厚度特征值；
　　D_{nd}——保护层厚度设计值。

八、试验记录

混凝土中钢筋分布及保护层厚度检测记录见表 6-10。

混凝土中钢筋分布及保护层厚度检测记录　　　　　　　表 6-10

检测单位名称：　　　　　　　　　　　　　　　　　　　　　记录编号：

桥梁名称	
检测构件名称	
检测部位	

检测值																				
检测部位测点混凝土保护层厚度（单位：mm）																				
列数	行数																			
	1	2	3	4	5	6	7	8	9	10	11	12	13	14	15	16	17	18	19	20
1																				
2																				
3																				
4																				
5																				
6																				
7																				
8																				
9																				
10																				
测区位置及钢筋布置示意图																				

检测：　　　　　　　记录：　　　　　　　复核：　　　　　　　日期：

试验检测 6.2-4

混凝土碳化深度检测

混凝土碳化深度检测（微课）

混凝土碳化深度检测（虚拟仿真）

混凝土碳化深度测定（动画）

混凝土碳化后的碱度降低,当碳化深度超过混凝土保护层厚度时,在水与空气存在的条件下,会使混凝土失去对钢筋的保护作用,钢筋开始生锈。因此,在钢筋锈蚀电位测试结果表明可能存在钢筋锈蚀活动的区域(钢筋锈蚀电位评定标度值为3、4、5),应进行碳化深度测量。另外,碳化深度的检测也是混凝土强度检测中需要进行的一项工作。

一、检测方法

混凝土碳化深度的检测通常采用在混凝土新鲜断面上喷洒酸碱指示剂,通过观察酸碱指示剂颜色变化来确定混凝土的碳化深度。

二、仪器设备

碳化深度测定仪(游标卡尺)、酚酞试剂、毛刷、锤子等。

三、检测步骤

在进行混凝土碳化深度检测时,测区位置的选择原则可按照钢筋锈蚀自然电位测试的相关要求。若在同一测区,应先进行保护层和锈蚀电位、电阻率的测量,再进行碳化深度及氯离子含量的测量。碳化深度检测步骤如下。

1. 测区布置

(1)测区应包括锈蚀电位测量结果有代表性的区域,同时能反映不同条件及不同混凝土质量的部位,结构外侧面应布置测区。

(2)测区数不应小于3个,测区应均匀布置。

2. 测点布置

(1)每一测区应布置3个测孔,3个测孔应呈品字形排列,孔距根据构件尺寸大小确定,但应大于2倍孔径。

(2)测孔距构件边角的距离应大于2.5倍保护层厚度。

3. 形成测孔

(1)用装有φ20mm钻头的冲击钻在测点位置钻孔。

(2)成孔后,应用圆形毛刷将孔中碎屑、粉末清除,露出混凝土新茬。

(3)将测区测孔统一编号,并绘出示意图。

4. 碳化深度测量

(1)配制酚酞指示剂(酚酞试剂)。用白色酚酞粉末与75%的酒精溶液配制成浓度为1%~3%的无色酚酞溶剂,装入喷雾器备用。

(2)将酚酞指示剂喷到测孔壁上。

(3)若混凝土未碳化,酚酞指示剂会从无色变为紫色。待酚酞指示剂变色后,用测深卡尺测量混凝土表面至酚酞变色交界处的深度,精确至1mm(现场检测如图6-15所示)。

图6-15 混凝土碳化深度测量

5. 数据整理

(1) 将测量结果标注在测区、测孔布置图上。

(2) 将测量值整理列表,应列出最大值、最小值和平均值。

四、结果评定

混凝土碳化深度对钢筋锈蚀影响的评定,应根据测区混凝土碳化深度平均值与实测保护层厚度平均值之比 K_c,并且考虑其离散情况。单个构件碳化深度评定标准见表6-11。

单个构件碳化深度评定标准　　　　　　　表6-11

K_c	<0.5	[0.5,1.0)	[1.0,1.5)	[1.5,2.0)	≥2.0
评定标度	1	2	3	4	5

五、试验记录

碳化深度检测记录见表6-12。

碳化深度检测记录　　　　　　　表6-12

检测单位名称：　　　　　　　　　　　　　　　　　　　记录编号：

序号	位置	碳化深度(mm)	备注

检测：　　　　　　记录：　　　　　　复核：　　　　　　日期：

试验检测 6.2-5

混凝土电阻率的检测与评定

混凝土电阻率检测与评定（微课）

混凝土的电阻率反映其导电性。若钢筋发生锈蚀，当混凝土电阻率大时，扩散能力弱，发展速度慢；当混凝土电阻率小时，扩散能力强，发展速度快。因此，对钢筋状况进行检测评定，测量混凝土的电阻率是一项重要内容。对钢筋锈蚀电位测试结果表明，钢筋可能锈蚀活化的区域，因此应进行混凝土电阻率测量。

混凝土电阻率检测与评定（虚拟仿真）

一、混凝土电阻率的检测方法

混凝土电阻率宜采用四电极法检测，即在混凝土表面等间距接触 4 个电极，其中两外侧电极为电流电极，两内侧电极为电压电极，通过检测两电压电极间的混凝土阻抗获得混凝土电阻率 ρ，按下式计算：

$$\rho = \frac{2\pi dV}{I} \tag{6-30}$$

式中：V——电压电极间所测电压；
　　I——电流电极通过的电流；
　　d——电极间距。

混凝土电阻率检测测区，应根据钢筋锈蚀电位测量结果确定。

二、混凝土电阻率测试仪的技术要求

混凝土电阻率测试仪（图 6-16）应通过技术鉴定，具有产品合格证，并定期进行计量标准。

混凝土电阻率测试仪由 4 个电极探头与电阻率仪表组成，采用交流测量系统。其技术要求如下：

（1）探头 4 个电极间距调节范围为 10cm，每 1 支电极内均装有压力弹簧，从而保证可测试不同深度的电阻率及电极与混凝土表面接触良好。

（2）电极端部直径尺寸不得大于 5mm。

（3）电压电极间的输入阻抗 >1MΩ。

（4）直流供电，连续工作时间不小于 6h。

（5）数字显示电阻率值。

图 6-16　混凝土电阻率测试仪

（6）仪器使用环境条件：环境温度为 0~40℃，相对湿度≤85% RH。

三、仪器的检查

在 4 个电极上分别接上 3 个电阻，则仪器的显示值为相应的电阻率值。例如，电阻率为

$1k\Omega$,相应电阻率值为 $2\pi d \times 1k\Omega \cdot cm$。

四、混凝土电阻率测量

(1)测区与侧位布置

测区与测位布置可参照钢筋锈蚀自然电位测量的要求,在电位测量网格间进行,并做好编号工作。

(2)表面处理

混凝土表面应清洁、无尘、无油脂。为了提高量测的准确性,必要时可去掉混凝土表面碳化层。

(3)进行测量

调节好仪器电极的间距,一般采用的间距为50mm。为了保证电极与混凝土表面有良好、连续的电接触,应在电极前端涂上耦合剂,特别是当仪器显示的读数不稳定时。测量时,探头应垂直置于混凝土表面,并施加适当的压力。电阻率测试技术示意图如图6-17所示。

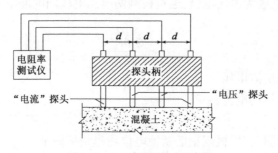

图6-17 电阻率测试技术示意图

五、混凝土电阻率的评定标准

混凝土电阻率的评定标准见表6-13。

混凝土电阻率的评定标准　　表6-13

序号	电阻率($\Omega \cdot cm$)	可能的锈蚀速度	评定标度
1	≥20000	很慢	1
2	[15000,20000)	慢	2
3	[10000,15000)	一般	3
4	[5000,10000)	快	4
5	<5000	很快	5

六、试验记录

混凝土电阻率检测记录见表6-14。

混凝土电阻率检测记录　　　　　　　　　　　　　　　　表 6-14

检测单位名称：　　　　　　　　　　　　　　　　　　　　记录编号：

桥梁名称	
检测构件名称	
检测部位	

检测值						
电阻率(kΩ)						
列数	行数					
	1	2	3	4	5	6
1						
2						
3						
4						
5						
6						
测区位置示意图及说明						

检测：　　　　　　　记录：　　　　　　　复核：　　　　　　　日期：

单元 6.3　"1+X"路桥工程无损检测考核项目

【知识目标】
1. 掌握混凝土厚度的检测方法及原理；
2. 掌握混凝土裂缝深度、混凝土内部缺陷检测试验方法及其评定；
3. 了解护栏立柱埋深检测原理；
4. 掌握护栏立柱埋深检测试验方法及其评定。

【能力目标】
1. 具备查阅混凝土厚度、混凝土裂缝深度及混凝土内部缺陷、护栏立柱埋深相关的试验检测的技术标准及规程的能力；

2. 能够规范地检测混凝土厚度、混凝土裂缝深度及混凝土内部缺陷各项指标并准确进行结果评定；

3. 能够规范地利用冲击弹性波检测护栏立柱埋深并准确进行结果评定。

【案例导入】

2006年11月25日凌晨4时15分左右，316国道陕西安康白河县境内冷水河大桥在没有车辆行驶的情况下突然垮塌，致使316国道旬阳至白河段交通中断。冷水河大桥于1985年建成，其结构形式为箱肋单坡拱。该桥全长122m，桥高约为30m，宽为7m，是两跨式混凝土公路桥，一跨20m，另一跨80m。80m跨大桥桥面整体垮塌，而两边的桥墩却依然完好。

经专家初步调查分析，冷水河大桥垮塌的原因包括三点：一是结构自身原因，该桥经过20多年的使用，结构已经发生了变化，不适应日益增加的交通负荷；二是2003年、2005年汉江几次涨水，浸泡大桥多次，桥细部裂缝较多；三是近年来超限车辆日益增多，对桥梁的使用造成了很大的损害。

【工程师寄语】

事故往往躲在疏忽的漏洞里，但造成的损失是无法挽回的。作为工程检测人员，我们要严于标准，重在规范。混凝土裂缝及其内部缺陷等无损检测技术快速发展，其设备也在不断更新，仪器功能日益自动化、智能化。

提高自主研发水平，坚持科技是第一生产力、人才是第一资源、创新是第一动力，深入实施人才强国战略、创新驱动发展战略，开辟发展新领域、新赛道，不断塑造发展新动能、新优势。我们要践行茅以升精神，做新时代桥检人。

本单元将介绍混凝土厚度、混凝土裂缝深度及混凝土内部缺陷、护栏立柱埋深检测等试验检测方法及知识。

"1+X"路桥工程无损检测职业资格等级证书考核项目较多，其中，混凝土厚度检测、混凝土缺陷检测、护栏立柱埋深检测是主要的考核项目，也是"升拓杯"全国交通运输高职院校学生无损检测技能大赛的主要赛项。

【知识框图】

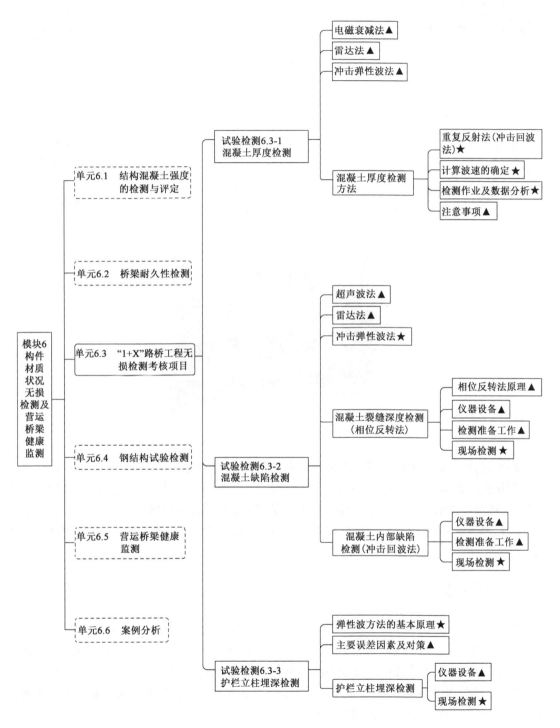

注：知识框图中标有"▲"符号的是教学重点内容，标有"★"符号的是教学难点内容。

试验检测 6.3-1

混凝土厚度检测

混凝土厚度检测（微课）

混凝土厚度检测
（虚拟仿真）

一、电磁衰减法

通过测试电磁场幅值的衰减程度，可以推定混凝土的厚度。代表性的仪器设备有楼板厚度仪，如图 6-18 所示。检测时，发射探头发射出稳定的交变电磁场，根据电磁理论，传播距离越远，则电磁场的强度衰减越大；通过与主机相连的接收探头接收电磁场，并根据接收探头接收到的电磁场强度来测量楼板的厚度。

图 6-18　楼板厚度仪

测量时，一般将发射探头放置于被测楼板的底面，并使其表面与楼板贴紧；将接收探头置于被测楼板的顶面。接收探头在发射探头对应的位置附近移动，寻找当前电磁场强度值最小的位置，楼板厚度值即探头移动过程中电磁场强度最小时的位置厚度。

楼板厚度仪的测试精度高，性能较为稳定，在常用范围内精度为 ±1mm，测试厚度一般为 50～800mm，可满足绝大部分楼板的检测。

二、雷达法

雷达由主机、天线和数据采集系统等部分组成。根据电磁波在有机介质中的传播特性，发射天线向混凝土结构发射高频脉冲电磁波（1～2000MHz）。电磁波在其中传播时，其传播路径、电磁场强度和波形将随所通过介质的电磁属性和几何形态的变化而变化，雷达主机将对此部分的反射波进行实时接收。根据测定的电磁波在各结构层中的双程传播时间 t 和计算得到的速度 v，按下式计算混凝土各结构层厚度 H：

$$v = \frac{c}{\sqrt{\varepsilon_r}} \qquad (6\text{-}31)$$

$$H = \frac{1}{2}vt \tag{6-32}$$

式中：c——电磁波在真空中的传播速度，$c = 0.3 \mathrm{m/ns}$；

ε_r——各结构层相对介电常数；

v——电磁波在各结构层中的传播速度。

三、冲击弹性波法

冲击弹性波法是一种基于应力波传播特性的无损检测法。其原理是利用机械方式冲击混凝土表面产生应力波，该应力波会在结构中传播，因为波阻抗的差异，应力波会被内部缺陷和外部表面反射，来回反射的应力波会形成一种特殊模态，在激发点附近由接收换能器接收回波信号并将信号通过快速傅立叶变换（FFT）转换至频域中，通过分析主频大小评定结构厚度和内部缺陷情况。

某个峰值对应的厚度按下式计算：

$$h = \frac{V_\mathrm{p}}{2f} \tag{6-33}$$

式中：h——某个峰值对应的厚度；

f——频谱图上的频率峰值；

V_p——被测体声速。

式（6-33）适用于混凝土/空气界面、水等比混凝土声阻抗低的材料两者之间的分界面。

【知识拓展——技能大赛（1＋X 职业技能等级证书）】

混凝土厚度检测

根据测试厚度大小、激振波长大小和能量强弱，混凝土厚度检测方法可分为单一反射法（适合于厚度大于1m左右的结构）和重复反射法（也称为冲击回波法，适合于厚度不大于1m左右的结构）两种。

一、单一反射法

当测试对象较厚、激振信号与反射信号能够分离时，采用单一反射法可以直接得到反射时间T。单一反射法原理示意图如图6-19所示。

二、重复反射法（冲击回波法）

当测试对象较薄、激振信号与反射信号不能很好分离时，采用重复反射法（冲击回波法），通过频谱分析的方法可以算出一次反射的时间（周期），据此即可测出测试对象的厚度。重复反射法（冲击回波法）原理示意图如图6-20所示。

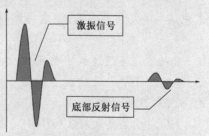

图6-19　单一反射法原理示意图

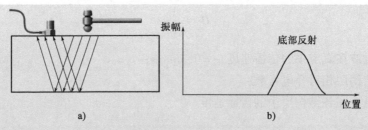

图 6-20 重复反射法(冲击回波法)原理示意图

其关键在于:
(1)频谱分析,求取反射信号的周期。
(2)从周围噪声、激振的残留信号中对有效信号的分离。
(3)激振方式、传感器及固定方式的合理选择。

在采用 IE 法测试得到的频谱中,可能包含多个频谱成分:
(1)底部反射成分(目标成分)。
(2)激振引起的自由振动成分。
(3)传感器的共振成分。
(4)薄板结构的振动成分。

其中,需要尽可能避免薄板结构的振动成分。若底部反射成分、激振引起的自由振动成分和传感器的共振成分的频率相近,会合成一个频谱,较为容易识别。而激振引起的自由振动成分和传感器的共振成分相近时,会引起明显的伪峰。因此,选用合适的激振方式、传感器及固定方式是非常重要的。

混凝土板等厚度较小的结构,其激发信号与反射信号往往交织在一起,无法在时域上进行分离。此时,可以利用 FFT、MEM 等频谱分析手段对回波信号进行分离。

三、计算波速的确定

无论是单一反射法还是重复反射(冲击回波)法,测试厚度时波速 v_c 均为重要的参数。波速 v_c 的获取方法一般有两种,即在同样的条件下标定(如对测试部位芯样进行测试或已知厚度位置进行测试)和采用其他方法(如单面传播法、双面透过法等)测试获取。如令单面传播法测试得到的波速为 C_p,则 v_c 和 C_p 间存在以下关系:

$$v_c = \beta \cdot C_p \tag{6-34}$$

式中:β——几何形状系数,它与测试的位置、激振的波长、结构横截面的厚宽比 η 等均有关系。

β 的取值可通过试验确定,或参考如下方法取值:
(1)对于单一反射法,β 接近于 1。对于大体积混凝土,β 可取 1.02;对于基桩等线性结构,β 可取 0.96~0.98。
(2)对于重复反射法(IE 法),当厚宽比小于 0.5 或者大于 2,即薄板或者桩柱类结构时,β 可取 0.96。同时,我们根据试验发现,测点的位置对 β 值也有一定影响,β 约为 0.96。当厚宽比在 0.5~2 范围内时,β 有降低的趋势,最低值被认为可降到 0.80 附近。

四、主要特点

基于冲击弹性波(冲击回波)的测试技术具有以下特点:

(1)可单面测试。冲击弹性波法可在一个作业面上进行测试,这不仅提高了测试效率,而且适用于桥梁、隧道、基础、底板等各类结构。

(2)测试范围广。采用不同的激振波长和方法(单一反射法或重复反射法),可测试从数厘米到数米的厚度。

(3)测试稳定性较好。影响测试稳定性和精度的重要因素之一为波速。相比电磁波在混凝土中的波速,冲击弹性波的波速变化要小得多,这有利于提高测试的精度和稳定性。

(4)易于获取波速参数。既可以利用已知厚度的地点对波速进行标定,也可以结合设备中对波速的测试方法现场测试波速,而且无须钻孔取芯。

五、仪器设备

仪器设备的基本组成及参数如下:

(1)应采用高频域压电加速度传感器。

(2)应有2个或以上的通道可同时采集,采样频率应在250kHz以上,即采样间隔不应大于4μs。

(3)采用的A/D转换设备分辨率不应小于16bit。

(4)采集系统须具有预触发功能,触发信号到达前应能采集不少于100个数据记录。

(5)因为需要采用频谱分析,因此最高纪录10个以上的往复波形。

(6)应根据测试对象的厚度选用不同直径的激振锤。对象厚度越厚,采用的激振锤越大。

六、检测作业及数据分析

检测时应符合下列要求:

(1)检测表面应干燥并且要清除其上的污垢和碎屑。当表面不平整时,应使用钢锉、打磨石等处理。正在养护的混凝土不应布置测试点。

(2)在混凝土结构表面选择接收传感器及敲击点位置,避开混凝土表面蜂窝、接缝、裂缝等缺陷。测线应与纵向钢筋、横向钢筋成45°布设。测点数不应少于6点。

(3)将传感器固定在测试面上,冲击器的冲击点距传感器的距离应小于0.4倍的被测混凝土板厚度。

(4)选用合适的激振锤激振,重复测试以确认测定波形的再现性。

(5)根据需要,改变激振锤测试并对比检测结果的一致性。

(6)反射时间通过频谱分析求取,可采用FFT。在经验丰富时,可采用MEM。

七、注意事项

1.激振锤的选定

一般来说,对于厚板,需要选用较大的激振锤以提高激发能量,对于薄板则相反。需要注意的是,当采用重复反射法时,激振弹性波的固有波长应当短于测试对象厚度的2倍。对于不同厚度的板,可以参照表6-15选用。

厚度测试中激振锤的选择 表6-15

对象厚度(m)	<0.1	0.1~0.2	0.2~0.4	0.4~0.8	>0.8
首选	D6	D10	D17	D30	D50
备选	D10	D17	D30	D50	激振锥

2. 测试表面及传感器的安装

传感器的固定方法可以采用按压法、黏结法等，但无论采用哪种方法，都要求将传感器紧密地固定到被测结构表面。当然，被测结构表面要求干净、平整。传感器的安装不良会造成测试误差增大，甚至完全错误。

3. 反射信号的识别

当激振引起的自由振动成分和传感器的共振成分相近时，会引起明显的伪峰，容易被误识别。

4. 周围边界的影响

当板面积不大，或测试位置与边界较近时，激振产生的弹性波在周围边界也会反射。该反射波通常以表面波为主，对壁厚的测试有不可忽略的影响。此外，结构的周围约束条件会对板振动产生较大的影响。如果周围约束较少，此时自由振动的幅值会大大增加，从而对重复反射法的测试造成明显的干扰。

八、试验记录

混凝土构件厚度、内部缺陷及裂缝检测现场记录见表6-16。

混凝土构件厚度、内部缺陷及裂缝检测现场记录 表6-16

参赛组编号			工位抽签号	
试验依据			构件描述	
检测日期			设备编号	
波速标定值(km/s)			计算波速值(km/s)	
厚度测试结果(mm)				
缺陷测试	编号		缺陷长度测试结果(mm)	
	第____测线			
	第____测线			
缺陷位置示意图：				
裂缝测试	编号		裂缝深度测试结果(mm)	
	第____测点			
	第____测点			

裁判签字：_____

试验检测 6.3-2

混凝土缺陷检测

混凝土缺陷检测
（微课）

混凝土缺陷检测
（虚拟仿真）

钢筋混凝土受施工质量或混凝土本身特性的不良影响,可能存在各种类型的混凝土缺陷,对这些缺陷的检测是混凝土工程技术中的一项重要内容。钢筋混凝土缺陷检测主要分为有损和无损两种检测方式,传统的钻孔、取芯这类有损检测方法属于抽检,既对混凝土结构造成破坏,又不能连续地进行大范围检测,效率低,费用高。无损检测方法有超声波、雷达法和冲击弹性波法。本节主要对无损检测进行介绍。

一、超声波法

超声波在混凝土中传播遇到缺陷时,由于缺陷的存在使得超声波正常传播发生变化,改变了某些声学参数,根据这些声学参数的变化和变化大小,可以判断缺陷的存在和估计出其所在位置及大致尺寸。

空洞和不密实区的检测方法一般有对测法和斜测法等。

对测法一般用于混凝土结构有两个相互平行的可测面并且结构尺寸不是太大的情况。对测法示意图如图 6-21 所示。检测时将发射和接收探头先放在其中一对平行的表面进行逐点测读,记录每个测点的声学参数数据。若某些数据异常则在这些异常点范围对另一对平行表面重复上述步骤,确定缺陷具体的空间位置。若无数据异常点,一般情况下不需要再对第二对平行面进行检测。对测法比较简单,只要根据数据异常点的位置就可以判断缺陷的大致位置及大小,准确性比较高,是最常用的一种检测方法。

斜测法一般用在混凝土结构只有一对平行的可测面的情况,测试的方法与对测法相似。斜测法是先通过对测法找出被测混凝土的异常点,然后根据异常点的情况进行斜测,进而判定缺陷所在的空间位置或大小。斜测法示意图如图 6-22 所示。

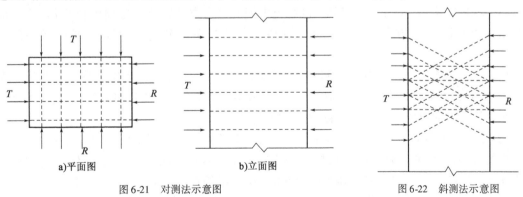

图 6-21　对测法示意图　　　　　　　图 6-22　斜测法示意图

a)平面图　　　　　b)立面图

二、雷达法

地质雷达是利用高频电磁脉冲波来确定介质内物质分布规律的一种物探方法。它基于地下介质的电性差异,向地下发射高频带短脉冲电磁波,并通过接收地下介质交界面的反射波来探测目标体的内部结构及分布情况。其工作过程是由发射天线向地下介质发射高频带短脉冲电磁波,当其在地下传播过程中遇到电性差异界面时,一部分电磁波能量反射回来,另一部分电磁波继续往前透射,反射回的电磁波被接收天线记录,得到目标体的反射波双程走时、波形波幅特征、同相轴的几何形态变化特征等目标体的反射电磁波信息。这些反射电磁波信息将随目标体的电性质及几何形态的变化而变化,通过分析这些特征信息,可探测目标体的结构特征及空间分布位置。地质雷达探测的效果主要取决于不同介质的电性差异,差异越大,则探测效果越好。地质雷达测试原理和基本组成如图 6-23 所示。

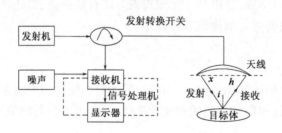

图 6-23　地质雷达测试原理及基本组成

1. 天线频率及测试参数的选取

雷达天线的选取应根据混凝土缺陷的类型,结合各类天线的性能,综合考虑测试目标体对天线空间分辨率和探测深度的要求合理选择。一般在满足探测深度和场地条件的情况下,应尽量使用中心频率较高的天线。相近中心频率的天线可互为备用天线,分别多次测试,以便相互验证测试效果,丰富与完善测试资料。

2. 测线布置原则

在地质雷达测试时,应根据混凝土缺陷类型及其规模、位置、走向等信息,合理布置测线,这是快速查明缺陷规模及位置的关键。测线布置原则如下:

(1)对于混凝土接缝、混凝土裂缝、混凝土中钢筋等这类已知分布方向的目标体,测线应优先沿垂直缺陷长轴方向布置,然后在短轴方向适当布置测线,以便快速地查明缺陷的范围。

(2)对于混凝土衬砌及混凝土面板后的脱空情况、混凝土密实度等这类分布方向和分布位置未知的目标体,测线应布置成网格状。首先采用大网格测网初查以确定缺陷的范围,然后采用小网格测网对已圈定的异常位置进行加密详测。

(3)混凝土缺陷检测中所使用的各类天线均为蝶形天线,有一定的极化方向,导致天线具有明显的方向性,而测试时天线与目标体的方向关系会直接影响我们对目标体的有效分辨。其中,GSSI 系列天线中 100MHz、900MHz、1500MHz 天线的长轴方向以及 400MHz 天线上箭头指示的方向为天线的发射接收方向。在对已知走向的目标体进行探测时,在天线的移动方向上应保持天线的发射、接收方向与目标体的长轴方向相垂直或大角度相交,这样才能保证最佳的探测效果。

三、冲击弹性波法

根据检测作业面及检测要求,可将冲击弹性波法检测方法分为弹性波雷达扫描技术(EWR)和弹性波计算机层析扫描技术(CT)两种。其中,EWR 可在一个作业面上进行,利用弹性波的反射原理检测结构的内部缺陷。CT 需要在平行的两个作业面上进行,利用弹性波的传播原理检测结构的内部缺陷。

1. EWR

EWR 测试原理示意图如图 6-24 所示。沿测试对象表面连续激发弹性波信号,信号在遇到空洞等疏松介质时会产生反射。通过抽取该反射信号并进行相应的图像处理,即可识别结构的内部缺陷。

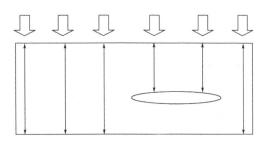

图 6-24　EWR 测试原理示意图

当采用 EWR 检测混凝土内部缺陷时,可以通过识别在缺陷处的反射信号;对于厚度连续变化的板式结构,可以通过板底部反射时间的变化状况来推算混凝土结构内部的各种缺陷。图 6-25 所示为 EWR 法测试浅层脱空的实例,其缺陷为异于结构健全部位的提前反射能量。

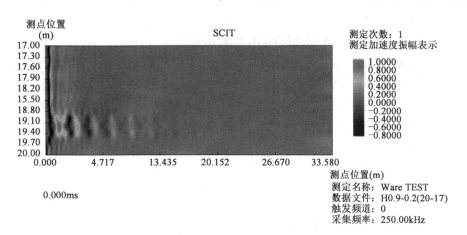

图 6-25　EWR 法测试浅层脱空的实例

EWR 在时域上需对反射信号进行分辨,主要适用于厚度较大的结构(一般要求厚度在 0.5m 以上)。为了更鲜明地分辨反射信号,可用彩色或浓淡表示,还可进行滤波、增幅等处理。

2. CT

CT 可以穿透结构内部,是一种非常有效的内部缺陷检测方法。根据检测面的位置和测线的分布分类,可以分为检测面法和测线法。

(1)检测面:自然外露面、孔内。

(2)测线:平行测线、交叉测线。

CT 主要利用被测结构断面中测线的弹性波传播时间,由于弹性波中的 P 波成分在混凝土中传播时间最快,走时判断相对较准。因此,CT 一般利用 P 波来反演该断面上弹性波速的分布情况。

在一侧检测面使用与加速度传感器相连的球型激振锤激发产生弹性波,另一侧布置加速度传感器接收信号,如图 6-26 所示。两传感器接收到的信号首波间的时间差 Δt,若 P 波在混凝土结构内传播距离为 L,则 P 波波速按下式计算:

$$v_\mathrm{p} = \frac{L}{\Delta t} \tag{6-35}$$

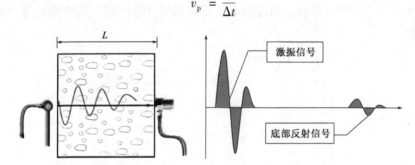

图 6-26　CT 测试原理示意图

以此原理为基础,CT 又可推算出如下参数判定缺陷:

(1)弹性波在混凝土中遇到缺陷时产生绕射,可根据传播时间的变化对缺陷进行识别。

(2)弹性波在缺陷界面产生散射和反射,到达受信传感器的弹性波振幅显著减小,可根据振幅变化的程度判断缺陷的性质和大小。

(3)弹性波中各频率成分在缺陷界面衰减程度不同,接收信号的频率明显降低,可根据接收信号主频或频率谱的变化分析来判别缺陷情况。

当结构存在符合测试距离要求的自然外露面时,利用自然外露面检测是最为简单的方法。当结构不存在符合测试距离要求的自然外露面时,需要在结构中钻孔以形成相应的检测面。对于冲击弹性波,无论是自然外露面还是孔内检测,传感器均可采用压着方式固定。由于孔内无须水做耦合剂,可适用于各个方向的钻孔,包括向上方向。冲击弹性波双面透射法测试示意图如图 6-27 所示。

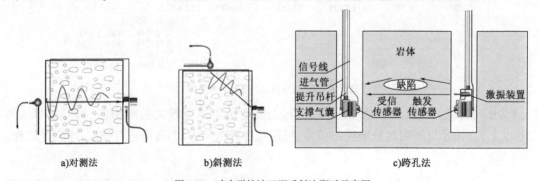

图 6-27　冲击弹性波双面透射法测试示意图

此外,CT 检测时需要注意:

(1)尽管能够找出内部缺陷,但其数值往往较实际值有偏大的倾向。

(2)如果由于测试条件所限,不能 360°全断面观测时,对平行于测线的缺陷的分辨力会大幅降低。

(3)当激振方向与接收方向的夹角过大时,测试得到的弹性波 P 波波速有减小的倾向,因此,该夹角最好不超过 45°。

(4)对于板形结构,在其表面激振和接收时,P 波成分很少,而在平板中传播的板波又会受到多种因素的影响,因此在使用 CT 检测时要特别注意。

【知识拓展——技能大赛(1+X 职业技能等级证书)】
第一部分 混凝土裂缝深度检测(相位反转法)

一、相位反转法原理

混凝土裂缝深度检测(虚拟仿真)

当激发的弹性波(包括声波、超声波等)信号在混凝土内传播,穿过裂缝时,在裂缝端点处产生衍射,其衍射角与裂缝深度具有一定的几何关系。相位反转法正是基于该原理将激振点与接收点沿裂缝对称配置,由近到远,逐步移动。当激振点与裂缝的距离与裂缝深度相近时,接收信号的初始相位会发生反转。相位反转法的原理示意图如图 6-28 所示。

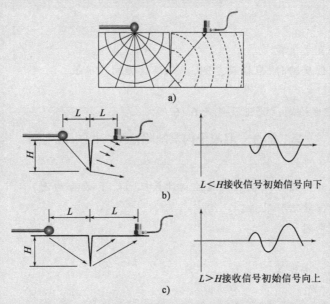

图 6-28 相位反转法的原理示意图

二、相位反转法的特点

(1)测试过程相对简单。

(2)受裂缝面的接触、钢筋、水分、溶出物的影响大。

(3)一般用于测试深度不超过30cm的开口裂缝。

三、仪器设备

(1)冲击弹性波无损检测仪主机及控制计算机(以PE设备为例)。
(2)广域振动信号拾取装置。
(3)加速度传感器。
(4)电荷电缆。
(5)D17、D10打击锤等。

四、检测准备工作

(1)清点仪器配件,确认配置齐全。
(2)规范连接设备,开机进行设备测试,排除设备故障。
(3)了解工况(包括结构浇筑日期、养护方式、混凝土等级、厚度范围等)。
(4)准备好检测记录表,并填写相关内容。

五、现场检测

(1)布置测点,测线应垂直于裂缝,且测点和击振点对称。
(2)根据规范设置采集参数。
(3)采集数据并观察相位是否发生反转,确定反转位置,判断裂缝深度。
(4)用解析软件对采集数据进行分析和处理,保存解析结果,并将结果填入记录表中。

六、注意事项

(1)测线应垂直于裂缝。
(2)当出现相位反转时,应精确复测,以保证数据的准确性。

七、试验记录

混凝土裂缝深度检测试验记录见表6-16。

第二部分　混凝土内部缺陷检测(冲击回波法)

一、仪器设备

(1)冲击弹性波无损检测仪主机及控制计算机(以PE设备为例)。
(2)广域振动信号拾取装置。
(3)加速度传感器。
(4)电荷电缆。
(5)D17、D10打击锤等。

二、检测准备工作

(1)清点仪器配件,确认配置齐全。
(2)规范连接设备,开机进行设备测试,排除设备故障。
(3)了解工况(包括结构浇筑日期、养护方式、混凝土等级、厚度范围等)。
(4)准备好检测记录表,并填写相关内容。

三、现场检测

(1) 测量被测构件外观尺寸,布置测点、测线,确认检测顺序,第一个测点距离边界大于或等于 10cm,点距应按照规范要求结合构件尺寸进行合理布设。被测构件测点、测线布置图如图 6-29 所示。

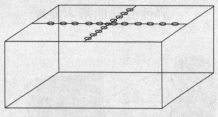

图 6-29　被测构件测点、测线布置图

(2) 根据规范设置采集参数。

(3) 根据测试对象厚度选择合适的击振锤,一般情况下,当测试对象厚度为 20cm 及以下时,优选 10 号锤,次选 17 号锤;当测试对象厚度为 20cm 以上时,优选 17 号锤,次选 10 号锤或 30 号锤。

(4) 测试时应将传感器安放在测点上,在测线上击振,且距离传感器宜为 3~6cm,每个测点可测试 2 个及以下数据,但每个测点的测试次数必须相同。

(5) 缺陷测试对采集点数不作要求,但测试范围应覆盖缺陷区域及无缺陷区域。

(6) 运用解析软件分别处理两条缺陷测线数据,获取缺陷的长度,并保存结果云图(含缺陷标记框)。

(7) 将测线长度及缺陷面积(两个缺陷长度的乘积),填入检测记录表中。

四、注意事项

(1) 混凝土构件厚度测试、混凝土内部缺陷测试前,应对所测构件进行混凝土波速标定。

(2) 敲击点距信号接收点距离不宜超过测试构件厚度 H 的 1/4;也不应过近,否则面波会对回波信号造成较大干扰;一般大于 3cm。

五、试验记录

混凝土内部缺陷检测试验记录见表 6-16。

试验检测 6.3-3

护栏立柱埋深检测

高等级公路护栏的功能主要包括:阻止车辆越出路外,保护路外建筑物的安全,确保行人不受重大伤害;确保与其相交道路、铁路的安全,阻止失控车辆穿越中央分隔带闯入对向车道;在车辆碰撞护栏突发事故时,护栏能起到减轻驾驶员和乘员的损伤作用。根据设计施工规范要求,护栏必须具有相当的力学强度和刚度,才能抵挡车辆的冲撞。

立柱的埋入方式可分为打入法、钻孔法或开挖法。在路肩基本情况允许的条件下,常用打入法设置立柱;若打入困难时,可采用钻孔法或开挖法安装立柱。目前常用拔桩法检测立柱的埋深。拔桩法费时费力,检测效率低,并且会破坏地基的完整性,有二次埋深问题。

公路护栏立柱埋深无损检测技术主要有弹性波法和超声波法两种。目前我国应用最多的是弹性波法。

一、弹性波法的基本原理

图 6-30　弹性波法测试示意图

基于冲击弹性波的立柱埋深测试的基本原理与基桩的健全性测试相同，即利用弹性波的反射特性，根据标定所得的弹性波波速，并通过立柱底部的反射时刻进而推算立柱的长度及埋深。弹性波法测试示意图如 6-30 所示。

1. 单一反射法

利用首次反射信号，根据其传播时间按下式计算出立柱的长度和埋深。

$$L = L_S + V \cdot (T_R - T_S)/2 \tag{6-36}$$

式中：L——立柱长度；
　　L_S——传感器与立柱顶部间距离；
　　T_R——反射波到达时刻；
　　T_S——发振波到达时刻；
　　V——立柱中的弹性波波速，在本系统中采用 P 波。

把立柱作为 1 维物体，其中传播的 P 波波速按下式计算：

$$V = V_P = \sqrt{\frac{E}{\rho}} \tag{6-37}$$

式中：E——立柱材料（钢材）的弹性模量（杨氏模量），一般在 200～210GPa 范围内；
　　ρ——立柱材料（钢材）的密度。

2. 重复反射法

在立柱较短、弹性波衰减较小时，发振的弹性波会在立柱内重复反射。此时，立柱的长度按下式计算：

$$L = V \cdot \frac{T}{2} \tag{6-38}$$

式中：T——立柱中弹性波 1 个往返所需的时间，可以通过 FFT、MEM 等频谱分析的方法来确定。

二、主要误差因素及对策

测试误差可分为系统误差、随机误差、过失误差和分析误差。

1. 系统误差

系统误差是指在同一条件下,多次重复测试同一量时,出现误差的数值和正负号有明显的规律。系统误差通常在测试之前就已经存在。例如,在立柱埋深测试的过程中,由于激振的残留信号、立柱底部与土壤接触的反射信号、立柱外露部分受环境干扰信号等的相互叠加,导致反射信号在一定程度上难以被精确智能认定,从而出现了系统误差。

为了降低系统误差,对每根立柱,在 2 个或 2 个以上位置(测点)进行测试,并取其平均值,可以有效地降低系统误差,提高测试精度。

2. 随机误差

随机误差是指在相同条件下,多次重复测试同一量时,出现误差的数值和正号没有明显的规律。随机误差是由许多难以控制的微小因素造成。例如,在立柱埋深测试的过程中,控制器电量、击打位置的微小变化所导致激振信号的变化、环境(如风等)的变化等都是随机误差的因素。由于每个因素出现与否,以及这些因素所造成的误差大小、方向事先无法知道,其发生完全出于偶然,因而很难在测试过程中加以消除。

根据误差理论,对于随机误差,增加测试次数并对测试结果取平均值,可以有效地消除或减少随机误差。例如,在立柱测试中,每个测点测试 10 次,其随机误差可以减少到 $1/\sqrt{10}$,即 31%。

为了进一步消除或减少随机误差,在 EDMA 的测试软件中,采用概率论与数理统计方法对数据进行分析和处理,对异常数据可以自动筛除。

3. 过失误差

过失误差会明显地歪曲试验结果,如测试的信号不是立柱上端的激振信号、距离明显错误、传感器位置固定错误等。因此,过失误差的数据必须剔除。为进一步提高测试的自动化程度,应加强对现场测试人员进行专业的培训。

4. 分析误差

立柱的解析具有两个模式,即自动模式和手动模式。其中,决定自动模式分析精度的重要因素是设计长度(预测范围)的设定。在自动模式下,反射信号的搜寻范围不超过设计长度的 1.1 倍。因此,如果输入的设计长度较实际长度少 10% 时,自动解析的结果可能出现较大的偏差。如果输入的设计长度较实际长度大得多(如立柱被截断),当测试信号较差时,自动解析得到的结果有略微偏长的倾向。其对策是改变测线位置,重新测试;改为手动模式,人工选取反射点。

当设计长度未知时,可先设一个较长的设计长度(如 2.5m)进行初步解析,然后根据解析结果调整输入的设计长度,可以得到更理想的测试结果。

此外,激振信号的强弱对测试精度有一定的影响。通常,激振信号越强,自由振动、共鸣的现象越明显,测试长度有偏短的倾向;反之,若激振信号过弱,测试长度有偏长的倾向。

【知识拓展——技能大赛(1+X 职业技能等级证书)】

护栏立柱埋深检测

一、仪器设备

(1) 钢质护栏立柱埋深检测仪主机及控制计算机(以 EDMA-Ⅰ为例)。

(2) 自动激振系统。

(3) 磁性卡座。

(4) 线缆及辅助工具等。

二、现场检测

1. 检测前准备工作

(1) 检测前应进行现场调查,收集立柱相关资料,包括设计、竣工等资料。

(2) 须保证立柱帽被摘下,且立柱顶端的激振面平整。若已经安装立柱帽,需要摘下立柱帽,用工具把立柱激振面打磨平整,立柱上端激振面要求光滑、平整、无异物。

2. 传感器及自动激振装置的安装

(1) 选择测线。安装前,应选择合适的测线,测线避开立柱的螺孔,宜选择端面(立柱上沿)未卷曲、打磨平整处,且与立柱的轴线方向一致。

(2) 一般用磁性卡座安装传感器,位置按照相关要求确定。

(3) 激振装置的安装是影响测试精度的重要因素,应选择顶端平整处安装。

3. 激振信号的选取

测试信号时,应尽可能激发持续时间短、脉冲性能好的弹性波信号,一般要求测试信号的电压大于标定电压的 10 倍,且测试信号的包络线较好,其底部反射信号明显。如果反射信号不理想,可通过调整激振头、激振控制参数等方法调节。测试信号判断依据见表 6-17。

测试信号判断依据　　　　表 6-17

序号	内容	要点描述
1	信噪比	判断依据:测试波形的电压要求为零点标定电压的 10 倍以上。若测试信号能量小,外界噪声较大,会使信噪比降低,影响信号品质。 可能原因:激振头中心轴与立柱中心没有对正;冲程太小导致冲击力度减小
2	时间预留区	在信号处理时,需关注冲击起始信号的信息;要求激振信号波形前有一定比例的时间预留区内无杂波信号
3	抑制自由振动	在冲击起始波形和反射波形之间,段内残留信号被抑制或消减。从波形上看,冲击起始波形和反射波形之间向上的信号幅度不能太大。对此,可采用上下微调自动激振装置的冲程来控制
4	立柱底部反射信号	根据反射特性,立柱底部的反射信号与冲击波形同相(反射信号越强,信号品质越高)
5	包络线	一般立柱埋设越深,信号衰减越大;空管,几乎不衰减。当然,衰减与柱的埋置方式的基础有关

三、注意事项

(1) 立柱上端激振面要求光滑、平整、无异物(可采用打磨方式)。

(2) 激振头安装要求垂直,并击打在护栏柱壁的轴线上。

(3) 适当调节激振力度。一般来说,在信号水平能够满足分辨要求的前提下,降低打击力度对测试精度的提高有所帮助。一般来说,在放大器的缺省设置条件下,CHO 的测试电压在 0.5V 左右是比较理想的。

(4) 增加测线,即在水平方向采用 2 个以上测线。

四、试验记录

护栏立柱埋深检测现场记录见表 6-18。

护栏立柱埋深检测现场记录　　　　表 6-18

参赛组编号					工位抽签号				
试验依据					构件描述				
检测日期					设备编号				
立柱编号									
1	2	3	4	5	6	7	8	9	10
立柱长度(m)					埋入深度(m)				
立柱编号									
1	2	3	4	5	6	7	8	9	10
立柱长度(m)					埋入深度(m)				
传感器位置示意图:									

裁判签字：_____

单元 6.4　钢结构试验检测

【知识目标】

1. 了解钢结构试验检测的方法;
2. 掌握构件焊接质量检验、钢结构无损检测、高强度螺栓及组合件力学性能的试验方法。

【能力目标】

1. 具备查阅钢结构试验检测相关技术标准、规程的能力;

2. 能够规范地进行构件焊接质量检验、钢结构无损检测、高强度螺栓及组合件力学性能检验。

【案例导入】

2010年12月15日凌晨1时30分左右,内蒙古那达慕主会场即伊金霍洛旗赛马场西侧看台钢结构罩棚主结构发生坍塌。

事故原因:2010年11月中旬用于罩棚钢结构焊接的24个支撑柱开始卸载,12月5日完成后现场全面停工进入冬歇期,但由于西侧(西区)看台钢结构罩棚部分焊缝存在严重质量缺陷,遇到近期骤冷的天气,钢结构罩棚出现较大伸缩而发生坍塌。焊缝质量严重缺陷是造成这次事故的直接原因之一。在事故现场,部分断开的受力焊缝显示出内埋的钢筋和混凝土块,暴露出参加施工的焊工职业素质极差。除此之外,据查几乎全部焊工只有国家安监部门颁发的焊工特种工种安全操作证,而无上岗操作证,同样显示出焊工技术水平差的严峻现状,这是"坍塌"事故的深刻教训。

【工程师寄语】

钢结构焊接点及高强度螺栓虽然体积小,但其质量的好坏将直接影响整个结构的安全。一个高强度螺栓断裂可能导致整个结构破坏,因此,不能因其体积小而忽视其质量。我们要认真学习钢结构检测相关知识,以便将来在进行钢结构质量检查中,明察秋毫,防微杜渐,筑牢安全根基,强化工程质量。

本单元将介绍构件焊接质量检验、钢结构无损检测和高强度螺栓及组合件力学性能试验等知识。

【知识框图】

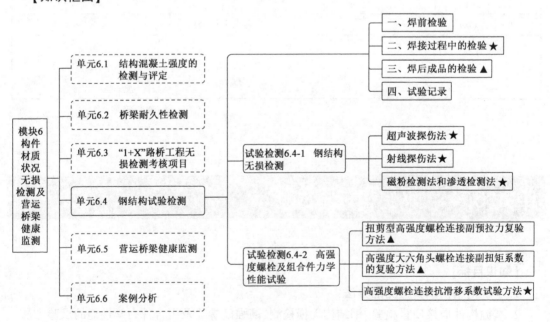

注:知识框图中标有"▲"符号的是教学重点内容,标有"★"符号的是教学难点内容。

桥梁建造工程中有许多构件需焊接加工,其焊接质量的好坏直接影响着构件的质量。钢结构构件焊接质量的检验工作是确保产品质量的重要措施。检验工作是贯穿焊接始终的。根据焊接工序的特点,检验工作一般分成三个阶段,即焊前检验、焊接过程中检验和焊后成品的检验。

一、焊前检验

焊前检验是指焊接实施之前准备工作的检验,包括原材料的检验、焊接结构设计的鉴定及其他可能影响焊接质量因素的检验(如焊工考试、电源的质量、工具和电缆的检查等)。检验应根据图纸要求和相应的国家标准及行业标准进行。

二、焊接过程中的检验

在焊接过程中主要检验焊接规范、焊缝尺寸和结构装配质量。

1. 焊接规范的检验

焊接规范的检验主要针对焊接过程中的工艺参数,如焊接电流、焊接电压、焊接速度、焊条(焊丝)直径、焊接道数、焊接层数、焊接顺序、能源的种类和极性等。在焊接前,进行试验总结取得正确的规范。有了正确的规范,还要在焊接过程中严格执行,才能保证接头质量的优良和稳定。不同的焊接方法有不同的检验内容和要求。

2. 焊缝尺寸的检查

焊缝尺寸的检查应根据工艺卡或行业标准所规定的要求进行,一般采用特制的样板和万能量规来量测,如图6-31、图6-32所示。

图6-31 样板及其对焊缝的量测

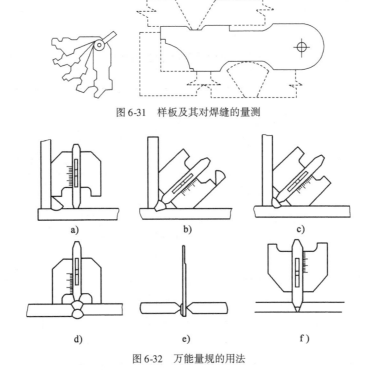

图6-32 万能量规的用法

3. 结构装配质量的检验

对结构装配质量应做如下几项检查：

(1) 检查焊接处是否清洁,有无缺陷(如裂缝、凹陷、夹层等)。

(2) 检查焊接接头的坡口形式及尺寸是否正确。

(3) 检查点固焊的焊缝布置是否恰当,能否起到固定作用,是否会给焊后带来过大的内应力,并检查点固焊缝的缺陷。

(4) 按图纸检查各部分尺寸、基准线及相对位置是否正确,是否留有焊接收缩余量和机械加工余量。

三、焊后成品的检验

按照《钢结构工程施工质量验收标准》(GB 50205—2020)的规定,设计要求的一、二级焊缝应全数进行内部缺陷的无损检测,检验方法采用超声波探伤法或射线探伤法。

焊接产品虽然在焊前和焊接过程中进行了检验,但由于制造过程中外界因素的变化,如操作的不稳定、能源的波动都有可能引起缺陷的产生。为了保证产品的质量,必须对成品进行质量检验。钢结构构件一般采用外观检验法检测表面缺陷,采用超声波探伤法和射线探伤法检测内部缺陷。此处,外观检验法一般是通过肉眼观察,或借助标准样板、量规和放大镜等工具进行检测,主要是发现焊缝表面的缺陷和尺寸上的偏差。外观检验法又称为肉眼观察法或目视法。焊接接头的外观检测是一种手续简便且应用广泛的经验方法,是成品检验的一项重要内容。超声波探伤法和射线探伤法检测在后文中进一步介绍。

四、试验记录

钢结构焊缝外观尺寸检测记录见表6-19。

钢结构焊缝外观尺寸检测记录　　　　　　　　　　　　　　　表6-19

检测单位名称：　　　　　　　　　　　　　　　　　　　　　　　记录编号：

工程名称									
检测标准				检测日期					
序号	节段编号	焊缝编号	焊缝类型	外观检查记录					
				测点	咬边	表面缺陷	错边	焊缝余高	焊脚尺寸
				1					
				2					
				3					
				1					
				2					
				3					
				1					
				2					
				3					

续上表

序号	节段编号	焊缝编号	焊缝类型	外观检查记录					
				测点	咬边	表面缺陷	错边	焊缝余高	焊脚尺寸
				1					
				2					
				3					
				1					
				2					
				3					
				1					
				2					
				3					
				1					
				2					
				3					

检测:　　　　　　　记录:　　　　　　　复核:　　　　　　　日期:

钢结构无损检测

钢结构无损检测(微课)

一、超声波探伤法

超声波探伤法分为脉冲反射法和穿透法两种。脉冲反射法又分为纵波脉冲反射法和横波脉冲反射法。

1. 脉冲反射法

(1)纵波脉冲反射法

超声波垂直入射到工件中,当通过界面 A、缺陷 F 和底面 B 时,均有部分超声波反射回来,这些反射波各自经历了不同的往返路程回到探头上,探头又重新将其转变为电脉冲,经接收放大器放大后,即可在荧光屏上显现。其对应各点的波形分别称为始波(A')、缺陷波(F')和底波(B')。当被测工件中无缺陷存在时,则在荧光屏上只能见到始波 A' 和底波 B'。脉冲反射法探伤原理示意图如图 6-33 所示。缺陷的位置(深度 AF)可根据各波形之间的距离之比等于所对应的工件中的长度之比求出,按下式计算:

$$AF = \frac{AB}{AB'} \times AF' \qquad (6\text{-}39)$$

式中:AB——工件的厚度,可以测出;

AB'、AF'——从荧光屏上读出。

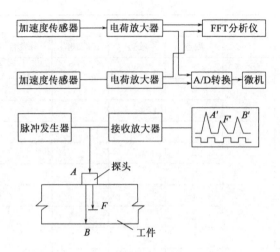

图 6-33 脉冲反射法探伤原理示意图

缺陷的大小可用当量法确定,这种探伤方法叫作纵波探伤或直探头探伤。振动方向与传播方向相同的波称为纵波。振动方向与传播方向垂直的波称为横波。

(2)横波脉冲反射法

当入射角不等于零的超声波入射到固体介质中,且超声波在此介质中到的纵波和横波的传播速度均大于在入射介质中的传播速度时,则同时产生纵波和横波。由于材料的弹性模量 E 总是大于剪切模量 G,纵波传播速度总是大于横波传播的速度。根据几何光学的折射规律,纵波折射角也总是大于横波折射角。当入射角取得足够大时,可以使纵波折射角大于或等于90°,从而使纵波在工件中消失,这时工件中就得到了单一的横波。单探头横波脉冲反射法波形示意图如图 6-34 所示。横波入射工件后,遇到缺陷时便有一部分被反射回来,即可以从荧光屏上见到脉冲信号[图 6-34a)];若探头离工件端面很近,则会有端面反射[图 6-34b)],因此应该注意与缺陷区分;若端头离工件端面很远且横波又没有遇到缺陷,有可能由于过度衰减而出现[图 6-34c)]的情况(超声波在传播中存在衰减)。

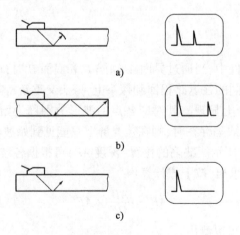

图 6-34 单探头横波脉冲反射法波形示意图

横波探伤的定位在生产中采用标准试块调节或三角试块比较法。缺陷的大小同样用当量法确定。

2. 穿透法

穿透法是指根据超声波能量变化情况来判断工件内部状况。它将发射探头和接收探头分别置于工件的两相对表面。其中,发射探头发射的超声波能量是一定的,在工件不存在缺陷时,超声波穿透一定工件厚度后,在接收探头上所接收到的能量也是一定的。当工件存在缺陷时,由于缺陷的反射使接收到的能量减小,从而断定工件存在缺陷。

根据发射波的不同种类,穿透法有脉冲波探伤法和连续波探伤法两种。脉冲波穿透探伤法示意图如图 6-35 所示,连续波穿透探伤示意图如图 6-36 所示。

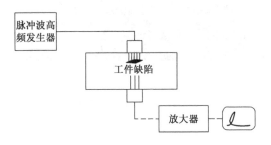

图 6-35　脉冲波穿透探伤法示意图　　　　图 6-36　连续波穿透探伤法示意图

穿透法探伤的灵敏度不如脉冲反射法高,且受工件形状的影响较大,但较适用于检查成批生产的工件,如板材一类的工件,可以通过接收能量的精确对比而得到高的精度。钢结构超声波探伤如图 6-37 所示。

二、射线探伤法

射线探伤法是利用射线可穿透物质和在物质中有衰减的特性来发现缺陷的一种探伤方法。按探伤所用的射线不同,射线探伤可以分为 X 射线、γ 射线和高能射线探伤三种。下面仅介绍 X 射线探伤。

图 6-37　钢结构超声波探伤

1. X 射线照相法的探伤原理

射线照相法探伤是利用射线在物质中的衰减规律和对某些物质产生的光化及荧光作用为基础进行探伤的。图 6-38 所示为射线束透过工件的情况与底片作用的情况。从射线强度的角度来看,当照射在工件上射线强度为 J,由于工件材料对射线的衰减,穿过工件的射线被减弱至 J_c。若工件存在缺陷时,如图 6-38a)中的 A、B 点,因该点的射线透过的工件实际厚度减少,则穿过的射线强度 J_A、J_B 比没有缺陷的 C 点的射线强度大一些。从射线对底片的光化作用角度看,射线强的部分对底片的光化作用强烈,即感光量大。感光量较大的底片经暗室处理后变得较黑,如图 6-38b)中 A、B 点比 C 点黑。因此,工件中的缺陷通过射线在底片上产生黑色的影迹,这就是射线照相法的探伤原理。钢结构 X 射线探伤如图 6-39 所示。

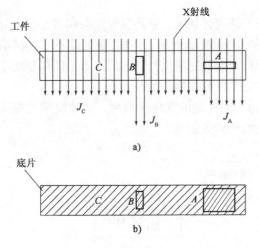

图 6-38　射线透过工件的情况和与底片作用的情况　　　图 6-39　钢结构 X 射线探伤

2. X 射线照相法的探伤工序

(1)确定产品的探伤位置。在探伤工作中,抽查的焊缝位置一般选在:

①可能或常出现缺陷的位置。

②危险断面或受力最大的焊缝部位。

③应力集中的位置。

(2)对选定的焊缝探伤位置必须按一定的顺序和规律进行编号,以便很容易地找出翻修位置。

(3)选取软片、增感屏和增感方式。探伤用的软片一般要求反差高、清晰度高和灰雾少。增感屏和增感方式可根据软片或探伤要求进行选择。钢结构 X 射线探伤如图 6-39 所示。

(4)选取焦点、焦距和照射方向。照射方向尤其重要,尽可能选择最佳透照角度。

(5)放置铅字号码、铅箭头及像质计。一般按照《焊缝无损检测　射线检测　第 1 部分 X 和伽马射线的胶片技术》(GB/T 3323.1—2019)中规定的要求放置。

(6)选定曝光规范。曝光规范要根据探伤机型事先做出,探伤时按工件的厚度和材质选取。

(7)进行暗室处理。

三、磁粉检测法与渗透检测法

1. 磁粉检测法

(1)磁粉检测法的原理及适用范围

磁粉检测用于检测铁磁性材料和构件(包括铁、镍、钴等)表面上或近表面的裂纹以及其他缺陷。

磁粉检测法的基本原理：当材料或构件被磁化后，若在构件表面或近表面存在裂纹、冷隔等缺陷，就会在该处形成一个漏磁场，此漏磁场将吸引、聚集检测过程中施加的磁粉，而形成缺陷显示。

因此，磁粉检测首先是对被检构件外加磁场进行磁化。外加磁场的获得一般有两种方法：一种是由可以产生大电流（几百安培至上万安培）的磁力探伤机直接给被检构件通大电流而产生磁场；另一种是把被检构件放在螺旋管线圈产生的磁场中或放在电磁铁产生的磁场中使构件磁化。

构件被磁化后，在构件表面上均匀喷洒微颗粒的磁粉（磁粉平均粒度为 5～10μm），一般用四氧化三铁（Fe_3O_4）或三氧化二铁（Fe_2O_3）作为磁粉。如果被检构件没有缺陷，则磁粉在构件表面均匀分布。当构件上有缺陷时，由于缺陷（如裂纹、气孔、非金属夹杂物等）内含有空气或非金属，其磁导率远远小于构件的磁导率。由于磁阻的变化，位于构件表面或近表面的缺陷处产生漏磁场，形成一个小磁极，如图6-40所示。磁粉将被小磁极所吸引，缺陷处因堆积比较多的磁粉而被显示出来，形成肉眼可以看到的缺陷图像。为了使磁粉图像便于观察，可以采用与被检构件表面有较大反衬颜色的磁粉。常用的磁粉有黑色、红色和白色。为了提高检测灵敏度，还可以采用荧光磁粉，从而在紫外线照射下更容易观察到构件中存在的缺陷。

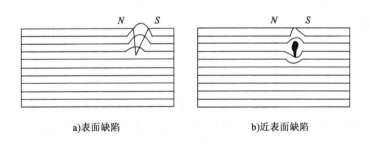

a) 表面缺陷　　　　　　b) 近表面缺陷

图6-40　缺陷漏磁场的产生

(2) 磁粉检测工艺

交流电磁轭是钢结构焊缝检测最常采用的一种方法。

① 设备要求

交流电磁轭在最大磁极间距上的提升力应大于44N，直流电磁轭在其最大磁极间距上的提升力应大于177N。

② 综合性能测试

A1型灵敏度试片用于被检工件表面有效磁场强度和方向、有效检测区以及磁化方法是否正确地测定。在最不理想部位处能清晰显示A1-30/100灵敏度试片上的人工刻槽。

③ 检测时机

焊接接头的磁粉检测应安排在焊接工序完成之后进行。对于有延迟裂纹倾向的材料，磁粉检测应根据要求至少在焊接完成 24h 后进行。

④检测准备工作

被检焊缝的本身及相邻 20mm 范围内应当没有影响检测灵敏度的氧化皮、油脂、焊接飞溅、机加痕迹、厚重或脱落的涂层。

为了使表面和磁痕显示有良好的视觉对比,可以均匀地涂覆一层厚度较薄、附着力好的反差剂,但厚度不能超过 50μm。

⑤工艺过程

a. 观察范围为焊缝本身及热影响区,热影响区最小为 5mm,最大为 10mm。

b. 采用连续法时,磁粉或磁悬液应在通磁时间内施加完毕,连续通磁时间为 1~3s,应至少反复两次,停施磁悬液至少 1s 后方可停止磁化。

c. 必须在接近相互垂直的两个方向上进行磁化,最大偏离角小于 30°。

d. 电磁轭检测时,必须保证检测区域之间有足够的相互交叠区域。交叠区域一般不小于 25mm。非荧光磁粉检测时,磁痕的评定应在可见光下进行,通常工件被检表面可见光照度应大于或等于 1000lx;当现场采用便携式设备检测,由于条件所限无法满足时,可见光照度可以适当降低,但不得低于 500lx。

钢结构磁粉探伤如图 6-41 所示。

2. 渗透检测法

渗透检测法是一种检查构件或材料表面缺陷的方法,它不受材料磁性的限制,比磁粉探伤的应用范围更加广泛。

渗透检测法的基本原理:利用黄绿色的荧光渗透液或红色的着色渗透液对窄狭缝隙良好的渗透性,经过渗透清洗、显示处理,放大缺陷痕迹,采用外观检验法观察,对缺陷的性质和尺寸做出适当的评价。

渗透检测法可应用于各种金属、非金属、磁性、非磁性材料及零件表面缺陷的检查。可以说,除表面多孔性材料以外,几乎一切材料的表面开口缺陷都可以应用此方法获得满意的检测结果。

渗透检测法的优点是应用不受限制,原理简明易懂,检查经济,设备简单,显示缺陷直观,可以同时显示各个不同方向的各类缺陷。对大型构件和不规则零件的检查以及现场机件的检查,渗透检测法更能显示其特殊的优点。但渗透检测法对埋藏于表皮层以下的缺陷是无能为力的,它只能检查开口暴露于表面的缺陷。另外,它还有操作程序繁杂等缺点。

在现代工业探伤中应用的液体渗透探伤分成两大类,即荧光渗透探伤和着色渗透探伤。随着化学工业的发展,这两种渗透探伤技术已日益完善,基本上具有同等的检测效果,被广泛应用于建筑、机械、航空仪表、压力容器和化工等领域。图 6-42 所示为钢结构液体渗透探伤。

四、试验记录

超声波探伤试、磁粉、渗透试验检测记录见表 6-20~表 6-23。

图 6-41 钢结构磁粉探伤　　　　　　图 6-42 钢结构液体渗透探伤

钢结构几何尺寸试验检测记录

表 6-20

检测单位名称：　　　　　　　　　　　　　　　　　　　　记录编号：

工程名称						
工程部位/用途						
构件描述			构件编号			
试验条件			构件名称			
检测依据			检测日期			
主要仪器设备名称及编号						
构件名称及编号	检测项目	设计值（mm）	允许偏差（mm）	实测值(mm)		
				①	②	③
附加声明：						

检测：　　　　　记录：　　　　　复核：　　　　　日期：　年　月　日

超声波探伤试验检测记录

表 6-21

检测单位名称：　　　　　　　　　　　　　　　　　　　　　　　　记录编号：

工程名称					
工程部位/用途					
样品信息					
试验检测日期			试验条件		
检测依据			判定依据		
主要仪器设备名称及编号					
工艺卡编号					
焊缝种类		材质	规格		焊接方法
坡口形式		检测面	检测时机		试块
探头型号		耦合剂	表面状态		表面补偿
检测灵敏度		检测技术等级		验收质量级别	

焊缝超声波检测评定记录

序号	焊缝编号	检测部位	检测长度（mm）	板厚（mm）	缺陷情况(mm)			缺陷当量（SL±dB）	备注
					位置	长度	深度		

检测部位及结果示意图：

附加声明：

检测：　　　　　　记录：　　　　　　复核：　　　　　日期：　　年　　月　　日

磁粉试验检测记录

表 6-22

检测单位名称： 　　　　　　　　　　　　　　　　　　　　　　　　　记录编号：

工程名称				
工程部位/用途				
样品信息				
试验检测日期			试验条件	
检测依据			判定依据	
主要仪器设备名称及编号				
试件	材料牌号		检测部位	
	表面状态		焊缝长度	
器材及参数	仪器型号		检测方法	
	磁粉种类		灵敏度试片型号	
	磁悬液浓度		磁化方向	
	磁化电流		提升力	
	磁化时间		磁轭间距	
	磁粉施加方法		检测时机	
技术要求	检测比例		合格级别	

检测部位名称/位置	检测长度（mm）	检测结果					备注
		缺陷性质	最大缺陷尺寸(mm)	缺陷位置(mm)	缺陷条数	评定级别	

检测部位及结果示意图：

附加声明：

检测： 　　　　　　　记录： 　　　　　　　复核： 　　　　　　　日期： 　年　月　日

渗透试验检测记录 表 6-23

检测单位名称：　　　　　　　　　　　　　　　　　　　　　记录编号：

工程名称				
工程部位/用途				
样品信息				
试验检测日期		试验条件		
检测依据		判定依据		
主要仪器设备名称及编号				
工件规格		工件材料		工件类型
检测时机		表面状态		检测温度
执行标准		检测比例		检测数量

探伤剂	名称	牌号	工序	时间
	清洗剂		预清洗后干燥	
	渗透剂		渗透	
	显像剂		显像	

检测部位名称/位置	检测结果					备注
	缺陷性质	最大缺陷尺寸	缺陷条数	缺陷位置	评定级别	

检测部位及结果示意图：

附加声明：

检测：　　　　　　记录：　　　　　　复核：　　　　日期：　年　月　日

试验检测 6.4-2

高强度螺栓及组合件力学性能试验

高强度螺栓及组合件
力学性能试验
（微课）

一、试验依据

(1)《钢结构工程施工质量验收规范》(GB 50205—2020)。
(2)《钢结构通用规范》(GB 55006—2021)。
(3)《钢结构高强度螺栓连接技术规程》(JGJ 82—2011)。

二、扭剪型高强度螺栓连接副预拉力复验方法

(1)复验用的螺栓应从施工现场待安装的螺栓批中随机抽取,每批应抽取 8 套连接副进行复验。
(2)连接副预拉力可采用各类轴力计测试。
(3)试验用的计量器具(如电测轴力计、油压轴力计、电阻应变仪、扭矩扳手等),应在试验前进行标定,其误差不得超过 2%。
(4)采用轴力计方法复验连接副预拉力时,应将螺栓直接插入轴力计。紧固螺栓分初拧和终拧两次进行。初拧应采用手动扭矩扳手或专用定扭电动扳手,初拧值应为预拉力标准值的 50% 左右。终拧应采用专用电动扳手,至尾部梅花头拧掉时,读出预拉力值。
(5)每套连接副只应做一次试验,不得重复使用。在紧固中垫圈发生转动时,应更换连接副,重新试验。
(6)复验螺栓连接副的预拉力平均值应符合表 6-24 的规定,其变异系数应按式(6-40)计算,并应小于或等于 10%。

扭剪型高强度螺栓紧固预拉力 表 6-24

螺栓直径(mm)	16	20	22	24
每批紧固预拉力的平均值 μ(kN)	≤120 ≥99	≤186 ≥154	≤231 ≥191	≤270 ≥222

$$\delta = \frac{\sigma_p}{\overline{P}} \times 100 \qquad (6-40)$$

式中:δ——紧固预拉力的变异系数,%;
σ_p——紧固预拉力的标准差,kN;
$\overline{P}$——该批螺栓预拉力平均值,kN。

三、高强度大六角头螺栓连接副扭矩系数的复验方法

(1)复验用的螺栓应从施工现场待安装的螺栓批中随机抽取,每批应抽取 8 套连接副进行复验。

(2)连接副扭矩系数复验用的计量器具应在试验前进行标定,误差不得超过2%。

(3)每套连接副只应做一次试验,不得重复使用。

(4)连接副扭矩系数的复验应将螺栓穿入轴力计,在测出螺栓预拉力 P 的同时,应测定施加于螺母上的施拧矩值 T,并应按下式计算扭矩系数 K,即

$$K = \frac{T}{Pd} \tag{6-41}$$

式中:T——施拧扭矩,N·m;

d——高强度螺栓的螺纹规格(螺纹大径),mm;

P——螺栓预拉力,kN。

(5)进行连接副扭矩系数试验时,螺栓预拉力值应符合表 6-25 的规定。

螺栓预拉力值范围　　　　　　　　　表 6-25

螺栓规格	M12	M16	M20	M24	M27
P(kN)	≤59	≤113	≤177	≤250	≤324
	≥49	≥93	≥142	≥206	≥265

四、高强度螺栓连接抗滑移系数试验方法

1. 基本要求

(1)制造厂和安装单位应分别以钢结构制造批为单位进行抗滑移系数试验。制造批可按单位工程划分规定的工程量,每 2000t 为一批,不足 2000t 的可视为一批。选用两种及两种以上表面处理工艺时,每种处理工艺应单独检验。每批 3 组试件。

(2)抗滑移系数试验应采用双摩擦面的两栓拼接拉力试件或三栓拼接拉力试件(图 6-43)。

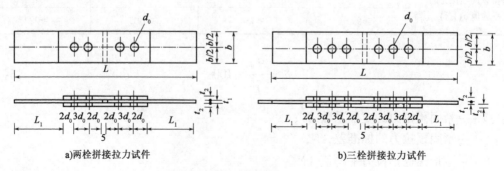

图 6-43　抗滑移系数试件的形式和尺寸

（3）抗滑移系数试验用的试件应由金属结构厂或有关制造厂加工，试件与所代表的钢结构件应为同一材质、同批制作、采用同一摩擦面处理工艺和具有相同的表面状态，并应用同批、同一性能等级的高强度螺栓连接副，在同一环境条件下存放。

（4）试件钢板的厚度 t_1、t_2 应根据钢结构中有代表性的板材厚度来确定，板宽 b 的规定见表 6-26。

试件钢板的宽度（单位：mm） 表 6-26

螺栓内径	16	20	22	24
板宽 b	60	75	80	85

（5）试件板面应平整，无油污，孔和板的边缘无飞边、毛刺。

2. 试验方法

（1）试验用的拉力试验机精度为 1%。

（2）试验用的贴有电阻片的高强度螺栓、压力传感器和电阻应变仪应在试验前用试验机进行标定，其误差应在 2% 以内。

（3）试件的组装顺序应符合下列规定：

①先将冲钉打入试件孔定位，然后逐个换成装有压力传感器或贴有电阻片的高强度螺栓，或换成同批经预拉力复验的扭剪型高强度螺栓。

②紧固高强度螺栓应分初拧、终拧。初拧应达到螺栓预拉力标准值的 50% 左右。终拧后，螺栓预拉力应符合下列规定：

a. 对装有压力传感器或贴有电阻片的高强度螺栓，采用电阻应变仪实测控制试件每个螺栓的预拉力值应在 $(0.05 \sim 1.05)P$（P 为高强度螺栓设计预拉力值）范围内。

b. 不进行实测时，扭剪型高强度螺栓的预拉力（紧固轴力）可按同批复验预拉力的平均值取用。

③试件应在其测面画出观察滑移的直线。

（4）将组装好的试件置于拉力试验机上，试件的轴线应与拉力试验机夹具中心严格对中。

（5）加荷时，应先加 10% 的抗滑移设计荷载值，停 1min 后，再平稳加荷，加荷速度为 3~5kN/s。直拉至滑动破坏，测得荷载 N_v。

（6）在试验中，当发生以下情况之一时，所对应的荷载可定为试件的滑移荷载：

①拉力试验机发生回针现象。
②试件测面画线发生错动。
③$x-y$ 记录仪上变形曲线发生突变。
④试件突然发生"嘣"的响声。

3. 数据处理

抗滑移系数应根据试验所测得的滑移荷载 N_v 和螺栓预拉力 P 的实测值，按下式计算，宜取小数点后两位有效数字。

$$\mu = \frac{N_v}{n_f \sum_{i=1}^{m} P_i} \tag{6-42}$$

式中：N_v——由试验测得的滑移荷载，kN；

n_f——摩擦面面数，取 $n_f = 2$；

$\sum_{i=1}^{m} P_i$——试件滑移一侧高强度螺栓预拉力实测值（同批螺栓连接副的预拉力平均值）之和（取 3 位有效数字），kN；

m——试件一侧螺栓数量。

五、试验记录

高强度螺栓连接副紧固轴力、扭矩系数、抗滑移系数检测记录见表 6-27 ~ 表 6-29。

高强度螺栓连接副紧固轴力检测记录　　　表 6-27

检测单位名称：　　　　　　　　　　　　　　　　记录编号：

样品名称		样品编号	
螺栓型号		螺栓材质	
环境温度		检测时间	
检测依据			
设备名称及编号			

试件编号	初拧扭矩（N·m）	初拧时预拉力（kN）	终拧扭矩（N·m）	终拧时预拉力（kN）	终拧时预拉力平均值（kN）	标准偏差
备注						

检测：　　　　　　　记录：　　　　　　　复核：　　　　　　　日期：

高强度螺栓连接副扭矩系数检测记录

表 6-28

检测单位名称：　　　　　　　　　　　　　　　　　　　　　　　　　　记录编号：

样品名称							
螺栓型号				螺栓材质			
环境温度				检测时间			
检测依据							
设备名称及编号							
试件编号	施拧扭矩（N·m）	施拧预拉力（kN）	扭矩系数 K	扭矩系数平均值	平均值允许范围	标准偏差	标准偏差允许范围
					0.110～0.150		≤0.010
备注							

检测：　　　　　　　　记录：　　　　　　　　复核：　　　　　　　　日期：

高强度螺栓连接副抗滑移系数检测记录

表 6-29

检测单位名称：　　　　　　　　　　　　　　　　　　　　　　　　　　记录编号：

样品名称					样品编号			
螺栓型号					螺栓材质			
环境温度					检测时间			
检测依据								
设备名称及编号								
试件编号		初拧预拉力（kN）	终拧预拉力（kN）	设计预拉力（kN）	抗滑移荷载设计值（kN）	抗滑移荷载实测值（kN）	抗滑移系数	滑动破坏状态描述
螺栓连接副编号	1							
	2							
	3							
	4							
螺栓连接副编号	1							
	2							
	3							
	4							

续上表

试件编号		初拧预拉力(kN)	终拧预拉力(kN)	设计预拉力(kN)	抗滑移荷载设计值(kN)	抗滑移荷载实测值(kN)	抗滑移系数	滑动破坏状态描述
螺栓连接副编号	1							
	2							
	3							
	4							
备注								

检测：　　　　　　记录：　　　　　　复核：　　　　　　日期：

单元6.5　营运桥梁健康监测

【知识目标】
1.了解营运期间桥梁健康监测的目的和意义，以及桥梁健康监测系统组成；
2.掌握营运桥梁健康监测指标并判断分析桥梁现行技术状况。

【能力目标】
1.具备查阅营运桥梁养护管理、健康监测相关技术标准、规程规范的能力；
2.能够通过桥梁健康监测报告判断桥梁所处的技术状况和编制对应的养护计划。

【案例导入】
某桥梁工程总长度为670m，主跨长度为30m，其他跨长度均为20m，本桥为简支型预应力混凝土空心板桥，选用柱式墩作为桥梁下部结构，盖梁上采用板式型橡胶。此桥交通量较大，且重载型车辆较多，行驶过程中出现局部空心板断裂现象，进而影响交通通畅性，出现中断情况，后经及时抢修，快速恢复通车。但通车运营之后，刚几个月主跨桥面位置就有大量纵向裂缝出现，且桥面变形严重。为此，决定限制本桥通行，并对其实施健康监测。此监测过程主要选用的监测方法为动态法测试与承载力计算分析，通过桥梁模态参数，可准确地将桥梁结构损伤情况、整体指标反映出来。

【工程师寄语】
我国现有公路桥梁超过百万座，1/3以上的桥梁都存在结构性缺陷、不同程度的损伤和功能性失效的隐患。近年来，我国陆续出现了多次重大桥梁事故。这些事故的发生与很多因素有关，其中，缺乏有效的监测措施和必要的维修、养护措施是重要原因之一。这些事故引起社会各界对现代桥梁的质量和寿命的日益关注。对营运桥梁结构进行健康监测，目前已成为国内外学术界、工程界研究的热点。

党的二十大报告提出,推动战略性新兴产业融合集群发展,构建新一代信息技术、人工智能、生物技术、新能源、新材料、高端装备、绿色环保等一批新的增长引擎。通信网络、信号处理、人工智能等技术的不断发展也正在加速桥梁健康监测系统的实用化进程。学生应认真学好专业知识,为将来成为新时代的桥梁养护管理者奠定基础,积极推动桥梁检测、养护和管理向信息化、智能化、数字化方向发展。

本单元将介绍桥梁的健康监测系统设计、健康监测关键指标及内容、健康监测系统组成。

【知识框图】

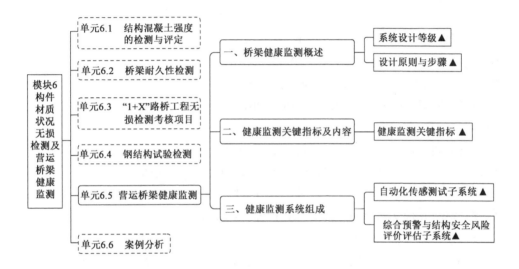

注:知识框图中标有"▲"符号的是教学重点内容,标有"★"符号的是教学难点内容。

一、桥梁健康监测概述

(一)目的和意义

传统的桥梁检测在很大程度上依赖于管理者和技术人员的经验,缺乏科学、系统的方法,往往对桥梁特别是大型桥梁的状况缺乏全面的把握和了解,信息得不到及时反馈。如果对桥梁的病害估计不足,就很可能失去养护的最佳时机,加快桥梁损坏的进程,缩短桥梁的服务寿命;如果对桥梁的病害估计过高,就会造成不必要的资金浪费,使得桥梁的承载能力不能充分发挥。

桥梁健康监测的基本内涵是通过对桥梁结构状况的监控与评估,为桥梁在特殊气候、交通条件下或桥梁运营状况异常严重时发出预警信号,为桥梁的维护维修和管理决策提供依据与指导。然而,桥梁结构健康监测不仅是为了结构状态监控和评估,其信息反馈于结构设计的更深远的意义在于,结构设计方法与相应的规范标准等可能得到改进。桥梁健康监测带来的不仅仅是监测系统和对某特定桥梁设计的反思,还可能并应该成为桥梁研究的"现场实验室"。桥梁健康监测为桥梁工程中的未知问题和超大跨度桥梁的研究提供了新的契机。

由运营中的桥梁结构与其环境所获得的信息不仅是理论研究和实验室调查的补充,还可以提供有关结构行为和环境规律的最真实的信息。因此,桥梁健康监测不只是传统的桥梁检测加结构评估新技术,更是被赋予了结构监控与评估、设计验证和研究与发展三方面的意义。

(二)参考规范

(1)《公路长大桥梁结构健康监测系统试点建设技术指南》(交通运输部)。
(2)《公路桥梁结构监测技术规范》(JT/T 1037—2022)。
(3)《建筑与桥梁结构监测技术规范》(GB 50982—2014)。
(4)《综合布线系统工程设计规范》(GB 50311—2016)。
(5)《低压配电设计规范》(GB 50054—2011)。
(6)《电力工程电缆设计规范》(GB 50217—2018)。
(7)《计算站场地安全要求》(GB 9361—2011)。
(8)《计算机场地通用规范》(GB/T 2887—2011)。
(9)《端接件总规范》(GB/T 15286—1994)。
(10)《计算机软件需求规格说明规范》(GB/T 9385—2008)。
(11)《计算机软件可靠性和可维护性管理》(GB/T 14394—2016)。
(12)《计算机信息系统 安全保护等级划分准则》(GB 17859—1999)。
(13)《计算机软件文档编制规范》(GB/T 8567—2006)。
(14)《信息安全技术 网络安全等级保护基本要求》(GB/T 22239—2019)。
(15)《动态公路车辆自动衡器 第一部分:通用技术规范》(GB/T 21296.1—2020)。
(16)《电子设备机柜通用技术条件》(GB/T 15395—1994)。
(17)《公路工程质量检验评定标准 第二册 机电工程》(JTG 2182—2020)。
(18)《建筑物电子信息系统防雷技术规范》(GB 50343—2012)。

(三)系统设计等级

健康监测系统分成三个等级,即长期在线自动健康监测系统、定期离线健康监测系统和定期养护健康监测系统。

长期在线自动健康监测系统是最高等级的健康监测系统,该系统适合于在特大跨径复杂桥梁结构和具有重大战略意义的关键桥梁上使用。该等级的桥梁健康监测系统具有如下的特点:传感器长期布设在桥梁上,并通过相应技术连接在一起,构成传感器子系统。各传感器的数据采集通过健康监测系统中心控制系统动态实时地下达采集指令,触发传感器的开关,实现数据采集。采集的数据经系统数据通信系统直接自动进入健康监测系统中央数据库。桥梁管理部门和客户可以通过网络远程访问健康监测中央数据库并进行健康诊断。目前此类系统,传感器数据采集及中央数据库等各子系统的连接还是通过数据线的连接。随着无线传感器技术的研制,无线健康监测系统有望实现。

定期离线健康监测系统是长期在线自动健康监测系统的一种简化,与长期在线自动健康监测系统相比,最大的区别是定期离线健康监测系统的数据采集和管理是离线的、人工的。该系统省掉了数据的自动采集设备和软件,无须大量的数据线并避免了数据的长距离传输带来的数据精度的损失。该系统投资额度相对小,适合于一般重要的桥梁。如果有需要的话,该系统可以直接升级为长期在线自动健康监测系统。

定期养护健康监测系统适合于一般桥梁和对整个路线沿线的所有桥梁的健康监测,该系统的功能和性质接近于一般桥梁的养护管理,可以这样描述:桥梁管理部门购置相应的桥梁检测设备,包括传感器及其相应的数据采集和处理软件、桥梁健康诊断软件。这些设备都存放于实验室,不长期固定在桥梁上。桥梁管理部门定期利用这些设备对所辖桥梁进行健康监测。该系统最大的优点是可以监测多个桥梁的健康状况,同时设备容易维护、更换和更新。

(四)设计原则与步骤

1. 桥梁健康监测系统设计原则

(1)因桥而异、因桥制宜

不同地区、不同桥梁结构形式的健康监测的内容是不一样的。不同地区的气候、地质环境会有很大差别,桥梁健康监测的一部分内容就包括对桥址处环境的监测,如风、地震、温度等。

(2)经济实用、稳定可靠

桥梁健康监测系统的实施费用是较昂贵的。因此,投资额是制约桥梁健康监测系统规模和设备的重要因素。健康监测系统的设计应作效益—成本分析,设计出经济实用、稳定可靠的健康监测系统。

2. 桥梁健康监测系统设计步骤

(1)针对具体桥梁,确定监测系统的目的和功能。

(2)分析桥梁的结构特点、环境状况、运营情况,确定桥梁健康监测系统的监测项目。

(3)建立桥梁有限元模型进行结构静动力分析,确定应力相对不利的位置及动力分析结果,结合工程经验、结构特点及测点优化理论综合确定测点布置方案。

(4)结合投资额度,广泛调研现代测试技术的发展,确定各监测项目传感器的选型。

二、健康监测关键指标及内容

(一)健康监测关键指标

运营桥梁安全通过关键部位的响应及关键参数监测表现出来,在此基础上,根据风险对桥梁的影响程度、发生的可能性(概率)和可探测性等指标来度量这些风险的水平。按照识别的关键风险,分析其损伤发生的部位即响应可能的表现形式,根据影响程度对参数进行分级,结合实际桥梁特点,确定对桥梁结构安全影响显著的健康监测关键指标(表6-30)。

桥梁健康监测关键指标 表6-30

监测内容类别		监测参数	桥梁类型					
			梁桥				拱桥	拉索桥梁
			一般梁桥	曲线梁桥	独柱墩桥	大悬臂桥		
荷载与环境	车辆	车重车速	○	○	○	○	○	○
	风速	桥面风速	—	—	—	—	—	○
	地震	地震加速度	—	—	—	—	○	○
	温度	环境温度	○	○	○	○	●	●
		结构温度	●	●	●	●	●	●
结构整体响应	振动	主梁竖向振动加速度	●	●	●	●	●	●
		主梁横向振动加速度	○	○	○	○	●	●
		主梁扭转振动加速度	○	○	●	●	○	○
		桥墩(拱顶、塔顶)纵向和横向加速度	○	○	○	○	●	●
	变形	主梁挠度	●	●	●	●	●	●
		主梁横向相对位移	○	○	○	○	●	●
		主梁扭转	○	○	●	●	○	○
		梁端纵向位移	○	●	●	●	●	●
		支座位移	○	○	○	○	●	●
	转角	墩顶(塔顶、拱顶、拱角)偏位或倾角	○	○	●	○	●	●
结构局部响应	应变	主梁(主拱、主塔)断面应变	○	○	○	○	●	●
	裂缝	钢筋混凝土	●	●	●	●	●	●
	索力	斜拉索(吊杆、系杆)	—	—	—	—	●	●
	疲劳	钢梁(斜拉索、吊索)	○	○	○	○	○	○
视频图像			○	○	○	○	○	○

注:●为关键指标必选监测项,○为可选监测项,—为不包含项;拉索桥梁包括斜拉桥和悬索桥。

(二)健康监测内容及传感设备

1. 荷载监测

荷载监测的内容包括风、地震、温度、交通荷载、声荷载等。
荷载监测所使用的传感器包括:
(1)风速仪:记录风向、风速进程历史,连接数据处理系统后可得到风功率谱。
(2)温度计:记录温度、温度差时程历史。
(3)动态地称:记录交通荷载流时程历史,连接数据处理后可得交通荷载谱。
(4)强震仪:记录地震作用。
(5)摄像机:记录车流情况和交通事故等。

2. 表面形貌监测

表面形貌监测的内容包括监测桥梁各部位的静态位置、动态位置、沉降、倾斜、线形变化、位移、裂纹、斑点、凹坑等。

表面形貌监测所使用的传感器有位移计、倾角仪、GPS、电子测距器（EDM）、数码相机等。

3. 结构强度监测

结构强度监测的内容包括监测桥梁的应变、应力、索力、动力反应（频率模态）、扭矩等。结构强度监测所使用的传感器包括：

(1) 应变仪：记录桥梁静动力应变、应力，连接数据处理后可得构件疲劳应力循环谱。

(2) 测力计（力环、磁弹性仪、剪力销）：记录主缆、锚杆、吊杆的张拉历史。

(3) 加速度计：记录结构各部位的反应加速度，连接数据处理后可得结构的模态参数。

4. 振动监测

振动监测的内容包括监测结构的振动、冲击、机械导纳以及模态参数等。

5. 性能趋向监测

性能趋向监测主要监测结构的各种主要性能指标等。

6. 非结构部件及辅助设施监测

非结构部件及辅助设施监测主要监测支座、振动控制设施等。

桥梁健康监测项目及测点布设示意图如图 6-44 所示。

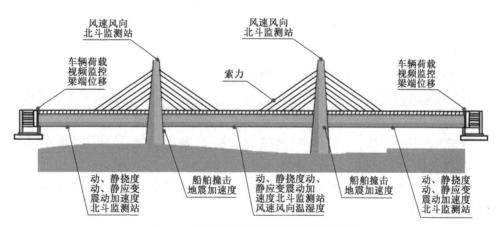

图 6-44 桥梁健康监测项目及测点布设示意图

三、健康监测系统组成

桥梁结构安全监测系统是一个系统工程，其核心任务是获得环境荷载以及结构的响应、局部损伤等信息，在对监（检）测信息进行综合评估的基础上获得行车和结构的双重安全状态信息，为桥梁安全运营提供技术支持。

桥梁使用阶段变形监测仪器布设及监测内容（虚拟仿真）

(一)自动化传感测试子系统

自动化传感测试子系统的主要目的是为结构状态识别及部分损伤识别采集所需的数据。它包括以下两类设备。

1. 传感器设备

通过传感器设备，可将各类监测信号转换为电(光)信号。

2. 数据采集与通信设备

将监测信号转换为数字信号并完成远程数据传输。

自动化数据采集系统具备以下功能：

(1)能够向综合预警安全风险评估子系统提供数量和精度都满足要求的监测数据。

(2)能够实现数据的同步采集。

(3)满足数据实时采集的需要。

(4)满足长期稳定数据采集工作的要求。

(5)满足便于标定、更换和维护的要求。

(6)能够实现故障自诊断报警、定位，并能够将故障限制在局部范围。

(7)能够对采集的监测数据进行校验及选择存储。

(8)能够按照既定程序或在用户干预下进行数据采集。

通过传感器将各类监测参量转换为系统可识别的电(光)信号，并将监测信号转换为数字信号、完成远程传输。现场自动化数据采集与传输子系统主要由传感器模块、数据采集与传输模块、防雷防电涌模块三大功能模块构成。

(二)数据处理与存储子系统

数据处理与存储子系统，包括以下三个功能模块：

(1)数据采集软件模块。与数据采集设备进行通信，通过采集设备按一定的采样频率对各传感器进行数据采集。

(2)数据处理软件模块。对采集到的数据进行换算、判定、过滤、统计等处理，将数字信号变成相应的物理量和特征值。

(3)数据存储软件模块。将处理过的时程数据和特征值数据存储到相应的数据库或数据文件中，供系统查询分析和调用。

(三)用户界面子系统

用数字、曲线、图形等方式实时展示监测数据，根据监测数据进行结构安全预警，并可以进行历史数据的查询，能够自动生成数据统计报表。

(四)综合预警与结构安全风险评估子系统

1. 构建及功能

综合预警与结构安全风险评估子系统设置在路网级数据中心。该系统是整个监测系统的

重要功能组件,其构成及技术特征如下:

(1)结构状态与状态评估系统设在监控中心内,由安装在监控中心内的 1 台 64 位双 CPU 结构安全状况评估服务器及预警、评估软件系统组成。

(2)结构状态与状态评估系统以 WEB 方式响应用户的请求,访问动态数据库和历史数据库。

(3)结构状态与状态评估系统管理原始数据库、结构信息数据库,对结构安全状况进行评价,生成结构安全状况报告。

(4)对数据进行深度分析,并将分析结果返回到结构状态与状态评估服务器。

该系统预期完成功能包括:

(1)监测并报告大桥在各种荷载作用下主要构件的结构响应情况。

(2)实现多种形式的智能报警,报警信息触发综合预警管理平台,及时将异常信息通过短信和邮件等多种形式通知相关人员。

(3)分析并报告大桥主要构件的承载能力,评估大桥整体及其各主要构件的使用性能。

2. 运营安全监测系统的预警

该桥运营安全监测系统的预警主要包括初级预警和结构性预警。

初级预警设置在数据采集单元内,当发现预处理结果超出额定警戒值后,初级预警程序自动检测本数据采集单元内与该传感器相关的参数和其他传感器的输出,进行超值预警判别;与此同时,该数据采集单元向系统控制中心发出数据优先传输与处理申请,以便做进一步处理。

结构性预警设置在监控中心内的结构状态评估服务器上的桥梁评价系统内。根据多级损伤与预警策略,首先要求对桥梁整体性及某些预置参数进行实时监测和在线评估,延时不超过一小时。当发现监测参数的量值超过警戒阈值后,进行预警报警。用户从动态数据库或原始数据库中调入相关数据,进行进一步评估分析,决定是否需要进行现场特殊检查或交通控制。

对所有预警过程,均须录入事件记录文档。对结构有较大影响的事件,应形成特殊事件检测和评估报告。

监测参数数据相应的预警阈值,兼顾设计计算值、验收荷载试验测量结果进行确定,并可随系统长期监测数据的积累,进一步根据历史数据统计分析进行修正。预警阈值设定分为正常使用控制值和承载力极限控制值两级。

3. 系统安全风险评估方法及实现

安全风险评估是监测系统的最终成果体现,也是运营安全监测中技术难度最大的部分。既需要熟悉对大桥结构特性,也需要对传感器测试数据有深刻的认识。安全风险评估主要针对测试关键参数及性能发展趋势预测和结构安全性进行分析。主要分析方法包括模型对比法、统计分析评估法以及基于结构振动的评估方法。

单元 6.6 案例分析

【**案例 6-1**】 无损检测技术为混凝土桥梁材质状况与耐久性检测评定提供了依据。有关桥梁无损检测,请回答下列问题。

(1) 现场混凝土强度检测可适用的方法包括(ABD)。
  A. 回弹法   B. 超声法
  C. 取芯法   D. 超声回弹综合法

解析:结构混凝土强度的检测方法可分为无损检测、半破损检测和破损检测三种。桥隧工程常用的检测结构混凝土强度方法包括回弹法、超声回弹综合法、取芯法、回弹结合取芯法等。超声回弹综合法优点:与单一回弹法或超声法相比,受混凝土龄期和含水率的影响小,测试精度高,适用范围广,能够较全面地反映结构混凝土的实际质量。注意:取芯法是有损检测,题目问的是无损检测。

(2) 下列有关半电池电位法检测钢筋锈蚀的说法正确的有(BC)。
  A. 半电池电极接仪器的负极   B. 半电池电极接仪器的正极
  C. 钢筋接仪器的负极   D. 钢筋接仪器的正极

解析:二次仪表与钢筋的电连接,在现场检测时,铜或硫酸铜电极一般接二次仪表的正输入端,钢筋接二次仪表的负输入端。

(3) 间接评价钢筋锈蚀活动性可测量(ABD)。
  A. 氯离子含量   B. 碳化深度
  C. 缺陷与损伤   D. 电阻率

解析:间接评定钢筋锈蚀技术包括混凝土电阻率测量、氯离子含量测量、碳化深度测量。

(4) 可能影响钢筋保护层检测结果的主要因素有(ABCD)。
  A. 外加磁场   B. 混凝土具有磁性
  C. 钢筋品种   D. 不同的布筋状况

解析:影响测量准确度的因素及修正包括:①应避免外加磁场的影响。②混凝土若具有磁性,测量值需加以修正。③钢筋品种对测量值有一定影响,主要是高强钢筋,需加以修正。④布筋状况、钢筋间距影响测量值,当 $D/S<3$ 时需修正测量值,D 为钢筋净距(mm),即钢筋边缘至边缘的间距;S 为保护层厚度。

(5) 钢筋保护层检测结果修正的方法有(CD)。
  A. 仪器比对   B. 声波探测
  C. 用标准块综合修正   D. 用小直径钻头打校准孔修正

解析:保护层测量值的修正:用标准垫块进行综合修正,这种方法适用于现场检测;用校准孔进行综合修正,这种方法是现场校准测量值的有效方法。

【**案例 6-2**】 对某在用钢筋混凝土桥梁进行特殊检查,需完成与结构耐久性评定相关的材质状况检测,请回答以下相关问题。

(1)在下列检测项目中,哪些是与钢筋锈蚀状况相关的(ABCD)。

  A.混凝土中氯离子含量   B.混凝土电阻率

  C.混凝土碳化深度   D.钢筋保护层厚度

解析:选项 ABCD 都是与钢筋锈蚀状况相关的检测项目。

(2)关于钢筋锈蚀电位的检测,下列叙述正确的有(ABD)。

  A.测区混凝土表面应预先充分润湿,以减小电极与混凝土间的接触电阻

  B.结构及构件应处于自然干燥状态

  C.电位差越大,表明钢筋锈蚀的可能性越小

  D 在同一测点,用相同参考电极重复两次测得的电位差值应小于 10mV

解析:选项 ABD 正确。注意 AB 两个选项并不矛盾,选项 B 是指结构及构件的混凝土内部应处于自然干燥状态;选项 C 错误,电位差越大表明钢筋锈蚀的可能性越大

(3)在进行混凝土内部钢筋位置及保护层测定时,下列叙述错误的是(AB)。

  A.探头的长轴方向应尽量与被测钢筋的方向垂直

  B.在探测主钢筋时,探头应尽量靠近箍筋,可增大信号强度

  C.探头在混凝土表面的移动方向与被测钢筋方向应尽量垂直

  D.在每次测试前,需将探头远离金属物质,对钢筋探测仪调零

解析:在使用钢筋探测仪检测混凝土内部钢筋时,要保证探头长轴方向尽量平行于被测钢筋,沿着与被测钢筋轴线垂直的方向移动探头。测量主筋时应尽量避开箍筋位置。根据钢筋探测仪的工作原理,探头中的电磁线圈向外界辐射产生电磁场,使钢筋产生感应电流,从而使线圈的输出电压产生变化。当探头放置方向与钢筋走向平行时灵敏度最高。在混凝土表面移动探头,观察信号值的大小变化可判断钢筋的位置及走向。当探头位于钢筋的正上方且与钢筋走向平行时,探头线圈的输出电压响应最大。实际操作时,在找到钢筋位置后,可将探头在原处左右转动一定角度,仪器显示信号值最大时探头长轴方向即钢筋走向。基于同样的原理,对探头移动方向也有要求,从理论上讲,如果探头与同根钢筋保持一定距离且沿钢筋走向移动时,磁场强度保持不变,则输出信号值也不会发生变化,而探头移动方向与钢筋走向垂直时磁场强度变化最明显,因此探头的移动方向和钢筋的走向要尽量垂直。

(4)以下关于各检测项目测试方法的叙述中,正确的是(BC)。

  A.碳化深度采用滴定条法检测

  B.钢筋锈蚀状况的测试方法是半电池电位法

  C.混凝土电阻率的测试采用四电极法

  D.氯离子含量的测试方法是电磁感应法

(5)对该桥梁构件已经采用回弹法进行了回弹值的测试,并进行了钢筋锈蚀电位检测,其中钢筋锈蚀电位标度评定为2,在后续工作中,下列哪些项目可以不检测(AB)。

  A.混凝土中氯离子含量   B.混凝土电阻率

  C.混凝土碳化深度   D.钢筋保护层厚度

解析:依据《公路桥梁承载能力检测评定规程》(JTG/T J21—2011),当钢筋锈蚀电位评定

标度小于 3 时,可不进行混凝土碳化深度、氯离子含量及混凝土电阻率检测,但本题中提到已进行了回弹测试,则必须检测混凝土碳化深度。

【**案例 6-3**】 某大桥已建成 2 年,现对水泥混凝土桥面进行强度评定,某检测公司用超声回弹综合法进行检测。测得具体项目评价见表 6-31 所示。

具体项目评价表 表 6-31

项目	测区									
	1	2	3	4	5	6	7	8	9	10
回弹值	40.8	38.9	40.0	40.4	36.2	37.3	35.2	33.5	31.8	35.2
声速(km/s)	3.33	3.29	3.18	3.54	3.32	3.21	3.14	3.15	3.07	3.20
计算强度(MPa)	4.17	3.89	4.25	4.38	3.77	4.21	3.77	3.62	3.55	3.97

对该大桥 3 号桥墩进行钻芯取样试验现场评审。按规程在相应区域钻取了芯样,芯样试件的抗压试验按现行国家标准中对立方体试块抗压试验的规定进行,测试结果见表 6-32。

测试结果 表 6-32

样品编号	试件直径(m)	试件高度(mm)	极限荷载(KN)
1-1	74	75	164.30
1-2	75	76	202.20
1-3	74	76	165.60
1-4	73	74	180.10

(1)芯样试件的混凝土强度换算值指用钻芯法测得的芯样强度换算成相当于边长为(A)的立方体试块的抗压强度值。

A. 150mm B. 120mm C. 100mm D. 200mn

解析:根据规定,由芯样试件得到的结构混凝土在测试龄期相当于边长为 150mm 立体试块的抗压强度。

(2)各测区混凝土抗压强度换算值的平均值为(B)。

A. 5.0MPa B. 3.96MPa C. 3.79MPa D. 4.4MPa

解析:$f = (4.17 + 3.89 + 4.25 + 4.38 + 3.77 + 4.21 + 3.77 + 3.62 + 3.55 + 3.97)/10 = 3.96$MPa,当结构或构件中的测区数不少于 10 个时,各测区混凝土抗压强度换算值的平均值公式计算得 3.96MPa。

(3)测区混凝土抗压强度换算值的标准差为(A)。

A. 0.284MPa B. 0.151MPa C. 0.723MPa D. 0.433MPa

解析:当结构或构件中的测区数不少于 10 个时,各测区混凝土抗压强度换算值的平均值按公式 $S_{f_{cu}^c} = \sqrt{\dfrac{\sum_{i=1}^{m}(f_{cu,i}^c)^2 - n(m_{f_{cu}^c})^2}{n-1}}$,计算得 0.284MPa。

(4)该大桥 3 号桥墩芯样样品编号为 1-1 的混凝土抗压强度换算值为(A)。

A. 38.22MPa　　　　B. 37.21MPa　　　　C. 37.71MPa　　　　D. 38.82MPa

解析：根据规定，芯样试件的混凝土抗压强度：$F/A = 164.3 \times 4/(3.14 \times 74 \times 74) \times 1000 = 38.22$ MPa。

(5)该大桥3号桥墩的强度推定值最接近(D)。

A. 45.79MPa　　　　B. 38.52MPa　　　　C. 43.0MPa　　　　D. 38.22MPa

解析：单个构件混凝土强度推定值不再进行数据的舍弃，应按强度推定值为最小值，则样品编号为1-1的混凝土抗压强度换算值 $164.30/(3.14 \times 74 \times 74/4) \times 1000 = 38.22$ MPa 为最小值。

思考与练习题

注：[思考与练习题]中，*表示与[知识目标]和[能力目标]相对应的题目，属于必答题。

一、单选题

*1. 对混凝土桥梁主要构件或主要受力部位，应布设测区检测钢筋锈蚀电位，每一个测区的测点数不宜少于(　　)个。

A. 5　　　　B. 10　　　　C. 15　　　　D. 20

*2. 钢筋锈蚀电位测量值为(-200, -300]时，其评定标度值为(　　)。

A. 1　　　　B. 2　　　　C. 3　　　　D. 4

*3. 中型回弹仪的标准能量应为2.207J，在洛氏硬度HRC为60±2的钢砧上，回弹仪的率定值应为(　　)。

A. 50±2　　　　B. 60±2　　　　C. 70±2　　　　D. 80±2

*4. 混凝土碳化深度平均值与保护层厚度平均值之比大于或等于2.0，评定标度为(　　)。

A. 2　　　　B. 3　　　　C. 4　　　　D. 5

*5. 采用回弹仪法检测混凝土构件时，回弹值测量完毕，应在有代表性的位置上测量碳化深度，测点数不少于构件测区数的(　　)。

A. 10%　　　　B. 20%　　　　C. 30%　　　　D. 40%

*6. 采用回弹法检测混凝土构件强度时，每测区应在(　　)范围之内。

A. 10cm×10cm　　B. 20cm×20cm　　C. 30cm×30cm　　D. 40cm×40cm

*7. 使用钻芯法检测混凝土强度，芯样试件的实际高径比应满足(　　)，否则测试数据无效。

A. 0.85~1.05　　B. 1.0~1.5　　C. 0.95~1.05　　D. 1.5~2.0

*8. 混凝土电阻率测定所采用的方法是(　　)。

A. 半电池电位法　　B. 滴定条法　　C. 四电极法　　D. 超声波法

*9. 对混凝土桥梁进行电阻率测试，被测构件或部位的测区数不宜少于(　　)个。

A. 5　　　　B. 10　　　　C. 20　　　　D. 30

*10. 酒精酚酞指示剂喷洒在已碳化的混凝土表面，其颜色应为(　　)。

A. 紫色　　　　B. 蓝色　　　　C. 红色　　　　D. 不变色

11. 当混凝土表面裂缝的预估深度大于500mm时，采用(　　)测试其裂缝深度。

A. 对测法　　　　B. 平测法　　　　C. 斜测法　　　　D. 钻孔法

*12. 进行高强螺栓连接副预拉力检验套连接副进行的试验次数为( )次。
   A. 1   B. 3   C. 5   D. 7

*13. 遭受火灾、冻害、化学腐蚀等混凝土强度检测,解决这些问题的方法主要是采用( )和回弹法相结合。
   A. 拔出法   B. 钻芯法   C. 压痕法   D. 超声法

*14. 立柱测试传感器采用( )个。
   A. 1   B. 2   C. 3   D. 4

*15. 下列情况中,( )不属于回弹仪应送检定单位检定的情况。
   A. 遭受严重撞击或其他损害   B. 累计弹击次数超过 200 次
   C. 经常规保养后钢砧率定值不合格   D. 新回弹仪启用前

*16. 下列关于混凝土标准试件冲击弹性波波速的测试,说法正确的有( )。
   A. 对混凝土标准试件,采用冲击回波法测试
   B. 对混凝土标准试件,采用透射法测试
   C. 对混凝土标准试件,采用平测法测试
   D. 对混凝土标准试件,采用表面波法测试

*17. 在相位反转法中,传感器到裂缝距离 L,与裂缝深度 H 的关系为( )时,波的相位发生反转。
   A. $L<H$ B. $L=H$ C. $L>H$ D. $L \geq H$

18. 当采用超声法的单面平测法测试混凝土裂缝深度时,最大能测( )cm。
   A. 10   B. 20   C. 30   D. 40

19. 由于保护层过薄或者不密实原因造成的混凝土缺陷是( )。
   A. 麻面   B. 露筋   C. 蜂窝   D. 空洞

*20. 在岩体测试中所采用的波有超声波和冲击弹性波。其中,冲击弹性波的有效测试距离一般在( )m 以内。
   A. 1   B. 5   C. 10   D. 数十

二、多选题

*1. 下列关于超声回弹综合法检测混凝土强度的叙述,正确的是( )。
   A. 一般来说,对同一构件,浇筑表面的回弹值比浇筑底面的回弹值大
   B. 如超声检测采用单面平测时,测区尺寸宜为 400mm×400mm
   C. 当测区布置在浇筑表面或底面时,超声检测的声时值也需进行修正
   D. 超声回弹综合法无须检测混凝土碳化深度

2. 下列情形中,不适合采用半电池电位法检测钢筋锈蚀的是( )。
   A. 钢筋混凝土桥梁的次要受力部件   B. 混凝土表面剥落、脱空
   C. 混凝土表面有绝缘涂料   D. 混凝土接近饱水状态

*3. 混凝土中氯离子含量的测定方法主要有( )。
   A. 实验室化学分析法   B. 物理分析法
   C. 钻芯法   D. 滴定条法

*4. 在进行混凝土内部钢筋位置及保护层测定时,以下表述正确的是(   )。
   A. 探头的长轴方向应尽量与被测钢筋的方向垂直
   B. 测量主筋时应尽量避开箍筋位置
   C. 探头的长轴方向应尽量与被测钢筋的方向平行
   D. 探头在混凝土表面可任意方向移动,均能探测到被测钢筋
   E. 探头在混凝土表面的移动方向与被测钢筋方向应尽量垂直

*5. 下列关于混凝土中氯离子含量测定试验的叙述,正确的有(   )。
   A. 每一测区取粉的钻孔数量不少于3个
   B. 取粉孔不允许与碳化深度测量孔合并使用
   C. 钻孔取粉应分孔收集,即每个孔的粉末收集在一个袋中
   D. 不同测区的测孔,但相同深度的粉末可收集在一个袋中
   E. 钻孔取粉应分层收集,同一测区、不同测孔,相同深度的粉末可收集在一个袋中

*6. 下列关于混凝土桥梁内部钢筋位置及保护层检测的叙述,正确的是(   )。
   A. 钢筋保护层厚度检测部位应包括发生钢筋锈蚀胀裂的部位
   B. 钢筋保护层厚度特征值为检测部位保护层厚度的平均值
   C. 对于钢筋混凝土桥梁,钢筋保护层厚度越大说明对结构越有利
   D. 对于缺失资料的桥梁结构,应估测钢筋直径

7. 超声法检测混凝土结构缺陷的声学参数判据有(   )。
   A. 声速   B. 波形   C. 波幅   D. 增益

*8. 钢结构构件焊接质量检测,主要包括(   )。
   A. 焊前检验   B. 焊接过程中检验   C. 漆膜厚度检验   D. 焊后成品检验

*9. 对钢结构构件焊缝内部缺陷的无损检测方法包括(   )。
   A. 电阻率法   B. 超声波法   C. 射线法   D. 磁粉检测法

*10. 下面关于冲击弹性波测混凝土厚度的说法正确的是(   )。
    A. 测试对象越薄,激振和反射信号越易分离
    B. 仅通过测试弹性波在结构底部反射的时间和其在混凝土中的波速不能得到结构的厚度
    C. 对于厚度大于1m的混凝土结构可采用单一反射法进行测试
    D. 对于厚度小于1m的混凝土结构可采用重复反射法进行测试

*11. 在采用锤击法产生弹性波时,下列描述不正确的有(   )。
    A. 激振力度越大,激发弹性波的频率越高
    B. 激振锤的质量越大,激发弹性波的频率越高
    C. 被测对象越坚硬,激发弹性波的频率越高
    D. 激振锤体的曲率半径越大,激发弹性波的频率越高

*12. 下面关于回弹仪测试混凝土强度的描述,正确的有(   )。
    A. 使用方便,但精度较差
    B. 一般可以测试混凝土内部强度
    C. 向下击打的回弹值要大于水平击打

D. 由于混凝土碳化使得表面混凝土硬度增加,因此回弹值测出来的值偏高

*13. 与超声波法相比较,冲击弹性波法优越性有(　　)。
 A. 受骨料散射的影响小　　　　　　B. 测试方法多样
 C. 冲击弹性波能量大　　　　　　　D. 冲击弹性波的波长较长

*14. 混凝土出现裂缝十分普遍,不少钢筋混凝土结构的破坏都是从裂缝开始的。把握裂缝的状况对分析其成因和危害程度有着重要的意义。其中,(　　)等外观特征容易检查和测量,而裂缝深度以及是否在结构或构件截面上贯穿则只能采用无破损或局部破损的方法进行检测。
 A. 裂缝分布　　　B. 走向　　　C. 长度　　　D. 宽度

*15. 系统安全风险评估分析方法主要包括(　　)。
 A. 模型对比法　　　　　　　　　　B. 统计分析评估法
 C. 超声波法　　　　　　　　　　　D. 基于结构振动的评估方法

*16. 钢质护栏立柱埋深检测时,激振与接收方式可以使用(　　)。
 A. 端发端收　　　B. 侧发侧收　　　C. 端发侧收　　　D. 侧发端收

*17. 基于冲击弹性波(冲击回波)的测试技术具有(　　)等特点。
 A. 可单面测试　　　　　　　　　　B. 测试范围广
 C. 测试稳定性较好　　　　　　　　D. 易于获取波速参数

18. 下列关于钢筋混凝土梁桥裂缝限值的叙述,错误的是(　　)。
 A. 主筋附近竖向裂缝宽度不得大于0.3mm
 B. 腹板斜向裂缝宽度不得大于0.3mm
 C. 梁体不允许出现横向裂缝
 D. 主筋附近竖向裂缝宽度不得大于0.25mm

*19. 下列条件中,可采用超声回弹综合法检测混凝土强度的是(　　)。
 A. 人工或机械搅拌的混凝土　　　　B. 泵送混凝土
 C. 龄期7～3000d　　　　　　　　D. 混凝土强度10～70MPa

*20. 目前回弹法可采用的测强曲线有(　　)。
 A. 地区测强曲线　　　　　　　　　B. 专用测强曲线
 C. 全国统一测强曲线　　　　　　　D. 特殊测强曲线

三、判断题

*1. 超声法可用于混凝土的无损检测。　　　　　　　　　　　　　　　　(　　)
*2. 采用回弹法确定的混凝土强度较准确。　　　　　　　　　　　　　　(　　)
3. 采用钻芯法所取芯样在进行抗压试验时,不允许存在与轴线相互平行的钢筋。(　　)
4. 混凝土出现剥离破坏和局部疏松,均导致混凝土的导热性上升。　　　(　　)
5. 以95%可信度水平来衡量现场混凝土强度预测的最大精度,超声法误差范围较回弹法大。　　　　　　　　　　　　　　　　　　　　　　　　　　　　　(　　)
*6. 采用超声回弹综合法可以减弱混凝土龄期和湿度的影响。　　　　　　(　　)
*7. 对某构件采用回弹法检测混凝土抗压强度,如测区数少于10个,该构件的混凝土强度

推定值取各测区中最小的混凝土强度换算值。（   ）
*8. 综合预警与结构安全风险评估子系统设置在路网级数据中心。（   ）
9. 使用混凝土电阻率仪检测时,为保证导电良好,混凝土表面应用水充分湿润。（   ）
*10. 混凝土电阻率越大,则混凝土中的钢筋越容易发生锈蚀。（   ）
*11. 实测某混凝土构件的电阻率为4500,表明混凝土中的钢筋锈蚀速率可能很快。（   ）
12. 采用超声平测法检测混凝土裂缝深度时,裂缝中应灌注清水作为耦合剂。（   ）
13. 对钢结构构件进行焊后成品的外观检验之前,需将焊缝附近10～20mm的污物清除干净。（   ）
14. 混凝土火灾、冻胀、侵蚀的结果都会使混凝土表层变为疏松。（   ）
15. 为了克服钻芯法的缺点,采用大直径芯样进行检测成为发展方向。（   ）
16. 采用冲击弹性波、超声波、微波都可以对混凝土缺陷进行检测。（   ）
17. 桥梁结构安全监测系统的数据采集与传输模块由分布在大桥附近的外场数据采集站和信号传输网络组成。（   ）
*18. 按探伤所用的射线不同,射线探伤可以分为X射线、γ射线和高能射线探伤三种。（   ）
19. 振动方向与传播方向相同的波称为横波。（   ）
*20. 波形护栏立柱长度检测时,通过采集与分析装置对接收到的信号进行采集、存储、分析、处理,记录检测信号波形,提取信号特征。每根立柱的有效波形数量不少于5个,且有较好的一致性。（   ）

模块6 ［思考与练习题］答案

参 考 文 献

[1] 中华人民共和国交通运输部.公路工程质量检验评定标准 第一册 土建工程:JTG F80/1—2017[S].北京:人民交通出版社股份有限公司,2018.

[2] 中华人民共和国交通运输部.公路项目安全性评价规范:JTG/T B05—2015[S].北京:人民交通出版社股份有限公司,2015.

[3] 中华人民共和国交通运输部.公路钢筋混凝土及预应力混凝土桥涵设计规范:JTG 3362—2018[S].北京:人民交通出版社股份有限公司,2018.

[4] 中华人民共和国交通运输部.公路钢结构桥梁设计规范:JTG D64—2015[S].北京:人民交通出版社股份有限公司,2015.

[5] 中华人民共和国交通运输部.公路桥涵施工技术规范:JTG/T 3650—2020[S].北京:人民交通出版社股份有限公司,2020.

[6] 中华人民共和国交通运输部.公路工程岩石试验规程:JTG E41—2005[S].北京:人民交通出版社,2005.

[7] 中华人民共和国住房和城乡建设部,国家市场监督管理总局.混凝土物理力学性能试验方法标准:GB/T 50081—2019[S].北京:中国建筑工业出版社,2019.

[8] 中华人民共和国国家市场监督管理总局,中国国家标准化管理委员会.预应力混凝土用钢绞线:GB/T 5224—2014[S].北京:中国标准出版社,2015.

[9] 中华人民共和国国家市场监督管理总局,中国国家标准化管理委员会.预应力混凝土用钢丝:GB/T 5223—2014[S].北京:中国标准出版社,2015.

[10] 中华人民共和国国家市场监督管理总局,中国国家标准化管理委员会.金属材料弯曲试验方法:GB/T 232—2010[S].北京:中国标准出版社,2011.

[11] 中华人民共和国国家市场监督管理总局,中国国家标准化管理委员会.金属材料线材反复弯曲试验方法:GB/T 238—2013[S].北京:中国标准出版社,2014.

[12] 中华人民共和国国家市场监督管理总局,中国国家标准化管理委员会.钢筋混凝土用钢 第1部分:热轧光圆钢筋:GB/T 1499.1—2017[S].北京:中国标准出版社,2018.

[13] 中华人民共和国国家市场监督管理总局,中国国家标准化管理委员会.钢筋混凝土用钢 第2部分:热轧带肋钢筋:GB/T 1499.2—2018[S].北京:中国标准出版社,2018.

[14] 中华人民共和国国家市场监督管理总局,中国国家标准化管理委员会.低合金高强度结构钢:GB/T 1591—2018[S].北京:中国质检出版社,2019.

[15] 中华人民共和国国家市场监督管理总局,中国国家标准化管理委员会.金属材料拉伸应力松弛试验方法:GB/T 10120—2013[S].北京:中国标准出版社,2014.

[16] 中华人民共和国国家市场监督管理总局,中国国家标准化管理委员会.预应力混凝土用钢棒:GB/T 5223.3—2017[S].北京:中国标准出版社,2017.

[17] 中华人民共和国国家市场监督管理总局,中国国家标准化管理委员会.金属材料拉伸试验 第1部分:室温试验方法:GB/T 228.1—2021[S].北京:中国标准出版社,2022.

[18] 中华人民共和国国家市场监督管理总局,中国国家标准化管理委员会.预应力混凝土用螺纹钢筋:GB/T 20065—2016[S].北京:中国标准出版社,2017.

[19] 中华人民共和国国家市场监督管理总局,中国国家标准化管理委员会.碳素结构钢:GB/T 700—2006[S].北京:中国标准出版社,2007.

[20] 中华人民共和国国家市场监督管理总局,中国国家标准化管理委员会.金属材料夏比摆锤冲击试验方法:GB/T 229—2020[S].北京:中国标准出版社,2020.

[21] 中华人民共和国国家市场监督管理总局,中国国家标准化管理委员会.桥梁用结构钢:GB/T 714—2015[S].北京:中国标准出版社,2016.

[22] 中华人民共和国住房和城乡建设部.钢筋焊接及验收规程:JGJ 18—2012[S].北京:中国建筑工业出版社,2012.

[23] 中华人民共和国住房和城乡建设部.钢筋焊接接头试验方法标准:JGJ/T 27—2014[S].北京:中国建筑工业出版社,2014.

[24] 中华人民共和国住房和城乡建设部.钢筋机械连接技术规程:JGJ 107—2016[S].北京:中国建筑工业出版社,2016.

[25] 中华人民共和国交通运输部.公路桥梁预应力钢绞线用锚具、夹具和连接器:JT/T 329—2010[S].北京:人民交通出版社,2011.

[26] 中华人民共和国国家市场监督管理总局,中国国家标准化管理委员会.预应力筋用锚具、夹具和连接器:GB/T 14370—2015[S].北京:中国标准出版社,2016.

[27] 中华人民共和国住房和城乡建设部.预应力筋用锚具、夹具和连接器应用技术规程:JGJ 85—2010[S].北京:中国建筑工业出版社,2010.

[28] 中华人民共和国国家市场监督管理总局,中国国家标准化管理委员会.金属材料 洛氏硬度试验 第1部分:试验方法(A、B、C、D、E、F、G、H、K、N、T标尺):GB/T 230.1—2009[S].北京:中国标准出版社,2010.

[29] 中华人民共和国交通运输部.公路桥梁板式橡胶支座:JT/T 4—2019[S].北京:人民交通出版社股份有限公司,2019.

[30] 中华人民共和国交通运输部.公路桥梁盆式支座:JT/T 391—2019[S].北京:人民交通出版社股份有限公司,2019.

[31] 中华人民共和国国家市场监督管理总局,中国国家标准化管理委员会.桥梁球型支座:GB/T 17955—2009[S].北京:中国标准出版社,2009.

[32] 中华人民共和国交通运输部.预应力混凝土桥梁用塑料波纹管:JT/T 529—2016[S].北京:人民交通出版社股份有限公司,2016.

[33] 中华人民共和国住房和城乡建设部.预应力混凝土用金属波纹管:JG/T 225—2020[S].北京:中国标准出版社,2020.

[34] 中华人民共和国交通运输部.公路桥梁伸缩装置通用技术条件:JT/T 327—2016[S].北京:人民交通出版社股份有限公司,2017.

[35] 中华人民共和国住房和城乡建设部.回弹法检测混凝土抗压强度技术规程:JGJ/T 23—

2011[S].北京:中国建筑工业出版社,2011.

[36] 中国工程建设标准化协会.超声回弹综合法检测混凝土强度技术规程:T/CECS 02:2020[S].北京:中国计划出版社,2020.

[37] 中华人民共和国交通运输部.钻芯法检测混凝土强度技术规程:JGJ/T 384—2016[S].北京:中国建筑工业出版社,2016.

[38] 中国工程建设标准化协会.超声法检测混凝土缺陷技术规程:CECS 21:2000[S].北京:中国计划出版社,2000.

[39] 中华人民共和国国家市场监督管理总局,中国国家标准化管理委员会.普通混凝土长期性能和耐久性能试验方法标准:GB/T 50082—2009[S].北京:中国建筑工业出版社,2010.

[40] 中华人民共和国交通运输部.公路工程基桩检测技术规程:JTG/T 3512—2020[S].北京:人民交通出版社股份有限公司,2020.

[41] 中华人民共和国交通运输部.建筑桩基技术规范:JGJ 94—2008[S].北京:中国建筑工业出版社,2008.

[42] 中华人民共和国交通运输部.建筑桩基检测技术规范:JGJ 106—2014[S].北京:中国建筑工业出版社,2014.

[43] 中华人民共和国交通运输部.公路桥涵地基与基础设计规范:JTG 3363—2019[S].北京:人民交通出版社股份有限公司,2019.

[44] 中华人民共和国交通运输部.公路桥梁荷载试验规程:JTG/T J21-01—2015[S].北京:人民交通出版社股份有限公司,2016.

[45] 交通运输部安全与质量监督管理司,交通运输部职业资格中心.桥梁隧道工程[M].北京:人民交通出版社股份有限公司,2023.

[46] 杨永波.地基基础工程检测技术[M].北京:中国建筑工业出版社,2019.

[47] 中华人民共和国交通运输部.公路工程质量检验评定标准 第二册 机电工程:JTG 2182—2020[S].北京:人民交通出版社股份有限公司,2021.

[48] 吴佳晔.土木工程检测与测试[M].北京:高等教育出版社,2021.